稀土的应用与影响
——以包头市为例

张庆辉　编著

国家自然科学基金（编号 41461074）资助出版

科学出版社

北　京

内 容 简 介

本书是国家自然科学基金项目"污灌区农田土壤稀土元素空间分布规律及其对人体健康的影响——以包头市南郊为例"（项目编号 41461074）的研究成果。书中全面系统地介绍了稀土的应用、稀土材料（包括稀土产品）对中国稀土产业发展的综合影响、中国主要稀土产地和主要的稀土矿类型及其生产工艺、稀土对模式生物毒性效应研究综述、包头市自然地理特征、稀土对包头市生态环境的影响，书中还对稀土环境地球化学、常用矿物岩石及生态环境中稀土元素含量及特征值等专业性大量数据进行了详细介绍。

本书可作为矿产资源学、地球化学（包括环境地球化学）、土壤环境学、自然地理学及国际贸易等专业本科生、研究生学习的参考书，还可作为相关专业教师、科研工作者学习、工作的参考书或工具书。

图书在版编目（CIP）数据

稀土的应用与影响：以包头市为例/张庆辉编著. —北京：科学出版社, 2018.1

ISBN 978-7-03-055750-6

I. ①稀⋯ Ⅱ. ①张⋯ Ⅲ. ①稀土矿物–矿产资源–综合利用–研究–包头 Ⅳ. ①F426.1

中国版本图书馆 CIP 数据核字(2017)第 293352 号

责任编辑：万　峰　朱海燕 / 责任校对：彭　涛
责任印制：徐晓晨 / 封面设计：北京图阅盛世文化传媒有限公司

科 学 出 版 社 出版
北京东黄城根北街 16 号
邮政编码：100717
http://www.sciencep.com

北京凌奇印刷有限责任公司 印刷
科学出版社发行　各地新华书店经销
*

2018 年 1 月第 一 版　　开本：787×1092 1/16
2020 年 1 月第二次印刷　　印张：16 1/2
字数：374 000
定价：118.00 元
（如有印装质量问题，我社负责调换）

前　言

被誉为现代工业"维生素"的稀土元素由于具有优良的光、电、磁等物理特性，能与其他材料组成品种繁多而神奇的新型功能材料，成为现代新材料的宝库，也是不可再生的战略资源。但同时从开采到冶炼的整个过程，所产生的废液、废气、废渣随意排放都伴随着严重污染，这些污染甚至直接威胁着地下水安全，危及人体健康。正因为有这么严重的环境副作用，所以美国、欧盟和日本等发达国家都不愿意对稀土矿进行开采选冶。因而本书以国家自然科学基金（41461074）为平台，较为细致全面、科学客观地研究了稀土的应用领域、中国稀土矿主要类型及其生产工艺、稀土对生态环境的影响，并探讨了中国稀土生产过程中加强生态环境保护与发达国家通过世界贸易组织轻松获得中国稀土资源的现实问题，以及中国稀土产业如何实施"稀土资源节约型，生态环境友好型"可持续发展的应对措施。

同时为了专业研究者在岩石学或环境评价中进行对比性研究而使用稀土特征性数据的方便，本书对常用的岩石稀土含量特征值和常用生态环境稀土含量特征值等列出专章介绍。采集权威或代表性的稀土含量数据时，以服务于地方经济社会与生态环境建设为宗旨，为方便我国西部尤其是内蒙古地区的广大专业工作者查阅数据，本书尽可能多地吸收我国西部以及内蒙古地区的权威性或代表性专业研究成果，选用的数据充分体现稀土含量特征值的专业性和科学研究过程中能够进行参照对比的实用性。

感谢本项目团队成员的辛勤劳动、无私奉献和对本项目实施过程中的全面支持！

本专著在完成过程中，大量吸收了其他专家学者专题研究成果的精华，在此谨对已经取得辉煌成果的专题研究者及所有参考文献作者的知识贡献表示衷心感谢！

本专著是国家自然科学基金"污灌区农田土壤稀土元素空间分布规律及其对人体健康的影响——以包头市南郊为例"（项目编号：41461074）的研究成果，也是包头师范学院地理学一流学科（2016YLXK005）建设成果。

感谢包头师范学院领导对本项目的关心、帮助和支持！本专著在成稿过程中，因时间仓促，不可避免地存在一些缺点或不足，我们真诚欢迎批评、指正。

张庆辉

2017 年 6 月于包头师范学院

目　　录

第1章 稀土的应用

稀土被誉为现代工业的"维生素"和"21世纪新材料的宝库",是不可再生的战略资源。国外常常将通过光、电、磁、热、化学、生化等作用后具有特定功能的材料称为功能材料(functional materials)、特种材料(speciality materials)或精细材料(fine materials);功能材料具体包括光、电功能,磁功能,分离功能,形状记忆功能等,是广泛用于非结构目的的高技术材料。由于稀土具有优良的光、电、磁等物理特性,能与其他材料组成性能各异、品种繁多的新型材料,其最显著的功能就是大幅度提高其他产品的质量和性能。稀土材料作为一种特殊功能材料,不仅广泛用于农林业、冶金、石油化工、玻璃陶瓷、毛纺、皮革等传统产业,而且在荧光、磁性、激光、光纤通信、储氢能源、超导等材料领域有着不可缺少的作用。稀土材料在高科技领域的广泛应用,直接影响着光学仪器、电子、风力发电、航空航天、核工业等低碳新兴高技术产业发展的速度和水平。稀土材料在军工领域的应用极大地改变了现代战争的作战方式,尤其是欧美等西方发达国家将稀土材料成功应用于军事技术领域,极大地促进了现代军事技术的跨越式提升和迅猛发展,成为现代战争取得胜利的决定性因素之一(如1991年海湾战争与2003年3月美国入侵伊拉克战争所创造的轰炸奇迹,很大程度要归功于稀土材料的特殊功能)。所以,本章较详细地介绍稀土材料在农林业、冶金、航空航天、涂料、轻工、纺织和建材、陶瓷、军工等领域的广泛用途。

1.1 农林业领域的稀土

1917年中国钱崇澍与美国Ostenhout发表了钡、锶、铈对水绵生理作用的论文,开创了稀土元素生物活性研究的先河。20世纪30年代,苏联对稀土的植物生理效应做了大量的试验研究,涉及作物有豌豆、萝卜、黄瓜、亚麻和橡胶草等,且明确了稀土对上述作物生长的促进作用。

中国既是一个农业大国也是一个人口大国,因而提高人民生活水平是改善民生问题的第一要务。早在20世纪70年代,中国的科技工作者就通过深入的试验研究与科学的生产实践,于1985年获得了重大突破,即在稀土农用技术、土壤学、植物生理、毒理卫生学、分析检测及农用产品生产工艺等领域取得120余项成果,并成功地将稀土元素应用于中国农业生产,从而将时停时续进行了近60年的稀土生物活性研究,发展成为一项实用技术而造福于社会,由此中国成为世界上第一个把稀土元素作为一种商业性产品(稀土常乐)应用于农业生产的国家,并获得了巨大的经济效益和社会效益。目前国际上公认中国在稀土农用技术的研究和应用处于国际领先水平。高效稀土配方复合剂已出口到韩国和马来西亚。美国、以色列、澳大利亚、泰国等也要求与中国合作进行稀土农用技术的研究（兴禾生态农业，2012）。

1.1.1 稀土在农林业的应用效果

1. 促进种子萌发和生根发芽

　　稀土使农作物增效的一种重要作用，就是用一定浓度的稀土化合物（稀土微肥）拌种、浸种，能增加种子活力，促进作物种子萌发，提高种子的出苗率。稀土的这种作用已应用在小麦、水稻、玉米、大豆、白菜、油菜、麻类等大田作物上，其中小麦发芽提高幅度达 8%~19%，胡麻提高 7%~12%；稀土的这种神奇作用也用于牧草（包括景观草坪或草地）种植，其发芽率提高 9.8%~19%。在林业上苗圃基地也利用其特性，可明显提高种子或树苗的活力，如用适量的稀土化合物溶液处理油松、柠条及华北落叶松种子，可分别提高种子活力指数 8%~13%、25.9%~57.2%和 9%，发芽率分别提高 4%~11%、2%~6%和 3%~9%，田间出苗高峰要早 2~4 天。桑子浸种可提高发芽率达 18%~78%。稀土对植物根系和扦插生根具有显著的促进作用。用杨树、月季、圆柏、落叶松做扦插，其生根率达到 60%~85%，龙眼、高山含笑、板栗等难生根树种插条根系生长也可达到 35%~60%，比单用激素生根率提高 30%。因而稀土肥料在林业、草业领域的广泛应用，对于促进植物固碳，建设生态碳库，提高陆地生态系统的碳汇功能，大力发展低碳经济，有效削减全球大气圈中二氧化碳的含量具有重大的现实意义，可造福于全人类。

2. 促进叶绿素的增加、提高产量和改善品质

　　叶绿素是植物进行光合作用的物质基础。叶绿素含量越高，光合作用的强度就越大。许多作物应用稀土后，叶绿素含量都有所提高。水稻在幼苗期喷施万分之三的稀土，经过一段时间后，可以目测到叶色逐渐加深，经过测定剑叶中叶绿素含量比对照增加 11.8%。黄花菜叶片叶绿素含量增加 0.2 mg/g。叶片喷施适量的稀土可明显提高黑穗醋栗叶片的光合速率、叶绿素含量、光量子通量密度等生理指标，表明稀土可促进黑穗醋栗生长。叶绿素的增加会提高植物的干物质累计量，提高经济产量。稀土促进小麦生长，提高产量 5%~10%。施用稀土后，水稻增产 30 kg/亩（1 亩≈667m^2）、玉米增产 41~50 kg/亩、油菜增产 7.6%~11.4%、茶叶平均增产 12%~15%、蔬菜如黄瓜增产 25%和草莓增产 30%，其他蔬菜和经济作物也都有很好的增产效果。
　　稀土具有促进林木种子生长发育和叶绿素的光合作用，加大林木对大气中二氧化碳的转化能力，并提高林产品产量，改善产品质量等作用。目前应用树种已达 40 个以上，以浸种、拌种、沾根、插条和叶面喷施等方式用于苗木培养，促进树木生长，防病抗逆，增加产量。稀土元素对多种果树都有一定的增产效应，一般增产幅度在 10%~25%。而不同地理位置不同类型的水果，因气候条件的变化，其增产效果有差异。例如，南方的柑橘、荔枝和龙眼喷施稀土比未喷稀土的分别增产 18.2%、17.0%和 24.5%；北方的葡萄、

苹果和梨分别增产 22.8%、14.7% 和 11.3%。此外，果树施用稀土不仅可以增加产量，而且可改善苗木和果品质量，使果实含糖量、维生素含量及硬度指标等均有不同程度的提高，同时可以促进着色，提早成熟；苗木一级品率提高 15%~25%。

1.1.2 稀土农林使用材料应用前景

目前以超细粉末、纳米技术为依托的稀土农林使用新材料具有显著提高种子萌发、促进植物生长、增强植物抗逆性等功能，是未来稀土农林使用研究的重要领域和发展方向。

1. 稀土转光农膜

稀土转光农膜可以将太阳光中对植物生长不利的紫外光的绝大部分转变为植物光合作用能直接利用的红橙光，通过改进植物的光照质量，进而提高植物体内的叶绿素含量。因此，与普通农膜相比，应用于农业能明显提高农作物的光合作用强度、提高地温和棚温、降低作物病情指数和果实中硝酸盐含量、加快生育过程、提高作物产量 7%~48%、增加果实中维生素 C、胡萝卜素和可溶性糖的含量。

由于中国很多地区将大幅度调整农业种植结构，经济类作物种植面积增加，粮食作物大面积减少，而大多数经济类作物需由农膜育苗，多功能农膜比以往有望增长 20% 左右，普通农膜需求量则将下降 15% 左右，其中多功能温室棚膜的应用比例将提高 30% 以上。稀土转光农膜是在多功能农膜的基础之上，又增加了转光的功能。

转光材料在工业、医药学及其他高技术领域也有广阔的发展前景。转光技术应用于玻璃、阳光板、纺织纤维中，可以有效吸收并转换日光中紫外线，改善光照条件，减少紫外线的辐射。此外，稀土转光材料还可以用在化学分析、显示器件、稀土生物大分子荧光探针和稀土生物分子的荧光标记等方面。

2. 稀土抗旱保水剂

保水剂是一种高吸水性树脂，这类物质含有人量的强吸水基团，结构特异，在树脂内不可产生高渗透缔合作用并通过其网孔结构吸水，其最大吸水量可高达自身质量的 1000 倍。中国保水剂的研制始于 20 世纪 80 年代，目前大部分产品已经定型并通过技术鉴定，具有保水、保肥、使用方法简便、成本低廉、对环境友好等特点。

3. 稀土改性磷肥

稀土磷肥是应用硫酸分解磷矿粉流程中，在浓硫酸中预先引入稀土离子，使稀土元素成为反应体系中的一个组分，参与化学和物理反应的全过程。在此过程中稀土元素起着活化、催化作用并影响反应过程和反应机制，从而优化反应体系状态、反应产物和产品指标，同时稀土元素均匀地分布在复杂产物晶格和固溶体中，生产出含稀土元素的磷肥，其有效磷比普通的过磷酸钙有效磷高 20%~40%。植株吸收好、利用率高、土壤固定少的环境友好型"绿色磷肥"；而且稀土磷肥含有 5%左右的游离磷酸，能够中和土壤中的一部分碱，同时达到改善盐碱的目的。

4. 稀土植物生长调节剂

为了调整作物的养分平衡，增强其自身的抗逆性，在种植作物时应用稀土化合物对种子和土壤进行消毒，清除种皮上和土壤微域的病源菌，使幼苗能在良好的环境下生长。稀土既能增强作物的机能即作物的抗性，使其自身完全能够抵御病菌的侵害，也可加强作物的光合作用，在单位时间内累积更多的光合产物，为高产和良好品质打下基础。

5. 有机稀土饲料添加剂

有机稀土饲料添加剂是一种应用效果极为明显的新型饲料添加剂，在畜禽使用稀土饲料添加剂后，能够完善饲料的营养性能、提高饲料利用率、促进畜禽的生长发育、防治疾病、缩短饲养期和改善品质。饲料中添加一定剂量的稀土后，畜禽健康活泼、食欲旺盛、生长正常和营养状态良好。

1.2　冶金工业领域应用稀土

随着稀土材料科学的高速发展，稀土已经广泛应用于钢铁及合金材料等领域（唐永伦等，2012），并显示出非常广阔的发展前景，是 21 世纪发展经济最为神奇的材料。

1.2.1　钢铁及合金材料中的稀土

1. 炼钢

稀土钢已经有 50 年的发展历史，至 20 世纪 80 年代末期，稀土应用于炼钢就没有技术方面的问题了。稀土加入钢铁的主要作用：

（1）净化作用：钢中加入稀土可置换钢液中的硫化锰、氧化铝和硅铝酸盐夹杂物中的氧与硫，形成稀土化合物。该化合物的大部分从钢液中上浮进入钢渣，从而净化钢液。

（2）细化组织：由于稀土在钢中同夹杂物反应生成的稀土化合物熔点较高，在钢液凝固前析出，这些细小的质点成为非均质形核中心，降低结晶过程的过冷度，既可以减少偏析还可细化钢的凝固组织。

（3）控制夹杂物的形态：钢中加入稀土后，硫化锰被高温塑性变形能力较小的稀土氧化物或硫化物取代，这些化合物在轧制过程中不随钢一起变形，仍保持为球状，对钢的机械性能影响较小，提高了钢的韧性，改善了钢的抗疲劳性能。

稀土加入耐大气腐蚀钢中，使钢的内锈层致密，且与基体结合力变强，不易脱离，可阻止大气中 O_2 和 H_2O 的扩散，从而降低了腐蚀速率，稀土钢的耐腐蚀性比无稀土钢提高 0.3~2.4 倍。在 MnNb 系低合金高强度钢中加入稀土可显著改善钢的冷弯性能、冲击性能、低温冲击性和耐磨性，大大改善了钢的加工性能并提高其使用寿命。稀土铁路钢轨的耐磨性、抗剥离性显著提高，多年的使用效果证明钢轨寿命提高了 1.5 倍。

2. 铸铁

铸铁是高碳硅铁合金的通称，其碳含量在 1.8~4.5，铸铁以碳在合金中的分布状态可分为灰口铸铁、球墨铸铁、珠光体铸铁、可锻铸铁和白口铁。目前稀土处理的铸铁主要分三大类：球铁件、蠕铁件和高强灰铸铁件以及稀土处理的合金铸铁件。稀土加入铸铁中的主要作用：①变质作用。突出表现为使片状石墨变成球状石墨。石墨球化可以减少应力集中，并细化铸态组织，改善非金属夹杂物的形状和分布，有利于提高材质性能，因而稀土球铁具有高于灰铸铁的机械性能，其抗震性、耐磨性和切削加工性能比钢还好。②净化作用。铁水中经常含有氧、硫等有害杂质，杂质会使铸件产生气孔、裂缝，并形成夹渣，降低了材质的强度、韧性和塑性。而稀土元素与硫、氧的结合能力强，生成难熔化合物，在铁水中起到脱硫除氧作用。同时稀土还能消除铁水中有害元素如 Pb、Zn 和 Bi 等不良影响。③改善铸造性能。稀土加入铁水中能显著提高铁水的流动性，并减少偏析和热裂等铸造缺陷。

3. 有色金属

稀土加入到有色金属及其合金中，可细化晶粒、防止偏析、除气、除杂和净化以及改善金相组织等作用，从而达到改善机械性能、物理性能和加工性能等综合目的。例如，对镍、钴基的耐热合金能提高抗氧化和抗高温腐蚀能力，对超硬合金可以改善韧性和耐磨性。这些性能的改善，都显著地提高了生产企业及使用单位的经济效益，并能为国家减少这些宝贵资源的消耗。

1.2.2 铝电线、电缆中的稀土

目前中国稀土铝导线主要有高强度稀土铝合金电缆，成分为 Al-Mg-Si-RE，用于高压输电线路，其抗拉强度达到 26kg/mm^2，弧垂性能和弯曲性能好，使用寿命长。高导电铝电线，成分为 Al-RE，加入稀土量为 0.15%~0.3%。在较高温度下（小于 150℃）使用的高导电稀土铝导线成分为 Al-Zr-RE，其载流量为纯铝线的 1.6~2.0 倍，用作大电流导线。中国每年生产的稀土铝电缆、电线不仅满足国内市场的需求，还大量出口，经济效益显著。

6063 稀土铝合金是一种最常用的变形合金，多用于工业和民用建筑，其成分为 Mg 0.67%~0.70%，Si 0.45%~0.48%，Fe 0.20%~0.21%，余为铝。在该合金熔炼过程中加入 0.20%~0.25%的稀土，抗拉强度提高 24%，挤压速度提高 0.5 倍，成材率提高 3%，并改善了表面质量，增加了耐蚀性和着色性。另外还有添加稀土的 Al-Si-M（M=Cu，Mg，Mn）合金用于制造汽缸缸体和活塞。稀土热镀合金 Zn-Al-Mg-RE 的流动性、耐蚀性、

镀层的形成性能都优于 Zn 和 Zn-Al 合金，更有效地防止钢材腐蚀。制造纺织机械的稀土耐磨铅青铜合金（RPH）的使用寿命是锡青铜（巴氏合金）的 1.5 倍，而吨成本比后者又降低了 5000~6000 元。稀土硬质合金用于金属切削、钻头、模具等，其硬度大、强度高，但抗弯性差、易打损。稀土添加剂同黏结剂与硬质相 WC、TiC 一起球磨钛，制备硬质合金原料粉，再经压型烧结工艺过程生产的硬质合金，抗弯强度提高约 15%，硬度提高 0.5 RHA，使用寿命提高一倍多。

1.3　航空航天工业领域的稀土

早在 20 世纪 50 年代中国制造的飞机和导弹的蒙皮、框架及发动机机匣已采用稀土镁合金，70 年代后，随着中国稀土工业的迅速发展，航空航天稀土开发应用跨入了自行研制的新阶段。新型稀土镁合金、铝合金、钛合金、高温合金、非金属材料、功能材料及稀土电机产品也在歼击机、强击机、直升机、无人驾驶机、民航机以及导弹卫星等产品上逐步得到推广和应用。

1.3.1　稀土镁合金

在镁合金中添加适量稀土金属以后，可以增加合金的流动性，降低微孔率，提高气密性，显著改善热裂和疏松现象，使合金在 200~300℃高温下仍具有高强度和抗蠕变性能。比强度较高的稀土镁合金，对减轻飞机质量，提高战术性能具有广泛的应用前景。中国稀土镁合金包括铸造镁合金及变形镁合金，约有 10 余个牌号，很多牌号已用于生产，质量稳定。例如，以稀土金属钕为主要添加元素的 ZM6 铸造镁合金已扩大用于直升机后减速机匣、歼击机翼肋及 30kW 发电机的转子引线压板等重要零件。稀土高强镁合金 BM25 已代替部分中强铝合金，在强击机上获得应用。

1.3.2　稀土钛合金

在 Ti-A1-Mo 系钛合金中用稀土金属铈（Ce）取代部分铝、硅，限制了脆性相的析出，使合金在提高耐热强度的同时，还改善热稳定性能。以此基础上，又研制出性能良好的含铈铸造高温钛合金 ZT3。它与国际同类合金相比，在耐热强度及工艺性能方面均具有一定的优势。用它制造的压气机匣用于 WPI3Ⅱ发动机，每架飞机减重达 39 kg，提高推重比 1.5%，此外减少加工工序约 30%，技术经济效益明显，填补了中国航空发动机在 500℃条件下使用铸钛机匣的空白。用氧化钇型壳制造钛铸件，可使铸件质量和工艺水平与钨面层工艺相当的条件下，能制造比钨面层工艺更薄的钛合金铸件。目前，该工艺已广泛用于制造各种飞机、发动机及民品铸件。

1.3.3　稀土铝合金

含稀土耐热铸造铝合金 HZL206 与国外含镍合金比较，具有优越的高温和常温力学性能，并已达到国外同类合金的先进水平。现已用于直升机和歼击机工作温度达 300℃的耐压阀门，取代了钢和钛合金。减轻了结构质量，已投入批量生产。稀土铝硅过共晶 ZL117 合金在 200~300℃下的拉伸强度超过德国活塞合金 KS280 和 KS282，耐磨性能比常用活塞合金 ZL108 提高 4~5 倍，线膨胀系数小，尺寸稳定性好，已用于航空附件 KY-5、KY-7 空压机和航模发动机活塞。

1.3.4　稀土非金属材料

稀土有机灌注料 XZ-1 已用于高性能发动机控油系统的燃油电磁开关，液压电磁开关等 8 种电磁铁产品，由于成本低、施工简便而大量取代环氧灌注料，经济效益显著。系统防老化橡胶涂料 KF-1 的研制成功，解决了长期以来飞机油箱使用寿命短的难题，使用 KF-1 使飞机油箱使用寿命由原来的 3~5 年延长到 15~20 年，并提高了使用性能，取得了显著的技术经济效益。含 Y_2O_3 的 MCrAlY 涂层系列已被高温合金、定向凝固合金、单晶合金和 Ni-Al 基合金涡轮叶片、导向叶片选用，还在先进发动机和地面燃气涡轮机上使用。Y_2O_3 在该系列涂层中起着涂层与基体合金的"钉扎"作用，显著提高了涂层与基体的结合力。

化学热处理方面稀土起到了添加剂的重要作用。由于稀土元素具有特定的电子结构和很高的化学活性，在化学热处理中有显著的活化作用，对改善渗层的组织和性能及提高渗层速度有明显的效果。加入稀土的高速钢氮碳共渗硬度 Hv 从 933~946 可提高至 1350~1478。稀土元素用于化学热处理的方法简便易行，对设备无特殊要求，对提高产品质量和节省能源都具有重要意义。

1.3.5　稀土永磁材料

自 20 世纪 80 年代利用钐钴合金制作稀土永磁电机以来，产品类型包括伺服电动机、驱动电动机、汽车启动机、地面军用电机、航空电机等。钐钴永磁合金的主要特点是：①退磁曲线基本上是一条直线，其斜率接近于逆磁导率，即回复直线近似与去磁曲线重合；②具有极大的矫顽力，有很强的抗去磁能力；③具有很高的最大磁能积；④可逆温度系数很小，磁性的温度稳定性较好，由于以上特点，稀土钐钴永磁合金特别适合在开路状态、压力场合、退磁场情况或动态情况下运用，并适合制造体积小的元件。

使用钕铁硼（NTP200/64）磁钢的永磁直流力矩电机，制造成本降低，电机性能提高。稀土磁钢使启动机体积减小、效率提高、输出力矩增大、启动速度加快。国内 SmCo 系永磁材料的温度系数待改进，NdFeB 系永磁材料的高温稳定性和耐腐蚀性需要进一步提高，粘结 NdFeB 系永磁材料还处于研制开发阶段。

永磁材料的发展先后经历了铁氧体阶段（磁能积 4.6MGOe），AlNiCo 合金阶段（磁能积 11.5MGOe），SmCo 阶段（磁能积 31.0MGOe），NdFeB 阶段（磁能积 43MGOe）。钕铁硼稀土永磁材料的研制成功，使耳机、扬声器、步进电机、无芯电机等实现了超小型化。美国通用汽车公司在 1000cc 汽车发动机上采用 NdFeB 永磁体，使发动机质量减少 40%~50%，尺寸减少 45%。若能提高该材料的使用温度，将开辟该材料更为广泛的应用前景。

1.4 稀土型涂料

稀土在涂料工业中的应用主要包括催干剂、稀土固化剂、稀土颜料和稀土保温涂料等。

1.4.1 油漆催干剂

稀土催干剂是油漆工业的主要助剂。传统催干剂是由可变价的金属钴、锰、铅、锌、钙、钡、铜、铁等和 7~22 个碳原子的一元羧酸化合反应生成的不溶于水的化合物，称为金属皂。催干剂主要对不饱和动植物油脂（脂肪酸）中双键自动氧化起催化作用。凡使用不饱和动植物油脂（脂肪酸）做原料的油漆，不用催干剂，其涂膜就不能干燥。具体需用催干剂的油漆品种有油脂漆、天然树脂漆、沥青漆、酚醛漆、醇酸漆等五大类以及部分氨基、环氧、聚氨酯、改性有机硅等品种。这些品种约占中国油漆总产量的 70% 左右，每年使用液体催干剂的用量在万吨以上。传统的钴/铅催干剂体系存在不少缺点，铅有毒，产品易沉淀，钴资源少，依靠进口，且显异色，影响清漆和浅色漆的色相。稀土催干剂是一元羧酸稀土盐（复合物、配合物），稀土来自混合氯化轻稀土镧、铈、镨、钕等，其中铈含量占 50%以上。稀土催干剂和钴催干剂配合，全部取代铅、锰、锌、钙催干剂，其用量只相当于油漆原配方中铅、锰、锌、钙总量的 35%~80%，涂膜实干性能及硬度、附着力等优于加铅、锰、锌、钙催干剂的配方。中国从 20 世纪 80 年代开始，研究生产的系列稀土油漆催干剂，不仅原料易得，还可以减少毒性，减轻油漆生产和使用中的环境污染，已成功用于五大类几十个品种的油漆生产上，这种环保型油漆颜色纯正，附着力强，漆膜鲜亮干实，油漆质量明显提高。

1.4.2 稀土固化剂

稀土磷酸盐（RPO_4）和稀土硫酸盐〔$R_2(SO_4)_3$〕这两类稀土盐均可用作建筑涂料的新型高效固化剂，特别是用于水玻璃（硅酸钠）无机复配系列建筑涂料中的效果极佳。此外它们还可使涂料的颜色柔和、漆膜透明度提高、机械性能和耐候性大为改进。

1.4.3 稀土蓄光型自发光材料

稀土发光材料已经被广泛应用于照明、彩电及交通、消防等指示标志上，并产生了重大的经济、社会和环境效益。传统发光材料制成的颜料通常由锌、钙、钡或锶等硫化物、少量助熔剂（如氯化钠）、微量活化剂（如氯化铜）混合煅烧制成，中国稀土蓄光型自发光材料制成的颜料是一种光致蓄光型发光颜料。该颜料可作为一种添加剂，均匀分布在各种透明介质中，实现介质的自发光功能，并可显示出本颜料所具有的明亮色彩。

既可用于制成涂料、油墨、塑料、橡胶等，也可绝对安全应用于日用消费品，如服装、文具、玩具、钟表、开关、标牌、装饰物、工艺品、体育用品等方面。例如，美国"9·11"事件中，美国世贸中心大楼安全通道和楼梯间，安装中国用稀土自发光材料制作的安全撤离标志，指示着1.8万人在最短时间内得以迅速安全撤离。

稀土发光材料的其他应用，如在夜视镜中，稀土荧光粉将光子（光能量）转化成电子，电子在通过光纤显微道平面的几百万个小孔被增强，互相从壁上来回反射，释放出更多电子；在尾端的另一些稀土荧光粉则将电子重新转化成光子，于是用目镜就能看到图像了，这一过程与电视屏幕显示彩色图像很相似。海湾战争中，多国部队使用五氧化二铌加入镧元素制成夜视系统的夜视镜，详细观测并直接摧毁伊拉克军队的目标。

稀土发光材料具有谱带窄、色纯度高、色彩鲜艳、光吸收能力强、转换效率高、发射波长分布区域宽等性能。因此，发光的稀土化合物已成为发展高新功能材料的主要研究对象，而且稀土荧光配合物的研究是稀土发光材料体系中极其活跃的研究领域。β-二酮是一类良好的螯合配位体，能与稀土离子形成稳定的稀土配合物。β-二酮分子内具有较大的共轭体系，与稀土离子配位后增大共轭体系，能提高配合物的分子内能量传递量子产率，从而可以得到高效荧光材料。刘兴旺等（2009）研究β-二酮对稀土配合物发光性能的影响，合成了一个新的β-二酮配体1-(2-噻吩基)-3-(对苯乙炔基苯基)-1,3-丙二酮（HTPP），并与Tb(III)反应，合成了两个新的三元稀土配合物Eu(TPP)$_3$phen和Tb(TPP)$_3$phen，稀土三元配合物的结构如图1-1所示。

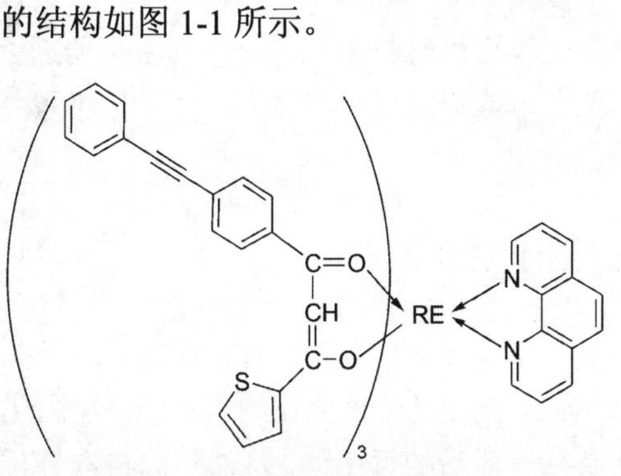

RE = Eu, Tb

图1-1 稀土三元配合物的结构图（刘兴旺等，2009）

采用TDDFT方法对配体1-(2-噻吩基)-3-(对苯乙炔基苯基)-1,3-丙二酮的结构进行优化并对激发态进行计算，研究配体单重态和三重态的能级。配体优化结构如图1-2所示。

在上述成果基础上继续合成了一种新的β-二酮1-（对乙炔基苯基)-1,3-丁二酮（HPB），以HPB分别与Sm(III)、Eu(III)、Tb(III)和Dy(III)反应，合成了四个新的二元稀土配合物。室温下，在紫外光激发下，Sm(III)、Eu(III)、Tb(III)和Dy(III)的配合物表现出中心离子的特征荧光发射，其中Eu(III)配合物的发光强度最大，发射谱线很窄，是具有一定应用价值的红色高亮发光材料（刘兴旺等，2010）。

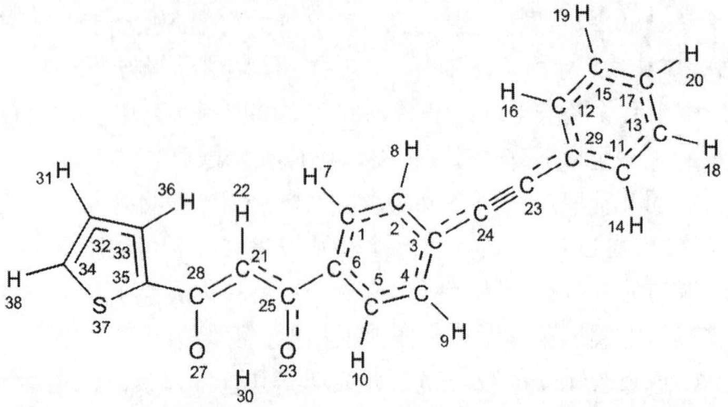

图 1-2 1-(2-噻吩基)-3-(对苯乙炔基苯基)-1, 3-丙二酮的优化结构（刘兴旺等，2009）

利用配体 1-(p-苯乙炔基苯基)-1, 3-丁二酮（HPB）、4, 5, 9, 14-四氮-二苯并蒽（DPPZ）分别与 Tb(III)、Eu(III) 和 Sm(III) 反应，合成了三个新的稀土配合物：Tb(PB)₃DPPZ、Eu(PB)₃DPPZ 和 Sm(PB)₃DPPZ（赵军等，2015），其中 Eu(PB)₃DPPZ 的荧光发射强度最强且发射谱线很窄，有望用于红色高亮度发光材料。

1.4.4 稀土隔热保温涂料

稀土复合保温涂料以矿物无机材料为原料，选择多种助剂以及加入少量稀土元素，不含有机黏结剂。它集保温隔热，防水，防腐于一体以导热系数低，黏结力强，使用厚度小，施工简便等优点。

1.4.5 新型抗菌保健纳米生态涂料

主要在基料中加入复合型金属氧化物银、锌、铜纳米粒子抗菌剂，在填料中加入具有远红外辐射特性的氧化铝、氧化钙、氧化锌纳米粒子，在固化剂中创造性地加入富有光催化作用的二氧化钛及稀土激活物氧化锌，从而使涂料本身具有低成本高性能的涂装特性，同时具有持久的抗菌、杀菌功能，在 6 小时内杀菌率达到 100%，以及空气净化功能，消除挥发性有机化合物、甲醛等，且长效地产生负氧离子促进人体健康功能等特性，使人、建筑、生态环境之间形成一个良性循环的生态住宅系统。

1.4.6 纳米绿色钢化漆

纳米绿色钢化漆（中国稀土门户网，2009）由稀土改性纳米 TiO₂ 光催化剂、胶黏剂、固化剂和填料均匀混合而成，具有无毒、无味、消毒、杀菌、可降解有害物质、无污染、性能稳定、储存期长、硬度高、耐擦洗、耐碰撞的性质。纳米绿色钢化漆性能优越，成本低廉，便于工业化生产，并且在生产和施工过程中对环境均没有污染，属于绿色产品，具有很好的经济效益、社会效益和环保效益。

1.5　轻工、纺织和建材工业领域的稀土

稀土应用于轻工、纺织、建材领域可以降低其生产成本、降低能耗、提高生产效率，应用前景十分广阔。

1.5.1　塑料工业中的稀土

稀土化合物在塑料工业中主要被用作塑料助剂（也称塑料添加剂或配合剂），是塑料制品工业中不可缺少的原材料，能显著地改善塑料的加工性能和使用性能。稀土可以用作聚氯乙烯塑料的热稳定剂，消除铅、镉等重金属的污染；作为改性剂的稀土可以使中国重要的工程塑料铸型尼龙的物理机械和化学性能明显提高；聚氯乙烯（PVC）加工用稀土稳定剂以 30% 的氧化镧为主要原料，主要用于民用建筑的塑钢门窗等，已显示出良好的应用前景。

稀土硫化物无机红颜料不易褪色和变形，且无毒，无环保问题，已应用于聚丙烯塑料中。Ce_2S_3 在氧化条件 350℃下能保持稳定，在惰性或还原条件 1500℃仍保持稳定。仅美国和欧洲两个市场每年就需 2100 t 以上的油漆、涂料等颜料，而全世界的塑料年消费量超过 4300 万 t。

1.5.2　纺织工业中的稀土

稀土用于纺织工业是中国科技工作者开拓出的独具特色的稀土应用领域。稀土在纺织工业领域的应用不断扩大，工艺技术日臻完善，并取得了明显的经济、社会与环境效益。稀土在纺织工业中主要用于皮革鞣制、皮毛染色、棉纺、毛纺和合成纤维的印染等。

稀土（主要用氯化稀土）添加在酸性染料（包括强酸性、弱酸性及酸性媒介染料）中起到助染作用，可以提高上染率、调整染料和纤维的亲和力、提高染色牢度、改善纤维的色泽、外观质量及手感柔软度、节约染化料及减少环境污染、减轻劳动强度和降低动力消耗等。可以减少红矾用量 30%~40%，有利于环境治理。采用氯化稀土作为羊绒、羊毛增白处理助剂，可以使羊绒、羊毛白度值提高 10%~15%，抗张强度提高 15%，单位面积收缩率减少 1%，起球率降低 3%~5%，一级品率提高 5%，工时从 24 小时降为 8 小时，从而提高了设备和劳动的效率，降低了生产成本，能获得很好的经济效益。

稀土染色已应用在羊毛、腈纶、纯棉、锦纶、真丝、黏胶、人造棉、亚麻、蒙麻等各种天然纤维、化纤及其混纺染色助染。采用稀土助染，上染率提高，助剂用量减少，水的用量也减少，降低和减少了污水排放量和处理费用。

稀土助鞣剂（如 $NdCl_3$）与高吸收铬鞣剂结合，不仅可提高皮革的品级，使革面细致紧密，皮板柔软，皮毛色泽光亮蓬松、手感好、耐洗、异味减少、抗拉强度及崩裂力和化学性能均达到纯铬鞣制的水平，而且可降低成本，节约红矾 30%~50%，废鞣液中 Cr_2O_3 含量由纯铬鞣剂的 3~8 g/L 降为 1 g/L 以下。采用稀土混合鞣剂鞣制皮革，不仅可以代替部分红矾，而且可以大量降低铬用量。

1.5.3　建筑材料中的稀土

建筑业是中国支柱产业之一，稀土在建筑行业也同样有着其广阔的应用前景。建筑领域材料需求多样化、高性能化。含稀土的高强度低合金钢、不锈钢在建筑中用量将大幅度增加，被广泛应用在高层建筑、体育场、铁路工程、桥梁工程、海港建设及海洋石油井架和大型水电站。上海已将万吨的稀土钢用于杨浦大桥、东方明珠电视塔、高架桥公路和大型体育场工程。另外，现在还有含稀土元素作为添加剂烧制的水泥，其中添加0.02%~0.05%的稀土氧化物就可以全部或部分替代水泥原料中的铁粉，可大幅度提高水泥的强度和产量，降低生产成本，现已在中国形成工业化生产规模。

1.6　功能陶瓷中的稀土

功能陶瓷主要包括超导陶瓷、压电陶瓷、导电陶瓷、介电陶瓷及智能陶瓷等（中国稀土门户网，2009）。

1.6.1　超导陶瓷

自 1911 年荷兰人翁纳斯（K Onnes）首次发现汞在一定条件下具有超导现象以来，至今全世界共发现 28 种金属和上千种合金或金属间化合物具有超导性。但这些物质由常导态到超导态临界转变温度 T_c 最高只有 23 K（Nb_3Ge），其中常用的 Nb-Ti、Nb_3Sn 等已商品化的超导材料必须在液氦（T_c 为 4.2 K，每升约 10 美元）环境中工作，但成本增加且操作不便。缪勒和柏诺兹于 1986 年在以镧为组分的氧化物陶瓷 $LaBa_2CuO_4$（T_c=35 K）上取得历史性突破，紧接着朱经武和赵忠贤又发现由另一个稀土元素钇构成的 T_c 越过液氮温区（T_c=77 K，每升约 0.16 美元）的钇钡铜氧（$YBa_2Cu_3O_{7-\delta}$）。YBCO 的 T_c 高达 92 K，是具有实用意义的高温超导材料。此后相继发现除铈、铽、镨外，其他所有镧系元素包括钇在内，都能形成通式为 $RBa_2Cu_3O_{7-\delta}$，超导转变温度介于–92 K（R=Y）至–95 K（R=Nd）之间的高温超导化合物。在理论上这类化合物的上临界场可高达 160 T，故也可视之为高场超导体。目前真正具有广泛应用潜力和产业化前程的首推以 $YBa_2Cu_3O_{7-\delta}$（YBCO）为代表的稀土铜氧化物高温超导陶瓷。

1. 超导集成电路

稀土超导陶瓷材料集成电路制造的超导计算机，不仅体积小、质量轻、使用方便，而且运算速度比半导体计算机快 10~100 倍，每秒浮点运算达 3000 亿次至 10 000 亿次。

2. 超导磁探技术

用稀土超导陶瓷材料制成的磁敏感元件体积小，便于实现集成化、阵列化，可组成多渠道、多参数的探测系统，使单位信息容量大大增加，并使磁探仪的探测距离和精度大为提高。用超导磁探仪不仅可以发现坦克、潜艇等活动目标，而且能测定其尺寸，从而使反坦克和反潜战等战术和技术发生重大变化。美国海军采用这种稀土超导材料研制出遥感卫星，用来演示和改进传统的遥感技术，这颗命名为"海军地球图像观测仪"的卫星于 2000 年发射。

1.6.2　压电、导电与介电陶瓷

常规功能陶瓷的制备方法是将 $YBa_2Cu_3O_{7-x}$ 和铁电陶瓷 $BaTiO_3$ 复合，获得铁电性与超导性共存的 $YBa_2Cu_3O_{7-x}$-$BaTiO_3$ 系复合功能陶瓷，其电导特性符合三维导电行为，并当 $YBa_2Cu_3O_{7-x}$ 含量较高时呈超导性。$LaCoO_3$-$SrCoO_3$ 系和 $LaCrO_3$-$SrCrO_3$ 系复合功能陶瓷，可用作磁流体电机的电极材料和气敏材料；而在 NTC 热敏复合材料 $NiMn_2O_4$-$LaCrO_3$ 陶瓷中，新化合物 $LaMnO_3$ 导电相决定着陶瓷的主要性质。通过用稀土离子 Y^{3+}、La^{3+} 对（Sr，Ca）TiO_3 掺杂，省去了原来用碱金属离子（Nb^{5+}、Ta^{5+}）涂覆并进行热扩散的工艺，而且制得的陶瓷材料致密度高、工艺性能良好，并保持了电阻率低（ρ 为 $10\sim2\Omega/cm$ 量级）、非线性高（非线性系数 $\alpha>10$）的介电-压敏复合功能特性。

1.6.3　智能陶瓷

稀土智能陶瓷是指具有自诊断、自调整、自恢复、自转换等特点的一类功能陶瓷。例如，锆钛酸铅（PZT）陶瓷中添加稀土镧而获得的锆钛酸铅镧（PLZT）陶瓷，不但是一种优良的电光陶瓷，而且因其具有形状记忆功能，即体现出形状自我恢复的自调谐机制，故也是一种智能陶瓷。稀土还在生物陶瓷、抗菌陶瓷等新型陶瓷材料中也有着独特的作用。由于稀土元素可与银、锌、铜等过渡元素协同增效，开发的稀土复合磷酸盐抗菌可使陶瓷表面产生大量的羟基自由基，从而增强了陶瓷的抗菌性能。

1.6.4　陶瓷颜料

稀土陶瓷颜料主要是指五种色相组合着色锆英石基稀土陶瓷颜料。可用作彩釉砖、外墙砖、地砖等建筑陶瓷的装饰材料，尤其适用于卫生洁具陶瓷制品的彩饰，还可用作瓷器釉上彩、釉中彩和釉下彩的色基。组合着色锆英石基稀土陶瓷颜料以二氧化锆、二氧化硅为基质材料，以过渡元素和稀土元素为组合着色剂，添加少量矿化剂，经高温 900~1150℃ 固相反应合成。其主要技术指标是，色相有红、黄、蓝、绿和灰，稳定性小于或等于 1280℃，最高可达 1300℃），适应气氛为氧化焰，颗粒直径小于 15 μm 的不少于 92%，大于 30 μm 者为零。

1.7　石油化工催化剂中的稀土

稀土催化剂及助催化剂种类繁多，但目前形成产业化的只有石油裂化催化剂、汽车尾气净化催化剂及合成橡胶催化剂。

1.7.1　石油裂化催化剂

汽油、柴油是工业和交通运输中的重要动力燃料。在石油工业中采用稀土分子筛催化剂进行石油裂化催化，可以大幅度提高原油裂化转化率，增加汽油和柴油产出率。在实际使用中，原油转化率由 35%~40% 提高到 70%~80%，汽油产出率提高 7%~13%。应用稀土分子筛催化剂进行石油裂化催化，具有原油处理量大、轻质油收率高、产品质量高、活性高、生焦率低、催化剂损耗低、选择性好等优点。

1.7.2　稀土汽车尾气净化催化剂

随着汽车的普及和人们对汽车尾气污染危害认识的加深，要求控制汽车尾气污染的呼声越来越高。汽车尾气净化催化剂是控制汽车尾气排放，减少汽车污染的最有效手段。含稀土的汽车尾气净化催化剂其特点是价格低、热稳定性好、活性较高、使用寿命长，特别还具有抗铅中毒等特征。美国稀土应用最大的领域是用于汽车尾气净化催化剂，1995 年汽车尾气净化催化剂的稀土用量为 1.1 万 t，占当年稀土总用量的 44% 左右。

1.7.3　合成橡胶用的催化剂

合成橡胶是以石油为原料发展起来的新兴石油化学工业。稀土催化剂将石油提炼工业中的副产品乙烯、丙烯、丁烯和芳香烃等迅速聚合成各种性能的橡胶，并达到同天然橡胶相同的性能。例如，中国稀土催化聚合的稀土顺丁橡胶在抗疲劳寿命、动态磨耗及生热性能等均优于传统的顺丁橡胶品种；稀土异戊橡胶的性能也达到或超过了同类橡胶水平。另外在合成氨工业中采用稀土催化剂可以将反应过程中的一氧化碳和副产物二氧化碳迅速转化为甲烷。

1.8　军工领域的稀土

目前应用于军工领域的稀土材料主要包括稀土钢、稀土球墨铸铁、镁和铝等有色稀土合金、稀土燃烧材料、稀土防辐射材料、稀土永磁材料、稀土激光材料、稀土超导材料、稀土超磁致伸缩材料、稀土纳米隐身材料等（李中华等，2006）。

1.8.1　稀土钢、稀土球墨铸铁

1. 稀土钢

稀土对钢的作用包括净化变质和合金化，主要通过脱硫、脱氧和去除气体，消除低熔点有害杂质影响，细化晶粒和组织，改变钢的相变点从而提高钢的淬透性和力学性能等。目前最常用的稀土钢包括装甲钢、稀土碳素钢、稀土高锰钢和稀土铸钢。中国牌号

的 601、603、623 等稀土装甲钢是中国坦克的专用材料。稀土碳素钢是在一种优质碳素钢中加入 0.05%的稀土制成的,稀土碳素钢的横向冲击值较原碳素钢提高了 70%~100%,–40℃时的冲击值提高近 1 倍。采用稀土碳素钢制造的大口径药筒经靶场射击试验证明,完全能满足技术要求,现已规模化生产。稀土高锰钢用于制造坦克履带板;稀土铸钢用于制造高速脱壳穿甲弹的尾翼、炮口制退器和火炮结构件,可减少加工工序,提高钢材利用率,并能达到战术技术指标。

2. 稀土球墨铸铁

稀土球墨铸铁制造的各种口径迫击炮弹,力学性能提高 1~2 倍,有效杀伤破片数量成倍增加,破片刃口锋利,杀伤威力大大提高。中国用该材料制造的某型加农炮和野战炮炮弹战斗壳体,其有效杀伤破片数和密集杀伤半径比钢质壳体更胜一筹。

1.8.2 镁、铝、钨等有色稀土合金

稀土具有很高的化学活性和较大的原子半径,加入到有色金属及其合金中,可细化晶粒、防止偏析、除气、除杂和净化以及改善金相组织等作用,从而达到改善机械性能、物理性能和加工性能等综合目的。国内外材料工作者利用稀土的这一性质,研制出了新型稀土镁合金、铝合金、钛合金、高温合金,这些产品在歼击机、强击机、直升机、无人驾驶机以及导弹卫星等现代军事技术上获得了广泛的应用。

1. 稀土镁合金

稀土镁合金的比强度 [比强度是材料的强度(断开时单位面积所受的力)除以其表观密度。又被称为强度-重量比。比强度的国际单位为 $(N/m^2)/(kg/m^3)$ 或 $N\cdot m/kg$] 较高,能减轻飞机质量,提高战术性能,具有广泛的应用前景。例如,以稀土金属钕为主要添加元素的 ZM 6 铸造镁合金已扩大用于直升机后减速机匣、歼击机翼肋及 30 kW 发电机的转子引线压板等重要零件;稀土高强镁合金 BM 25 已代替部分中强铝合金,在强击机上获得应用。

2. 稀土钛合金

美国 F-22 战斗机超音速巡航的功能,则靠其强大的发动机以及轻而坚固的机身。F-22 机身就是稀土镁钛合金制造。中国在 Ti-Al-Mo 系钛合金中用稀土金属铈取代部分铝、硅,限制了脆性相的析出,使合金在提高耐热强度的同时,也改善了热稳定性能。以此基础上,又研制出了性能良好的含铈铸造高温钛合金 ZT3。它与国际同类合金相比,在耐热强度及工艺性能方面均具有一定的优势。用它制造的压气机匣用于 WPI3 Ⅱ 发动机,每架飞机减重达 39 kg,提高推重比 1.5%,此外减少加工工序约 30%。用氧化钇型壳制造钛铸件的突出优点是:在铸件质量和工艺水平与钨面层工艺相当的条件下,能制

造比钨面层工艺更薄的钛合金铸件。目前,该工艺已广泛用于制造各种飞机、发动机及民品铸件。

3. 稀土铝合金

含稀土耐热铸造铝合金 HZL206 具有优越的高温和常温力学性能,并已达到国外同类合金的先进水平。现已用于直升机和歼击机工作温度达 300℃的耐压阀门,取代了钢和钛合金。减轻了结构重量,已投入批量生产。稀土铝硅过共晶 ZL117 合金在 200~300℃下的拉伸强度超过德国的活塞合金 KS280 和 KS282,耐磨性能比常用活塞合金 ZL108 提高 4~5 倍,线膨胀系数小,尺寸稳定性好,已用于航空附件 KY-5 空压机、KY-7 空压机和航模发动机活塞。

4. 稀土钨合金

钨被称为“工业的牙齿”,含稀土的钨合金被大量用在武器装备中,如枪、炮发射管等都使用稀土钨合金制作。穿甲弹的弹丸使用了比坦克装甲硬得多的高密度稀土钨钽合金钢等材料制成。

1.8.3 稀土燃烧材料

1. 纯稀土金属

纯稀土金属因其化学性质活泼,极易同氧、硫、氮作用生成稳定的化合物,当受到剧烈摩擦与冲击发生火花时,可引燃易燃物。因此,早在 1908 年它就被制成打火石。17 种稀土元素中有铈、镧、钕、镨、钐和钇六种元素都具有特别良好的纵火性能。各国根据稀土金属的纵火性能制成了各式燃烧武器,例如,美国“马克-82 型”227 kg 航弹采用稀土金属内衬,除了产生爆炸杀伤效应的同时还产生纵火效应。美国空对地“阻尼人”火箭战斗部内装 108 个稀土金属方棒作内衬,取代部分预制破片,其点燃航空油料的能力比无内衬的高 44%。

2. 混合稀土金属

由于纯稀土金属的价格较为昂贵,各国的燃烧武器中广泛采用廉价复合稀土金属。复合稀土金属燃烧剂经高压装填于金属壳体中,燃烧剂密度为（1.9~2.1）×10^3 kg/m^3,燃烧速度 1.3~1.5 mm/s,火焰直径约 500 mm,火焰温度高达 1715~2000℃。其燃烧后炽热体炽热持续时间长于 5 分钟。例如,美国在侵略越南战争中,使用的 40 mm 纵火榴弹引燃内衬就用混合稀土金属制成。当发射出去的弹体爆炸后,每一片带有引燃内衬的破片都可引燃目标。当时该弹月产量达 20 万发,最高达 26 万发。

3. 稀土燃烧合金

质量为 100g 的稀土燃烧合金可形成 200~3000 个火种，覆盖面积大，与穿甲弹、破甲弹的杀伤半径相当。为此，发展燃烧威力的多功能弹药成为目前国内外弹药发展的主攻方向之一。对于穿甲弹和破甲弹，其战术性能要求在击穿敌坦克装甲之后，还能将其油料、弹药引燃，以彻底摧毁坦克；对于榴弹则要求在其杀伤范围内引燃军需物资和战略设施等。例如，美国制造的塑料稀土金属燃烧弹弹体由玻璃纤维增强的尼龙制成，内装混合稀土合金弹芯，用于对付装有航空燃料及类似燃料的目标。

1.8.4　军事防护与核技术应用的稀土材料

1. 防护技术

稀土高分子材料的热中子屏蔽效果优于无稀土高分子材料 5~6 倍。其中添加钐、铕、钆、镝等稀土材料的中子吸收截面最大，具有俘获中子的良好作用。目前，稀土防辐射材料在军事技术中的主要应用包括以下几个方面：

1）核辐射屏蔽

美国采用 1%硼和 5%的稀土元素钆、钐、和镧，制成厚度为 600 mm 的防辐射混凝土，用于屏蔽游泳池式反应堆裂变中子源。法国采用石墨为基材添加硼化物、稀土化合物或稀土合金，研制成一种稀土防辐射材料。这种复合屏蔽材料的填料要求分布均匀并制成预制件，根据屏蔽部位的不同要求，分别置于反应堆通道的四周。

2）坦克热辐射屏蔽

坦克热辐射屏蔽材料由四层单板组成，总厚度为 5~20 cm：第一层用玻璃纤维增强塑料制成，采用无机粉末添加 2%的稀土化合物为填料，以阻滞快中子、吸收慢中子；第二层和第三层，是在前者之中再加入硼石墨和聚苯及占填料总量 10%的稀土元素，以阻滞中能中子和吸收热中子；第四层采用石墨代替玻璃纤维，加入含 25%稀土化合物，吸收热中子。

稀土钆可用作防中子弹辐射的涂料添加剂，涂有含氧化钆特殊涂料的装甲车可防止中子辐射。若将类似稀土材料涂在舰艇、掩蔽部和其他军事装备上，都可起到防辐射的作用。

2. 核技术应用

钆是吸收中子的能力最强的元素。每个原子约 4600 靶，每个自然钆原子在失效前平均吸收 4 个中子。当与可裂变的铀混合时，钆可促进燃烧，降低铀的消耗并提高能量输出。氧化钆不像碳化硼那样产生有害的副产品氚，在核反应时既能与铀燃料又能与它的包覆材料相配。钆可与铀直接混合防止核燃料棒膨胀。目前全世界计划兴建的核反应堆 149 座，其中 115 座压水堆应用稀土氧化钆。

稀土钐、铕和镝已用作中子增殖反应堆的中子吸收剂。稀土钇在中子中俘获截面小，可用作熔盐反应堆的管材；稀土氧化钇可用作沸水反应堆（BWR）中铀燃料的可燃吸收体。添加稀土钆和镝的薄箔可用作航天、核工业工程中中子探场仪，少量的稀土铥和铒用作密封管中子发生器的靶材料，稀土氧化钐-铁金属陶瓷用于制作改进型反应堆控制支承板。稀土镱被用于测量地下核爆炸所引起的地应力设备中。当稀土镱受力时，电阻加大，电阻的变化可用来计算所承受的压力；如果把气相沉积、交错涂敷的稀土钆箔和一个应力敏感元件相连，可用于测量核爆炸应力场的变化梯度。

1.8.5　稀土永磁材料

稀土永磁材料是目前已知综合性能最高的一种永磁材料，它比 20 世纪 70 年代军事装备中磁钢的磁性能高 100 多倍。目前，它已成为现代电子技术通信中的重要材料，用在人造地球卫星、雷达等方面的行波管、环行器中。钐钴磁体和钕铁硼磁体在导弹制导系统中用于电子束致聚焦，磁体是电子束的主要聚焦器件，它将数据传递至导弹的操纵面。在导弹的每一个聚焦制导装置中约有 5~10 磅（2.27~4.54 kg）磁体。此外，稀土磁体还用于驱动电动机，转动制导导弹的方向舵，其优势比原来的铝镍钴合金磁性强、质量轻。

1.8.6　稀土激光材料

稀土激光只是稀土发光材料功能中的用途之一，激光与稀土激光材料是同时诞生的。激光具有很好的单色性、方向性和相干性，亮度很高。到目前为止，大约 90% 的激光材料都涉及稀土，如钇铝石榴子石晶体是当今普及的、在室温下可获得连续高功率输出的激光器。固体激光器在现代军事上的应用包括以下几个方面：

1. 激光测距

美国、英国、法国、德国等国研制的掺钕钇铝石榴子石激光测距机可测距离达 4000~20 000 m，精确度 5 m。从美国 M1 Abrams 主战坦克到德国"豹"Ⅱ型、法国"勒克莱尔"、日本 90 式、以色列"梅卡瓦"，还有英国最新研制的"挑战者–2"坦克等武器系统都采用了这类激光测距机。目前，有些国家正在研制新一代的人眼安全固体激光测距机，其工作波段为 1.5~2.1 µm。美国、英国采用掺钬氟化钇锂激光器研制出手持式激光测距机，其工作波段为 2.06 µm，测距达 3000 m。美国还与国际激光公司联合采用掺铒氟化钇锂激光器，研制出波长为 1.73 µm 的激光测距机，并大量装备部队。以美国 M1 Abrams 系列主战坦克为例，20 世纪 80 年代后美国历次对外大规模军事行动（例如 1997 年 1 月 17 日开始的沙漠风暴或 2003 年 3 月 20 日开始的第二次海湾战争等）都显示出机动性强、火力精准强悍等优势。原因就是 M1 系列坦克装备掺钕钇镧铝石榴子石激光测距机，其铁磁性共振幅度小，电流电阻大，滤波能力强，在晴朗的白天可以达到近 4000 m 的观瞄距离（而 T-72 的激光测距机只能看到 2000 m 处的目标）。在夜间，加入稀土元素镧的夜视仪视如白昼，对战场的硝烟穿透能力较强，还不易被敌人探测到，照射军事目标的对比度较大，成为当时伊拉克萨达姆麾下坦克部队的梦魇。

中国的军用测距机激光波长 1.06 μm，测距 200~7000 m。中国在发射远程火箭、导弹和试验通信卫星中均通过激光电视经纬仪在靶场测量中取得重要数据。

2. 激光制导

激光制导炸弹是用激光进行终端制导。对目标照射激光采用每秒发出几十个脉冲的 Nd·YAG 激光器，脉冲进行编码，光脉冲能自导导弹响应，从而可防止导弹发射的干扰和敌方设置的障碍，如美军的"灵巧炸弹"GBV-15 滑翔炸弹就由激光制导。1999 年 5 月 8 日凌晨 6 时，美国就是使用激光制导炸弹（908 kg 重的 GBU-31 JDAM 制导炸弹）轰炸中国驻南斯拉夫大使馆。美国在攻击伊拉克战场上"爱国者"导弹能比较轻易地击毁"飞毛腿"导弹，就得益于前者激光精确制导系统的出色工作。其制导系统中使用了大约 4kg 的钐钴磁体和钕铁硼磁体用于电子束聚焦。

3. 激光通信

除 Nd·YAG 可用作激光通信外，四磷酸钕锂晶体（LNP）的激光输出有偏振性，易于调制，被认为是最有希望用于光纤通信的微型激光材料之一，并可望在集成光学和宇宙通信方面获得应用。另外，钇铁石榴子石（$Y_3Fe_5O_{12}$）单晶可用微波集成工艺制作各种静磁表面波器件，使器件集成化、小型化，在雷达遥控遥测、导航及电子对抗中有特殊用途。

1.8.7 稀土超磁致伸缩材料

稀土超磁致伸缩材料主要是指稀土-铁系化合物。这类材料具有比铁、镍等大得多的磁致伸缩值，是物理作用下应变值最高、能量最大的材料，其磁致伸缩系数比一般磁致伸缩材料高约 10^2~10^3 倍。特别是铽镝铁磁致伸缩合金（Terfenol-D）的研制成功，更开辟了磁致伸缩材料的新时代。当 Terfenol-D 置于一个磁场中，其尺寸的变化比一般磁性材料大，这种变化使一些精密机械运动得以实现，也使电-机械转换技术成为现实。目前广泛用于燃料系统、液体阀门控制、微定位到机械致动器、太空望远镜的调节机构和飞机机翼调节器等领域。稀土磁致伸缩材料在现代军事上的应用主要有以下几个方面：

1. 声呐

声呐的发射频率都在 2 kHz 以上，但低于此频率的低频声呐频率越低、衰减越小、声波传得越远，同时频率低受到水下回声屏蔽的影响就越小，用 Terfenol-D 材料制作的声呐可以满足大功率、小体积、低频率的要求，所以发展得较快。美国海军潜艇装备了由铽、钐、镝磁致伸缩材料制成的大功率声呐，它具有响应频率低、信号衰减慢、传递远、低电压工作等优越性，水下测量目标可达到几千千米，为打击目标提供了可靠保证（栗国等，2013）。

2. 电-机换能器

主要用于小型受控动作器件——致动器。包括控制精度达纳米级，以及伺服泵、燃料注入系统、制动器等，用于军用汽车、军用航天器、军用机器人等。

3. 传感器和电子器件

这一类型的设备如袖珍测磁仪、探测位移、力、加速度的传感器以及可调谐的表面声波器件等。后者用于雷达、声呐的相位传感器和计算机的存储元件。使用稀土超磁致伸缩材料雷达的响应速度比机械装置快 200 倍。掺钕钇铝石榴子石单晶是一种固体激光器的激光振荡物质，"战斧"巡航导弹的导引装置、MIA2 战车等瞄准系统都使用到它，用它制成的激光器具有体积和阈值小、效率高、工作性能稳定等优点，能更高效地捕捉到目标。用钇-铁石榴子石制造雷达滤波器、环流器，可遥测 3 万 km 以外的空中目标。在海湾战争中，多国部队夜袭巴格达，主要依靠夜视设备，稀土在夜视设备中，可使光子、电子互相转化，让人用目镜看到黑暗中的图像，所以伊拉克的主要军事目标几乎全部被摧毁（夏成宝等，2010）。

1.8.8　稀土纳米隐身材料

隐身技术与激光武器、巡航导弹是军事科学的最新三大技术成就，隐身材料是隐身技术的基础和先导。从实战要求能对抗所有现代探测、跟踪和制导手段的稀土纳米多波段隐身材料（钱九红，2006），是现有非稀土纳米的宏观粒子难以达到的。

纳米材料是指材料组分的特征尺寸在纳米量级的材料，纳米颗粒粉体的尺寸通常在 100 nm 以下。由于纳米粒子尺寸小，比表面积大，表面原子比例高，悬挂键增多。大量悬挂键的存在使得界面极化，而高的比表面积造成多重散射，这是纳米材料具有吸波特性的主要原因。纳米微粒较高的矫顽力可引起大的磁滞损耗，有利于将吸收的雷达波等，转换成其他形式的能量（热能、电能或机械能）而消耗掉。磁性纳米粉如 $LaFeO_3$ 和 $LaSrFeO_3$ 等复合稀土氧化物，在微波场辐射下增加了对电磁波的吸收，并兼具透波、衰减和偏振等多种功能。美国已经研制出第四代纳米吸波材料"超墨粉"，它的厚度只有几微米，对雷达波的吸收率可达 99%。几十纳米的膜可产生相当于几十微米的吸波材料所获得的光吸收效果。同时具有高韧性和高强度，其内部原子的自扩散比常规晶体高 10^{19} 倍，比晶界扩散高 100 倍，比热容是传统金属的 2 倍。法国研制成功一种宽频谱微波吸收涂层，该涂层由黏结剂和纳米级微粉填充材料构成，这种多膜叠合而成的结构具有良好的磁导率，在 50 MHz~50 GHz 频率范围内吸收性能较好。美国的 SDS 公司利用一种超细陶瓷球粉体，添加在普通的漆中，喷涂在飞机和车辆上，可以提高隐形能力，还可以涂覆在电子装备上来对付电子干扰。美国 Brunswick 公司研制出一种多频谱超轻型吸波材料，这种新型材料为柔性复合材料，主要成分为聚合物，经过多道工序制得，其质量只有 131 g/m²，既可吸收雷达发射的频率高达 140 GHz 的厘米波和毫米波，又可防近红外（0.6~0.9μm）、中红外（3~5μm）、远红外（8~10μm），还能防波长为 0.3~0.7μm 的可见光。中国已研制出复合隐身涂料，它能使 8~12 GHz 和 26.5~40 GHz 波段的雷达散射面积衰减 8~10 dB，相当于雷达探测距离减小，它还能改变被保护目标的红外辐射特性，降低红外成像制导的发现和识别概率。

现代军事技术发展过程中，雷达、毫米波、红外、激光、多光谱和声波等现代探测和制导技术大量应用于武器系统中，使得武器的命中率提高了 1~2 个数量级，给飞机、潜艇、坦克、雷达、红外探测器、通信、控制、制导、遥测、强激光、导弹等的存在造成极大的威胁。美国将隐身技术列为 1990~2000 年优先发展的 17 项技术中第二位，稀土隐身材料是隐身技术中的基础和关键。

参 考 文 献

李中华, 张卫平, 刘甲祥. 2006. 稀土材料在现代军事技术上的应用及发展趋势[J]. 湖南冶金, 34(4): 43-48.

栗国, 盛卫超, 倪明仿, 等. 2013. 基于军事价值的稀土资源形势分析与对策[J]. 四川兵工学报, 34(12): 49-51, 70.

刘兴旺, 高赛生态, 王丽, 等. 2010. 新型 β-二酮及其稀土配合物的合成、表征及荧光性能研究[J].有机化学, 30(20): 1848-1853.

刘兴旺, 王娜, 高赛生态, 等. 2009. β-二酮(HTPP)、邻菲罗啉分别与铕和铽三元配合物的合成、荧光性能及理论研究[J].有机化学, 29(10): 1676-1681.

钱九红. 2006. 纳米多波段隐身材料研究进展[J]. 稀有金属, 30(4): 511-516.

唐永伦, 熊言林, 李晓龙. 2012. 稀土——21 世纪的经济武器[J]. 化学工程与装备(无卷号)(5): 146-149.

夏成宝, 葛文军, 汪定江, 等. 2010. 稀土在军事领域的应用[J]. 机电产品开发与创新, 23(6): 18-19.

赵军, 聂鲁, 丁永萍, 等. 2015. 新型铽、铕、钐和配体 β-二酮、4, 5, 9, 14-四氮-二苯并蒽配合物的合成、表征、性质研究[J]. 稀土, 36(2): 55-59.

兴禾生态农业. 2012-11-08. 稀土在农业上的运用成果汇总[EB/OL]. 青苗百科, http://www.nmxhst. com/htm/201211/201211823355454782.html

中国稀土门户网. 2009-09-17. 稀土在功能陶瓷中的应用[EB/OL].中国稀土门户网站, http://www. cnree.com/baike/200909/17/103.html

中国稀土门户网. 2009-09-17. 稀土在涂料行业中的应用[EB/OL].中国稀土门户网站, http://js.cnree. com/baike/200907/27/89.html

第 2 章　中国稀土与 WTO

　　稀土的优越性能及其广泛的应用领域，被美国、欧盟、日本等发达国家誉为"工业维生素"。然而过去多年来，中国稀土却以仅占全球总储量 23%的储备向世界稀土消费市场供应着 95%的稀土产量，而且最严重的是稀土生产过程中产生了巨额环境成本。当中国意识到稀土生产对生态环境影响问题异常严重且开始限制稀土出口时，美国、欧盟、日本等非常重视生态环境可持续发展的发达国家却表现得非常焦躁，2012 年 3 月 13 日美国时任总统奥巴马宣布，美国已联合欧盟和日本向世界贸易组织（World Trade Organization，WTO）提起一项针对中国限制稀土出口的贸易诉讼。为此中国外交部发言人刘为民回应称，稀土是一种稀有的不可再生资源，开发稀土对环境造成影响，基于保护环境和资源的考虑，为实现可持续发展，中国政府对稀土开采、生产和出口各个环节均实施了管理措施，相关措施符合世贸规则。北京时间 2014 年 3 月 26 日晚 9 时，世界贸易组织公布了有关"美国、欧盟、日本起诉中国稀土、钨、钼相关产品出口管理措施案"的初裁结果：中国对稀土等产品实施出口税和出口配额限制违反 WTO 框架规定。2014 年 8 月 7 日，WTO 无视中国稀土生产对当地生态环境的严重影响，终审裁定中国在"稀土案"中败诉。

　　中国的稀土生产存在着现实的环境问题，轻稀土产品在生产过程产生的废气、废水和废渣会造成环境污染，尤其是原材料产品的冶炼过程中污染较为严重。作为中国第一大稀土矿即内蒙古白云鄂博矿在采矿、选矿等过程中，对生态环境的影响也很大（王红霞等，2013），稀土精矿钍含量为 0.24%，尾矿中钍含量为 0.057%，尾矿堆放不仅浪费稀土资源，也使土壤受到放射性污染；同时，由于坝中水渗漏使尾矿坝周围较大范围内土地成为沼泽地，农田、草场、动物等生态环境受到不小的影响，使大片土地因盐碱化被迫放弃耕种和放牧。

　　离子型稀土矿露天开采时对植被的破坏更为严重，而且很多稀土工厂对加工处理产生的废物直接排放。李文龙和张田华（2014）指出，1990~2005 年，中国稀土出口量增加了近 10 倍，2009 年时达到了 8 万 t。稀土资源的过度开采和消耗，一方面使稀土资源储量大幅度降低，另一方面也严重破坏了山体河流等生态环境。2012 年，国家 42 个部委组成联合调研组对赣南稀土污染调研的结论是，治污时间需要 70 年，治污费用超过 380 亿元，治污成本已远超江西稀土行业近几十年的利润。尽管国家和当地政府对稀土资源的开发制定了一系列管理措施，但多数企业设备和工艺落后，清洁生产工艺和污染物的治理技术极不完善，开采方式粗放，资源和环保意识薄弱，加之利益驱使，采、选、冶以及后续加工处理过程中产生的"三废"对周围环境造成了严重污染和极大的破坏，制约了稀土产业的可持续发展，增加了稀土产业转型总熵，降低了稀土产业转型的效率，使稀土产业转型升级面临更多的考验。

2014 年之前中国稀土出口虽然有配额、出口税等管制措施，但缺乏有关稀土生态环境问题的出口管制手段，导致初级稀土氧化物等产品的生产成本低、出口利润高，不少矿山企业仍采用被淘汰的落后开采技术生产，掠夺式开采稀土原矿，造成稀土原矿的严重损失。实际上，当时初级稀土氧化物出口获得的"高利润"，并没有扣除对生态环境保护与治理的成本；如果考虑稀土选冶过程中的生态环境成本，预计初级稀土氧化物出口也只能是很低的利润。陈占恒（2014）认为，北方白云鄂博稀土矿，每生产 1 t 稀土氧化物，大约需要 20 t 原矿，而其回收率约 10%，实际开采原矿约 250 t。南方矿稀土品位一般为 0.05%~0.3%。假设南方矿平均品位为 0.08%，则利用南方矿生产 1 t 稀土氧化物，大约需要 1200 t 原矿，回收率也很低。生产过程中产生的废水、废气、废渣任意排放，多数稀土出口企业环保核查达不到国家标准，使生态环境遭受严重污染，通过这种生产方式生产并出口稀土，其出口利润实际上是负值。这就导致稀土进口国获取中国稀土贸易福利的同时，中国的稀土生产地区则承担着稀土贸易的巨额环境成本。

金微（2012）认为，发达国家奉行的是"实用主义"，"具体是贸易自由还是贸易保护，要看哪个对自己的经济有益，总之是以国家利益最大化来实施"，并"扭曲贸易规则"。尽管中国针对稀土产业发展现状多次强调，出于保护环境和可持续发展的目的加强对稀土开采和出口管理，符合世贸组织规则中关于保护可用尽自然资源的例外条款。但是，美国、欧盟和日本坚称中国对稀土管制有违 WTO 规则，这次美国、欧盟和日本起诉中国有一条重要理由：中国的出口限制政策提高了中国以外地区的原材料价格，同时压低了中国国内价格。这种政策导致下游生产商面临巨大压力，并被迫将业务、工作岗位和技术转移至中国。

WTO 对中国"稀土案"败诉的终审裁定，切实暴露了 WTO 是发达国家御用工具的本质，凸显了 WTO、美国、欧盟和日本在中国稀土问题上的强盗逻辑。2011 年以来，WTO 在调解国际贸易争端上，已经不起实际作用，如美国、欧盟对中国光伏产业的"双反（反倾销、反补贴）"、巴西对中国制成品征收高关税等都说明谁愿意实施保护主义就实施，这些都表明 WTO 实际上已经失效。

中国稀土储量仅占全球稀土总储量的 23%，却以严重损害稀土产区的生态环境为前提，向世界供应稀土市场需求的 95%，这并不是中国应该履行的国际义务。

2.1　中国稀土案在 WTO 败诉的思考

早在 2011 年 7 月 5 日 WTO 争端解决机构向 WTO 成员国散发了关于欧盟、美国和墨西哥诉中国限制九种原材料出口一案的专家组报告（刘倩倩等，2013）。该报告称中国对铝土、焦炭、萤石、镁、锰、金属硅、碳化硅、黄磷和锌等九种原材料加征出口关税和实施出口配额，不符合中方加入世贸组织的承诺和 WTO 相关规定，2012 年 1 月 30 日 WTO 就此案件做出了终裁，称确认中国对原材料出口违背了国际贸易规则，必须加以改正。

中国政府认为我们的做法符合 WTO 规则。主要依据如下：

（1）中国的出口配额措施符合 GATT1994 第 11：2（a）条"为防止或缓解出口缔约方的粮食或其他必需品的严重短缺临时实施的出口禁止或限制"的规定；

（2）中国所采取的措施符合 GATT1994 第 20 条"一般性例外"（b）款"为保障人民、动植物的生命或健康所必需的措施"和（g）款"与保护可用竭的自然资源有关的措施，如此类措施与限制国内生产或消费一同实施"。这些政策对调控高污染高环境风险产品出口具有一定的作用，但是这样极易导致贸易伙伴的攻击。

即使中国可以引用例外条款，也没有理由证明出口管制是与国内原材料生产和消耗管制结合进行以达到保护资源的目的，未能证明关税/配额与保护目标之间存在明确关联，国内措施均不构成有效的限制，并且存在很多的替代措施可达到环境保护的目的，未能证明措施的目的是为保护人类、动物或植物的生命或健康，因此也无法满足这一条例的前提。

尽管原材料案的终裁结果以中国败诉告终，但是这个事情还没有结束。此案件为欧美国家对中国稀土出口限制的起诉奠定了判例法基础（此案意味着欧美国家已经完成了下一步起诉中国稀土贸易的立法工作，但当时没有引起中国的警觉），2012 年 3 月 13 日，美国、欧盟和日本就中国稀土出口限制措施向 WTO 提起了诉讼。

以铝土、焦炭、萤石、镁、锰、金属硅、碳化硅、黄磷、锌和稀土为典型代表的中国初级原材料产品，大量出口导致了"环境逆差"现象。尽管直至 2011 年中国的贸易一直处于顺差，但是大量的出口利润是以消耗大量资源和污染环境为代价换取的，特别是在资源性产品的出口方面。以焦炭为例，炼焦生产过程具有排污环节多、强度大、种类繁杂以及毒性大的特点，排放的污染物主要有烟尘、煤尘、飞灰以及粗煤气，其中苯并芘是致癌物质，对人体的呼吸系统有直接损害作用，严重影响了焦炭生产地区人们的身体健康；同时，炼焦行业是引起雾霾的主要行业之一。但是在"富煤、少油、贫气"的认识和出口退税等政策刺激下，中国煤炭企业高效地实施着焦炭出口换汇策略（冯跃威，2014），使焦炭出口从 1986 年的 600 余吨猛增到 2003 年 1472 万 t；早在 2000 年时，中国焦炭出口量已经占世界焦炭贸易量的 60%，成为全球最大的焦炭生产和出口国。同时，欧美等国对中国焦炭贸易的态度由反倾销调查，迅速过渡到调整资源战略，逐步减少、甚至停止焦炭生产，随即又启动煤炭期货等金融交易工具的创新，在寻求避险的同时形成了急需焦炭的买方为中国卖方的焦炭定价。不仅不再针对中国焦炭出口进行反倾销调查，而且，在窃喜中享用中国的廉价焦炭。从这种双重标准和态度的急剧转变，可以看出，WTO 只不过是一个面具，背后实际上是欧美等国家建立起的一套双重标准，从而对其他国家进行赤裸裸的核心利益争夺和稀有资源掠夺（静安，2014）。之前关心的所谓环保和公平贸易都是借口，它们自身的利益才是核心，它们只希望中国和其他发展中国家能够继续以低廉价格，出售本国独有的稀有元素、稀散元素和稀土元素等极为稀缺的各种战略性自然资源，以满足欧美国家本国国内工业，特别是高新技术产业发展的需要。事实上，对资源性产品的出口限制几乎是 WTO 所有成员的一致性行动，许多发达国家对本国具有战略意义的资源都倍加珍惜呵护。美国拥有极其丰富的石油资源，但从不轻易开采本土资源，而是依赖进口。美国还封存了国内最大的芒廷帕斯稀土矿，并明确规定绝大多数木材不准砍伐出口；为了保护资源，日本关闭了自己的所有生产型煤矿，仅保留了北海道的钏路煤矿用于煤炭开采技术的持续性。2007 年，日本煤炭年产量仅仅 60 万 t，其余全部依赖进口。由此，我们不难看出部分国家打着公平的旗号滥用国际规则，奉行双重标准，进而谋求一己之利益。

因而，稀土案败诉倒逼中国反思稀土管理体制。稀土出口价格低，主要是因为企业以合法甚至非法的方式拿到稀土开采权，然后倾向于以低价格抢占市场。两者叠加，造成恶性循环效应。稀土案败诉告诉我们经济管理行政措施并不是不受制约的。针对稀土案败诉形成的紧迫感，中国要优化提升稀土行业的国际竞争力，就必须抓好稀土开采冶炼分离等前端工序，在后端上建立良好的市场秩序，打击稀土违纪违规行为，规范市场秩序。只有打击非法行动取得实质成效，才能使稀土行业健康发展，进而也为国内类似行业的健康发展起到良好的示范效应。

2.2　西方强国的稀土材料战略

中国是世界上唯一能提供 17 种稀土金属的国家（张帆和刘慧芳，2015），也是世界上最大的稀土生产和出口国。中国的稀土管制，并不是不可避免地损害稀土进口大国的战略发展利益，而是稀土进口大国非常需要接受"资源节约型，环境友好型"稀土产品使用的可持续发展理念。

中国稀土系列中 17 种元素的稀缺性并不是一样的，重稀土元素更稀缺、价值更高，轻稀土元素相对丰富、价格偏低，出口同样数量重稀土元素的价格会更高、金额更大，企业为了获得更多的配额更倾向于选择价格高，稀缺程度大的中、重稀土元素，原本想保护稀土资源的配额制无形中使"稀土中的稀土"流失加速。例如，元素钪，储量极少、分离环保要求严格、伴生程度很高、选冶成本非常高（杨宏和金惠卿，2014）。钪在高效催化剂、新型电池应用领域作用特殊，但中国现有工业技术难以对其利用，日本只能初加工、美国才能实现高端应用，市场价格 2 万元/kg（氧化钪）；钪竟然被日本和美国大量进口收购，这种在国内目前科技水平条件下没有充分发挥利用价值但未来应用前景非常重要的稀有元素，在现有配额分配制度下被大量出口国外，使中国元素储备在未完全领悟其重要性时就已被国外大量"掠夺"。类似现象在中、重稀土元素钇、铽、镝、钬、铒、铥、镱、镥也比较明显。

稀土新材料在现代科学技术中所发挥的特殊作用，早已广泛引起各国政府和专家的高度关注，如稀土已被美国、欧盟、日本等发达国家有关部门列为发展高技术产业和军事技术的关键元素，而且美国能源部发布的更新版"2011 关键材料战略"、欧盟的"欧盟危机原材料"、日本文部科学省的"元素战略计划"均将稀土元素列为重点研究领域。

2.2.1　美国

美国能源部新版"2011 关键材料战略"中警告，在新技术领域诸如风力发电、电动汽车和高效照明系统中使用的五种基本稀土元素镝、铽、钇、钕和铕正面临严重供应短缺，镝、铽、钇、钕和铕已经达到供应短缺的临界水平，意味着到 2015 年之后可能出现供应问题。而可能更严峻的问题是，所有五种元素都几乎没有替代品且生产渠道的范围很小。"这意味着很有可能出现意外的断货或贸易纠纷，并迅速波及整个新技术领域"。美军使用的最好武器系统 100%依赖中国稀土：洛克希德-马丁公司的 F-16 战斗机，雷声公司的地空导弹，波音公司的"陆基中段防御"导弹，诺斯罗普-格鲁曼公司的"全球鹰"无人机以及通用原子公司的 MQ-1"捕食者"无人机。如果没有从中国采购的稀土材料，美国至少有 80 种主要武器系统根本无法工作。

美国稀土储量虽然丰富，但在 20 世纪 90 年代封存稀土矿生产以来，到 2007 年起才开始恢复其国内稀土产品的生产，由于长时间依赖进口的稀土资源，使用美国国内稀土产业链发展不健全，要重构可靠的稀土产业链是需要时间的，仍然会有相当一部分稀土需要依靠进口。例如，美国 2013 年从中国进口稀土冶炼分离产品 8120.2 t，占中国冶炼分离出口总量的 34.89%。

美国是国际上著名的现实主义者，美国对于国际上的任何事件都首先与美国国家利益相结合，再进行综合评价。据美国《防务新闻》2010 年 4 月 14 日报道，根据美国审计署 2010 年 4 月 14 日公布的《国防供应链中的稀土原材料》报告指出，重构一个可靠的美国稀土原材料供应链将花费 15 年时间（即到 2025 年才能达到需求的生产能力），并非常诚实地强调中国对用于许多高技术军事系统的稀土价格和生产占有主导地位。还坦率地承认重建美国的稀土供应链存在许多困难，包括花费大量资金去重建生产设施，发展新技术并获得专利等。美国虽然拥有技术人员，但是缺乏制造设施来进行稀土的氧化冶炼。该报告还指出，美国国防部正在评估美国军事对稀土的依赖，并采取措施减少这种依赖和扩大供应商基础。美国还计划大规模开发国内的稀土矿，但是美国还是缺乏一些耐极高温的稀土资源，而武器系统却急需这些原材料。

2.2.2　欧盟

欧盟最具高技术产品生产所需要的稀土原料几乎全部来自于中国。欧盟认定保障供应包括稀土在内的一些重要金属元素是满足未来低碳减排经济发展目标的关键因素，主要需求有混合及电动汽车、风力涡轮机所需要的稀土镝，用于混合及电动汽车、风能的镨、钕，用于照明的铽等。且"欧盟危机原材料"通过《欧盟原材料新方案》提出，欧盟原产的原材料面临着用尽的风险：由于欧洲减少了对新矿床的勘探和开发；勘探、开采和原料加工的新技术开发不足；缺乏矿业规划政策和环保标准限制，导致矿物开采量减少。针对这些问题提出解决问题的措施包括合理获取原材料是欧盟保持竞争力的重要因素。为减少对欧盟以外国家的依赖，需要改进国内原材料行业，特别是拓展对欧洲地质和原材料的市场。确保在不扭曲市场运行的条件下从欧盟以外的国家进口矿产品，欧盟需要积极的外交政策、贸易政策和发展政策。为顺应可持续发展原则，欧盟原材料战略必须融入到"欧盟可持续发展战略"之中。此外，欧盟的原材料战略必须和"欧盟自然资源可持续利用的专题战略"兼容。欧盟 2008 年出台的原材料新方案包含了 3 个支柱（周进生等，2012）：①保证与工业竞争者在相同条件下从国际市场获取原材料；②在欧盟内部设置正确的机制框架，以促进来自欧洲原材料的可持续供应；③提升整体效率，促进资源循环利用，以减少欧盟对初级原材料的消耗和对进口材料的依赖性。

2.2.3　日本

日本是世界上第二大稀土消费国，也是利用稀土实现附加值最高的国家。汽车和电子产品制造业在其经济中占有重要地位，而这些行业是广泛应用稀土元素的大行业。日本稀土地质储量为零，所需稀土全部依赖进口。虽然日本在寻求多元化稀土资源供给，但短时间内仍需从中国进口大量稀土。2013 年，日本从中国进口稀土冶炼分离产品 7781.7 t，占中国冶炼分离出口总量的 33.44%；从中国进口稀土永磁 4543.4 t，占中国稀土永磁出口总量的 18.91%（张帆和刘慧芳，2015）。

日本的元素战略计划是日本《第三期科学技术基本计划》中《战略重点科学技术项目》中的一个子项目。其内容包括研究物质的构成及决定其功能和特性的元素比例及特点；找到物质和材料功能特性发现机制；开发出不使用有害元素和稀有元素的高性能物质和材料。新课题的确立是日本为推动研制稀有元素替代物、适应逐渐扩大的市场需求、减少对外依赖度所进行的一种尝试。

由于日本国内稀土资源极为贫乏，资源储备成为其保障长期资源供给的首要措施。目前，日本资源储备可分为石油、液化石油气和稀有金属三大储备，其中稀有金属储备包括稀土在内的 10 种必须储备的稀有金属。日本资源储备分为国家储备和民间储备两个层次，且日本对于建立矿产资源的民间储备体系要早于国家储备体系。早在 1974 年，日本通产省就已出台相关政策，选定部分有条件储备的矿产资源作为战略资源进行储备。在随后的 1976 年，日本通过设立"特殊金属储备协会"这一社团法人，采取"政府出资、民间管理"的形式进行矿产资源的民间储备。

近年来，由于海外国家对于稀土出口呈现出逐渐加强管控的态势，使日本国内稀土供给的稳定性存在挑战。为了降低国内稀土资源长期供给风险，日本政府在 2006 年发布《国家能源资源战略新规划》，将稀土、铂、铟等稀有金属列入储备对象，即将稀有金属储备种类扩展至 10 种，以防止因这些稀有金属短缺而影响日本经济的正常发展。为此，2006 年 3~4 月，日本经济产业省资源能源厅组织稀有金属供应商、稀有金属用户等产业界以及有关专家学者等，共同研究确保钒、铬、锰、钴、镍、钼、铂、银、铜、钨、铟以及稀土等 31 种稀有矿物资源稳定供应的对策。

为了保证战时国防经济的正常运行，日本建立了规模巨大的民用和战略能源储备。日本战略石油储备达到 161 天，用国际标准衡量属于"很安全"的级别。日本建立了国内 60 天消费量的稀有金属储备，其中国家储备 42 天，民间储备 18 天。主要是镍、铬、钨、钴、钼、钒、锰等稀有金属，其进口依赖度超过 90%。

实际上，日本在稀土方面的举措远远不只是台面上的稀土战略储备和向中国施压要求放宽出口限制，在一系列"公开牌"之外，日本的稀土战略悄然呈现出的以下三个重要特征和方向值得关注。

特征一，日本政府早已在金融、政策等多方面背后支持日本企业"走出去"控制和夺取稀土在内的矿产资源开采权。日本是一个自然资源极度贫瘠的国家，因此，其政府支持企业海外勘探和获取矿产资源的力度、密度远远超过一般国家,日本政府不仅鼓励企业进行海外矿产资源开发,而且积极在行动上通过一些半官方组织为媒介,推行海外矿产勘查补贴计划和贷款支持计划。例如,日本政府就专门从产业投资特别账户中,支付相关半官方组织对日本企业海外矿产资源开发的担保资金,最高贷款比例可达70%以上,还款期限从5年到20年不等。日本在越南、澳大利亚、南非等诸多国家开发稀土项目的背后,就是这种幕后支持模式的杰作。

特征二,日本对于稀土资源的争夺已经从"地上"向"水里"渗透。日本政府在2009年3月24日曾制定出台了《海洋能源与矿物资源开发计划》,该计划第一次详细表述了日本今后对于海底资源的具体开发步骤,包括海洋能源、矿物资源的调查,以及海底资源开发地区、时间及方式等基本内容。而按照该计划草案的内容,日本从2010年将开始对其周边海域的石油天然气等能源资源以及稀土等矿物资源进行调查,主要调查其分布情况和储量,并在10年以内完成调查的基础上进行正式开采。该计划草案表明,日本将有争议地区资源开采争夺与"海洋经济开发"战略融合的步骤、进程正在加快。据日本东京大学副教授加藤泰浩负责的矿产资源调查小组于2011年前后探测估算,在太平洋中部及东南部海底可能蕴藏着800亿~1000亿t稀土金属,这是陆地已探明稀土金属储量的1000倍,这是世界上首次从地质资源专业调查的角度向世人提供海底存在有开采价值的稀土资源。

特征三,日本加速稀土替代材料的研究和稀土元素回收利用,构建了一个目标明确的稀土中长期应对策略。因为产业结构的偏向,日本对一些稀有金属元素具有惊人的消费量,一些稀有元素的消费量一度占到了全球消费量的30%以上乃至60%,所以日本经济产业省从2007年就开始了初期投入70亿日元的稀有元素替代品研究计划。日本还通过鼓励资源回收利用以及替代材料研发两方面政策来降低对稀土资源的进口依赖。在2001年以来出台的有关环境、资源综合利用、废弃物处理等一系列法律的基础上,日本在2010年发布的科学技术白皮书中提到要开发稀土高效回收系统、稀土替代材料,还通过设立环境废弃物管理研究基金优先资助稀土回收提炼研究,"城市矿山"的开采就是该研究的核心,也是日本稀土资源战略近些年来的一个侧重点。"城市矿山"是指城市里废弃产品所含的金、铂等贵金属以及钯、铟等稀有金属,这些资源总量的规模已经相当于一个"矿山"的储量,由于资源回收再利用技术上的飞速进步,这些"城市矿山"对于日本来说不亚于甚至超过天然矿藏。2010年年底,日本企业从国外大量收购做精密仪器剩下的碎玻璃和工业垃圾,从其中提取稀土。自20世纪60年代起,日本就开始在如何提高对稀土资源的利用效率上动脑筋。1967年,日本一家公司就开发出"溶媒萃取分离法"并将其应用于工业化生产,实现了将稀土内十几种性质相近元素进行分离的产业化应用。如今,日本产业界已有近50年的稀土提取与应用的技术积累。

从上述三个特征性内容中可以判断,日本除了从中国直接进口稀土以外,通过自己的技术开发获得稀土最可行的途径是"城市矿山"。至于开发海底稀土的设想,如果从矿产资源详细勘察、开采、选冶等专业角度详细考虑,若要将太平洋中、西部海底的稀土资源,准确圈定储量、实施开采、选冶并能达到目前中国供应的可应用稀土质量的水平,可以说它与现实应用的差距,仍然属于科学幻想的范围,因为其详细调查、开采难度与开采成本不亚于去月球上采矿。所以,最保守地估计,未来 30 年(至少到 2045 年),中国稀土供应量对国际市场的影响因素,不管说成是"核心因素"还是"决定性因素",都很有道理。正因为目前国际上所有在陆地上已经探明的稀土矿产资源,其开采与选冶难度奇大、成本奇高,对环境污染特别严重,这些因素使欧美国家都非常不愿意开采、选冶稀土金属。基于这个原因,2012 年 3 月中旬美国联合欧盟和日本向世界贸易组织(WTO)提起针对中国限制稀土出口的贸易诉讼。

2.3　中国稀土产业价值链特征

　　2008 年 9 月 15 日国际金融危机爆发引发的全球经济危机,推动了世界经济结构的重大调整,各国纷纷提出发展战略性新兴产业以抢占科技制高点,尤其是新材料产业的发展在一定程度上已经超越了经济层面,成为国家取得经济支配权、政治话语权、军事主导权的重要砝码。素有"工业维生素"之称的稀土作为功能性材料,美国、日本等发达国家早把稀土列为发展新技术产业的关键元素和战略储备。中国拥有丰富的稀土资源,但是长期以来产业体系发展不健全,在全球稀土产业价值链中长期处于原料和初级产品提供的低级阶段(张洁,2011)。

2.3.1　稀土产业价值链构成

　　中国稀土产业发展实践表明:把握终端市场需求、技术专利化和主导技术标准、垂直一体化运作和发展循环经济,应该分别建立在张其春和郗永勤(2015)提出的产品链、技术链、价值链和生态链协同升级的战略性新兴产业发展基础上,以"四链"为纽带组建四大战略联盟对"四链"进行整合重组,实现"四链"的匹配对接是促进战略性新兴产业升级的关键。中国战略性新兴产业虽然取得了显著进展,但在实践中却面临着"顶着高端产业的名头,却只能在全球产业链中从事低端制造"的困境。

　　产业链是各个产业部门之间基于一定的技术经济关联,并依据特定的逻辑关系和时空布局关系客观形成的链条式关联关系形态,所以产业链意味着产业从上游到下游各环节的产品链、技术链、生态链和价值链等多链搭接、交互而成的复杂价值网络。战略性新兴产业链升级过程实质上是"四链"协同高级化的过程,产品链优化、技术链升级、价值链增值以及生态链拓展成为战略性新兴产业转型升级的直观表现和重要依托。伴随着"四链"的协同升级,战略性新兴产业不仅在规模、范围和复杂程度上得到提升,其价值创造能力也将实现阶梯式上升,见图 2-1。

1. 产品链优化

　　产品链是产业链上各种实物形态产品(包括半成品、产成品、副产品等)的链接,产品链是产业链升级的直接表现形式。战略性新兴产业是具有高产业创新力、产业引领力、产业持续力、产业聚集力、产业碳减力的产业,故产品链升级方向应该朝着完整化、

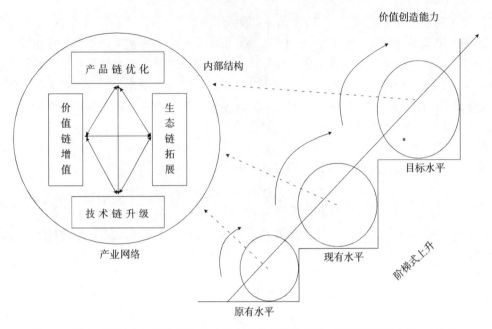

图 2-1　基于"四链"协同升级的战略性新兴产业发展逻辑（张其春和郗永勤，2015）

高端化、品质化、规模化和生态化方向发展。完整化要求战略性新兴产业的产品链覆盖上、中、下游各个环节，不断向纵深延伸，保证产品链上中下游各企业的协调行动和相互支持；高端化要求产品链应具备科技含量高、附加值高、功能强大、产出效益高、拉动能力强等特征；品质化要求其产品应具备性能好、工艺精良、易于使用、性价比高、美观舒适等特点；规模化要求提高产业规模和专业化水平，促进产业集聚，发挥规模经济效应，满足巨大的市场需求。生态化要求产品必须具备节约资源、无公害、可再生以及满足人们健康和生命需要等特征。

2. 技术链升级

技术链是物化于战略性新兴产业链中的各种新兴技术依据产业环节而形成的技术链接关系。技术链包含产业主干技术、产业配套技术和产业辅助技术的组合，形成结构优化的产业技术体系。战略性新兴产业最突出的特点是创新的驱动性、突破性和先导性，技术链升级为其形成和发展提供了内在动力，是保证产业链升级的活动源泉。战略性新兴产业技术链升级，一方面表现为重大技术突破带来全新的技术范式和产业技术轨迹的跃迁，如风能、太阳能、生物质能等产业的发展便是核心技术跨越的产物；另一方面则是在原有技术轨道上，通过技术延伸、融合和重构等渐进式技术创新而实现。技术链延伸不仅表现为向实现资源深度开发的纵深延伸，还表现为向上游原料、零配件方向延伸以及向辅助、配套技术的侧向延伸，使技术链不断得到拓展；技术链融合是指将截然不同的技术链融为一个统一的整体，使不同产业的技术基础协同化，催生新产业链，如节能环保技术和新一代信息技术的融合产生了智慧能源产业；技术链重构是在对原有技术链进行解构的基础上，加入新的技术元素，打破原有技术网络的内部结构，实现对原有技术网络的重新安排，如传统装备制造业加入自动化、智能化技术，进而升级为高端装备制造业。

3. 价值链增值

价值链依托产品链而存在，是依据产品链上各环节的附加价值水平链接而成的。从价值实现途径看，战略性新兴产业价值链升级需要依托价值发现、价值创造、价值维护和价值分配来实现，从而破解价值链低端锁定的困局。第一，战略性新兴产业中不少价值环节是隐蔽的，需要通过一定的手段才能发现，尤其是产业链下游的应用环节、生产过程中副产品的综合利用以及废旧产品再生利用都具有极大的拓展空间，需要深入挖掘，实现价值链增值空间扩张。第二，价值创造是价值链演化的基础，上游的知识创新、中游的知识孵化以及下游的新技术应用都是价值创造的过程，加强具有知识产权的核心技术开发、提升制造工艺水平以及服务水平，都能够提高价值创造力和创造水平；当前中国战略性新兴产业应当从价值链的中间环节沿着两端攀升，从专注于制造向技术研发、产品设计、技术和产品标准制定、产品精深加工、废旧产品回收、销售渠道构建、品牌培育及售后服务等价值链两端延伸，以实现价值链条延长和链位升高。第三，美国、日本、英国等发达国家通过技术标准、碳标签乃至反倾销、反补贴等手段对中国战略性新兴产业发展进行压制，这就要求企业在发展战略性新兴产业过程中应当提高知识产权保护意识和海外维权能力，积极利用国际贸易组织通报咨询机制等方式应对各种贸易壁垒，维护合理的价值链利益。第四，利益在价值链上各节点的合理分配与转移，是价值链演化的前提条件，利益在价值链上各环节的分布不均容易造成价值链的断裂，影响价值链的稳定性。因此，应该协调好可持续产业价值链价值创造主体及其关系，从价值链的整体构建价值分配机制以调动价值链上各环节行为主体的积极性，如图 2-2 所示。

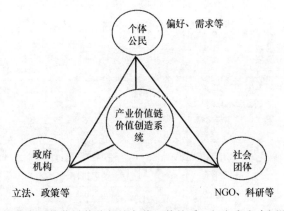

图 2-2　可持续产业价值链价值创造主体及其关系（何文章和卢福财，2013）

4. 生态链拓展

战略性新兴产业发展必须做到改善生态环境、保护自然资源，从生态学角度审视战略性新兴产业的发展，其实质是实现产业生态化。即战略性新兴产业不仅必须是高新、高效、先导的产业，还应该是循环型、生态型和低碳型产业。完善的战略性新兴产业生态网络是由某一区域范围内企业模仿自然生态系统的生产者、消费者、分解者以资源为纽带所形成的具有产业链接关系的企业联盟。中国战略性新兴产业生态链的拓展方向，首先是对制造过程中产生的各类副产品综合利用和废弃物的再生利用，以实现产品链的完整化。其次，从纵向上实现向上下游的双向延伸。在生态链的下游，从生产领域延伸到消费环节，对产品使用后形成的各类废弃资源进行分类回收、循环利用，不断挖掘"城市矿产"中的社会及资源价值，形成新的原料或产品。

2.3.2　稀土产业价值链升级战略

中国的稀土行业存在资源过度开发、生态环境破坏严重、产业结构不合理、价格严重背离价值、出口走私比较严重等突出问题，亟须采取有效解决措施。在此现状基础上，构建基于"四链"协同升级的稀土产业发展框架（图 2-3），对中国稀土产业问题进行系统剖析，为稀土产业转型升级提供以下理论指导：

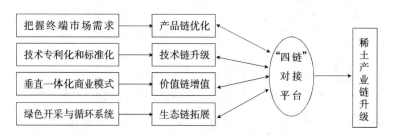

图 2-3　基于"四链"协同升级的稀土产业发展框架（张其春和郗永勤，2015）

1. 以终端市场需求为导向，促进产品链延伸升级

稀土产业链可以划分为稀土开采、冶炼和分离、原材料、新材料、元器件、终端产品等六个环节，见图 2-4。

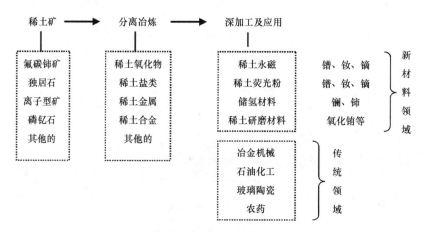

图 2-4　稀土产业链示意图（何文章和卢福财，2013）

　　稀土终端应用具有聚焦高新技术产业、同一元素链接形态丰富、产品网络密度高等特点，是稀土产业链中附加价值最高的环节和产业链升级的重要方向。从开采到终端应用各个环节的产品种类来看，完善的稀土产品链应该呈喇叭状，即越接近下游其产品的种类就越多，产品链接关系越复杂，如图 2-5 所示。

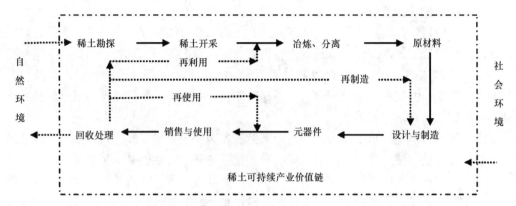

图 2-5　稀土可持续产业价值链结构及其价值创造活动（何文章和卢福财，2013）

　　然而，目前中国稀土产品链却是漏斗状，开口太大、尾部偏小、深度不够，主要集中于分离冶炼、中低档合金材料等产业链上游环节，中游的新材料过度集中于钕铁硼为代表的永磁材料、稀土荧光材料、储氢合金、抛光粉等功能材料领域，稀土催化、纳米、激光、航空新材料等高端功能新材料刚刚起步，高端产品占合金材料总产量不足 10%，下游应用产品尚未形成规模。中国稀土产品链沿着产业链的方向逐步萎缩，低端化、碎片化特征明显。此外，中国稀土产业空间分布过于分散，各地在发展中缺乏有机协同配合，导致各地产品链在结构上趋同，低端环节产能过剩，加剧恶性竞争，反映到市场上便是价格与真实价值背离。准确把握市场对稀土新材料的需求是稀土产品链向完整化、高端化、品质化、规模化和生态化方向延伸升级的前提，稀土六大新材料产品链中，稀土永磁材料最为完善的原因就在于它的应用范围最广。巨大的市场需求和应用空间将倒逼稀土企业通过专利许可或自主创新，实现相关下游产品的生产及其产业化，同时也促使企业不断改善工艺、提高稀土原料的丰度及其氧化物的纯度，突破制约其发展的核心技术和关键装备，提高本土企业的自主创新能力。因此，促进稀土产品链升级，要求稀土行业协会、龙头企业及政府相关主管部门通过共建稀土综合信息服务平台，共同为稀土行业提供新闻资讯、市场变化、稀土专利、稀土标准等各类信息，实现对市场前沿的动态监测，挖掘稀土的应用空间，增强稀土产业发展的前瞻性，尤其要挖掘其他战略性新兴产业发展对稀土新材料的种类、功能、质量等方面的新要求，不断延伸稀土永磁材料、发光材料、储氢材料、催化材料、防腐材料、金属调质剂的应用领域，提高稀土产品链的深度、密度和复杂程度（何文章和卢福财，2013）。

2. 推动技术链升级稀土产业的关键技术环节

　　以技术专利化和主导技术标准为重要抓手，推动技术链升级稀土产业是由关键技术链支撑运行的有机系统，其关键技术链主要包括稀土采选、冶炼、分离提取、新材料制备和应用等五个环节。

由于中国稀土高端应用研发投入强度过小，研发资源分散、研发资金利用效率不高、高端人才匮乏，中国稀土产业技术链主要集中在前三个环节，后端两个环节还相当薄弱，不仅单个技术的复杂程度、集成化程度低，共性的平台性技术偏少，而且技术链的数量偏少、链条偏短，在新型功能材料、高纯稀土产品、元器件及应用产品等方面的开发应用落后，终端应用的产业化集成技术大多仍被美国和日本等国家掌控。例如，中国在稀土催化材料领域拥有自主知识产权的技术不到 10%。日本几乎没有稀土矿产资源，但却是稀土强国，关键在于其长期致力于新材料制备、应用及废弃料回收利用等价值增值能力高并突破延伸后端技术链。

为破解这一产业发展的重大瓶颈，中国亟需加大稀土技术研发支持力度，实现技术链升级。尤其是关键共性技术的突破能够带来技术分化，衍生出多个技术群，形成技术标准，引发产业变革；同时还应当扩大专利保护的时空范围，以共性核心技术专利为核心，开发配套技术和辅助技术，形成技术链网，并及时申请专利，并采取协议的方式将同一生产领域所需的专利集合起来形成专利组合，通过专利联盟的构建逐步提升在国际标准制定中的话语权。当前，日本正致力于将本土稀土技术标准升级为全球标准，以期借助稀土技术的国际标准化杠杆扭转日本在稀土领域的被动局面。中国具有强大的稀土资源优势，主导技术标准是将资源优势转化为竞争优势的战略选择。在实施专利池战略时，应当整合各方力量，制定相应的关键技术标准，积极引导扶持使其转化为国际标准，使中国在稀土国际标准制定中扮演重要角色，乃至主导角色，提升中国在国际稀土产业发展中的治理权。

3. 以垂直一体化商业模式为关键手段，加快价值链转型与攀升

从价值实现的四条途径来看，中国稀土产业价值实现途径有限，造成了价值链"低端锁定"的困境。首先，从价值发现环节来看，中国稀土在产业链上游冶炼后大量尾矿中仍然残留大量稀土元素，稀土元素的回收率和提纯能力还有待提高。其次，从价值创造环节来看，价值创造高的产业链后端及技术研发、标准制定、品牌培育等生产性服务环节还相当薄弱。再次，在价值维护环节，美国、日本和欧盟等发达国家通过专利封锁、技术标准、WTO 规则等对中国稀土产业进行压制，而中国稀土产业价值维护能力明显不足，出口配额和出口税等限制性措施失效后，被迫放弃了稀土出口管制。最后，在价值分配环节，稀土产业价值倒挂现象明显，大型稀土企业借助垄断政策、规模效应和销售权而获得更高收益，导致过多资源向上游环节转移，影响价值链后端的应用拓展。

稀土资源价值不仅具有经济价值，还具有生态价值、社会价值、文化价值以及国家安全价值，在全球价值竞争环境下，稀土产业的竞争已经进入了价值链整体竞争阶段。因此，需要围绕价值发现、价值创造、价值维护和价值分配全方位展开，形成一体化运作。一体化商业模式有利于深化协作，降低交易费用，提高资源的利用深度和综合利用效率。美国、德国和日本等发达国家在稀土产业领域都是采取垂直一体化商业模式，占

据了稀土产业链中的"链主"地位。例如，美国的钼矿公司将上下游贯通，建立了从"矿产到磁铁"的完整产业链；日本的日立集团虽然缺乏稀土资源，但通过产业链下游延伸，打造了"金属材料到稀土废弃资源再生利用"的完善产业链。在稀土产品价值链上，稀土精矿、新材料和元器件的价值之比为 1：50：500。因此，稀土企业集团还应加大资源整合力度，不断向上下游价值环节延伸，实现垂直一体化整合，成为系统集成者。在上游着重向矿区生态恢复和尾矿综合利用等领域延伸，在中游向伴生矿、副产品及各种废弃物的价值发现、综合利用、再生利用延伸，在下游积极开拓稀土新材料的应用领域和稀土废旧产品的回收再利用，紧扣技术研发、产品设计、技术和产品标准制定、产品精深加工、废旧产品回收、销售渠道构建、品牌培育及售后服务等价值链高端环节，形成保护、修复、开采、精选、冶炼、加工、销售、回收和再利用为一体的全产业链经营。WTO 稀土案败诉后，中国稀土产业成为全球市场的"自由猎物"，这就更应当提高知识产权保护意识和海外维权能力，在 WTO 框架下灵活采取各种限制措施，如开征资源税、环境税、实施稀土储备战略等更灵活的措施限制稀土出口和保护环境，维护合理的价值链利益。通过大企业集团的一体化整合，组建产业技术创新联盟，实现产业技术链整合的重大突破，联合应对稀土专利技术垄断，切实维护中国稀土资源价值链的合法权益。在利益分配方面，需要构建合理的价值分配机制以调动价值链上各环节行为主体的积极性。政府可采取开征资源税等环保手段，降低稀土前端开采、冶炼等环节的利润；通过研发补助等措施提高稀土新材料及终端应用的收益，推动稀土企业集团向后端应用拓展。

4. 以发展循环经济为主要途径，实现生态链网的良性循环

　　中国稀土产业长期忽视产业生态链的构建，走的是高投入、高消耗、低效率、难循环、不协调、高污染的产业发展模式，造成稀土矿产资源量锐减和环境的极大破坏。在产业链的前端环节，稀土行业监管不到位，存在大量小规模、无节制的粗放式开采，导致稀土资源开采回收率偏低。目前中国南方离子型稀土资源开采回收率不到 50%，包头稀土矿采选利用率仅 10%。稀土资源被大量浪费，废弃稀土矿区遗留了大量稀土尾沙和残留矿山，至今尚未进行有效治理和综合利用，造成土地和植被破坏、水土流失等严重生态问题。在产业链中端，稀土冶炼、分离、提纯、加工过程中忽视对"三废"的综合利用和有效治理，导致严重的环境污染；在稀土原材料、新材料的生产过程中对资源减量化、再利用、再循环的挖掘深度不够。在产业链的末端，对报废后的各类稀土终端应用产品中蕴藏着大量稀土元素的再生利用能力有限。所以，稀土产业的发展应当按照生态文明建设的要求，积极开展绿色开采和循环经济，实现生态链向纵深突破和横向拓展，构建稀土资源勘探、开采、冶炼分离、精深加工、应用、废旧回收、再利用的循环型产业生态共生网络，这是稀土产业转型升级的必然选择。近几年，日本、德国和法国等国家都加强了稀土提取技术研发，以提炼废弃物中蕴藏的稀土元素，如日本不仅掌握了利用生物 DNA 技术回收废旧电子设备、玻璃中的稀土元素，还能利用微生物胶囊回收工业废水中的稀土元素，走在了稀土回收再利用的前列。

　　因此，方一平等（2014）认为，如果从稀土产业健康发展角度考虑，应该从三个方面着手加强：一是积极开拓中国稀土应用领域，加大稀土新材料的研制和研发；改变中国稀土"低端产品过剩，开发应用滞后，深加工程度不高，应用领域不广"的落后局面，中国应实现稀土产品材料化，稀土功能材料应用零件化、器件化、设备化，加速中国稀土应用产品的快速发展。二是优化稀土产业结构，提高知识产权保护意识，增强中国稀土产业国际竞争力；在推进稀土大企业大集团战略的同时，重视和支持有实力的地方企业发展，兼顾中央和地方利益，通过适当方式，实现低成本扩张和生产要素的合理配置，实现产业结构的优化和升级。三是将环境成本纳入生产成本，加强环境监督管理。用市场化手段提高稀土产业准入门槛，将生态环境作为一种资源予以定价计入企业生产成本，加强环境监督管理，按照"谁污染，谁付费"原则，建立倒逼机制，促使企业在经济决策中考虑环境污染成本，调整自己的经济行为。推行清洁生产制度，强制淘汰落后产能和生产工艺，提高水资源利用率和生态环境保护水平。

2.4　中国稀土行业整合趋势

　　《中华人民共和国宪法》第九条明文规定："矿藏、水流、森林、山岭、草原、荒地、滩涂等自然资源，都属于国家所有，即全民所有"；"禁止任何组织或者个人用任何手段侵占或者破坏自然资源"（国务院法制办公室，2002）。

　　中国目前由于资源租金、税收和企业利润三者间界限不清，又没给国民及子孙后代们留下类似主权财富基金中挪威的"石油基金"那样因矿产资源灭失而筹集的未来发展资金，使资源开发政策长期处于违宪状态，没能体现《宪法》规定的矿产资源归全民所有的立法精神，却培育出了市场粗放式开发资源谋求暴利的冲动。

　　中国稀土行业自治能力低下，行业组织有名无实，行业竞争无序，是中国社会主义市场经济体制的短板（魏彦珩，2014）。这一点在稀土出口管制案及其败诉的结果中体现得淋漓尽致。如果中国的稀土行业组织能够发挥有效的自治职能，维护好稀土出口秩序，控制中国稀土的出口量，整合中国稀土出口贸易的竞争力，完全可以控制国际市场的稀土价格。而且，企业和行业自治组织不属于世贸组织规范的对象，通过行业自治组织实施的出口管制不存在违反世贸组织规则的问题。诚如此，也不用中国政府出面管制稀土的出口。

　　中国是世界稀土生产第一大国、主导着全球稀土原料95%的稀土供应市场份额。在目前的世界矿产资源供应市场体系中，"中东有石油"，发展中国家主要石油生产国成立的石油输出国组织在国际石油市场的话语权很有影响力。石油输出国组织即欧佩克（Organization of Petroleum Exporting Countries，OPEC）成立于1960年9月14日，1962年11月6日欧佩克在联合国秘书处备案，成为正式的国际组织，它也是发展中国家建立最早、影响最大的原料生产国和输出组织。目前共有14个成员国，亚洲有7个分别是沙特阿拉伯、伊拉克、伊朗、科威特、阿拉伯联合酋长国、卡塔尔、印度尼西亚，非洲有5个分别是阿尔及利亚、利比亚、尼日利亚、加蓬、安哥拉，南美洲有2个分别是厄瓜多尔和委内瑞拉。欧佩克旨在通过消除有害的、不必要的价格波动，确保国际石油市场上石油价格的稳定，保证各成员国在任何情况下都能获得稳定的石油收入，并为石油消费国提供足够、经济、长期的石油供应。其宗旨是协调和统一各成员国的石油政策，并确定以最适宜的手段来维护它们各自和共同的利益。

但是"中国有稀土"，主导着全球稀土原料供应市场份额 95% 的稀土生产大国——中国，在国际稀土原料供应市场却没有维护自身合法权益的话语权，这是需要中国稀土行业体系包括稀土矿产资源市场、对外经济贸易、生态环境治理等各大系统专业人员需要共同探讨和研究的专题。

自 2010 年以来，中国开始设立稀土出口配额，欧盟、美国和日本等经济体不断向 WTO 提起诉讼中国的配额限制，几年来中国均以保护资源和环境为由获得胜诉。因为每吨稀土矿的开采可产生 9600~12 000（1ft^3 = 0.028m^3 1 立方英尺=0.028 立方米）有毒废气，其中包含了氢氟酸、二氧化硫和硫酸，此外还需要 75 m^3，大约为 2600 ft^3 酸性水处理，以及大约为 1 t 的放射性废渣。稀土矿产资源选冶过程中对生态环境的严重影响，也是多年来欧美等发达国家不愿意开采稀土的主要原因。

然而，从 2012 年开始，欧盟、美国和日本等国家不顾中国稀土产地日益严峻的生态环境问题及其对当地从业人员及居民人体健康的不良影响，采取分批次诉讼、各个击破的方法，最终在 2014 年取得了对稀土、钨、钼资源诉讼案的胜利。中国从 2015 年 1 月 1 日起取消配额，并在 2015 年 5 月 1 日起取消实行多年的出口关税（重稀土 25%，轻稀土 15%）

国际上石油市场建立了有效运行和协调保护石油出口国利益的组织——欧佩克，中国也应建立一个有效运行的稀土行业组织。当然，历史上中国行业自治缺乏一以贯之的训练，行业自治能力低下，不能奢望一朝一夕就能得到提高。当务之急是通过政府引导，放手发挥稀土行业自治组织的职能，把政府整顿稀土开采、生产、出口无序状态的意旨通过行业协会组织实施。同时，放眼长远，大胆培育行业自治组织，提升行业自治能力，最终实现行业自治的自觉。否则，行业自治能力持续低下，一管就死、一放就乱的恶性循环还会继续，而在国际贸易领域还存在着一管就违规的问题。不难想见，类似的出口管制，还会遭遇系统性败诉。

早在 2005 年，就有徐光宪等（2005）15 位顶级专家学者从专业的角度出发，本着负责任的态度紧急呼吁，应该理性评述中国稀土、钍等有限矿产资源开发利用与经济、社会和生态环境可持续发展之间的关系。在得到温家宝总理批示后，国土资源部下令从 2007 年起，中国稀土生产限制到 8 万 t（原来是 12 万 t），小于全世界的需求量 10 万 t。这一消息公布后，中国生产的优质单一高纯稀土（占世界产量的 90%）的国际价格就上升一倍多，使中国稀土出口量减少，年收益增加一亿多美元。

无论是国内向国际低价倾销稀土的"三高一低（高投入、高消耗、高污染，低产出）"中小型稀土企业，还是国际上低价享受中国稀土产品的外国企业，共同特点都是在获得稀土产品的同时，不考虑稀土生产对生态环境的严重污染！

2.5　对稀土行业的规范化管理措施

当前，中国经济总量已居全球第二位，拥有令世界羡慕的最大消费市场，如果不实施总量控制和计划调控，定会造成社会资源的巨大浪费。如若将比例过大的落后产能带入"十三五"，势必影响行业做大做强。2014年度，国家下决心规范矿产资源型企业的环保型生产行为，加强生态环境保护与治理。以稀土产业为例，2014年以来政府在加大淘汰稀土行业落后和过剩产能的同时，还对有效稀土产能进行市场重组，组建大型稀土产业集团，使稀土行业逐渐走向规范的市场化运作系统。

工信部公告2014年第一批淘汰落后和过剩产能的工业企业属于炼铁、炼钢、焦炭、铁合金、电石、电解铝、铜（含再生铜）冶炼、铅（含再生铅）冶炼、水泥（熟料及磨机）、平板玻璃、造纸、制革、印染、化纤、铅蓄电池（极板及组装）等行业，共39家（中华人民共和国工业和信息化部等，2014）。要求有关省（自治区、直辖市）采取有效措施，力争在2014年9月底前关停列入公告名单内企业的生产线（设备），确保在2014年年底前彻底拆除淘汰，不得向其他地区转移，并按照《关于印发淘汰落后产能工作考核实施方案的通知》（工信部联产业〔2011〕46号）要求，做好对淘汰落后产能企业的现场检查验收和发布任务完成公告工作。

2014年第二批工业行业淘汰落后和过剩产能企业名单中所涉及行业包括炼钢、铁合金、铜冶炼、水泥、平板玻璃、造纸、制革、印染、铅蓄电池、稀土等产业132家企业（中华人民共和国工业和信息化部等，2014）。淘汰名单中有28家稀土（氧化物）企业需要淘汰稀土产能合计10.371万t，大约相当于我国实际稀土产能的1/3。其中，15家内蒙古稀土企业涉及产能6.221万t，占第二批所淘汰稀土产能的59.98%，淘汰落后和过剩稀土企业产能共计10.371万t。

中国稀土产业的主要企业集团是总部位于包头的包钢稀土、常熟的中铝稀土、北京的五矿稀土、广州的中色稀土和广晟有色（海口）、兰州的甘肃稀土、冕宁的江铜稀土、乐山的盛和稀土等。无论是江西、内蒙古这两个老稀土主产基地，还是广西、广东、福建、湖南、四川这些地方性新兴稀土产区，都规划了一个宏伟的稀土产业蓝图，动辄上千亿元产业园，甚至上万亿元产业园。但从各地公布的稀土产业规划来看，几乎都大同小异，无非磁性材料、发光材料、抛光材料等。可见，如果不从国家稀土发展战略的高度引导和调整稀土产业的发展方向与规模，几年以后，原本已经过剩的行业将更加过剩。

为了提高稀土产业集中度，组建大型稀土产业集团，形成"1+5"的格局，即包钢稀土组建成立的北方稀土集团，五矿和中铝两大央企以及赣州稀土、广晟有色、厦门钨业等3家地方稀土集团。在六大集团的基础上，全面整合国内的稀土矿山冶炼分离企业。整合过程中，要将稀土的开采、冶炼分离、综合利用三大环节全部包括在内。将把稀土综合利用项目纳入生产总量控制的计划管理，重点配置新组建的六大集团。目前行业排名前十企业的矿山产品和冶炼分离生产能力已分别占到全国总量的80%和60%，未来稀土冶炼分离企业将由130余家减为20家左右（饶振宾和蔡嗣经，2015）。

参 考 文 献

陈占恒. 2014. 后WTO时代中国稀土供应与需求分析[J]. 新材料产业, (1): 53-56.

方一平, 陶银龙, 李晓宇, 等. 2014.中国稀土产业面临的机遇与挑战: 从政策执行效果的角度分析[J].中国矿业, 23(11): 4-8.

冯跃威. 2014. 产业政策缺陷带来的麻烦[J].中国石油石化, (8): 33.

国务院法制办公室. 2002. 新编中华人民共和国常用法律法规全书[M]. 北京:中国法制出版社: 4.

何文章, 卢福财. 2013. 基于价值创造的稀土可持续产业价值链研究[J]. 云南社会科学, (3): 90-95.

金微. 2012-03-31. 美国封存本土丰富稀土不开采 反诉中国限制出口[EB/OL]. 国际先驱导报, http://www.wyzxwk com/Article/chanye/2012/03/293495.html

静安. 2014. 败走WTO,中国稀土应该何去何从[J]. 产权导刊, (5): 14-16.

李文龙, 张田华. 2014. 稀土产业转型升级的熵机理分析[J]. 稀土, 35(6): 110-115.

刘倩倩, 葛察忠, 秦昌波. 2013. 加强中国环境与贸易政策的协调性——WTO中国原材料案仲裁结果的启示[J]. 环境与可持续发展, (3): 40-43.

美国审计署. 2010. 重建稀土国防供应链需15年[J]. 稀土信息, (5): 31-31.

饶振宾, 蔡嗣经. 2015.中国稀土资源整合政策对市场的影响分析[J].中国钼业, 39(4): 1-5.

王红霞, 梁涛, 彭博. 2013. 基于可持续发展的中国稀土贸易政策研究[J]. 全球化, (11): 62-71, 124.

魏彦珩. 2014.中国稀土出口案败诉的启示和产业政策调整[J]. 对外经贸, (11): 4-7.

徐光宪, 师昌绪, 王淀佐等. 2005. 关于保护白云鄂博矿钍和稀土资源避免黄河和包头受放射性污染的紧急呼吁[J].中国科学院院刊, 20(06): 448-450.

杨宏, 金惠卿. 2014. WTO 对中国稀土案初裁结果及完善稀土出口管理的思考[J]. 国际贸易, (9): 39-42.

张洁. 2011.中国稀土产业价值链及创新发展路径分析——以包头(北方稀土)为例[C]. 北京:中国科学院研究生院硕士学位论文.

张帆, 刘慧芳. 2015. 关于中国稀土出口管理措施案败诉的思考[J]. 对外贸易实务, (1): 43-46.

张其春, 郗永勤. 2015. 基于"四链"协同升级的战略性新兴产业发展研究——以中国稀土产业为例[J]. 当代财经, (5): 86-96.

中华人民共和国工业和信息化部. 2014-07-08.中华人民共和国工业和信息化部公告(2014年第45号)[EB/OL].中华人民共和国工业和信息化部网页,http://www.miit.gov.cn/n11293472/n11295023/n11297848/16073201.html

中华人民共和国工业和信息化部. 2014-08-12.中华人民共和国工业和信息化部公告 (2014年第51号)[EB/OL].中华人民共和国工业和信息化部网页, http://www.cpcia.org.cn/html/13/20148/140878.html

周进生, 康静, 鲍荣华. 2012. 欧盟原材料新方案及新战略[J]. 国土资源情报, (6): 10-14.

第3章　中国稀土矿类型及生产工艺

全球稀土资源储量丰富，稀土资源广泛分布在亚洲、欧洲、非洲、大洋洲、北美洲、南美洲六大洲的 38 个国家，已查明资源储量超过 2 亿 t。稀土原矿选为精矿后，精矿分解的方法很多，概括起来可以分为酸分解法、碱分解法、氧化焙烧法和氯化法四大类；不论是哪种方法，稀土生产过程中产生的废气、废水和废渣如果随意排放，其对环境的污染非常严重。

中国稀土资源丰富，已探明储量占世界稀土储量的 23%，稀土储量和产量均居世界首位。已在 19 个省、自治区、直辖市发现稀土矿藏，且矿物品种齐全，其中内蒙古包头占 83%、四川冕宁占 3%、山东微山占 3%、江西和广东岭南地区占 3%，稀土资源已成为国家一类重要的战略资源（饶振宾和蔡嗣经，2015）。

中国稀土资源以地域和类型分成三大类：北方为混合型稀土矿；南方以独具特色的离子吸附型稀土矿为主；西部四川冕宁和东部山东微山两地的稀土矿以氟碳铈矿为主。混合型稀土矿、离子型稀土矿和氟碳铈矿占中国稀土资源总储量的比例分别是 84%、3% 和 10% 左右。

中国稀土产品生产企业大多为资源指向型，基本形成了北、南两大生产体系：北方以包钢稀土高科公司和甘肃稀土公司为轴心，构成了以包头稀土资源为主，四川资源为辅的轻稀土生产体系；南方构成了以江西、广东两地离子型稀土矿为主要资源，以江苏、广东两地稀土冶炼加工企业为主体的中重稀土生产体系；形成了内蒙古包头混合矿、南方离子型矿、四川单一氟碳铈矿三足鼎立、优势互补的格局。

3.1　稀土矿床地质特征

本节内容中主要介绍内蒙古包头白云鄂博、四川攀西冕宁、山东微山及南方风化型稀土矿地质特征。

3.1.1　内蒙古包头白云鄂博稀土矿

白云鄂博稀土矿位于白云鄂博矿区（以下简称白云矿区），地处蒙古高原南部，南距包头市城区 149 km，东南距呼和浩特市城区 212 km，北距中蒙边境 95 km。白云鄂博矿区位于阴山北部乌兰察布草原西北部，属内蒙古自治区包头市所辖。地理坐标为东经 109°47′~110°04′，北纬 41°39′~41°53′。辖区面积 328.64 km²，城区面积近 10 km²，人口近 3 万。白云鄂博矿区与包头市所辖的达尔罕茂明安联合旗相邻，东邻巴音敖包苏木，西南与新宝力格苏木环接，北连红旗牧场。南北最长 32 km，东西最宽 18 km。白云鄂博矿区东部、北部是由石英矿、东介勒格勒矿、主矿和西矿等，所构成的高原丘陵，最高海拔 1783 m，南部、西部为延绵起伏的草原，中部城区地段为凹地，平均海拔 1605 m。白云鄂博矿区属内陆干燥气候区，春早风沙大，夏短雨集中，秋爽多日照，冬长天寒冷。冬季长达 7 个月之久，一月平均气温 -16.2℃，极端最低气温 -35.1℃。气温在 20℃以上的夏季为 29.4 天，七月平均气温为 19.4℃，极端最高气温 34.3℃。每日均气温 5℃以上的持续生长期 168 天，每日均气温 0℃以下的持续霜期 217.3 天。每年平均气温为 2.4℃。最早初霜日在 9 月 4 日，最晚终霜日在 5 月 12 日。春季 3~5 月，是大风季节，每年平均 7 级以上大风日 70 天，最多达 110 天，最大风速 28 m/s（十级），年平均风速 5.5 m/s。秋季年平均日照时间为 3240.4 小时。

矿床类型特殊的白云鄂博超大型 Fe-REE-Nb 矿床是世界上最大的稀土矿床（杨晓勇等，2015），占全世界轻稀土储量的首位，铌的储量位居世界第二，仅次于巴西，同时又是一个大型铁矿床，此外，白云鄂博还是世界第二、全国第一的钍矿床。白云鄂博矿床的估计铁矿储量 1500 Mt（35%Fe），REE 储量 48 Mt（6%RE$_2$O$_3$）和 1 MtNb（0.13%Nb）。白云鄂博矿是一座世界罕见的多金属共生矿床，分布在东西长 18 km，南北宽约 3 km，相对高度约 200 m，总面积 48 km^2 的范围内。白云鄂博矿床已发现 170 多种矿物，71 种元素，具有或可能具有综合利用价值的元素有 26 种。此外，在矿体上盘还蕴藏着 1.5 亿 t 的富钾板岩，氧化钾平均品位达 12.14%。稀土、铌与铁共生，多种物质成分共存，形成了白云鄂博铁矿独特的矿床类型。另外，还蕴藏着铜、石英、萤石、磷灰石、软锰矿等多种矿产资源。

包头白云鄂博矿为氟碳铈和独居石混合型矿（赵治华等，2016），轻稀土所占比例较大，质量分数约为 98%，其中 Ce 约占 50%，中、重稀土仅占 2%左右，该矿稀土原料组成见表 3-1。

表 3-1　白云鄂博稀土矿原料组成（∑REO=100%）

稀土组分	La$_2$O$_3$	Ce$_2$O$_3$	Pr$_2$O$_3$	Nd$_2$O$_3$	Sm$_2$O$_3$	Eu$_2$O$_3$	Gd$_2$O$_3$	Tb$_2$O$_3$
W（RE）/%	27.30	49.80	5.30	15.50	1.20	0.15	0.25	0.08
x（RE）/%	28.27	48.81	5.25	15.54	1.16	0.14	0.23	0.02
稀土组分	Dy$_2$O$_3$	Ho$_2$O$_3$	Er$_2$O$_3$	Tm$_2$O$_3$	Yb$_2$O$_3$	Lu$_2$O$_3$	Y$_2$O$_3$	
W（RE）/%	0.09	0.02	0.02	0.01	0.02	0.01	0.28	
x（RE）/%	0.08	0.02	0.02	0.01	0.02	0.01	0.42	

白云鄂博 Fe-REE-Nb 矿区地跨华北古陆及蒙古洋两大构造单元（刘健等，2009），二者以乌兰宝力格深断裂为界，断裂以南出露的最老地层为古元古代五台群（或称色尔腾山群），其上不整合覆盖低级变质、厚达万米的白云鄂博群，分布广泛；其次有上石炭统的滨海相碳酸盐岩和碎屑岩沉积。断裂以北出露的地层为志留系包尔汉图群、巴特敖包群和上石炭统海相沉积。

1. 构造背景

白云鄂博矿区大地构造位置属华北地台内蒙地轴北缘的边缘拗陷裂谷，近东西向的乌兰宝力格和白云鄂博—白银角拉克两大断裂对白云鄂博区的构造格局、岩浆活动、成矿作用起到主导作用（图3-1）。

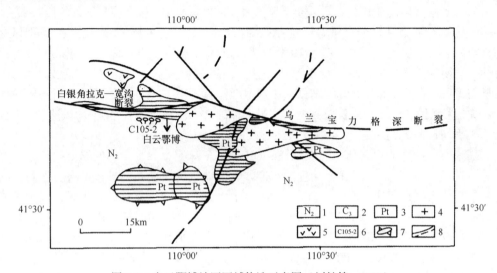

图 3-1　白云鄂博地区区域构造示意图（刘健等，2009）

1-上新世粉砂岩；2-中石炭世中基性岩；3-中元古代白云鄂博群；4-花岗岩；5-赋矿白云石型碳酸岩侵入体；
6-苏木图隐伏白云石碳酸岩岩筒；7-隐伏穹窿构造；8-区域断裂

乌兰宝力格深断裂位于白云鄂博北 10 km 处，处于北部古生代沉降带和南部古生代隆起带之间，北侧为内蒙古海西地槽区，南侧为华北古陆北缘。白云鄂博—白银角拉克大断裂东起白云鄂博，向西到白银角拉克，全长 40 km。由于在白云鄂博西被新近纪上新统覆盖，所以在白云鄂博出露的长度为 15 km 左右，即宽沟大断裂。该断裂呈近东西向，直至白云鄂博东与乌兰宝力格深大断裂相交，该断裂的两侧重力异常明显差异。矿区内的褶皱构造由宽沟背斜和白云向斜组成，矿体赋存于白云向斜的北翼。

2. 矿床地质背景

白云鄂博群是白云鄂博地区分布的中元古代裂谷沉积建造，裂谷区内出露的基底地层有古元古代片麻岩，中元古代白云鄂博群底部石英岩和长石砂岩不整合覆盖在古元古界色尔腾山群之上。白云鄂博群是组成白云鄂博裂谷建造的主要地层，是一套低绿片岩相的火山及陆源沉积岩系，主要由变质砂砾岩、长石石英砂岩、板岩、结晶灰岩组成。

白云鄂博矿赋存于宽沟背斜的南翼。宽沟背斜为向西倾伏的背斜，走向为近东西向，背斜轴长为 15 km，西端翘起收敛闭合，东端南翼为海西期花岗岩所侵吞。白云鄂博的主东矿区就分布在该背斜轴的南翼。背斜两翼同时向南倾斜，附近构造以东西向的一系列紧密褶皱和断裂为主，同时背斜的南翼本身就是一个复式向斜，矿区内有众多的剪切断裂，以轴中部居多。区域及矿区断裂以东西向断裂及韧性剪切为主，并由此产生若干北东向和北西向断裂，是矿床的主要控矿构造。

3. 矿体

白云鄂博矿床从东到西，根据矿体的分布和勘探开采习惯，可以划分为五个矿段：东部接触带矿段、东矿矿段、主矿矿段、西矿矿段和北矿矿段。矿山的主采区是西矿矿段、东矿矿段和主矿矿段。

东矿矿段是一个完整的东西走向的向斜构造，两翼为白云岩，轴部为板岩，北翼构成东矿矿体，南翼是东介格勒矿体。东矿受钠、氟交代蚀变作用强烈，铌和稀土的矿化强，由北至南，大体可以分出以下几个矿石带：在以铁圈定的矿体下部为条带状铌稀土铁矿石带，中部为块状铌稀土铁矿石带，上部为钠闪石型铌稀土铁矿石带。东矿矿体走向呈北东东向，倾向南南西，长 1300 m，最宽 309 m，平均宽 179 m，最大延伸深度 870 m，呈不规则透镜体状，西窄东宽，两端渐变成白云岩及板岩。

主矿矿段格局与东矿矿段大体相似，只是其南翼相当于东介格勒的部分，由于受花岗岩的侵入而被破坏。在主矿体，氟、钠交代作用的强烈程度与东矿相当，并且其矿石类型的分布受原岩岩性控制的特点也表现得最明显、最为典型。主矿矿体的走向近东西向，倾向南，长 1250 m，最宽处 514 m，平均宽 245 m，最大延伸深度 1030 m，呈透镜体状，两端尖灭于白云岩中。

西矿矿段是指从主矿以西东西向排列的十数个小矿体的总称，东西长 10 km，南北宽约 1 km，由 12 个铁矿体组成，铁矿体呈层状、透镜状，具条带状构造，铁矿体与围岩界线不清，由品位圈定。西矿的矿化类型与主、东矿基本相似，只是矿化比较弱一些，矿石类型也比主矿和东矿较为简单。

白云质大理岩为主要赋矿层位，成分复杂且岩相变化很大。矿体上盘为黑色-灰色板岩，夹少量砂岩，与矿体呈断层接触。白云鄂博矿床有一个特点，就是矿体及其蚀变带与碱性杂岩和火成碳酸岩的蚀变带有相似性。

4. 矿化类型

根据矿区的主要元素铁、铌、稀土的分布情况、矿物共生组合、矿石结构特征以及分布的广泛程度，将矿区各矿段的矿石划分出九种主要的类型：

（1）块状铌稀土铁矿石，主要分布在主矿和东矿体中部，其上部过渡为霓石型铁矿石，下部与条带状萤石型铁矿石相邻，西矿局部地段可见呈透镜状分布在白云石型铁矿石中。主要矿物为磁铁矿，矿石中还有晚期充填的热液脉，如霓石-易解石脉、萤石-氟碳铈矿脉、萤石-方解石-氟碳铈矿脉等。

（2）条带状铌稀土铁矿石，分布在主矿和东矿靠近下盘的部分（即北部），近上盘也有出现，西矿极少见到。这种矿石上部与块状铁矿石相邻，下部与白云石型铁矿石接触，在东矿其中夹有霓石型矿石。矿石特征为条带状和细脉条带状构造，条带宽窄不一，绿色条带主要矿物为霓石，而紫色条带（或）细脉的主要矿物为萤石。萤石脉穿插于块状霓石型矿石中。

（3）霓石型铌稀土铁矿石，分布在主矿和东矿靠上盘部位（南部），西矿分布在向斜北翼附近，在东矿位于钠闪石型铁矿石之上，其上与白云石型铁矿石相接，在主矿分布在块状铁矿石与钠闪石型铁矿石之间，西矿位于萤石化钠闪石型铁矿石之下，其下与白云石型铁矿石相接。矿石具有浸染状和浸染条带状构造，浸染状构造是在磁铁矿颗粒之间均匀分布有霓石和其他矿物的颗粒，霓石颗粒之间经常有浸染状的磷灰石、萤石、氟碳铈矿及独居石等矿物。

（4）钠闪石型铌稀土铁矿石，在东矿上盘地段及西矿分布较广，在主矿近上盘也有少量分布，在东矿上部与霓石型铁矿石及白云石型铁矿石相邻，下部与块状铁矿石接触，在西矿多分布在近上盘部分靠近黑云母化板岩的地段。矿石具浸染状构造，磁铁矿呈自形到半自形粒状结构浸染分布在钠闪石及白云石的颗粒间。

（5）白云石型铌稀土铁矿石，主要分布在西矿，主东矿则分布较少。西矿这种类型多分布在矿体中部或钠闪石型铁矿石与白云岩型之间，在主、东矿则产于钠闪石型、萤石型铁矿石与白云石型矿石之间，呈不大的透镜体和条带。矿石具浸染状构造，在白云石颗粒之间分布有均匀或不均匀的半自形粒状结构磁铁矿。

（6）黑云母型铌稀土铁矿石，是西矿的主要矿石类型，在主矿和东矿有零星分布。主要产于西矿的上盘靠近向斜轴部黑云母化板岩部位，主矿上盘亦有分布，与黑云母化板岩呈过渡接触。主要矿物是黑云母及磁铁矿，黑云母镜下呈深绿色。矿石呈片状构造，黑云母呈定向排列。

（7）霓石型铌稀土矿石，零星分布在主矿和东矿上盘，分布于上盘的黑云母化板岩中，与霓石型铁矿石交错分布。主要矿物是霓辉石和独居石等，独居石和磁铁矿浸染状分布于霓辉石颗粒间。

（8）白云石型铌稀土矿石，是白云鄂博分布最广泛的矿石类型，在东部接触带、东矿、主矿和西矿各矿体都有大面积出露。矿石具有块状、浸染状或细脉浸染状构造。萤石、磁铁矿、独居石和氟碳铈矿分布最普遍，占稀土储量最大的比例。

（9）透辉石型铌矿石，仅分布在矿区东部花岗岩与白云岩的外接触带，与硅镁石-金云母矽卡岩及钠闪石-碱性长石矽卡岩等相伴生。

除第九种类型透辉石型铌矿石是东部与海西期岩浆岩有关的矽卡岩型的矿石外，其余类型在主矿和东矿体都可以见到。

东矿大体可以分出几个矿石带：中部为块状铌稀土铁矿石带，上部为钠闪石型铌稀土铁矿石带，下部为条带状铌稀土铁矿石带，由于矿体东侧发育硅质岩石的夹层，所以在上下部分分别出现了霓石型铌稀土铁矿石和霓石型铌稀土矿石，而在铁矿体上下盘的近矿围岩都是白云石型铌稀土矿石。主矿中部仍然是块状铌稀土铁矿石带，下部为条带状铌稀土铁矿石带，上部靠近硅质板岩处为霓石型铌稀土铁矿石与钠闪石型矿石，至于铁矿体的下盘则属于白云石型铌稀土矿石。

3.1.2　四川冕宁—德昌稀土成矿带

四川省稀土矿产资源集中于攀西地区，大多分布于凉山彝族自治州的冕宁、西昌、德昌等县市,构成了一个南北长约 300 km,宽 10 km 的稀土资源集中区,集中分布在冕宁县的牦牛坪和德昌县的大陆槽。四川冕宁—德昌稀土成矿带也是中国重要的稀土成矿带(秦朝建等,2008),目前探明稀土氧化物储量达到 278 万 t,区内与成矿关系密切的岩性为碳酸岩、正长岩。其中的牦牛坪稀土矿床系近年来发现的、仅次于中国内蒙古白云鄂博和美国加利福尼亚州芒特帕斯(Mountain Pass)稀土矿床的世界第三大稀土矿床。

牦牛坪稀土矿床规模居各矿床之首。稀土矿体主要产于英碱正长岩中,少量产于流纹岩中,其矿石中主要稀土矿物为氟碳铈矿,其次为氟碳钙铈矿和方铈石。矿石类型多样(谢玉玲等,2005),有以方解石为主的块状斑杂状稀土矿石;以萤石、重晶石为主的疏松状稀土矿石;细网脉状矿石和混合矿石。大陆槽稀土矿床矿体呈大的透镜状、细脉状和网脉状,主矿体 I 号矿体由富含萤石、重晶石-天青石、稀土矿物的角砾岩组成,主要稀土矿物为氟碳铈矿,脉石矿物有萤石、天青石-重晶石系列、方解石,另含少量的硫化物(方铅矿、黄铁矿、黄铜矿)和金属氧化物(赤铁矿、磁铁矿、钛铁矿、铁锰氧化物)。牦牛坪稀土矿中镧、铈、镨、钕轻稀土占98%以上,中重稀土配分仅为 1%~2%,是典型的氟碳铈矿。其中铕、钇较国外同类矿床含量高,并且稀土矿物单一,矿石易选易炼。

成矿带内从北向南富含稀土较知名的小侵入体有(谢玉玲等,2005):冕宁牦牛坪英碱正长岩、木落碱性花岗岩、里庄英碱正长岩、西昌太和碱性花岗岩及英碱正长岩、德昌茨达碱性花岗岩、德昌大陆槽英碱正长岩等。

3.1.3 微山稀土矿床

山东微山稀土矿床与内蒙古包头白云鄂博、四川冕宁矿床并列为中国三大内生轻稀土基地,也是除内蒙古白云鄂博和四川冕宁以外的第三大轻稀土矿产地。作为典型的与碱性岩有关的轻稀土矿,在整个华北克拉通成矿过程中也不多见。微山稀土矿位于山东省枣庄市微山县东南约 18 km 的塘湖乡郗山村附近(蓝廷广等,2011;许成等,2015)。构造上隶属于华北克拉通东南缘的鲁西地块。

矿区内岩浆岩主要为早白垩世石英正长岩、霓辉石英正长斑岩和碱性花岗岩等(郗山碱性杂岩体)。此外还发育各种脉岩,如闪长玢岩、煌斑岩和细晶岩等。稀土矿主要受 NW 向和 NE 向断裂控制并穿插于新太古代片麻岩和石英正长岩中。矿体可分为单脉状、网脉状和浸染状,平均地质品位 3.13%。其中单脉状矿体形态比较规则。厚度相对较大。延伸连续性较好。与围岩切割关系明显;网脉状矿体发育在单脉矿体外侧。多条细脉交织组成网脉带;浸染状矿体则为稀土矿物以微细脉状、浸染状充填交代新太古代片麻岩以及早白垩世侵入岩而形成的矿体。根据物质组分,单脉状稀土矿体又可分为 4 种类型:①含稀土石英+氟化物(如萤石)+硫酸盐(如重晶石和天青石)+碳酸盐(如方解石)+硫化物(如黄铁矿、方铅矿和闪锌矿等)矿脉;②含稀土霓辉花岗斑岩脉;③含稀土霓辉石脉;④铈磷辉石脉。其中第 1 种类型为主要矿脉类型,在这几种矿石类型中,稀土矿物嵌布粒度较粗,一般在 0.5~0.04mm,属易磨易选矿石。矿脉不同部位石英、萤石、重晶石和方解石等主要矿物的含量有所变化。

3.2 外生稀土矿床类型

外生稀土矿床主要包括含 REE 矿物的残-坡积、（河流）冲积和海滨砂矿和风化壳型。另外，富 REE 的磷块岩、铝土矿、煤层及深海海底泥都是潜在的外生稀土资源。中国的外生稀土资源主要集中在南岭地区及整个南海的海岸线和海南岛、台湾岛海岸线的砂矿。

美国北卡罗来纳州、南卡罗来纳州（如 Hilton Head Island 独居石砂矿床）、佐治亚州、爱达荷州和蒙大拿州都有含 REE 的砂矿分布。印度海岸线上分布着许多含稀土矿物的砂矿床，如西海岸的 Telafainkor 以及位于奥里萨拉邦的 Chhatrapur 和 Kontiagarh 海滨砂矿。澳大利亚的 REE 资源主要也来源于其东、西海岸的冲积砂矿中的独居石和磷钇矿。巴西稀土资源主要为碳酸盐岩风化壳型（如 Araxa，Catalao I）和砂矿型（集中于东部沿海的含独居石砂矿），其稀土产量及出口规模日益增大。另外，南非、马来西亚、斯里兰卡、泰国、埃及等地的砂床中也蕴藏着丰富的独居石等 REE 矿物。

目前全球市场上相当紧缺的重稀土资源主要来源于外生稀土矿床。表 3-2 列举了稀土矿床主要类型及典型矿床实例。

表 3-2 稀土矿床的主要类型及典型矿床

矿床分类		矿床实例
风化壳型	花岗岩风化壳	中国南岭如江西龙南县足洞、关西和大田
	碳酸盐岩风化壳	巴西 Catalao I，俄罗斯 Tomtor，澳大利亚 MtWeld
残坡积、（河流）冲积及滨海砂矿		澳大利亚、印度、马来半岛等及中国海南岛东海岸和台湾西海岸的海滨砂矿
与沉积岩相关	伴生于磷块岩，铝土矿中	中国云南、贵州等地的磷块岩，山西铝土矿

3.2.1 新型轻稀土矿床

峨眉地幔热柱的活动在云贵川形成大面积的玄武岩，这些母岩被风化后，轻重稀土元素产生了选择性吸附。在脱附迁移再吸附过程中，轻稀土元素获得充分的富集，形成代表性的外生轻稀土矿床。赫章野马川峨眉山玄武岩顶部风化壳形成的高岭石黏土岩型稀土矿床，具有分布广，可采厚度大，品位高等特征。

1. 主要矿体特征

1）层位

野马川风化壳高岭石黏土层产于二叠系上统峨眉山玄武岩和陆相沉积的宣威组之间。含矿层呈层状，单层厚度 0.05~0.40 m，总厚度约 5~10 m，含矿岩石为高岭石硬质和软质互层黏土岩。主要分布于玄武岩出露区野马川的山冈上。

2）含矿岩石特征

稀土元素富集于高岭石软质黏土岩中。岩石宏观特征呈白—灰白色，单层岩石自下而上由薄变厚。岩石为块状构造，以泥质细碎屑结构为主，矿体与含矿岩石无明显边界。

3）矿体形态及规模

含矿层矿体多为层状，矿体产状与围岩一致。单矿体最长可达 300~400 m，厚度为 5~30 cm，平均厚度 25 cm 左右。沿走向矿体变化比较稳定。灰白色软质含矿黏土层与灰色硬质黏土岩层（平均厚度 15 cm）呈现互层状特征。

4）矿物组合与矿石自然类型

含矿黏土岩中的主要矿物为高岭石和伊利石、蒙脱石，约占矿物总量的 85% 以上。野马川碗厂玄武岩风化壳稀土矿剖面的 16 件样品稀土元素（王伟等，2011）分析见表 3-3。

表 3-3　赫章野马川玄武岩风化壳稀土元素含量及参数（$\times 10^{-6}$）

元素/组分	平均值	元素/组分	平均值
La	68.04	Yb	5.10
Ce	168.44	Lu	0.67
Pr	20.78	ΣREE	409.89
Nd	83.43	LREE	363.58
Sm	17.53	HREE	46.10
Eu	5.36	L/H	7.89
Gd	17.13	—	—
Tb	2.57	Y	49.66
Dy	12.31	ΣREE	459.34
Ho	2.13	ΣCe	363.58
Er	5.37	ΣY	95.76
Tm	0.82	ΣCe/ΣY	3.80

野马川碗厂稀土矿体为似层状，稀土含量为 0.068%~0.342%。其中硬质黏土层中的的稀土含量在 0.068%~0.097%，软质黏土层的稀土含量在 0.079%~0.342%，明显的软质黏土层中的稀土含量高于硬质黏土层中的稀土含量。

2. 成矿机制

1）母岩的特性

稀土富集继承了玄武岩稀土元素的特征，由于玄武岩中稀土元素丰度值较高，达 106×10^{-6}，母岩被风化后，稀土元素搬运迁移，由于重稀土元素配合物不易被高岭石颗粒吸附，而轻稀土元素铈、镧和钕等容易被高岭石颗粒吸附，在脱附迁移再吸附过程中，轻稀土元素获得充分富集，形成稀土富集。

2）地形对稀土富集起重要作用

在广阔山岗和垄岗上的第四纪夷平面上，由于长期风化淋滤作用，峨眉山玄武岩中硅质及其他易溶元素被地表水、地下水带走，残留部分形成的高岭石黏土，它吸附稀土而富集。高岭石含量越高，稀土含量也越高。而位于低洼地区且风化壳上有盖层覆盖，则不利于彻底风化，稀土较少发生富集现象。因此，地势也是控制风化壳中稀土元素富集成矿的重要因素。

3）介质的 pH

风化剖面中，介质的 pH 自上而下逐渐升高。在风化溶液自上而下运移的过程中，剖面本身起着离子交换柱的作用：离子半径较小的 HREE 向下迁移的速率相对大于半径较大的 LREE，形成类似于离子交换柱中的 LREE 和 HREE 的分离；随介质 pH 的升高，各稀土元素逐个在剖面的不同位置沉淀富集；而且随着风化淋滤程度的加深，各元素富集带在不断向下迁移的过程中，相互之间的位置差异逐渐增大，从而导致稀土（尤其 LREE 和 HREE 之间）分异程度的不断增强。

4）氧化还原条件及铁锰氧化物的影响

风化过程中氧化还原条件的变化直接影响着变价元素（如 Ce）的活动性。地表氧化条件往往导致 Ce^{3+} 氧化为 Ce^{4+}，而 Ce^{4+} 极易水解形成难溶（氢）氧化物，与其他轻稀土分离，形成风化剖面中普遍存在的 Ce 异常。氧化还原条件的变化还会影响到 Fe、Mn 等氧化还原敏感性元素的变化，一方面，铁锰（氢）氧化物是 REE 等微量元素的良好吸附剂；另一方面，铁锰的氧化还原循环也会导致 Ce 价态的变化。在土壤 pH 范围内，铁锰氧化物表面上羟基的质子易解离，从而易于与稀土离子发生专性吸附，而且随土壤 pH 升高，REE 的专性吸附作用增强。

5）地表水体的性质（如 pH 和氧化还原条件等）

地表水体中无机和有机配位阴离子的种类和含量极大地影响着风化过程中稀土元素的活动性。剖面中的 HREE 优先活化或风化壳中通常都存在不同类型的有机质，其含量从剖面顶部往下递减，这些有机质对稀土元素的迁移和富集起着不可忽视的影响。有机质一方面通过改变淋滤介质的 pH 影响 REE 的迁移，另一方面可以直接与稀土离子配位合或螯合，迁移 REE，同时也会引起 REE 的吸附滞留，甚至沉淀富集。有机质与稀土离子的配位较无机配合物更为稳定，使稀土从原岩（矿物）中活化、迁移的能力更强。

另外，气候条件也对玄武岩风化引起稀土富集起着重要作用。

3.2.2　风化淋滤型稀土矿床

风化淋滤型稀土矿床主要分布在江西、福建、广东、云南、湖南、广西、浙江等地（范晨子等，2015），其中江西赣南地区是中国风化淋滤型稀土矿的富集区。富含稀土矿物的花岗岩原岩，在温暖湿润环境中经风化作用解离形成的黏土矿物吸附了稀土元素。

　　黏土矿物的含量约占风化淋滤型稀土矿石的 40%~70%，其形态和成分受母岩的岩性以及形成时的风化环境所控制，主要种类有埃洛石、伊利石、高岭石、蒙脱石等。风化壳中的黏土矿物分布规律：腐殖层主要是高岭石和三水铝石；全风化层也是稀土富集最重要的风化壳剖面单元，以埃洛石、高岭石、蒙脱石为主；半风化层则含有较高比例的高岭石。不同黏土组分对于稀土元素的吸附能力有所差异，通常认为较多层间取代结构活性中心位（蒙脱石>埃洛石>高岭石）的黏土矿物吸附能力更强，但是这些黏土矿物对于不同稀土离子的吸附能力大小尚未有效证实。此外，风化淋滤型稀土矿的稀土配分具有明显的铈亏、富铕、分馏、钆断效应。

　　江西赣南地区稀土矿床多产于燕山期酸性花岗岩基岩边部的舌状突出部位或复式岩体的补充侵入岩体风化壳中，呈现出沿北东向和东西向带状分布的规律。江西赣县吉埠镇上堡村、兴国县杨村、寻乌县石排村、定南县坳背塘、定南县长坑屋、龙南县足洞等地又是赣南地区风化淋滤型稀土矿的主要富集区（范晨子等，2015），黏土矿物中稀土含量见表 3-4。

表 3-4　赣南稀土矿石黏土矿物中稀土元素含量及参数（×10^{-6}）

元素/组分	上堡村	杨村	石排村	坳背塘	长坑屋	足洞	平均值
La	468.00	302.00	483.00	1392.00	283.00	52.50	496.75
Ce	865.00	320.00	1329.00	932.00	287.00	242.00	662.50
Pr	100.00	49.10	112.00	321.00	50.20	23.40	109.28
Nd	372.00	230.00	438.00	1267.00	173.00	97.70	429.62
Sm	45.90	28.30	47.80	155.00	28.30	55.00	60.05
Eu	4.84	9.40	6.46	27.80	5.81	0.46	9.13
Gd	37.60	28.90	40.40	155.00	30.20	90.30	63.73
Tb	6.51	3.64	6.28	22.00	<0.05	19.70	11.63
Dy	29.70	24.90	33.10	106.00	23.20	126.00	57.15
Ho	4.40	3.98	5.27	17.30	3.95	24.10	9.83
Er	12.50	11.10	15.20	48.70	11.20	68.80	27.92
Tm	1.45	1.29	1.64	5.66	1.35	10.50	3.65
Yb	9.66	7.92	10.70	36.50	8.46	73.90	24.52
Y	125.00	136.00	155.00	508.00	121.00	789.00	305.67
ΣREE	2082.56	1156.53	2683.85	4993.96	1026.67	1673.36	2269.49
Σce	1855.74	938.80	2416.26	4094.80	827.31	471.06	1767.33
ΣY	226.82	217.73	267.59	899.16	199.36	1202.30	502.16
ΣCe/ΣY	8.18	4.31	9.03	4.55	4.15	0.39	5.10

　　江西赣南地区赣县上堡、兴国杨村、定南坳背塘、定南长坑屋 4 个轻稀土矿区全风化层中的黏土矿物以高岭石为主，寻乌石排轻稀土矿区全风化层中具有比例相当的高岭石和 7 Å 埃洛石，而龙南足洞重稀土矿区全风化层中黏土矿物主体为 7 Å 埃洛石。该地区高岭石以细小片状以及叠层片状为主，埃洛石具有典型的针、管状。Ce 元素在石排和足洞黏土矿物中呈现正异常，而在其他样品黏土矿物中表现为负异常，可能与二者

中大量发育的埃洛石密切相关。Ce 可能以方铈矿胶膜形式包裹在针状埃洛石中，比高岭石具有更大比表面积和离子交换容量的埃洛石可能有利于 Ce 元素的选择性吸附。

3.3　主要稀土矿稀土配分特征

中国众多稀土矿床中，已发现 250 余种稀土矿物。其中具有工业利用价值的稀土矿物主要有：氟碳铈矿、独居石、风化壳淋积型稀土矿、褐钇铌矿、磷灰石、氟碳钙铈矿、硅铍钇矿、铌钇矿、黑稀金矿、复稀金矿、钇易解石和铈铌钙钛矿等。然而，工业上主要的稀土矿物只有氟碳铈矿、独居石和风化壳淋积型稀土矿三种。

白云鄂博铁稀土铌矿床就是一种典型的由氟碳铈矿和独居石组成的稀土矿床，且两种矿物都达到了工业利用要求。其他重要的稀土矿床均为单一的氟碳铈矿，如四川攀西稀土矿和山东微山稀土矿。下面介绍主要稀土矿的稀土配分特征（张臻悦等，2016）。

3.3.1　内蒙古白云鄂博铁铌混合稀土矿

白云鄂博稀土矿中混合稀土矿的配分保持了氟碳铈矿和独居石矿的稀土配分规律，强烈地选择轻稀土配分型。其中，$\Sigma CeO_2 > 95\%$，$\Sigma Y_2O_3 < 4.5\% \Sigma CeO_2 / \Sigma Y_2O_3 > 21$，钇族元素以 Y_2O_3 为最高，占有率仅为 0.55%~1.3%。具有富铈低钇的特征，且在轻稀土组中 $CeO_2 > Nd_2O_3 > La_2O_3$，稀土矿中钕含量较高。另外，独居石的稀土配分也呈现出强烈选择轻稀土配分型，$\Sigma CeO_2 > 95\%$，$\Sigma Y_2O_3 < 5\%$，$\Sigma CeO_2 / \Sigma Y_2O_3 > 21$，同样具有富铈低钇的特征，且在轻稀土组中 $CeO_2 > Nd_2O_3 > La_2O_3$。并且稀土矿中钕的含量大于镧的含量，$Nd_2O_3 / La_2O_3$ 的值在 1.47~3.84，是一个富钕型的轻稀土矿。

3.3.2　四川攀西冕宁稀土矿

四川攀西冕宁稀土矿是一个大型的氟碳铈矿，含量为 4.57%，它强烈地选择轻稀土配分，但是铕和钇等中重稀土配分明显高于国内外同类型的稀土矿床，矿石稀土品位约为 3.7%。矿石中伴生的有价矿物主要为重晶石和萤石，含量分别为 33.44% 和 10.01%。在矿石中还存在着黑色风化矿泥，黑色矿泥中稀土品位为 0.56%~8.16%。

冕宁稀土矿中氟碳铈矿强烈地选择轻稀土配分型，其中 $\Sigma CeO_2 > 98\%$，$\Sigma Y_2O_3 < 1.0\%$，且 $CeO_2 > La_2O_3 > Nd_2O_3$，$Eu_2O_3$ 偏低在 0.1% 以下。黑色风化矿泥同样强烈选择轻稀土配分，且 $CeO_2 > La_2O_3 > Nd_2O_3$，$\Sigma CeO_2 > 90\%$，$\Sigma Y_2O_3 < 1.00\%$，$Eu_2O_3 > 0.4\%$，在黑色风化矿泥中铕存在明显富集。虽然黑色风化矿泥中轻稀土含量略微降低，中重稀土含量有所增加，但总体仍保持原矿中氟碳铈矿以轻稀土为主、$\Sigma CeO_2 > 95\%$，$CeO_2 > La_2O_3 > Nd_2O_3$ 的配分规律。

3.3.3　山东微山稀土矿

山东微山稀土矿物主要有氟碳铈矿和氟碳钙铈矿，其中还伴生有重晶石和萤石。氟碳铈矿和氟碳钙铈矿含氧化稀土分别为 77.80%和 66.78%，二者稀土共占稀土总量的 80.09%。独居石等其他稀土矿物占 17.30%，在脉石矿物中的分散量为 2.61%。该矿矿石的平均稀土品位为 3.5%~5%。微山稀土矿强烈地选择轻稀土配分型，其中 $\Sigma CeO_2>98\%$，$\Sigma Y_2O_3<2.0\%$，在轻稀土组中 $CeO_2>La_2O_3>Nd_2O_3$，具有富铈低钇的特征。

3.3.4　风化型稀土矿

风化型稀土矿主要是风化壳淋积型稀土矿，广泛分布在江西、广东、福建、广西、海南、湖南、云南和浙江等地。稀土配分类型主要以中重稀土配分为主，约占矿山比例的 90%，重稀土配分类型占矿山比例的 8%，轻稀土配分类型占矿山比例的 2%。

1. 典型的风化壳淋积型稀土矿

风化壳淋积型稀土矿的稀土配分可分为中重稀土配分型、重稀土配分型和轻稀土配分型三种，它们的代表稀土矿分别为信丰矿、龙南矿和寻乌矿。

2. 中重稀土配分型稀土矿

信丰型稀土矿是典型的中钇富铕稀土矿，原矿稀土品位在 0.05%左右。形成中钇富铕稀土矿床的原岩可以是加里东期或燕山期的各种花岗岩和火山岩等。这种矿床在风化壳淋积型稀土矿中分布最为广泛，大部分稀土矿床都为此稀土配分类型。

信丰型稀土矿的稀土配分强烈地选择中重稀土配分型，轻稀土约占 53.96%；中稀土约占 15.82%，最大特点是 Eu_2O_3 配分特别高，约为 0.93%；重稀土含量约为 29.09%，其中 Y_2O_3 为 24.26%，该类型稀土矿是典型的风化壳中重稀土配分型稀土矿。

3. 重稀土配分型稀土矿

龙南稀土矿原岩是燕山早期的白云母花岗岩和黑云母花岗岩，独立稀土矿物主要是硅铍钇矿和氟碳钙钇矿，因此原岩风化后形成富钇重稀土矿，矿石稀土品位都在 0.08%以上。龙南稀土矿稀土配分强烈地选择重稀土配分型，其中重稀土含量约占 75.17%，而 Y_2O_3 的含量就高达 64.90%；中稀土约为 17.01%；轻稀土仅约 7.82%。在龙南稀土矿中，白云母花岗岩全风化层矿石重稀土品位占稀土总量的 74.82%~88.45%，轻稀土只占 11.55%~25.18%，其比值为 4.41。黑云母花岗岩全风化层矿石重稀土含量占稀土总量的 61.64%，轻稀土却占 38.36%，比值约为 1.6∶1。龙南稀土矿是典型的风化壳重稀土配分型稀土矿。

4. 轻稀土配分型稀土矿

寻乌稀土矿中稀土元素主要以铈和镧为主，是风化壳淋积型稀土矿床中唯一以轻稀土铈为主的稀土矿床。寻乌矿原矿稀土品位约为 0.1%，其稀土配分较为特殊，是典型的低钇富铈稀土矿。寻乌稀土矿稀土配分强烈地选择轻稀土配分，其中 La_2O_3 和 Nd_2O_3 的含量分别为 17.33% 和 18.62%，特别是 CeO_2 高达 47.16%，轻稀土共占 90.44%；中稀土约占 5.49%，Eu_2O_3 约占 0.63%；重稀土约占 4.62%，其中 Y_2O_3 仅为 2.55%。在风化过程中，矿体中的低价锰化合物，形成强烈的还原环境使铈能以三价离子存在。

5. 不同地区中重稀土矿的稀土配分

风化壳淋积型稀土矿以中重稀土配分型稀土矿最为普遍，也称为信丰型稀土矿，约占 90%，广泛分布在赣、粤、闽、桂、琼、湘、云和浙等地。稀土矿床中，铕的配分均较高，存在明显富集。钇的配分均在 24.50% 以上，或高达 34.75%。中重稀土配分为46%~63%，属于典型的中重稀土配分型稀土矿，且为中钇富铕矿。

综上所述，矿物型稀土矿的稀土主要以氟碳铈矿和独居石赋存，强烈选择轻稀土配分型，轻稀土配分大于 95%。白云鄂博稀土矿、四川攀西冕宁稀土矿和山东微山稀土矿的轻稀土（La＋Ce＋Pr＋Nd）配分分别为 95.07%、96.38% 和 98.07%；风化型稀土矿的稀土主要以水合或羟基水合离子吸附在黏土矿物上，形成风化壳淋积型稀土矿。绝大部分选择中重稀土配分型，约占 90% 以上，中稀土 Sm＋Eu＋Gd＋Tb＋Dy 配分和约为15%，重稀土 Ho＋Er＋Tm＋Yb＋Lu＋Y 总配分约为 29%，少量选择重稀土配分型，约占 8%，其 ΣY_2O_3 约为 75%，极少选择轻稀土配分型，仅占 2%，其 ΣCeO_2 约为 90%；从原岩到风化壳矿石，再从风化壳矿石到风化壳淋积型稀土矿的提取产品，它们的配分值呈现出铕的配分增加。而铈的配分值明显减小，存在铈亏效应。

3.4 稀土生产工艺及"三废"处理

中国的稀土产业虽已占世界主导地位，但各稀土企业生产能力过剩、环保不力、资源利用率低和生产成本参差不齐等问题却普遍存在，冶炼的环保问题日益严重，亟须开发新型绿色冶炼分离工艺，同时要大力降低产品单耗和提高资源的综合利用率。含稀土的原矿经过选矿后得到稀土品位高含量的稀土精矿（王伟生等，2006；中国稀土门户网，2011）。表 3-5 中列出的是国内外主要稀土精矿典型成分。

表 3-5 国内外主要稀土精矿典型成分一览表（%）

组分	中国包头稀土精矿	中国广东独居石	中国广东磷钇矿	中国江西龙南矿[①]	中国山东氟碳铈镧矿	美国氟碳铈镧矿
REO	~60	~55~65	~50~55	≥92	~59.71	~68~72
Fe	~4.8	~0.7~1.5	~3.03	~0.05	~2.61	~0.35
ThO_2	0.18~0.21	~4~6	~1.14	<0.047	~0.32	≤0.1
P_2O_5	~5~6	~25~30	~30.6	0.01	~1.1	~1.0
SiO_2	~0.5~1.5	~1.2~4.8	~5.23	—	—	~0.4
F	~7.2	—	—	0.07	~6.18	~6.0
Ca	~4~5	—	~0.97	~3.11	~1.48	~0.29

组分	中国包头稀土精矿	中国广东独居石	中国广东磷钇矿	中国江西龙南矿[①]	中国山东氟碳铈镧矿	美国氟碳铈镧矿
Ba	~0.94	—	<0.2	0.018	~2.48	~1.61
ZrO_2	—	~1~3	0.1~0.2	—	—	—
TiO_2	—	~1~3	0.4	—	—	—
U_3O_8	—	~0.3~0.4	~1.12	—	—	—
Mn	~0.12	—	—	0.01	—	—
灼减	~13.0	—	—	—	~20.2	~20.0

① 龙南矿即混合稀土氧化物。

精矿分解方法概括起来可以分为酸分解法、碱分解法、氧化焙烧法和氯化法四大类:

（1）酸分解法包括硫酸、盐酸和氟氢酸分解等,适用于处理磷酸盐矿物（如独居石、磷钇矿）和氢碳酸盐矿物（氟碳铈矿）。盐酸分解法只适于处理硅酸盐矿物（如褐帘石、硅铍钇矿）。氢氟酸分解法适于分解铌钽酸盐矿物（如褐钇铌矿、铌钇矿）。特点是分解矿物能力强,对精矿品位、粒度要求不严,适用而广,但选择性差,腐蚀严重,操作条件差,"三废"较多。

（2）碱分解法主要包括氢氧化钠分解和碳酸钠焙烧法等,适合对稀土磷酸盐矿物和氟碳酸盐矿物的处理。对于个别难分解的稀土矿物亦有采用氢氧化钠熔合法的。特点是工艺方法成熟,设备简单,综合利用程度较高。但对精矿品位与粒度要求较高,污水排放量大。

（3）氧化焙烧法主要用于分解氢碳铈矿。焙烧过程中氢碳铈矿被分解成稀土氧化物、氟氧化物、二氧化碳及氟的气态化合物,其中三价的铈氧化物同时被空气中的氧进一步氧化成四价的氧化物。缺点是氟对大气环境有污染。优点是焙烧过程中无须加入其他焙烧助剂,采用硫酸复盐沉淀或盐酸优先优先将占稀土配分约50%的铈提取出来。这使进一步的稀土萃取分离工艺过程简化,生产成本降低。

碳酸钠焙烧法、氧化钙焙烧法以及在焙烧过程中具有使三价铈化物被进一步氧化成四价稀土氧化物特点的分解方法都具有优先分离铈的优点。

（4）氯化法分解稀土精矿可以直接制得无水氯化稀土,其产品可用于熔盐电解制取混合稀土金属。目前由于设备的需防氯腐蚀材料较难解决,所得熔盐成分复杂,劳动条件较差等问题的存在而在我国尚未被工业采用。

下面以中国稀土工业最常见的离子吸附型稀土矿、四川矿和包头矿等北方矿的前处理工艺为例,详细讨论其主要经济技术指标和环境保护问题。

3.4.1　离子吸附型稀土矿

重稀土离子吸附型稀土矿主要分布在中国江西、广东、湖南、广西、福建等南方各地,又被称为南方矿或淋积型稀土矿。该矿物中重稀土元素含量高,尤其是钇、铽等中重稀土储量丰富;开采和浸取工艺简便。传统的池浸或堆浸开采方法逐渐为原地浸矿工艺取代。

1）开采方法

（1）池浸开采：将矿体表体剥离，采掘矿石并搬运至矿体上方半山腰建设的浸析池中，用浸矿溶液浸析矿石。具体过程如图 3-2 所示。

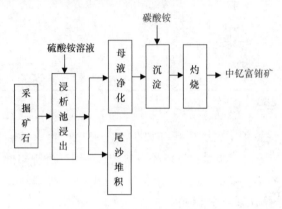

图 3-2　池浸工艺流程示意图（王伟生等，2006）

（2）堆浸开采：将矿石搬至采掘现场附近预先铺设防渗的塑料布上，再以硫酸铵浸出液从矿石堆顶部淋洗，收集浸出液后，与池浸开采方式处理相同，得到稀土混合氧化物原料。

（3）原地浸矿：不破坏矿体地表植被、不剥离表土开挖矿石，而是将浸出电解质溶液经浅井、槽直接注入矿体，实现浸出液阳离子与吸附在黏土矿物表面的稀土离子交换。母液由集液沟回收，再经沉淀、灼烧后获得稀土混合氧化物。以中钇富铕矿为例的具体流程如图 3-3 所示。

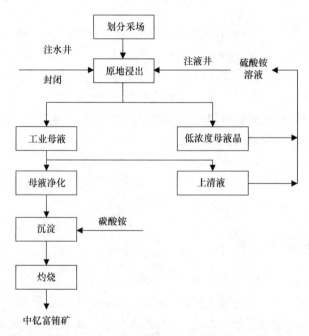

图 3-3　原地浸出工艺流程示意图（王伟生等，2006）

2）主要原辅材料单耗

从表 3-6 可见，以产出 1 t 中钇富铕矿计算，所用的费用仅考虑土建及试剂，其他制造和间接税费等均未计算，实际总成本估计约 3 万元/t（所计算价格、费用等为 2006 年度市场价格，以下皆同）。

表 3-6　生产离子吸附型稀土的主要原辅材料成本估算

项目	单价/（元/t）	池浸		堆浸		原地浸出	
		单耗/t	金额/元	单耗/t	金额/元	单耗/t	金额/元
土地费分摊			1500		1500		1500
土建费用			5200		3200		2700
硫酸铵	920	4.4	4048	4.8	4416	5.2	4784
碳酸铵	580	2.2	1276	2.2	1276	2.2	1276
硫酸	660	0.4	264	0.4	264	0.5	330
电			250		250		350
维修			150		150		250
合计			12688		11056		11190

（1）土建费用：池浸的浸析池一般在 20 m³，造价仅 800 元。一次堆浸一般需矿石万 m³，渣土运费约 3 元/m³。池浸生产成本高、产量低、投入少；堆浸成本低、工程量大、投入较大。原地浸出初期土建费用及铺设管道等需一次性投入 500 万元以上，投入大，后续还需不断投入，回收资金长，但无渣土运费等，且管道建成后可长期使用，吨生产成本最低。

（2）试剂消耗：池浸在浸析池封闭浸矿，试剂消耗最低。

资源利用率：池浸工艺资源利用率不足 30%，原地浸矿资源利用率约 75%。

（3）"三废"处理：离子吸附型稀土矿生产过程不产生废气，废水主要是酸性硫酸铵废水，一般采用补充回用等方法。废渣主要有两种，原矿生产中吨混合稀土氧化物产生 1500~1800 t 非放射性淋积渣。在酸溶分解 1 t 稀土氧化物时产生 0.14 t 的酸溶渣。酸溶渣为放射性废渣，比活度约 14 万 Bq/kg，含钍 0.42%。废渣一般需建库或建坝堆存，放射性废渣必须按要求妥善堆存，场地和运输成本约 200~300 元/t。

（4）环境污染：堆浸与池浸类似，都对环境影响极大，植被大多损毁，水土流失严重。池浸工艺吨稀土氧化物破坏 160~200 m² 地表植被，剥离表土与出池尾沙达 1000~1600 m³。以江西为例，年产 1.7 万 t 稀土氧化物，每年要破坏地表植被 304 km²，有 2700 万 m³ 泥沙覆盖农田、堵塞河道，严重污染环境。但由于其生产能力大，工艺简单，因此很多矿山仍沿用此法进行处理。原地浸出工艺基本不破坏矿体地表植被、不剥离表土开挖矿石，仅挖掘一些浅井，对地表破坏小于 20%。但原地浸出的方法仅适用于地质结构好的矿山，但大部分稀土矿底板岩石渗漏，使稀土回收率很低的同时，严重污染地下水。

3.4.2　北方矿

北方矿主要指氟碳铈矿、独居石等轻稀土为主的稀土矿，如包头、山东等地。后期发现的四川矿虽然地处西南，但其矿物组成与北方矿类似，通常也划归北方矿范畴。

1）四川矿

四川稀土矿组分单一，易采选冶炼；所需工艺流程短，投资少。四川现有稀土精矿年产能约 5 万 t，稀土产品年产量达到 2.17 万 t，占全国总产量的 22%。四川矿前处理工艺历经了碳酸钠，氢氧化钠焙烧，硫酸浸出复盐分离等方法。目前氧化焙烧-盐酸-氢氧化钠法制备混合氯化稀土工艺为主导流程，如图 3-4 所示。

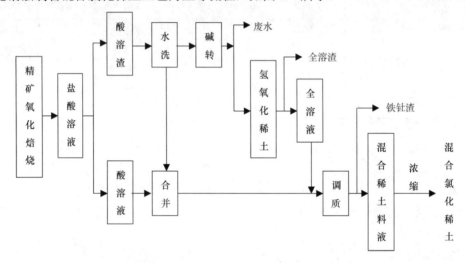

图 3-4　四川矿混合氯化稀土生产流程示意图（王伟生等，2006）

该流程将稀土精矿氧化焙烧转化为氟氧化物或稀土氧化物和氟化物，加盐酸溶解其中的氧化物，酸溶渣（主要为氟化稀土）再经高温碱转成氢氧化稀土后被盐酸全溶，酸浸液经除 Fe、Th、SO_4^{2-} 和 Pb 等杂质、待放射性指标合格后就萃取分离原料或浓缩成混合氯化稀土。

"三废"处理：四川矿在矿物焙烧过程基本无废气产生，酸溶、萃取等过程产生少量含酸废气，氧化物熔盐电解制备金属过程产生少量 HF 废气，一般采用酸雾净化塔处理即可达标。废水可分为酸性、碱性两种。以年处理精矿 8000 t 的稀土厂为例，沉淀过滤产生的酸性废水约 96 m³/d，含草酸 12~19 g/L、盐酸 30~40 g/L；碱转化产生的废水 34 m³/d，含氢氧化钠 10~20 g/L。废水经破乳、气浮、除油、中和沉淀（加石灰乳）、曝气、机械搅拌澄清等处理后可直接排放。废渣一般都采用填埋堆存的方式，1 t 精矿约产生 0.2 t 全溶渣、0.01 t 铁钍渣，堆存成本约 300 元/t，主要支付场地和运输费用。射性废渣没有合适的处理方式。部分厂家废水排放不是很严格，其所谓的环境污染小也仅仅是相对其他方式而言，现有工艺仍存在环保问题。

2）包头矿

白云鄂博稀土矿属难选冶的复杂稀土混合矿，优势是和铁矿一起开采、综合回收。浓硫酸焙烧法现是冶炼包头混合型稀土精矿的主导工业生产技术，工艺流程如图 3-5 所示。

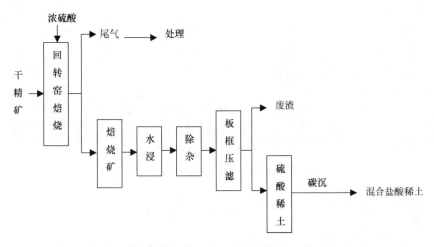

图 3-5　包头矿混合碳酸稀土生产流程示意图（王伟生等，2006）

该流程先用外热式回转窑烘干精矿至水分小于 0.2%，在回转窑内加硫酸强化焙烧，分解率高达 95%~97%，冷水浸出硫酸稀土料液，浓度约 33 g/L，用铁除磷酸根，氧化镁或方解石调整 pH 后得到纯硫酸稀土溶液。碳铵沉淀成混合碳酸稀土或萃取转型为氯化稀土。

许延辉等（2008）概括性介绍的分解包头混合稀土精矿主要有酸法和液碱法两种工艺。

（1）酸法分解工艺。以混合稀土精矿为原料的工艺流程及废水排放如图 3-6 所示。

酸法分解工艺流程主要产生两种废水。①焙烧尾气经喷淋处理后产生的喷淋废水是酸性废水 A，水质主要指标：pH= 1~2，F^- 3000~5000mg/L±，SO_4^{2-} 为 18 000~22 000mg/ L，外排的废水量为 15~16t/t 矿。②碳沉生产混合碳酸稀土工序产生含硫酸铵的氨氮类废水 B，废水水质主要指标：pH=6.5~7，NH_3—N 6500~8500mg/L，SO_4^{2-} 30 000~ 50 000mg/L，Mg^{2+} 5000~8000mg/L，Ca^{2+} 400~800mg/L。外排的废水量为 13~15t/t 矿。

（2）液碱法分解工艺。工艺流程和废水排放如图 3-7 所示。

液碱法分解工艺主要产生两种废水。①化学法除钙工序产生的酸性废水 C：主要含钙镁离子和盐酸、氟等，废水水质主要指标：F^- 900~1200mg/L，HCl 15 000~25 000mg/L，外排的废水量为 10~15t/t 矿。②碱分解工序产生的碱性废水 D：主要含 NaOH、Na_3PO_4 和 NaF 等，废水水质主要指标：F^- 1600~2000mg/L，NaOH 15 000~25 000mg/L，PO_4^{3-} 3000~3500mg/L，CO_3^{2-} 25 000~26 000mg/ L，pH=14，外排的废水量为 10~12t/t 矿。

（3）包头稀土矿低温分解工艺和废水综合处理工艺。

包头矿浓硫酸低温分解工艺和废水综合处理工艺流程如图 3-8 所示。

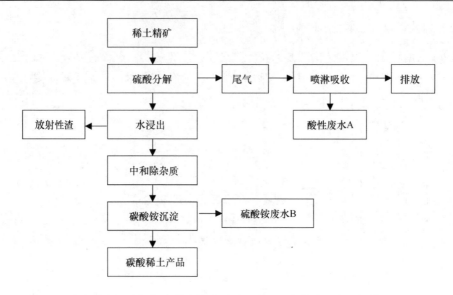

图 3-6　浓硫酸高温分解包头稀土精矿原则工艺及废水排放（许延辉等，2008）

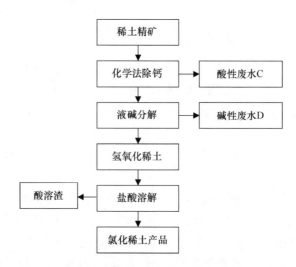

图 3-7　液碱法分解包头稀土精矿原则工艺及废水排放（许延辉等，2008）

　　包头混合稀土精矿浓硫酸低温焙烧分解工艺是解决稀土冶炼的一种新的清洁生产工艺，通过低温焙烧分解，稀土精矿中的钍和稀土进入溶液得到回收，回收了钍资源的同时解决了放射性废渣的问题。酸法处理 1 万 t 稀土精矿，在生产过程中产生的氨氮废水约 15 万 t，处理这些废水需要碱性废水约 10 万 t，与碱法处理 1 万 t 精矿产生的碱性废水量基本吻合。

　　酸铵镁副产品，化工设备及工艺简单，处理后的废水中氨氮可以降到 20~40mg/ L，达到冶金行业"三级"废水排放标准。产生的硫酸钠二次废水直接蒸发浓缩得到工业级硫酸钠产品，蒸馏水冷凝后回用，废水回用率在 80%以上。

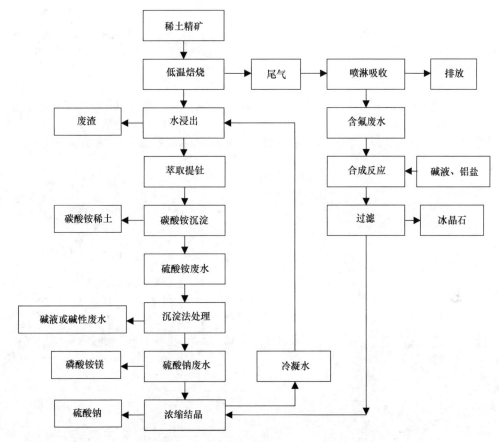

图 3-8　包头稀土矿低温分解工艺和废水综合处理工艺流程图（许延辉等，2008）

参 考 文 献

范晨子, 张誉, 陈郑辉, 等. 2015. 江西赣南风化淋滤型稀土矿床中的粘土矿物研究[J]. 岩石矿物学杂志, 34(6): 803-810.

蓝廷广, 范宏瑞, 胡芳芳, 等. 2011. 山东微山稀土矿矿床成因: 来自云母 Rb-Sr 年龄、激光 Nd 同位素及流体包裹体的证据[J]. 地球化学, 40(5): 428-442.

刘健, 凌明星, 李印, 等. 2009. 白云鄂博超大型 REE-Nb-Fe 矿床的稀土成矿模式综述[J]. 大地构造与成矿学, 33(2): 270-282.

秦朝建, 裘愉卓, 温汉捷, 等. 2008. 四川耗牛坪稀土矿床成因研究——来自包裹体的证据[J]. 岩石学报, 24(9): 2155-2162.

饶振宾, 蔡嗣经. 2015. 中国稀土资源整合政策对市场的影响分析[J]. 中国钼业, 39(4): 1-5.

王伟, 杨瑞东, 栾进华, 等. 2011. 贵州西部玄武岩风化壳中稀土矿成矿机理及成矿模式[J]. 四川地质学报, 31(4): 420-423.

王伟生, 王嵩龄, 贾江涛, 等. 2006. 中国现行主要稀土矿分解流程的经济技术指标分析[J]. 中国稀土学报, 24(4): 385-390.

谢玉玲, 侯增谦, 徐九华, 等. 2005. 四川冕宁—德昌稀土成矿带铜锌、铜锡合金矿物的发现及成因意义[J]. 中国科学 D 辑 地球科学, 35(6): 572-577.

许成, 宋文磊, 何晨, 等. 2015. 外生稀土矿床的分布、类型和成因概述[J]. 矿物岩石地球化学通报,

    34(2): 234-241.

许延辉, 郭文亮, 马莹, 等. 2008. 包头稀土矿清洁冶炼废水综合治理工艺概述[J]. 稀土, 29(2): 82-85.

杨晓勇, 赖小东, 任伊苏, 等. 2015. 白云鄂博铁－稀土－铌矿床地质特征及其研究中存在的科学问题——
    兼论白云鄂博超大型矿床的成因[J]. 地质学报, 89(12): 2223-2350.

张臻悦, 何正艳, 徐志高, 等. 2016. 中国稀土矿稀土配分特征[J]. 稀土, 37(1): 121-127.

赵治华, 姜晓丽, 胡刚, 等. 2016. 白云鄂博稀土矿联动萃取分离流程的经济技术指标比较[J]. 中国稀
    土学报, 34(1): 70-76.

中国稀土门户网. 2011-02-20. 稀土精矿分解方法[EB/OL]. http://www.cnree.com/baike/ 201102/20/505.html

第4章 稀土环境地球化学

环境地球化学是环境科学与地球化学之间的一门新兴的边缘学科，是环境地学的一个分支。它主要研究环境中天然的和人为释放的化学物质的迁移转化规律，及其与环境质量、人体健康的关系。到了近代，人类应用强大的技术力量大规模地改变自然界的面貌，地壳深处大量的化学物质被采掘出来，种类越来越多、数量越来越大的自然界本来不存在的化合物被合成出来，它们中的一部分不可避免地被散布到环境中。在原来环境物质循环的基础上，叠加了这些新的物质的循环，对人类环境质量产生了严重影响。环境地球化学的重要任务之一就在于及时地研究现代环境化学变化的过程和趋势，在原来地球化学的基础上，更加深入地研究组成人类环境的各个系统的地球化学性质。

稀土元素（REE）的地壳丰度为 0.017%，其中 Ce、La、Nd 的丰度比 W、Sn、Mo、Pb、Co 还高。中国是稀土大国，稀土矿尤为丰富。一般情况下，按照稀土元素的原子量大小将之分为轻稀土（LREE，即 Ce 族稀土或 ΣCe：La-Eu 轻稀土）和重稀土（HREE，即 Y 族稀土或 ΣY：Gd-Lu，Sc，Y 重稀土）。也有学者从更详细的角度将稀土分为 3 个类别，分别是轻稀土：La-Nd；中稀土：Sm-Ho；重稀土：Er-Lu+Y。配合物是稀土元素的主要迁移形式，稀土元素的碳酸盐、硫酸盐、氟化物的配合物易溶于水而进行迁移，如 $Na_3[REEF_6]$、$Na[REE(CO_3)_3]$、$Na_3[REE(SO_4)_3]$ 等。在地壳中，从超基性岩→基性岩→中性岩→酸性岩→碱性岩，ΣREE 是渐增的；从地幔到地壳，ΣREE 增加了 20 余倍，$\Sigma Ce/\Sigma Y$ 增加了 3 倍余；地幔、超基性岩、基性岩中 ΣY 占优势，随着分异，陆壳及酸性岩、碱性岩以 ΣCe 占优势。

15 个稀土元素在地壳中明显呈现出偶数元素高于相邻奇数元素的丰度（奇偶效应）的现象，即偶数规则（或偶-奇规则）。偶数规则是元素丰度的基本规律。元素周期表中相邻的两个元素，偶原子序数元素的丰度，比其相邻的奇原子序数元素的丰度高。这一规律在同位素丰度中表现为质量数的偶-奇性，也称为 Oddo-Harkins 定律。偶数规则普遍地存在于宇宙、地球和地壳的元素丰度中，其中以宇宙丰度表现得最完整。除 H、He、Li 和 Be 四种元素外，无一例外地都遵从着偶数规则。为了便于对比研究，需消除奇偶效应，数据需进行标准化处理，即将岩石、矿物中某稀土元素含量除以球粒陨石的含量，例如，La 玄武岩/La 球粒陨石=7.28/0.32 =22.75。

地壳中各类岩石稀土元素相对丰度曲线，根据 Eu 和 Ce 的分布可分为 5 种类型，见图 4-1。

LREE 和 HREE 的含量比例不同，又可以分为右倾型：LREE>HREE；平缓型：LREE≈HREE；左倾型：LREE<HREE。稀土元素在自然界的分异，受溶液酸碱性、氧化还原条件、配位离子稳定性的差异、被吸附能力的差异、结晶矿物和熔体中的分异等因素控制。

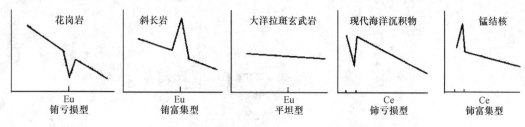

图 4-1　地壳中各类岩石稀土元素相对丰度曲线

4.1　稀土元素的分馏作用

　　稀土包括从 La 到 Y 的十六种元素，其中 La 到 Sm 六种元素为轻稀土，Eu 到 Er 六种元素属中稀土，Tm 到 Y 四种元素归重稀土。稀土元素的电子构型决定了它们有特别稳定的正三价氧化态，并随着原子序数增加离子半径减小，称为镧系收缩。它们的差别仅在于 4f 亚层电子数的不同，但 4f 电子受到 $5s^2$ 和 $5p^6$ 亚层八个电子很好的屏蔽，很少参与化学反应，也不会有很大的配位场效应，因此稀土元素有着极相似的化学、物理性质，在自然界倾向于共生在一起。按软硬酸碱理论，稀土元素的离子属硬酸，倾向于与氮、氧等硬碱原子配位。自然界中三价稀土离子与 Ca^{2+}、Na^+、Mn^{2+}、U^{4+}、Th^{4+} 的离子半径较为接近，因而常发生类质同象置换，甚至形成内潜同晶。在地球化学上，稀土元素常形成碳酸盐、硫酸盐、氟化物、氯化物等配合物，也易于形成难溶的氢氧化物、氧化物等。另外，自然界中 Eu 有正二价态，Ce 有正四价态，存在这些氧化态是因为 4f 亚层半充满和全充满使其稳定性提高，且 Ce^{4+} 具有惰性气体氙的电子构型。

　　尽管稀土元素的化学行为十分相似，但它们的氧化还原性能、水解反应常数、其配合物的稳定常数、吸附能力等物理化学性质有一定差别，同时又受到 pH、温度、湿度、盐度等环境因素的影响，其相对丰度会发生改变，这个过程我们称之为分馏。例如，海水中稀土元素的组成为重稀土富集，轻稀土亏损。

　　分馏作用使稀土元素具有地球化学示踪剂的功能，成为有关的地学研究领域中的活跃点，并且对稀土元素在环境中的分布、迁移、转化和归宿有着不可忽视的影响（陈莹等，1999）。

4.1.1　岩石矿物中稀土元素的分馏作用

　　矿物中稀土元素的含量有三种类型：①稀土元素浓度通常很低的矿物，包括许多常见的造岩矿物；②稀土元素含量少，且不作为这些矿物的基本组分；③稀土元素含量较多，并作为矿物的基本组分，包括了少数②类矿物的富稀土元素的变种。这些矿物中，稀土元素的分馏作用普遍存在。一方面矿物元素的离子半径对稀土元素的分馏起了主要作用，另一方面一些矿物的结构也强烈影响了稀土元素的分馏。同时成岩过程中的温度、压力、氧逸度等条件都对稀土的分馏有一定的影响。在花岗岩质岩石中，稀土元素主要聚集在榍石、磷灰石和独居石等副矿物中，而这些矿物往往富集轻稀土。一些花岗岩中的独居石在结晶过程中从中心向边部，La、Ce 的含量降低，Sm、Nd、Y 的含量增高，这表明轻重稀土之间发生了分馏作用。而在基性和富硅体系中,相对于轻稀土,重稀土强烈地分配在石榴子石中。长石总表现出显著的正 Eu 异常,因为长石的结构是一种容易接纳 Eu^{2+} 的结构。磷钇矿属四方晶系,只能容纳较重又较小的重稀土。由于 Ca^{2+} 的离子半径与中稀土元素很相近,因此,它们具有相似的结晶化学性质,稀土离子常与 Ca^{2+} 共沉淀,所以萤石是稀土元素的主要携带者之一,并富集中稀土。

4.1.2　土壤中稀土元素分馏作用

中国土壤中稀土元素的配分曲线(经球粒陨石标准化,图 4-2)表明,各地区土壤中稀土元素的配分模式基本一致,均呈向右倾斜的轻稀土富集模式,而且轻、重稀土元素的比值(中国土壤背景值 LREE/HREE=9.14,中国土壤几何平均值 LREE/HREE=11.76)高于世界土壤背景值(LREE/HREE=8.44)。稀土元素在土壤中含量的变化,不但与原岩的化学成分、矿物成分有关,也与在成土过程中发生的物理、化学、生物化学作用和变化过程有关。

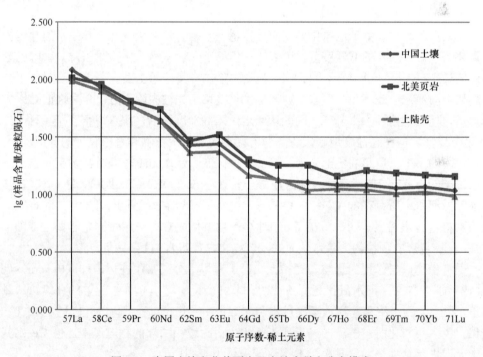

图 4-2　中国土壤和北美页岩及上地壳稀土分布模式

由于不同的矿物质具不同的抗风化能力,因此稀土元素的赋存状态是一个重要的控制因素,稀土元素在土壤的风化基底中主要有四种赋存状态:①矿物相;②类质同象分散相;③呈不溶的氧化物或氢氧化物胶体附着相;④呈可交换的水合阳离子形式被黏土矿物吸附的吸附交换相。在表生环境下,随温度、湿度、酸度等的增强,矿物质的化学分解作用、淋溶和元素的迁移也随之增强,稀土元素的赋存状态也发生改变,从而引起分馏。

南方土壤这种作用更为明显，因为气候直接影响土壤的水热状况，随着硅酸盐类的矿物强烈分解，硅和盐基遭到淋失，铁铝等氧化物则明显聚集，黏粒和次生矿物不断形成，轻稀土将在黏粒中富集而被分馏。Eu^{3+}被还原为Eu^{2+}同 Sr 一起被淋失，导致 Eu 负异常，不易水解的重稀土也易淋失，易水解的 Ce 组稀土则相对富集，导致 Ce 正异常。在北方中性、石灰性土壤的成土过程中，Ce 容易被氧化和水解，生成溶解度很低的$Ce(OH)_4$沉淀，导致 Ce 在黑土、黑钙土表层中富集。在黄土高原，稀土元素属土壤黏粒主控型分布模式，它们在土壤中的含量分异总趋势和土壤黏粒的地域分异规律相似，由东南向西北呈下降趋势，和土壤黏粒含量的相关系数达 0.5 以上，呈显著正相关。

4.1.3　水环境中稀土元素分馏作用

太平洋、大西洋海水中稀土元素垂直分布测定结果表明，海水中稀土元素的含量表现出随原子序数的增加而增高的趋势。其中 Ce 表现出负值，Gd 表现出正值，重稀土相对于轻稀土而富集。影响水中稀土元素分馏的主要因素有水的盐度、pH、水中的溶解氧等。

在河流入海口，由于地球化学反应导致稀土元素含量发生变化，其中水的盐度扮演着重要角色。在 0~6 的低盐度区，可溶的三价稀土元素从海水中大量去除。去除的顺序为：轻稀土>中稀土>重稀土，并且 Ce 强烈去除，与其他稀土发生分馏。这时由于盐度引起稀土与海水中胶体发生凝聚，轻稀土优于重稀土先被去除，而中介生物把Ce^{3+}氧化成Ce^{4+}，使其水溶性大大降低，因此从淡水进入高盐度区后，海水中富含了重稀土，且 Ce 呈负异常。但在高盐度地区，还要考虑稀土元素从沉积物和悬浮物上的释放。

河流的 pH 也是影响稀土元素分馏的重要因素。水中 pH 较低时，稀土元素以三价自由离子的形式存在；当 pH 较高时，稀土元素与 Fe（OH）$_3$产生共沉淀，含量减少。但此时，河水中所存在的CO_3^{2-}和OH^-等无机离子可与重稀土形成更稳定的配合物，因此河水将富含重稀土。同时，在高 pH 时Ce^{3+}被氧化成Ce^{4+}，它将固定于黏土或随 Fe、Mn 氧化物包裹的颗粒物去除，从而进入沉积物，使得水中呈 Ce 负异常。

受沉积物成岩作用的影响，轻稀土相对于重稀土分离富集在近表层（0~9cm）处，Ce 出现了正异常。河水氧化还原条件的季节性变化也将引起稀土元素的分馏。缺氧条件下，稀土元素由沉积物释放至底层水和间隙水中，其相对释放率为：轻稀土>中稀土>重稀土；当再氧化时，溶解的稀土元素从水中去除遵循同样的相对速率，但 Ce 比其他稀土元素去除速率快，这是由于Ce^{3+}快速氧化为Ce^{4+}所致。

海底水-沉积物界面系统中，底层水、沉积物、间隙水中稀土元素的配分特征极为相似，都表现为中稀土相对于轻、重稀土的轻度分离和富集，Ce 为负异常，多金属结核中稀土元素也有类似的富集倾向，但 Ce 为正异常。这是因为界面系统不同物质相中稀土元素的分馏主要受沉降颗粒物的吸附或清除作用及其下沉后的溶解或沉积后的分解作用的影响和控制。沉积物中 Ce 的负异常只是继承上覆水体的性质，但在界面强氧化环境中，除吸附作用外，底层水和间隙水中的Ce^{3+}被氧化成Ce^{4+}，以CeO_2或$Ce(OH)_4$与 Fe(OH)$_3$、MnO_2共沉淀于锰结核中，所以锰结核中 Ce 表现为正异常。

4.1.4　植物中稀土元素分馏作用

豆类、小麦、裸麦、大麦和水稻中稀土元素的分布模式基本上呈现相同的变化趋势，即 Eu 呈明显负异常，轻稀土相对富集，与页岩、土壤等地壳物质的稀土元素丰度模式十分类似。但植物中稀土元素的丰度相对于其生长的土壤来说，已发生了轻微的分馏。植物中的 La_N/Lu_N 值约为 25，而土壤的 La_N/Lu_N 值只有 10 左右。但铁芒萁对稀土元素的吸收与其生长土壤中的稀土含量没有明显的相关性；而施用稀土后的茶树对 Ce 组稀土有较强的富集作用，其含量上升了 3.74mg/kg，但 Y 组稀土的含量下降了 0.91mg/kg，Ce 组与 Y 组稀土发生了分馏。

影响植物中稀土元素分馏作用的因素主要是土壤的副矿物成分和植物的生理化学特性。相对于某些主矿物（如石英、长石、云母和辉石等）来说，磷灰石、褐帘石、绿帘石等这一些副矿物，具有较高的稀土分配系数。在岩石风化成土壤的过程中，副矿物首先变得疏松，并随之向土壤中释放游离的稀土元素（呈可溶态），易于被植物直接吸收，而较耐风化的主矿物所含的稀土元素大多为难溶物，不能直接被植物吸收。植物对稀土元素的摄取机制非常复杂，植物中稀土元素的分布因其种类不同而有很大差别。此外，土壤的物理化学条件及稀土元素溶解度之间的差异都会影响稀土在植物中的分馏。

4.1.5　稀土元素的分馏机制

为了更清楚地了解稀土元素的分馏作用，我们有必要探讨稀土元素的分馏机制。主要包括以下几个方面：

1. 变价稀土元素 Ce、Eu 的氧化还原反应

一般情况下，稀土离子 Ce^{4+}、Eu^{2+} 可稳定存在，但在一定环境下会发生氧化还原，而与其他稀土元素分馏。萤矿石中，Ce 和 Eu 的分馏现象是由于在相同的氧化还原条件下，两变价元素形成不同价态的结果。还原条件下，Eu^{3+} 被还原为 Eu^{2+}，此时，$Eu^{2+} \gg Ca^{2+}$ 难以置换萤石中的 Ca^{2+}，加大了萤石中 Eu 的亏损，造成 Eu 与其他稀土元素的分馏；若在氧化、弱酸性条件下，Ce^{3+} 被氧化为 Ce^{4+}，造成 Ce 的负异常。土壤溶液中，稀土以三价形式存在，随湿度、酸度的增加，Ce^{3+} 被氧化为 Ce^{4+}，发生水解而富集，导致 Ce 呈正异常；而 Eu^{3+} 被淋溶至下层再被还原形成 Eu^{2+} 而淋失，导致 Eu 呈负异常。

Ce 在海水的 pH 和 Eh（氧化还原电位）条件下主要以 Ce^{4+} 的形式存在，其溶解度很小，所以 Ce 显示负异常。在沉积物体系中，Eu^{2+} 比其他稀土元素容易被海水带走，在长期的开放体系中，Eu^{2+} 就会不断减少，因而也显示负异常。

2. 稀土元素的水解反应

稀土阳离子的水解性能直接影响着稀土在水中的活动性。由于轻稀土的水解能力比重稀土强，容易随 pH 的增加生成水解产物，和重稀土相比相对迁移能力较弱，因此重

稀土易被淋失而轻稀土则易被淀积,从而发生分馏作用。

3. 黏土矿物的吸附

稀土元素易被黏土矿物等吸附,并且被吸附的性能明显地受溶液的 pH 控制,随着 pH 的增加,黏土矿物吸附稀土的能力增强。根据量子化学计算,黏土矿物对不同稀土的吸附能力为:

$La^{3+}>Ce^{3+}>Pr^{3+}>Nd^{3+}>Sm^{3+}>Eu^{3+}>Gd^{3+}>Tb^{3+}>Dy^{3+}>Ho^{3+}>Y^{3+}>Er^{3+}>Tm^{3+}>Yb^{3+}>Lu^{3+}$,同时研究结果表明,稀土是以水合或羟基水合离子形式吸附在黏土矿物上。由于吸附作用,土壤上层富集轻稀土,下层相对富集重稀土,除了重稀土比轻稀土有较强的迁移能力外,易发生水解但难迁移的轻稀土元素 Ce 优先被黏土矿物所吸附也是重要原因。因此,土壤中黏粒组分增多将导致 Ce 含量的增加。此外,黏土吸附稀土元素还受控于气候环境、稀土元素的水解、氧化还原反应和配合反应等因素。土壤的黏土矿物类型、pH 和无定形氧化铁含量将决定稀土元素的吸附强度。

4. 腐殖酸与稀土元素的配合作用

腐殖酸是地表环境中的主要有机组成,作为具有较多羧基、酚羟基以及 N—和 S—结合点位的有机高分子聚合物,能够与稀土离子发生很强的配合或结合作用,从而影响稀土元素在环境中的迁移转化和生物活性。已有研究表明,各稀土离子与腐殖酸发生配合作用时性质相近,但 Ce^{3+} 的配合稳定常数和配合容量较大。可见,腐殖酸对稀土元素配合行为的差异与其在天然水体中发生的分馏作用有关。腐殖酸与稀土离子共存体系的稳定性受到 pH 和离子强度的影响,提高酸度降低了腐殖酸的溶解度使沉淀易于发生,增加离子强度也有利于沉淀的生成。不同地区不同来源的腐殖酸其结构组成都有区别,它们对稀土分馏作用的影响有待进一步研究。

5. 形成无机配合物

在地下水或土壤溶液中存在 CO_3^{2-}、HCO_3^-、F^- 等阴离子配体,它们可与稀土元素形成水合配合物。由于配合物的表观稳定常数是重稀土高于轻稀土,因此重稀土元素优先与这些配体形成配合物,从上层黏土矿物中解吸下来,随淋滤水下迁到土壤的深层底部。

热液改造矿石中富集重稀土,也是因为碳酸盐地区的地下水改造热液富含 HCO_3^-,有利于地层岩石中的重稀土溶解于水,并随热液迁移成为富含重稀土元素的热液,最后沉淀为矿石时,就富集了重稀土元素。

6. 稀土元素与铁锰氧化物的作用机制

在土壤 pH 范围内,铁锰氧化物表面上羟基的质子易解离,从而易于与稀土离子发生专性吸附。土壤 pH 升高，稀土的专性吸附作用增强。它对稀土元素分馏的贡献尚待进一步研究。还有研究表明，稀土元素赋存在铁锰氧化物表面是稀土离子与铁锰氧化物表面上的羟基生成表面桥氧配合物。它们是一个离子的水解-吸附机制和离子与表面形成表面配合物机制共存的反映。

7. 其他机制

氧化铁的水解产物带负电荷，易于吸附稀土离子；海水中沉积物对稀土离子也具吸附作用，导致相对富集轻稀土。萤石矿中，由于 Ca^{2+} 的离子半径与中稀土特别相近，因此，它们具有相似的结晶化学性质，中稀土进入萤石晶格相对富集。Fe 或 Mn 的氧化物会从氧化性水中清除可溶性稀土，然后在低氧和缺氧性水中释放吸附的稀土，其本身还原成 Fe^{2+} 和 Mn^{2+}。由于重稀土在溶液中形成更稳定的配合物，故轻稀土被氧化物表面优先吸附而发生分馏。

4.2　稀土土壤环境地球化学

中国土壤中稀土 La、Ce、Nd、Sm、Y 平均含量分别为 43.8 mg/kg、86.2 mg/kg、35.8 mg/kg、5.38 mg/kg、21.8 mg/kg，其数值和世界土壤的稀土含量接近（彭安和王子健，2005）。从 46 个土壤大类中 29 个土壤类型稀土背景含量看，全国土壤中稀土含量总的分布趋势是由南到北逐渐降低，南方各地酸性土壤的稀土元素含量一般 200 mg/kg 以上，北方各地的石灰性土低于 200 mg/kg。从 20 种土壤的稀土背景含量看，稀土总量以发育于花岗岩土壤最高，赤红壤为 522.7 mg/kg，盐土中最低，为 85.0 mg/kg。稀土总量（ΣREE）以发育于花岗岩土壤最高，赤红壤为 522.7 mg/kg，盐土中最低，为 85.0 mg/kg，稀土在土壤中的分布模式基本上呈负斜率分布，含量从轻稀土逐渐向重稀土方向有规律的降低，在土壤剖面中的分布一般在表层富集。从稀土在不同剖面中分异变化发现，草甸化过程有利于稀土元素在腐殖层弱积累等规律。

稀土元素的富集与锰的关系密切，因而稀土有向土壤深层移动的趋势，与铁锰的移动相似，土壤可给态 般指水溶态、交换态和部分有机态总和，是对植物有效的部分。

中国土壤可给态稀土含量平均值是 12.0 mg/kg，在 0~208mg/kg 间变化。土壤稀土的可给性受土壤 pH、黏粒含量和 Eh 的影响，可给态稀土有明显向土壤剖面下部移动倾向，尤其是酸性土壤环境有利于可给态稀土的迁移。

中国土壤可溶态稀土（SREE）的含量与土壤类型有关，不同类型土壤 SREE 含量变化很大，其中红壤均值为 18.8 mg/kg，黑土等低于 5 mg/kg，一般占土壤稀土总量的 10%或更低。

各稀土元素的 SREE 不大相同，一般为 Ce>La>Nd>Y>Sm，并且与土壤酸度有关。可溶态稀土与植物稀土含量呈现明显正相关（r=0.9912）。

无定形铁结合态稀土含量最高，为总量的 30%左右，常在酸性土壤的下层富集。中国主要土壤和一些矿物对稀土的最大吸附量（Q_m）有以下顺序：

δMnO_2>黑土>黑钙土>无定形氧化铁>黄棕壤>红壤>砖红壤>高岭土。

吸附不仅符合 Langmuir 公式，影响中国土壤吸附稀土容量的主要因素是黏粒矿物类型和无定形氧化铁的含量，其中砖红壤、红壤在 pH=4 左右有专性吸附，可用来调节稀土的淋溶、迁移和可给性。当用 1mol/l NH_4Cl（pH=7.0）作解吸剂时，红壤、黄棕壤和 Na-高岭土的解吸率比较高，达 85%以上，以交换作用为主。而黑土和黑钙土的解吸率低，与这两种土壤中铁锰氧化物含量及 pH 较高有关。

稀土与黏土矿物中相互作用可了解土壤中稀土的行为。黏土矿物对稀土的吸附能力为：蒙脱土>伊利石>高岭土。因此，土壤矿物中蒙脱土含量很少时，稀土主要吸附在伊利石或高岭土表面。稀土在混合黏土矿物表面的赋存形态有可溶态吸附相、胶体沉积相、类质同象、矿物相。富集受介质 pH、稀土元素水解作用、风化环境、配位反应和氧化还原反应等因素的影响。轻重稀土元素在混合黏土矿物中的吸附、脱附行为不同，会导致元素迁移、循环过程中发生分异，使土壤出现上层轻稀土高和下层重稀土高。如柿的水解作用导致它富集于黏土矿物顶端、可溶态稀土配分出现严重铈亏损。

当模拟酸雨 pH 范围在 2.0~5.6 时，随淋洗酸度增加，稀土的淋出量增大。且酸度不同，淋溶行为不相同。另外，用酸性溶液淋洗时土壤中的稀土形态发生了变化，其中引人注目的是有机结合态的变化，当 pH=4 时，松结有机态含量最高而紧结有机态稀土含量最低。酸雨地区土壤稀土的淋失要大于非酸雨地区。

土壤加入外源性稀土如氯化稀土后，砖红壤、黄棕壤、黑土和黑钙土中外源性稀土主要以无定形结合态和有机结合态存在，而在土壤 pH 和无定形氧化铁、锰含量均低的红壤中，外源稀土主要以交换态和氧化锰结合态存在。红壤中加入稀土（其 pH 和对照组一样都是 4.2），交换态从对照组的 13mg/kg 增至 49.smg/kg。当土壤 pH 升高时，稀土的专性吸附增强并因此降低了交换态稀土的含量和稀土的有效性。所以，农田施用稀土后稀土形态将发生转化，根据土质不同变化情况不同。土壤中有机质和 pH 对形态变化的影响较大。如红壤的 pH 低，有机质也低，进入土壤的外源稀土形态按以下顺序在各结合态中分布，其中以交换态存在量可达 45%以上。

交换态>氧化锰结合态>无定形铁结合态>有机结合态。

对砖红壤、黄棕壤、黑土、黑钙土则有：

无定形铁结合态>>有机结合态>交换态>氧化锰结合态

其中交换态仅占到总量 10%以下，明显不同于红壤。

4.2.1 土壤中稀土的形态及其配体稳定性

土壤是植物中稀土的主要来源，但同其他微量元素一样，土壤中稀土元素的总量不能作为判断对植物供给能力的指标，只有生物有效态对植物才是有效的。从 20 世纪 70 年代开始，环境科学家开始认识到重金属的毒性及生物有效性不仅与其总量有关，更大程度上由其形态分布决定，形态不同，其产生不同的环境效应和生物效应，因此研究的重点集中到确定重金属的活性形态及其影响上（丁友超等，2002）。

1. 土壤中稀土的形态

土壤稀土形态的划分有如下类型。

（1）冉勇等划分法：交换态、氧化锰结合态、有机质结合态和无定型铁结合态。

（2）朱建国等划分法：水溶态、交换态、碳酸盐及专性吸附态、有机结合态、易还原铁锰氧化结合态、残渣态。

（3）王立军等划分法：水溶态、可交换态、松结有机态、专性吸附与碳酸盐态、铁锰氧化物态、紧结有机态、残渣态。

（4）按 Tessier 方法划分：交换态、有机态、碳酸盐结合态、铁锰氧化物结合态和残渣态。土壤中五种形态中稀土含量的顺序为：残渣态>交换态>Fe-Mn 氧化物结合态>有机态>碳酸盐结合态。

随着 pH 或 Eh（氧化还原电位）的降低，稀土释放量逐渐增大，Ce 电位的影响比 La 更明显。外源性稀土元素进入红壤后，主要分配在可交换态（14%~60%）和 Fe-Mn 氧化物结合态（26%~40%）中，因此可以初步推断出来稀土元素主要吸附在 Fe-Mn 氧化物表面或滞留在 Fe-Mn 氧化物中；稀土沉淀主要发生在大于 7.5，稀土离子浓度越高，沉淀起始越低，其顺序是 50mg/L<10 mg/L<2 mg/L。比较三种稀土，稀土沉淀顺序为：Y^{3+}>Gd^{3+}>La^{3+}。在同一 pH 下，碳酸盐结合态、有机结合态和残渣态含量，没有发生显著变化，而交换态和 Fe-Mn 氧化物结合态随 Eh 的降低而减小，表明在电位降低时可溶性稀土主要来自于交换态和 Fe-Mn 氧化物结合态；在同一电位 Eh 时，pH 对稀土的五种形态均有影响，稀土含量均随 pH 的降低而减小，但交换态和 Fe-Mn 氧化物结合态变化较大，这些现象表明稀土释放的同时伴随着形态的转化且交换态和 Fe-Mn 氧化物结合态受 pH 和电位的影响尤为明显。稀土释放量随 pH 减小而增大，五种形态随 pH 的减小均有不同程度的减小，但交换态和 Fe-Mn 氧化物结合态减小幅度较大。

所以，水溶及可交换态最易被生物吸收，主要通过扩散作用和外层配位作用非专性地吸附在土壤表面，通过离子交换即可迅速萃取出来。有机结合态又称有机物和硫化物结合态，重金属主要以配合作用存在于土壤中。碳酸盐结合态中的重金属以沉淀或共沉淀的形式存在于碳酸盐中。重金属一般以较强的结合力吸附在土壤中的铁锰氧化物上，此相态重金属在还原条件下稳定性较差。残留态的重金属是土壤中重金属的最重要组成部分，一般它的含量可以代表重金属元素在土壤中的背景值。残留态的重金属很稳定，对于重金属迁移和生物可利用性贡献不大。

2. 土壤中稀土的配位效应

大多数的稀土配合物是离子性化合物，其成键主要靠中心离子与配体的静电作用，因此配体的电负性越强，生成的配合物越稳定，故以含氧配体的稀土配位类型最多。稀土与配体生成的配合物稳定性决定了稀土在土壤溶液中的浓度，从而影响植物对稀土的吸收和稀土向地下水迁移的能力。而土壤中稀土与配体生成的配合物稳定性主要通过土壤对稀土吸附与解吸来反映。故许多学者研究各种配体对稀土吸附解吸的影响。

有机配体 EDTA、NTA、Cit 和 Tar 等对土壤的吸附、解吸稀土行为的影响。有机配体的加入将抑制土壤对稀土的吸附,稀土吸附量与配体浓度之间的关系可用方程 $X=MC^n$(M、n 为常数)表示,不同有机配体对土壤吸附稀土的抑制能力与 1∶1 稀土配合物稳定常数成正相关,其顺序为 EDTA>NTA>Cit>Tar。对吸附了稀土的土壤用不同浓度的有机配体进行解吸试验,得出有机配体的加入将增大稀土的解吸,稀土解吸量与配体浓度之间的关系可用方程 $X=AC^b$(A、b 为常数)。表明有机配体进入土壤生态系统后,可与土壤固体表面争夺稀土离子,使吸附固定在土壤表面的稀土转化为可溶性的 REE-EDTA 配合物进入土壤溶液,从而增加稀土在土壤溶液中的浓度和生物可利用性。

黑土腐殖酸对轻稀土(La^{3+}、Ce^{3+}、Sm^{3+})的吸附量要高于重稀土(Y^{3+})和中稀土(Gd^{3+})。热力学结果表明,腐殖酸对稀土的吸附符合 Freundlich 方程,吸附容量依次为:$Sm^{3+}>La^{3+}>Ce^{3+}>Gd^{3+}>Y^{3+}$。在大于 60℃时对腐殖酸吸附稀土有明显影响,稀土与黑土腐殖酸吸附稀土前后的红外谱图变化表明,腐殖酸羧基与稀土元素可能发生了配合作用。所以,土壤腐殖酸对稀土有吸附作用,改变着土壤中稀土的存在方式,降低了土壤溶液中稀土元素的浓度。

富里酸和稀土元素作用的配合稳定常数:富里酸对五种稀土元素(La^{3+}、Ce^{3+}、Sm^{3+}、Y^{3+}、Gd^{3+})最大结合能力(MBA)除 Y^{3+} 为 4.41~4.44 外,其他稀土都是 0.73~1.03。可见,轻稀土与富里酸的结合能力要小于中稀土的结合能力。由于土壤溶液中富里酸对稀土的这种配合作用,改变了溶液中的稀土形态,减少了离子态稀土浓度。

4.2.2 稀土在土壤中的迁移

稀土在土壤中迁移受稀土在土壤固液界面吸附与解吸的制约,约 50% 的施加稀土量吸附在土壤的表层;同时稀土在土壤中的迁移因土壤的组成以及基础理化性质不同而存在很大的差异。张继榛等用 $^{141}Ce^{3+}$ 同位素示踪法研究稀土元素在不同类型土壤中的淋溶和扩散时发现,Ce^{3+} 在不同类型土壤中绝大部分被吸附在土壤剖面的 0~4cm,而不向土壤深层迁移,稀土在酸性土壤中的迁移能力相对的大于在碱性和中性土壤中的迁移。稀土在土壤中的迁移与土壤的 pH 有关,酸性土壤表层的稀土在长时间后可进入地下水,中性和偏碱性土壤表层的稀土很难进入地下水。

稀土元素在土壤剖面中的分布一般是在表层富集,并随深度增加而减少,在酸性土壤中存在显著的淋溶,白浆土中稀土元素随铁锰一起淋溶。在土壤的铁锰结核中稀土元素有富集现象,以铈富积为主。并且稀土元素的富集与锰的关系密切。这说明稀土元素有向土壤深层迁移的趋势,并与铁锰迁移相似,但在石灰性土壤剖面中的移动性较小,并且分布比较均匀。

影响稀土在土壤中迁移的因素很多,例如,植物、微生物的生物利用性,离子交换配位等。首先,土体的氧化还原电位影响稀土在土壤中的迁移,水稻土和白浆土在还原条件下,对稀土元素的吸附量明显减小,稀土可向土壤深层迁移,$^{141}Ce^{3+}$ 在不同类型土壤中淋溶,实验发现水稻土中 $^{141}Ce^{3+}$ 的迁移较深。其次,稀土在土壤中的迁移还受到 pH 和化学反应的影响,在低 pH 和土壤处于还原条件下时,可溶态稀土增多,稀土易于迁移，反之亦然。稀土在土壤中的迁移一般来说因 pH 大小的不同迁移方式也不同：pH<6.0，稀土形成水合阳离子或可溶性配合物发生迁移；6<pH<8，稀土 CO_3^{2-}、HCO_3^- 形成可溶性配合物而发生迁移；pH>8，稀土会形成氢氧化物胶体而沉淀，从而影响稀土在土壤中的迁移。

稀土在土壤中的迁移还与化学反应有关，当土壤溶液中存在 F^-、CO_3^{2-}、HCO_3^-、Ac^- 等阴离子，稀土与之发生化学反应形成配合物而迁移。由于重稀土的配合能力大于轻稀土的配合能力，因此在土壤中重稀土淋失而轻稀土淀积，造成土体中轻重稀土的分离。同时稀土在土壤中的迁移与 Mn 的关系密切，在酸性条件下稀土可随 Fe、Mn 迁移，从而说明稀土在酸性土壤中有向土壤剖面深层迁移的趋势，在石灰性土壤中的迁移性较小。

扩散系数是金属离子迁移的重要参数。影响离子扩散的主要因素是土壤性质和环境条件，但稀土在土壤中的扩散系数与土壤的性质无关。原因可能是，扩散实验中稀土的初始浓度极低，而稀土在土壤中的吸附能力特别强，加入的稀土在样点即被完全或绝大部分吸附，没有发生明显的迁移，测定中不同土样扩散系数之间的差别在误差范围内。

综上所述，稀土在土壤中的吸附与解吸因土壤类型和环境条件的不同而存在很大的差异，进入土壤中的稀土绝大部分被表层土壤吸附固定，很难向下迁移。稀土在土壤中的迁移受到各种界面反应、配位反应、氧化还原反应的影响，当其中某些条件发生变化时，稀土在土壤中的迁移能力也随之发生变化。

4.2.3　不同母质、不同生态环境发育土壤的稀土含量特征

土壤中稀土含量与土壤类型和成土母质的种类有关，唐南奇（2002）分析了 17 种母质发育土壤的稀土元素（REE）的地球化学特征，并通过 REE 动态聚类分析将不同母质土壤可划分为基于岩性背景的三大类型。详细数据见表 4-1 和表 4-2。

表 4-1a　不同母质发育土壤平均稀土元素含量及参数（mg/kg）

元素/组分	酸性岩浆岩	中性岩浆岩	基性岩浆岩	火山喷出岩
La	38.30	35.90	44.10	37.10
Ce	67.50	63.70	72.30	68.90
Pr	6.45	5.46	8.36	6.02
Nd	23.90	22.20	30.70	22.40
Sm	4.73	4.13	6.07	4.23
Eu	0.84	0.85	0.10	0.75
Gd	4.16	3.65	5.68	3.34
Tb	0.52	0.47	0.77	0.37
Dy	3.89	3.47	4.99	3.14
Ho	0.80	0.75	1.05	0.62
Er	2.40	1.95	2.94	2.00
Tm	0.34	0.33	0.43	0.29
Yb	2.40	2.14	2.79	2.15

续表

元素/组分	酸性岩浆岩	中性岩浆岩	基性岩浆岩	火山喷出岩
Lu	0.37	0.33	0.43	0.33
ΣREE	156.60	145.33	180.71	151.64
LREE	141.72	132.24	161.63	139.4
HREE	14.88	13.09	19.08	12.24
L/H	9.52	10.1	8.47	11.39
Y	21.40	19.60	27.40	17.30
ΣREE+Y	178.00	164.93	208.11	168.94
ΣCe	141.72	132.24	161.63	139.4
ΣY	36.28	32.69	46.48	29.54
ΣCe/ΣY	3.91	4.05	3.48	4.72

表 4-1b　不同母质发育土壤平均稀土元素含量及参数（mg/kg）

元素/组分	页岩	砂岩	石灰岩	红砂岩	紫砂岩	砂页岩
La	38.50	41.00	42.20	29.80	43.30	32.60
Ce	70.80	68.00	73.40	46.10	66.30	63.80
Pr	6.66	7.09	7.33	5.10	6.74	5.36
Nd	26.00	27.40	29.10	19.50	26.60	23.30
Sm	5.08	5.40	5.75	3.85	5.02	4.76
Eu	10.00	1.05	1.14	0.76	1.03	0.88
Gd	4.47	4.78	5.09	3.59	4.42	4.12
Tb	0.61	0.62	0.69	0.50	0.67	0.50
Dy	4.13	4.11	4.63	3.15	4.10	3.70
Ho	0.86	0.85	0.97	0.70	0.91	0.77
Er	2.49	2.52	2.85	1.95	2.54	2.32
Tm	0.35	0.36	0.40	0.29	0.35	0.32
Yb	2.45	2.42	2.67	1.86	2.49	2.27
Lu	0.36	0.36	0.40	0.28	0.37	0.35
ΣREE	172.76	165.96	176.62	117.43	164.84	145.05
LREE	157.04	149.94	158.92	105.11	148.99	130.7
HREE	15.72	16.02	17.7	12.32	15.85	14.35
L/H	9.99	9.36	8.98	8.53	9.4	9.11
Y	23.20	22.80	25.70	17.80	23.00	20.50
ΣREE+Y	195.96	188.76	202.32	135.23	187.84	165.55
ΣCe	157.04	149.94	158.92	105.11	148.99	130.7
ΣY	38.92	38.82	43.4	30.12	38.85	34.85
ΣCe/ΣY	4.03	3.86	3.66	3.49	3.84	3.75

表 4-1c　不同母质发育土壤平均稀土元素含量及参数（mg/kg）

元素/组分	河流冲积母质	湖相沉积母质	海相沉积母质	风砂母质	冰川沉积母质	红土母质	黄土母质
La	35.70	38.30	13.80	31.10	35.30	37.80	36.90
Ce	61.20	60.30	14.50	47.30	60.00	73.50	61.30
Pr	6.56	5.88	7.72	5.47	5.89	6.34	6.84
Nd	25.30	24.30	8.90	19.30	23.90	25.20	25.30
Sm	5.01	4.87	1.63	3.67	4.78	4.90	5.00
Eu	1.00	0.90	0.44	0.80	0.89	0.95	1.02
Gd	4.49	4.36	5.12	3.37	4.45	4.29	4.43
Tb	0.60	0.46	0.24	0.42	0.61	0.64	0.58
Dy	3.98	3.85	4.55	2.97	3.87	4.13	4.03
Ho	0.83	0.78	0.91	0.69	0.84	0.85	0.84
Er	2.42	2.26	2.74	1.82	2.31	2.61	2.48
Tm	0.35	0.33	0.40	0.34	0.34	0.38	0.34
Yb	2.30	2.14	0.96	1.82	2.15	2.50	2.34
Lu	0.34	0.32	0.13	0.28	0.33	0.37	0.34
ΣREE	150.08	149.05	62.04	119.35	145.66	164.46	151.74
LREE	134.77	134.55	46.99	107.64	130.76	148.69	136.36
HREE	15.31	14.5	15.05	11.71	14.9	15.77	15.38
L/H	8.8	9.28	3.12	9.19	8.78	9.43	8.87
Y	22.00	20.90	9.20	16.70	20.90	23.30	22.40
ΣREE+Y	172.08	169.95	71.24	136.05	166.56	187.76	174.14
ΣCe	134.77	134.55	46.99	107.64	130.76	148.69	136.36
ΣY	37.31	35.4	24.25	28.41	35.8	39.07	37.78
ΣCe/ΣY	3.61	3.8	1.94	3.79	3.65	3.81	3.61

表 4-2　不同母质发育土壤主要组分与特性参数

发育土壤母岩	pH	w（有机质）%	w（粉砂粒）% 1.0~0.01mm	w（物理黏粒）% 0.01~0.001mm	w（黏粒）% <0.001mm	w（Fe_2O_3）%
酸性火成岩	5.80	2.96	63.45	17.16	12.79	2.63
中性火成岩	6.10	3.98	62.00	21.22	13.33	3.04
基性火成岩	6.20	2.93	65.58	16.63	12.85	3.10
火山喷出岩	4.90	2.27	55.10	25.67	14.28	2.70
沉积页岩	5.90	2.45	53.58	22.59	13.94	3.42
沉积砂岩	6.10	2.03	58.27	18.68	13.97	3.01
沉积石灰岩	6.50	2.41	47.15	26.86	18.62	3.49
沉积红砂岩	6.50	1.67	59.52	19.12	11.24	2.84
沉积紫砂岩	5.80	1.64	51.85	25.15	18.19	3.22
沉积砂页岩	5.50	2.47	48.10	22.25	20.02	2.88
河流冲积母质	7.50	1.60	62.11	18.55	12.48	2.74
湖相沉积母质	7.50	2.28	50.78	24.98	17.70	2.62
海相沉积母质	7.10	2.15	45.93	28.75	16.89	1.50
风砂母质	7.80	0.64	87.79	3.15	6.83	1.60
冰川沉积母质	7.70	1.79	78.71	9.07	7.90	2.66
红土母质	5.80	1.64	45.65	25.47	21.82	3.26
黄土母质	7.70	1.30	64.89	18.88	12.73	2.80

　　符颖等（2013）研究北京野鸭湖湿地公园及其周边地区，包括草地、耕地、林地、芦苇地和底泥土壤稀土元素含量及分布特征，见表 4-3。

表 4-3　北京野鸭湖湿地区域表层土壤稀土元素含量及参数均值（mg/kg）

元素/组分	草地	耕地	林地	芦苇地	底泥
La	33.51	38.53	36.39	34.00	31.96
Ce	63.07	72.41	67.50	64.00	60.45
Pr	7.27	8.24	7.77	7.21	7.06
Nd	26.15	29.13	27.53	25.70	26.65
Sm	4.99	5.48	5.25	4.98	4.97
Eu	1.07	1.18	1.13	1.07	1.08
Gd	4.25	4.77	4.55	4.35	4.23
Tb	0.67	0.73	0.70	0.69	0.67
Dy	3.31	3.60	3.49	3.51	3.37
Ho	0.66	0.72	0.70	0.71	0.67
Er	1.98	2.15	2.10	2.10	2.02
Tm	0.31	0.34	0.33	0.34	0.32
Yb	1.94	2.10	2.05	2.07	1.98
Lu	0.29	0.32	0.31	0.31	0.30
ΣREE	149.48	169.70	159.80	151.00	145.74
LREE	136.06	154.96	145.56	136.95	132.18
HREE	13.42	14.74	14.24	14.05	13.56
L/H	10.18	10.57	10.25	9.74	9.84
pH	8.31	8.17	8.31	8.08	7.92
TOC/%	1.13	1.21	0.94	2.16	1.00
Y	19.19	20.97	20.44	20.50	19.50
ΣREE+Y	168.66	190.68	180.24	171.50	165.24
ΣCe	136.06	154.96	145.56	136.95	132.18
ΣY	32.61	35.71	34.68	34.55	33.06
ΣCe/ΣY	4.19	4.37	4.22	3.97	4.04

　　野鸭湖湿地表层土壤 REE 分馏程度远小于中国大陆沉积物值（8.27）而大于黄河三角洲滨海湿地值（4.52）。ΣREE 与 pH 不相关，林地、耕地与底泥中 ΣREE 与 TOC（总有机碳）相关性较好，草地中 ΣREE 与 TOC 不相关，推测外源污染物质对其影响占主要地位。表层土壤中 ΣREE，LREE，MREE 均表现为耕地>林地>芦苇地>草地>底泥，而分馏程度耕地最大，林地与草地近似，芦苇地最小，推测湿地环境、植物类型与人工影响对 REE 分布及分馏影响较大。

　　红土风化壳是开展表生环境 REE 地球化学研究的理想研究对象。探讨红土风化壳中 REE 的地球化学行为及其分异机制，对于理解 REE 表生成矿、重建风化与成土过程和揭示地壳成分演化等具有非常重要的意义。付伟等（2014）选取发育在热带雨林气候环境下的印度尼西亚苏拉威西岛 Kolonodale 地区的红土风化壳剖面（以下简称

Kolonodale 剖面）以及发育在亚热带季风气候背景下的中国云南元江地区的红土风化壳剖面（以下简称元江剖面）。两个剖面中中稀土元素、pH 及有机质含量分析结果分别见表 4-4 和表 4-5。

表 4-4　Kolonodale 剖面中稀土元素含量及参数、pH 及有机质含量平均值

元素（×10⁻⁶）/组分	紫红色红土层	黄色红土层	腐岩层	基岩层
La	1.165	0.990	5.842	0.219
Ce	7.879	4.107	0.088	0.120
Pr	0.321	0.265	1.353	0.053
Nd	1.261	1.043	5.226	0.191
Sm	0.404	0.325	0.980	0.080
Eu	0.106	0.075	0.272	0.023
Gd	0.438	0.336	1.702	0.155
Tb	0.078	0.064	0.266	0.030
Dy	0.548	0.415	1.829	0.213
Ho	0.127	0.093	0.492	0.054
Er	0.382	0.284	1.401	0.153
Tm	0.071	0.051	0.182	0.028
Yb	0.584	0.394	1.041	0.198
Lu	0.091	0.064	0.184	0.031
ΣREE	13.455	8.507	20.856	1.548
LREE	11.136	6.805	13.760	0.686
HREE	2.319	1.702	7.096	0.862
L/H	4.802	4.358	2.075	0.796
$(La/Yb)_N$	1.430	2.317	4.285	0.790
δEu	0.770	0.657	0.655	0.620
δCe	3.100	1.800	0.035	0.260
pH	5.560	6.357	7.308	8.560
O.M.	4.820	2.023	2.308	3.360
Y	2.833	2.049	19.618	1.328
ΣREE+Y	16.288	10.557	40.473	2.876
ΣCe	11.136	6.805	13.760	0.686
ΣY	5.152	3.751	26.714	2.190
ΣCe/ΣY	2.161	1.909	0.631	0.313

表 4-5　元江剖面中稀土元素含量及参数、pH 及有机质含量平均值

元素（×10⁻⁶）/组分	红土层	腐岩层	基岩层
La	12.893	13.829	0.132
Ce	60.513	0.244	0.084
Pr	3.260	2.644	0.013
Nd	12.352	9.823	0.060
Sm	2.234	1.146	0.014
Eu	0.429	0.235	0.003

续表

元素（×10^{-6}）/组分	红土层	腐岩层	基岩层
Gd	1.969	1.185	0.010
Tb	0.308	0.144	0.003
Dy	1.898	0.763	0.018
Ho	0.389	0.161	0.005
Er	1.111	0.384	0.014
Tm	0.170	0.044	0.002
Yb	1.077	0.227	0.020
Lu	0.182	0.041	0.003
ΣREE	98.786	30.869	0.376
LREE	91.681	27.920	0.304
HREE	7.104	2.949	0.072
LREE/HREE	17.727	13.675	4.286
(La/Yb)$_N$	10.823	65.854	4.740
δEu	0.620	0.439	0.705
δCe	3.063	0.424	0.765
pH	6.070	7.023	7.620
O.M.	2.253	1.716	2.810
Y	9.771	6.455	0.109
ΣREE+Y	108.557	37.324	0.485
Σce	91.681	27.920	0.304
ΣY	16.875	9.404	0.181
ΣCe/ΣY	7.658	2.926	1.700

　　印度尼西亚 Kolonodale 和中国元江剖面的 REE 分布型式具有一定的共性规律，都表现出显著的 REE 表生富集效应（相对于基岩的最大富集系数分别达 44.21 和 236.19）、不均一的轻重稀土分异（分异程度随剖面深度加大而降低）以及剧烈的 Ce 异常正负转换现象（风化壳上部是正 Ce 异常，风化壳下部是负 Ce 异常）。两个剖面中 REE 最大富集段的产出位置明显错位，表现在 Kolonodale 剖面中 REE 最大富集段出现在腐岩层，而在元江剖面中 REE 最大富集段出现在红土层。REE 在超基性岩红土化过程中发生了显著的迁移和分异现象，其地球化学行为受红土剖面 pH 环境与有机质（O.M.）含量的制约。气候环境对超基性岩红土化过程中 REE 的地球化学演化具有重要影响。在热带雨林环境的印度尼西亚 Kolonodale 剖面中，风化壳中 REE 主要继承于基岩，在高强度的红土化作用下，REE 经历了强烈的重新分配和垂向分异。而在亚热带季风气候环境的中国元江剖面中，风化壳中的 REE 具有更复杂的物源背景，除继承基岩外还可能叠加了风尘沉积物的影响。元江剖面的红土化程度偏弱，导致 REE 在表生演化中未发生强烈的淋滤和次生富集作用。

4.3　稀土水环境地球化学

4.3.1　水体中稀土元素的来源及分布

稀土元素在地壳中的总量约 0.0153%，主要集中在岩石圈中，其含量因岩石类型不同而异，在陆生环境中各种稀土元素的丰度遵循 Oddo-Harkins 规则，经母岩风化发育的土壤中稀土含量为 0.01%~0.02%，因土壤类型和母岩不同有较大差异，地壳中稀土元素丰度如表 4-6 所示（张若桦，1987）。

表 4-6　稀土元素在地壳中的丰度

项目	La	Ce	Pr	Nd	Pm	
丰度/（mg/kg）	18.3	46.1	5.53	23.9	$4.5×10^{-20}$	
项目	Sm	Eu	Gd	Tb	Dy	Ho
丰度/（mg/kg）	6.47	1.06	6.36	0.91	4.47	1.15
项目	Er	Tm	Yb	Lu	Sc	Y
丰度/（mg/kg）	2.47	0.20	2.66	0.75	5.00	28.1

天然水体中稀土主要来源于土壤及岩石中稀土的溶出（胡勤海和金明亮，2000），一般土壤中稀土元素的溶解度是很低的，可溶部分约占总量的 10%或更低。土壤及岩石中可溶态的稀土进入水体后，还会发生化学反应而沉降，或被水中的悬浮颗粒所吸附，因此，水体中可溶态稀土含量较低，一般在 ng/L~μg/L 内。故水体中稀土元素主要分布于水体悬浮物及底泥中，水生动物植物对之也有较高的富集能力。Keassler 等（1979）曾测定了美国等地一些重要河流中悬浮态（X-mg/L）和溶解态（Y-ng/L）稀土含量（表 4-7），结果表明，其悬浮态浓度明显高于其可溶态浓度。

表 4-7　国外一些主要河流中稀土元素含量

元素	形态	Amazon	Great Whsle	Indus	Isuaf	Mississippy	Murray	Ohio
La	悬浮态	35.0	52.1	19.4	72.8	43.7	37.5	41.2
	溶解态	74.0	227	2.91	609	19.7	—	6.31
Ce	悬浮态	72.9	103	41.4	143	92.5	71.4	83.9
	溶解态	212	337	2.41	1 220	9.67	—	10.4
Nd	悬浮态	32.6	38.9	18.6	52.0	39.8	35.2	36.9
	溶解态	127	167	3.20	452	19.9	—	10.8
Sm	悬浮态	5.93	5 379	3.70	8.01	7.52	6.98	6.91
	溶解态	34.5	23.8	0.71	72.4	4.50	—	2.54
Eu	悬浮态	1.10	1.11	0.89	1.08	1.52	1.56	1.39
	溶解态	7.90	3.82	0.22	10.8	1.11	—	0.66
Gd	悬浮态	4.18	—	3.02	5.54	5.93	5.73	5.13
	溶解态	—	—	—	50.3	—	—	—
Dy	悬浮态	2.64	2.94	2.48	3.70	5.05	4.64	3.95
	溶解态	31.4	11.1	1.25	36.3	7.56	—	5.63

续表

元素	形态	Amazon	Great Whsle	Indus	Isuaf	Mississippy	Murray	Ohio
Er	悬浮态	1.23	1.46	1.24	1.49	2.44	2.10	1.89
	溶解态	16.6	5.76	0.95	17.5	6.53	—	4.53
Yb	悬浮态	1.02	1.32	1.07	1.35	2.09	1.84	1.54
	溶解态	15.3	5.75	0.94	14.4	6.06	—	3.61
Lu	悬浮态	0.15	0.20	0.16	0.18	0.29	0.28	—
	溶解态	—	0.94	0.17	211	—	—	0.58

中国在稀土水环境地球化学方面对长江、松花江及洞庭湖等水体中稀土元素的含量进行了大量的分析测试，获得了有关水溶液和沉积物中各种稀土元素的背景值。水体中稀土元素的背景含量一般在 $n\times10^{-3}\sim n\times10^{-1}\mu g/L$ 范围内，溶解态浓度占 20%~30%，结果与世界淡水和沉积物中稀土元素平均含量大体相同。虽然稀土元素在原水和沉积物中的分布模式基本相同，但沉积物中稀土含量明显高于原水。中国主要河流 59 个沉积物样品中稀土元素的背景含量，总稀土元素及轻、重稀土元素含量分别为 44.5~315.8μg/g、38.1~264.6μg/g、6.36~51.2 μg/g，且总元素浓度和单个元素浓度呈正态分布，各稀土元素间存在着较高的相关性。

在人口稠密、人为因素影响较大的区域，水体中稀土含量往往较高，如长江中、下游原水中稀土含量在 $n\times10^{-2}\sim n$ μg/L 范围内，比长江水系原水背景值及世界淡水中稀土平均含量明显要高，其中悬浮物稀土含量占原水总量的 90%以上，但单一稀土元素分布排列与世界淡水保持一致。

国外从全球循环角度出发，对稀土的海洋化学研究认为，稀土主要被细粒碎屑物质结合而被带入海洋，可溶态迁移量仅占百分之几。与中稀土相比，颗粒物明显地富含轻、重稀土。轻稀土反映在大陆的丰度高，而重稀土的富集可能是这些元素形成表面配合物的能力较强。

在太平洋和大西洋的海水中，随海洋深度增加，除铈以外的所有稀土元素都增加，而铈的浓度减少；在太平洋，稀土随深度变化而发生浓度变化，特别是重稀土明显增大；在深层海水中，太平洋的稀土浓度除铈外，都比大西洋高；而无论在什么深度，太平洋铈的浓度都比大西洋低。目前的解释是：由于铈以四价形式存在而与其他稀土元素的环境行为不同。至于轻、重稀土分布规律不同，则是由于重稀土与有机配体稳定性稍高；因而化学行为略有不同所致。

含稀土的工业废水排放、矿区尾水的渗排及农用稀土的地表径流和渗漏等是水体中外源性稀土的重要来源，如矿区井水中可溶态稀土含量可高达 0.043 mg/L，比一般井水高出 4.8~14.3 倍。

4.3.2　水体中稀土的形态及配体稳定性

由于大多数稀土元素离子含有未充满的 4f 电子，而 4f 电子云较收缩，4f 轨道几乎不参与或较少参与化学键的形成，故大多数的稀土配合物是离子型化合物，其成键主要靠中心离子与配体的静电作用，因此配体的电负性越强，其配位能力就越强，生成的配合物越稳定，故以含氧配体的稀土配合物类型最多。在水溶液中，最普遍的稀土配合物是水合离子$[RE(H_2O)_n]^{3+}$，稀土离子在水溶液中会发生水解，水解程度随原子序数的增加而增大。由于水对稀土离子有很强的配位能力，故对水溶液中配合物的形成有很大的影响，当在水溶液中有其他配体存在时，配体和水会发生与稀土离子相互配位的竞争，只有那些含氧配体或螯合配体能与稀土离子生成相应的配合物。

天然水中稀土的分馏作用与其他金属元素一样，遵循溶液化学机制，稀土与无机和有机配体形成的配合物其稳定性从 La 到 Lu 逐渐增加，在海水和河水中轻、重稀土的分布分异正是这一性质的反映。稀土配合物的稳定性因金属配位数的改变，配体的位阻因素、水合程度以及价键成分的变化等而受到影响。

长江中下游水中悬浮物和沉积物中稀土分布规律：结晶态>>有机结合态，铁锰氧化态>碳酸盐结合态>>交换态。其中结晶态几乎占总量的 60%~80%。不同稀土结合态分布有一定差异，中稀土元素 Eu、Sm、Tb 等在稳定态中所占比例比轻、重稀土元素明显偏低，非稳定态所占比例明显偏高，这可能与稀土的变价或与羧酸类有机物的配体稳定性有关。有机质中的一些含氧配体，如羧基、羟基等均能与稀土离子螯合。

4.3.3　外源性稀土在水环境中的迁移、转化

随废水排放、农田径流等途径而进入水体的外源性稀土，由于配位、颗粒吸附及水生动植物的吸收等，水体中可溶性稀土浓度会迅速下降。

海水颗粒物对稀土元素 Ce 和 Nd 的吸附过程初时很快，吸附率也很高，但 5 小时后稀土又缓慢释放，其吸附和解吸的动力学均属伪一级反应。海水悬浮颗粒物对海水中稀土的富集可达数十倍。

当稀土随河水汇入河口海湾时，由于电解质的凝聚作用，大部分可溶态稀土从水相转入沉积相，去除效果可达 30%~100%，且轻稀土更易沉积去除，从而导致稀土元素在河口沉积相中的蓄积。此外，河水及海湾中的稀土浓度还受浮游生物吸附、水合氧化铁共沉淀、当地沉积岩类型、有机胶体类型及 pH 等因素的影响；稀土与磷酸盐之间也存在共沉淀作用。

湿地系统生物地球化学以化学转化与传输为特征，该特征不为别的生态系统所具备。湿地的土壤由于常常被水淹没而隔绝氧气形成一种还原条件，因此会出现含氢土壤（hydric soils），同时也可存在有机土壤和矿物土壤，其结果主要取决于氧化还原物质的竞争。黄河三角洲是中国及至世界暖温带唯一一块保存最完整、最典型、最年轻的湿地生态系统，是环西太平洋鸟类迁徙重要的"中转站"、越冬栖息地和繁殖地，是具有国际意义的重要保护湿地，具有丰富的生物资源。稀土元素在植物生长过程中不可或缺，低浓度对植物生长发育品质有促进作用，高浓度时具有抑制作用，并影响动物的生理和生殖过程。

缪雄谊等（2014）于 2006~2008 年在黄河三角洲上三角洲平原上（地理坐标为 37°30′~38°10′N，118°19′~119°27′E）的表层土壤及近海表层采取沉积物（0~20 cm）样

品，并将黄河三角洲研究区分为上三角洲平原湿地，浅海湿地；上三角洲平原研究区按照不同植被覆盖的湿地类型分类为：芦苇、碱蓬、柽柳、光滩四类湿地类型，浅海湿地，位于低潮线以下，在离岸较近的近海。

上三角洲平原研究区表层土壤稀土元素总量（ΣREE）平均值为 $188.56×10^{-6}$，最大值 $267.82×10^{-6}$，最小值 $137.29×10^{-6}$，其稀土元素含量平均值较黄河沉积物高，低于稀土元素平均含量为 $228.5×10^{-6}$ 的长江三角洲土壤及稀土元素平均含量为 $241.3×10^{-6}$ 的珠江三角洲土壤，接近全国土壤稀土元素含量平均值 $186.8×10^{-6}$，高于世界土壤稀土元素含量平均值 $157.8×10^{-6}$ 和地壳稀土元素含量平均值 $141.4×10^{-6}$，轻稀土元素（LREE）含量最高值为 $211.15×10^{-6}$，最低值为 $105.07×10^{-6}$，平均值为 $147.07×10^{-6}$，其高值低值分布趋势与总稀土元素基本一致，说明稀土元素中轻稀土占主导；重稀土（HREE）含量最高值为 $56.67×10^{-6}$，最低值为 $32.21×10^{-6}$，平均值为 $41.49×10^{-6}$，远高于黄河沉积物的重稀土含量。

浅海湿地表层沉积物稀土元素总量（ΣREE）为 $143.11×10^{-6}$~$222.48×10^{-6}$，平均值为 $180.80×10^{-6}$。

在不同湿地类型所包含的芦苇湿地、碱蓬湿地、柽柳湿地及光滩湿地中，稀土元素（REE）平均含量集中在 $184.30×10^{-6}$~$189.66×10^{-6}$，远低于稀土元素（REE）平均含量为 $197.84×10^{-6}$ 的碱蓬湿地，轻组稀土元素（LREE）含量均值分布范围为 $141.90×10^{-6}$~$148.43×10^{-6}$，仅碱蓬湿地轻组稀土元素含量（$155.19×10^{-6}$）远高于此范围，显示高值异常。而重组稀土元素 HREE 含量分布范围为 $41.23×10^{-6}$~$41.77×10^{-6}$，碱蓬湿地重组稀土元素含量高于此区间为 $42.65×10^{-6}$。

ΣREE 平均含量为浅海湿地<光滩湿地<柽柳湿地<芦苇湿地<碱蓬湿地；LREE 平均含量具有与 ΣREE 相同的特征；HREE 平均含量，浅海湿地<芦苇湿地<柽柳湿地<光滩湿地<碱蓬湿地。

稀土元素（ΣREE）、轻稀土元素（LREE）和重稀土元素（HREE）的含量具有黄河沉积物<浅海湿地<上三角洲平原湿地的一致趋势；仅在分馏程度上有变化，稀土元素（ΣREE）和轻稀土元素（LREE）的分馏程度为黄河沉积物<上三角洲平原湿地<浅海湿地，重稀土元素（HREE）的分馏程度为浅海湿地<上三角洲平原湿地<黄河沉积物。

4.4　稀土大气环境化学

大气中稀土化学的研究大致有三方面工作：大气中稀土的浓度分布；大气颗粒物稀土向海洋中迁移；某些工业导致稀土对大气的污染（彭安和王子健，1995）。

美国发现大西洋信风区陆地、大气、海洋之间，稀土有明显的分馏现象，大气样品对地壳和海水来说有较高的分馏，见表4-8。从稀土分布模式提出，海洋中的稀土主要来源于大气的沉降。

中国在西太平洋科学考察时曾对大气采样，测得气溶胶中 La 的含量约为 0.07~$0.16\ \text{ng/m}^3$。京津地区大气颗粒物中稀土元素在粗、细颗粒中的分布参见表4-9。

表 4-8　部分地区空气气溶胶稀土元素含量

气溶胶采样点	La	Ce	Nd	Sm
大西洋信风区/（μg/g）	47.30	96.40	43.60	8.22
百慕大/（pmol/kg）	58.30~219	156~472	13.3~40.3	
费城/（pg/m³）	509~1120	312~445	13.3~40.3	
日本大阪/（μg/g）	27~36	43~59		

表 4-9　京津地区空气不同粒径颗粒物稀土元素的百分分布

项目	La	Ce	Sm
天津（>2μ，%）	76.3	75.9	85.2
天津（<2μ，%）	23.7	24.1	14.8
北京（>2μ，%）	89.9	89.9	95.5
北京（<2μ，%）	10.1	10.1	4.50
天津元素含量/（ng/m³）	15.8	24.2	2.08

　　不同排放源对大气中元素有不同的贡献，尤其是煤对城市大气稀土的贡献最大，土壤次之。表 4-10 示出 La 的主要来源。

表 4-10　京津地区空气中 La 的主要来源（ng/m³）

来源物	土壤	煤	建筑材料	汽油	冶金工业	石油	海盐
La	2.846	10.65	0.482	0.004	0.002	0.001	<0.001

　　我国江西稀土矿区大气样品中稀土元素含量测定结果见表 4-11。

　　表 4-11 的结果指出，大气中稀土元素组分与矿物中稀土组分十分接近，因此，认为其来源是来自该地区离子吸附性矿物，而稀土元素的浓度，以源强（矿区）为中心，向周边扩散分布。

　　此外，炼油厂及燃油造成大气中稀土的污染，由于石油裂解采用含有稀土的沸石作催化剂，而使某些地区如城市上空稀土含量增加。在流动式催化裂解过程中放出的颗粒物，La、Ce、Nd、Sm 等含量分别为 3300 pg/m³、2700 pg/m³、1500 pg/m³、170 pg/m³。

　　由于海洋中稀土大部分来源于大气，大气气溶胶中稀土向海洋迁移，气溶胶中约 1%~3%的稀土元素被溶入表层海水，其行为与那些优先与气溶胶结合的无机物（即 Al、Si 和 Fe）相似。同时中稀土（Eu-Er）比轻、重稀土溶解度略大。

　　用外推法预算全球稀土通量，得到大气中可溶稀土输入海洋总量大约是河流输入总量的 30%~130%。如 La 的大气通量为 4.1（Mmol/a，以下同），河流通量为 5.0，大气/河流的值为 1∶0.8，其中以 Ce 最大，为 1∶1.3，重稀土最小，如 Yb、Lu 则为 1∶0.3，但这并不能反映全部气溶胶的行为。

　　而涉及循环中重要的反应过程、稀土元素在土/水、水/气、土/气间的界面反应，所产生的形态转化，形态与生物有效性，伴生元素间的相互作用，及对陆生和水生生态系统的影响则有待进一步的工作。

表4-11　江西稀土矿区大气中稀土元素含量

项目		石排（稀土矿区）1987年1月26日	石坑（上风向）1987年12月31日	下寮（另一矿区）1987年12月31日	上甲（矿区旁侧）1987年12月31日	东团（县郊）（下风向）1987年12月31日	上坪（县郊）（下风向）1987年12月31日	居民区（下风向）县城中心 1987年12月31日
采样地点		石排（稀土矿区）	石坑（上风向）	下寮（另一矿区）	上甲（矿区旁侧）	东团（县郊）（下风向）	上坪（县郊）（下风向）	居民区（下风向）县城中心
距县城距离		20km	35km	30km	25km	40km	45km	县城中心
气温		18℃	20℃	20℃	19℃	20℃	18℃	20℃
风向		静	西南	东南	东北	东南	东南	静
风速/(m/s)		静，0.5	静，0.5	静，0.5	静，0.5	静，0.5	静，0.5	静
稀土组 ng/m³	La	1210	12	102	24.4	23.8	20	6.2
	Ce	115	27.8	96.2	23.6	37.2	27.8	7.9
	Nd	830	—	85.8	—	—	—	—
	Sm	119	1.82	10.2	2.6	3.8	2.8	0.55
	Eu	125	—	1.48	—	—	—	—
	Tb	13.3	—	—	—	—	—	—
	Yb	13.5	2.8	—	3.8	3.2	—	—
	Lu	24.2	—	0.42	—	—	—	—
	Sc	1.51	1.82	4	1.7	2.8	1.6	0.71
	Th	5.15	5.4	9.2	3.6	4.4	1.8	1.5

4.5　稀土生物环境地球化学

　　虽然许多植物可以从土壤中摄取稀土（丁友超等，2002），但总体来说，植物体内稀土元素含量不高，且植物体的不同部位对土壤稀土的富集能力不同，一般其含量由高到低的顺序是：根>茎、叶>花>果实和籽粒，稀土主要富集在植物根部。稀土元素不能进入植物细胞内而只停留在细胞膜外，因此阻碍了稀土由根部向上的进一步运输。主要生长于表层土壤中的植物体内稀土含量为：铁芒萁>乌饭树>菝葜>芒，乌饭树和菝葜根中的稀土含量大于地上部分，而铁芒萁和芒中稀土含量是地上部分大于根部。铁芒萁可以作为研究稀土元素对植物的生理作用和毒理作用以及稀土元素环境化学行为的理想实验材料。长期叶面喷施稀土并未造成耕层土壤和下部土层的稀土元素的积累，成熟期小麦植株各部位的稀土元素含量顺序为：根>叶>茎、壳；稀土元素主要积累在根部。根、茎、叶、壳稀土元素分布模式与土壤中相似。长期喷施稀土也未造成籽粒中稀土元素的明显积累。

　　土壤中的有机质也是影响稀土在植物体内富集的因素之一。对茶树喷施稀土的研究发现，土壤对稀土元素有富集作用；使用稀土较长时间，茶叶对铈组稀土元素有明显的富集作用；结果还表明，喷施稀土 6 个月内茶树中稀土总量分布为：根>叶>茎；而 9 个月总稀土量分布是：叶>根>茎。盆栽实验中施加农用稀土微肥后玉米根、茎和叶中稀土元素含量变化表明，玉米根和茎中稀土元素含量随外源稀土施入量的增加而增大，存在显著的剂量效应关系。玉米根和茎中 La/REE 值随外源稀土施加浓度的增大而逐渐与稀土微肥（常乐）的 La/REE 值趋于一致。发现随着施入稀土元素浓度的增加，玉米吸收的稀土元素逐步转为主要由外源施加稀土微肥贡献为主；随着根施剂量的加大，玉米根和茎吸收稀土元素的富集系数逐渐增大，说明外源稀土的生物有效性明显高于土壤本身的稀土。

　　能与 Mg^{2+}、Ca^{2+}、Mn^{2+}、Fe^{2+} 等二价金属离子结合的螯合剂如乙二胺四乙酸（EDTA）存在于土壤中，能增加小麦植株对稀土的富集。且稀土解吸量随 EDTA 浓度增大而增大，并与植物体内富集有良好的正相相关关系，表明 EDTA 进入土壤生态系统后，可与土壤固体表面争夺稀土离子，使吸附固定在土壤表面的稀土转化为可溶性 REE-EDTA 配合物进入土壤溶液，从而增加稀土在土壤溶液中的浓度和生物可利用性。

　　腐殖酸可影响根际土的稀土形态及生物可利用性，腐殖酸浓度较低时，促进小麦对稀土离子的吸收，浓度高时则起到抑制作用，大量腐殖酸的加入阻止了生物的正常生长，表现出毒害作用。黑土中生长的小麦，对稀土的富集值最低，而生长在红壤、黄潮土及黄棕壤中的小麦对稀土的富集值明显增加，这可能与黑土中腐殖质含量高有关。

　　富里酸的浓度最能促进小麦根部对稀土的积累，但当浓度大于 0.65 mg C/L 时，根部对稀土元素的积累明显受到抑制。茎叶部对稀土的积累不明显，但其规律与根部相似。小麦不同部位对稀土元素的积累值不同，大部分积累在根部，只有少量被输送到植物的地上部分。在添加和未添加富里酸的条件下，小麦根部对稀土的富集值随时间的增加而不断增加，其富集规律符合线性递增函数方程；在小麦幼苗生长过程中，富里酸的加入对小麦植株积累稀土的影响，同样存在"高抑低促"的生物效应。

稀土元素在土壤-作物、小麦根-茎-叶系统中的迁移转化机制主要是稀土元素在土壤-作物体系中迁移、循环（杨林生等，2010），如稀土元素在土壤-小麦体系中的迁移和分异特征表现为，小麦地上部出现 Eu 正异常，成熟期籽粒有富集重 REE 的特征，REE 元素 Eu 在向地上部迁移过程中发生分异强弱的顺序为：茎≥籽粒>叶。稀土元素迁移和分异的化学与生物学机制，如稀土元素在小麦地上部分异的微观机制表现为小麦木质部伤流液中的 RE 绝大部分以有机配位态的形式存在，有显著 HREE 富集分布特征，小麦叶和茎中轻、重 RE 分异是由有机配体配位作用与细胞壁吸附及磷沉淀等固定作用共同造成的；小麦根中分异的微观机制表现为 RE 在小麦根中的分异由细胞壁吸附及磷沉淀主导的固定机制造成；前者在酸性较强时（pH=4 左右）表现显著，随 pH 的升高作用减弱，此后磷沉淀的影响越来越大；有机环境对稀土元素在小麦中积累和分异的影响表现为根系溶液中添加有机配体 DTPA、EDTA、柠檬酸，土壤腐殖酸和富里酸对稀土在小麦植株中的积累均以降低作用为主，同时根中 MREE 富集、叶中 HREE 富集特征减弱至消失；无机环境对稀土元素在小麦中积累和分异的影响表现为无机离子存在时降低植株中稀土的积累，分异特征变化不明显。

4.6　稀土综合自然地理环境地球化学

本节内容主要选取中国重稀土产区江西赣南及广东大宝山等华南比较有代表性的地区。

4.6.1　江西赣南

水体是自然界最活跃的因素，水体中溶解态的稀土元素比其他的水体形态对环境的变化更敏感。赣南地区位于江西省南部，居赣江上游，地处北纬 24°29′~27°09′，东经 113°54′~16°38′，东毗福建三明市和龙岩地区，西邻湖南郴州地区，南为广东梅州市、河源市和韶关市，北接本省吉安、抚州两地区。南北长 295 km，东西宽 219 km。总面积 39 379.64 km^2，约占江西全省总面积的 1/4。

江西典型富稀土背景区赣南小流域环境复杂多样（罗建美等，2007），其中龙南上游足洞地区为稀土矿区，会昌南部周田地区有蒸发岩矿分布（图 4-3）。

赣江上游河水样品的 pH 变化范围为 5.99~7.51，均值为 7.10，水体性质在弱酸到弱碱范围内变化，接近中性环境。赣南小流域水体的主要离子组成存在很大的差异性，大致可以分为四种类型（图 4-3）：

第一类（包括采样点 1~3、8、14~18、19~21），主要的离子组成为 HCO_3^-、Ca^{2+}、Na^+，分别占阴阳离子总含量的 74.1%、52.6%和 24.2%。

第二类（包括采样点 9~13），主要的离子组成为 Cl^- 和 Na^+，分别占阴阳离子总含量的 59.3%和 72.3%。受蒸发岩风化影响很大，与实地考察中会昌南部周田地区存在的蒸发岩矿有关。

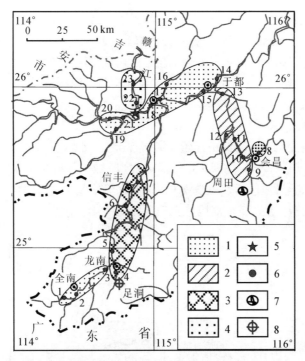

图 4-3　赣南采样区水体离子组成类型（罗建美等，2007）
1-第一类；2-第二类；3-第三类；4-第四类；5-赣州市；6-采样点及编号；7-盐矿；8-稀土矿

第三类（包括采样点 4~7），主要的阴阳离子为 HCO_3^-、SO_2^{4-} 和 Ca^{2+}、Na^+。与第一类相比，SO_2^{4-} 和 Na^+ 有所增高，其中 SO_2^{4-} 含量约占阴离子总含量的 30.8%。SO_2^{4-} 的突然增高，是上游足洞地区稀土矿影响的结果，反映了选矿过程中硫酸铵添加剂对水体的影响。

第四类（包括采样点 22、23），主要离子为 HCO_3^-、Ca^{2+}、Na^+。与第一类水体相比，该区 Cl^-、SO_4^{2-} 和 Na^+ 含量增高，分别占阴离子总含量的 19.5%、19.0% 和阳离子的 33.4%。该区位于赣州市下游干流上，为贡水、章水于赣州市汇合后的水体，可能受人为影响较大。

从以上的讨论可以发现，第一类水体主要受自然风化的控制，其他类型的水体都受到了人为因素的影响。

1. 赣南水体中溶解态稀土（DREE）的含量

不同河段溶解态稀土元素含量的差异性反映了人类活动对环境的影响。赣南水系中溶解态稀土元素的含量分布很不均匀，各河段的差异较大，可能反映了该小流域的环境条件较复杂的特性。

赣南地区水系小流域中受自然风化影响下的第一类水体总稀土的分布特征主要反映了自然风化的控制作用，其他水体类型 DREE 的特征则不同程度地受到了人为干扰，但受蒸发盐矿影响下的第二类水体与第一类水体 DREE 的分布模式类似；受稀土矿影响的第三类水体 HREE 富集的分布模式主要继承了风化壳的特征；赣州市下游干流上的第四类水体 MREE 富集的分布模式主要受赣州市人为活动的控制。赣南小流域水体中 Ce 有明显的亏损，说明风化源区 Ce 少活化。自然风化作用为主的水体和蒸发岩矿影响下的水体中 Eu 的正异常与 Eu 富集矿物的优先风化有关；受稀土矿影响的水体中 Eu 的负异常主要继承了稀土矿风化源区的特征；赣州市下游干流上的水体中 Eu 的负异常主要是人为影响的结果。

　　赣南赣县大田稀土矿区为低山丘陵，海拔 300~500m（高效江等，1999a）。在亚热带暖湿气候长期作用下，岩石物理和化学风化强烈，成土母岩为花岗岩，植被发育较好。典型的环境地球化学景观包括残积景观（山顶分水岭地段）、堆积淋溶景观（山坡地段）、水上景观（山前冲积平地）3 个陆地单元景观，如图 4-4 所示。

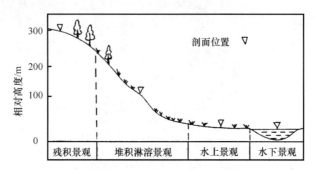

图 4-4　环境地球化学景观示意图（高效江等，1999a）

2. 土坡中稀土元素的含量、分布

　　各单元景观的土壤样品中稀土元素组成特征见表 4-12。

表 4-12　各单元景观中土坡样品的基本理化性质及稀土元素含量

项目		残积景观 （稀土）/（mg/kg）			堆积淋溶景观 （稀土）/（mg/kg）			水上景观 （稀土）/（mg/kg）			水下景观 （稀土） /（μg/kg）
土壤层位		A	B	C	A	B	C	A	B	C	—
编号		P1-1	P1-2	P1-3	P2-1	P2-2	P2-3	P3-1	P3-2	P3-3	W2
取样深度/m		0~0.1	0.2~0.5	1.0~1.5	0~0.2	0.5~0.8	1.0~2.0	0~0.12	0.2~0.3	0.5~10	—
稀土元素含量	La	10.40	12.30	34.90	4.80	17.40	20.40	62.30	47.50	29.50	0.25
	Ce	40.60	41.20	62.40	27.6	64.40	67.00	85.20	75.80	45.50	0.40
	Nd	15.00	27.00	52.70	9.20	25.30	33.00	97.00	58.10	36.80	0.40
	Sm	5.52	11.80	18.50	3.16	9.00	10.70	39.00	21.10	13.70	0.20
	Eu	0.17	0.40	0.56	0.15	0.37	0.40	1.50	0.98	0.61	0.20
	Tb	0.94	2.74	3.49	1.06	2.61	1.51	10.20	5.11	3.42	0.02
	Yb	8.95	14.30	14.80	9.75	15.60	9.52	36.70	20.00	17.30	0.33
	Lu	1.39	2.31	2.37	1.51	2.28	1.49	5.60	3.13	2.59	0.06
	ΣREE	133	186	292	99	223	220	542	359	239	1.86

ΣREE 为实测稀土元素与标准插值法求得的其他稀土元素的总量。

不同环境地球化学单元景观之间，稀土元素的含量存在较大差异，分布具有一定的规律性。气候湿热、风化成土作用强烈的赣南亚热带地区，环境中稀土元素主要为水迁移和生物迁移，从上表知，环境地球化学景观中稀土元素水迁移能力大致有以下序列：（Tb、Eu）>（Yb、Lu）>（Sm、Nd、La）>Ce。

比较表 4-12 中 3 个单元景观土壤剖面中总稀土含量，可见，残积景观和堆积淋溶景观的土壤剖面中稀土元素自上而下逐渐增加，而在水上景观的土壤剖面中稀土元素则是逐渐降低。稀土元素在各单元景观土壤中的含量分布特征是地球化学景观中长期的表生作用过程，是稀土元素不断迁移或富集的结果。表生作用过程中，残积景观土壤 A 层中的稀土元素和代换性盐基离子等在被大量淋溶，使表土呈弱酸性反应（pH4.8），被淋溶的大量化学元素主要沿垂直方向向下迁移，而在土壤 C 层中富集。堆积淋溶景观剖面中，稀土元素的迁移具有纵向淋溶与侧向流动双向性，这一特性决定了稀土在此单元景观土壤中的含量分布特点。被地表径流带走的稀土元素，部分进入河流水系，部分在水上景观的土壤中累积，相对富集，向下呈减小的趋势。

各单元景观土壤中稀土元素分布模式曲线，如图 4-5 所示。

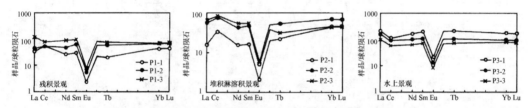

图 4-5 各单元景观土壤中稀土元素分布模式（高效江等，1999b）

各单元景观土壤中稀土分布模式继承了成土母岩中的稀土元素的组成特征，即都具有非常明显的 Eu 负异。但长期的表生作用过程中又会有新的变化，主要表现为 Ce 在各单元景观土壤中呈现 Ce 异常分布特征。

从图 4-5 可以看出，在残积景观和堆积淋溶景观的土壤中 Ce 相对富集；而在水上景观的土壤中 Ce 相对亏损。表生环境中，稀土元素主要以三价态离子或配位离子随水溶液迁移，而 Ce^{3+} 在地表开放体系中，易被氧化成 Ce^{4+}。在风化成土过程中，Ce^{4+} 在表层酸性和氧化条件下以氧化物或水合氧化物形式存在，不易被淋溶，在原地停留下来，呈现 Ce 正异常，从而与其他稀土元素发生分离，使向下渗的淋液和地表径流的溶液中贫 Ce，导致水上景观土壤中出现 Ce 负异常。

赣县大田稀土矿区土壤中稀土元素主要以可交换态和有机结合机态（Ⅲ+Ⅴ）的形式存在。这是因为该区土壤的稀土元素主要来源于原生矿物中的（含）稀土矿物，亚热带良好的水热条件下这些矿物风化强烈，释放出的稀土元素主要被黏粒矿物和有机质吸附，这也是表生离子型稀土矿床的成矿机制。因此，与中国多数类型土壤中稀土元素的形态特征不同，研究区土壤中非残渣态稀土元素多占 80%以上，说明赣南富稀土矿区土壤系统中，稀土元素具有很强的活性，其生物效应有待进一步研究。所以，不同的土壤类型、不同的稀土来源及环境条件的变化都会影响土壤中稀土元素的形态分布及其活性。

4.6.2　广东大宝山

大宝山矿位于粤北山区，地处韶关曲江、翁源两县交界处，山系呈南北走向，北高南低。矿区内表层岩石风化强烈，地带性土壤类型为红壤，随海拔高度增加逐渐演替为山地黄壤。采矿活动影响地段，由于所含金属硫化物发生氧化而发育为酸性硫酸盐土。长期采矿使采场周边原生植被被破坏殆尽，局部有自然生长的五节芒、芒萁等草灌植物及矿区土地复垦种植的人工植被，其余基本裸露。背景区植被覆盖较好，具有较好的植被多样性，植被长势较好。

广东大宝山是含稀土元素的特大型铁-铜-铅锌-钼多金属矿山（王娟等，2014）。由于大宝山地处亚热带温湿气候区高温多雨，化学风化非常强烈，土壤中常量元素大量淋失，从而使相对难移动的稀土元素富集，这也是我国稀土元素从南到北成阶梯状递减的主要因素。大宝山矿区和背景区土壤稀土元素 Ce 大量富集，占总稀土含量的 68%~86%，都为显著正异常。这与大多数风化壳的特征一致，详见表 4-13。

表 4-13　土壤稀土元素含量及相关参数（mg/kg）

元素/组分	背景区 A 层	背景区 B 层	矿区 A 层	矿区 B 层
La	8.29	8.43	8.22	8.95
Ce	147.80	176.40	302.00	240.20
Pr	1.70	1.74	2.82	3.83
Nd	5.67	5.85	45.60	13.46
Sm	1.22	1.27	8.99	2.79
Eu	0.25	0.27	2.08	0.68
Gd	1.61	1.77	9.41	3.76
Tb	0.19	0.20	1.30	0.51
Dy	1.18	1.22	7.58	3.30
Ho	0.25	0.25	1.48	0.71
Er	0.82	0.85	4.24	2.21
Tm	0.15	0.15	0.63	0.36
Yb	1.13	1.18	4.01	2.38
Lu	0.19	0.19	0.59	0.36
ΣREE	170.45	199.77	398.95	283.50
LREE	164.93	193.96	369.71	269.91
HREE	5.52	5.81	29.24	13.59
LREE/HREE	29.88	33.38	12.64	19.86
δEu	0.45	0.47	0.49	0.53
δCe	8.22	9.60	6.13	5.88
Eu/Sm	0.20	0.21	0.23	0.24
Sm/Nb	0.21	0.22	0.20	0.21
Gd/Eu	6.53	6.57	4.53	5.54

续表

元素/组分	背景区 A 层	背景区 B 层	矿区 A 层	矿区 B 层
Y	6.10	5.70	7.69	7.86
ΣREE	176.55	205.47	406.64	291.36
ΣCe	164.93	193.96	369.71	269.91
ΣY	11.62	11.51	36.93	21.45
ΣCe/ΣY	14.19	16.85	10.01	12.58

土壤 Ce^{3+} 易氧化成 Ce^{4+}，被风化壳上层黏土矿物等细颗粒物质吸附而相对富集，在上部沉淀分异。相同地区剖面 Ce 异常程度差别不大，背景区比矿区呈现出更强的 Ce 正异常。

矿区土壤长期受采矿活动影响，土壤理化性质也随之发生变化，进一步使土壤稀土元素分布分异也受到了影响，详见表 4-14。

表 4-14　植被中稀土元素含量及参数（mg/kg）

元素/组分	马尾松				芒萁			
	BN	BO	MN	MO	BN	BO	MN	MO
La	0.07	0.18	0.13	0.78	38.08	222.28	159.63	153.83
Ce	0.41	1.38	0.18	1.77	345.27	2387.77	309.06	565.83
Pr	0.02	0.04	0.03	0.19	19.51	112.54	110.21	108.78
Nd	0.05	0.14	0.10	0.71	13.23	76.23	83.64	83.11
Sm	0.01	0.02	0.02	0.12	5.82	33.73	37.75	38.19
Eu	0.00	0.01	0.00	0.02	2.79	15.35	17.24	17.44
Gd	0.01	0.03	0.01	0.12	6.00	39.82	19.19	21.03
Tb	0.00	0.00	0.00	0.02	2.74	15.09	9.84	9.90
Dy	0.00	0.02	0.01	0.09	1.45	8.27	5.13	4.91
Ho	0.00	0.00	0.00	0.02	1.19	5.93	3.02	2.86
Er	0.00	0.01	0.00	0.05	1.01	5.62	2.79	2.67
Tm	0.00	0.00	0.00	0.01	1.21	4.52	1.50	1.40
Yb	0.00	0.01	0.00	0.04	0.81	4.29	1.30	1.23
Lu	0.00	0.00	0.00	0.01	1.05	3.34	0.79	0.77
ΣREE	0.58	1.84	0.49	3.93	440.16	2934.78	761.09	1011.95
LREE	0.56	1.77	0.46	3.58	424.70	2847.90	717.53	967.18
HREE	0.02	0.08	0.03	0.35	15.46	86.88	43.56	44.77
LREE/HREE	26.43	22.95	14.44	10.30	27.47	32.78	16.47	21.60
δEu	0.63	0.35	0.51	0.39	1.61	0.26	2.47	0.25
Eu/Sm	5.83	5.09	5.13	5.21	0.48	0.46	0.46	0.46
δCe	2.59	6.31	0.47	9.82	2.64	5.72	0.41	10.73
Sm/Nb	0.14	0.16	0.16	0.17	0.44	0.44	0.45	0.46
Ga/Eu	5.83	5.09	5.13	5.21	2.15	2.59	1.11	1.21
Y	0.02	0.11	0.04	0.46	1.02	5.66	2.37	2.17
ΣREE	0.60	1.95	0.53	4.39	441.18	2940.44	763.46	1014.12
ΣCe	0.56	1.77	0.46	3.58	424.70	2847.90	717.53	967.18
ΣY	0.04	0.19	0.07	0.81	16.48	92.54	45.93	46.94
ΣCe/ΣY	13.54	9.55	6.51	4.42	25.77	30.77	15.62	20.60

B-背景区；M-矿区；P-马尾松；D-芒萁；N-新叶；O-老叶

参 考 文 献

陈莹, 王晓蓉, 彭安. 1999. 稀土元素分馏作用研究进展[J]. 环境科学进展, 7(1): 10-17.

丁友超, 刘国庆, 王晓蓉. 2002. 稀土元素在土壤中的环境化学行为及其生物效应[J]. 农业环境保护, 21(6): 567-569, 576.

符颖, 季宏兵, 梁夏天, 等. 2013. 野鸭湖湿地表层土壤稀土元素含量及分布特征研究[J]. 中国稀土学报, 31(6): 749-761.

付伟, 黄小荣, 杨梦力, 等. 2014. 超基性岩红土风化壳中 REE 地球化学: 不同气候风化剖面的对比[J]. 中国地质大学学报, 39(6): 716-732.

高效江, 章申, 王立军, 等. 1999a. 赣南稀土矿区环境地球化学景观中稀土元素的迁移特征. 环境科学, 20(3): 1-4.

高效江, 章申, 王立军, 等. 1999b. 赣南富稀土景观中稀土元素的土壤地球化学特征[J]. 土壤学报, 36(4): 492-298.

胡勤海, 金明亮. 2000. 稀土元素在水体中的环境化学行为及其生物效应[J]. 农业环境保护, 19(5): 274-277.

罗建美, 季宏兵, 霍永伟. 2007. 赣南小流域水体中稀土元素的地球化学特征[J]. 地球学报, 28(5): 438-445.

缪雄谊, 叶思源, 丁喜桂, 等. 2014. 黄河三角洲不同类型湿地稀土元素配分模式[J]. 中国地质, 41(1): 303-313.

彭安, 王子健. 1995. 稀土环境化学研究的近期进展[J]. 环境科学进展, 3(4): 22-32.

唐南奇. 2002. 不同成因型母质发育土壤稀土元素的地球化学特征分析[J]. 福建农林大学学报(自然科学版), 31(3): 385-387.

王娟, 王正海, 耿欣, 等. 2014. 大宝山多金属矿区土壤-植被稀土元素生物地球化学特征[J]. 中国地质大学学报, 39(6): 733-740.

杨林生, 王五一, 谭见安, 等. 2010. 环境地理与人类健康研究成果与展望[J]. 地理研究, 29(9): 1571-1583.

张若桦. 1987. 稀土元素化学[M]. 天津: 天津科学出版社.

Tessier A, Campbell PGC, Bisson M. 1979. Sequential extraction procedure for speciation of particulate tracemetals. Analytical Chemistry, 51(7): 844-851.

第 5 章　常用稀土含量特征值及其指数

本章内容介绍的常用稀土元素特征指数，是岩石地球化学研究中有效表达稀土元素分布特征的主要参数，也是土壤稀土研究中常用的稀土元素特征指数。在使用稀土元素特征指数的基础上，评价稀土元素分布特征常用的方法主要包括单因子指数法、内梅罗综合污染指数法、Hacanson 潜在生态风险指数、地质累积指数法、污染负荷指数法等。

本章内容介绍的稀土含量特征值以最常用的稀土球粒陨石标准、稀土北美页岩标准、稀土上地壳标准为开篇，选择了中国代表性稀土矿山稀土矿物中的稀土元素含量值，以供专业科研工作者在相关的科学研究中便于对比参考。

本章采用其他专业科研工作者的研究成果时，对于他们对比使用的稀土球粒陨石标准、稀土北美页岩标准、稀土上地壳标准等值都遵从研究者采用的稀土标准值数据。另外补充说明，稀土元素含量的单位×10^{-6} 与 mg/kg（或 mg·kg^{-1}）是一致的。

5.1　常用稀土元素特征指数

常用稀土元素特征指数的种类与计算方法及其指示意义（任耀武，1998）。

（1）稀土元素背景值：通常以一个国家或一个地区的土壤中稀土元素的平均含量作为背景值（单位表示为 10^{-6} 或 mg/kg），以与污染区土壤中同一元素的平均含量进行对比，超过背景值即属土壤污染。

（2）稀土元素含量极值、均值：是指研究区所采样品中稀土元素含量的最大值、最小值和平均值，其中平均值又分为算术平均值和加权平均值。

（3）ΣREE：稀土元素总量，单位以 10^{-6}（或表示为 mg/kg）计，一般包括 Y，有的不包括，应注明。本书中的 ΣREE 不包括元素 Y；如果包括 Y，则表示为 ΣREE+Y。ΣREE 在岩浆岩中按超基性→基性→中性→酸性→碱性顺序递增。

（4）LREE、HREE：即轻、重稀土含量，单位以 10^{-6}（或表示为 mg/kg）计。其中：

$$LREE=\Sigma(La+Ce+Pr+Nd+Sm+Eu)$$
$$HREE=\Sigma(Gd+Tb+Dy+Ho+Er+Tm+Yb+Lu)$$

加 Y 还是不加 Y，根据研究条件而定。如果加 Y，在本章内容中表示为

$$\Sigma Y=\Sigma(Gd+Tb+Dy+Ho+Er+Tm+Yb+Lu+Y)=HREE+Y。$$

再加 Sc，在本章内容中表示为

$$\Sigma Y=\Sigma(Gd+Tb+Dy+Ho+Er+Tm+Yb+Lu+Y+Sc)=HREE+Y+Sc$$

（5）LREE/HREE（表格空间有限时，缩写为 L/H）或 ΣCe/ΣY：轻、重稀土元素含量比值，反映轻、重稀土元素分异程度。即

LREE/HREE=∑(La+Ce+Pr+Nd+Sm+Eu)/ ∑(Gd+Tb+Dy+Ho+Er+Tm+Yb+Lu)

当比值 LREE/HREE>1 时，轻稀土元素富集；当比值 LREE/HREE<1 时，重稀土元素富集。

而 ∑Ce/∑Y=∑(La+Ce+Pr+Nd+Sm+Eu)/∑(Gd+Tb+Dy+Ho+Er+Tm+Yb+Lu+Y)

∑Ce/∑Y Sc =∑(La+Ce+Pr+Nd+Sm+Eu)/∑(Gd+Tb+Dy+Ho+Er+Tm+Yb+Lu+Y+Sc)

上式中 ∑Ce＝LREE＝∑(La+Ce+Pr+Nd+Sm+Eu)。

HREE 形成配合物的能力及迁移能力均大于 LREE，所以依岩浆分异演化顺序从早到晚递增。

（6）$\delta(Eu)$：表示岩石地球化学研究中 Eu 异常的程度。$\delta(Eu)>1$ 为正异常，$\delta(Eu)<1$ 为负异常，$\delta(Eu)=1$ 属于无异常。

δEu 既可灵敏地反映体系内的地球化学状态，又是鉴别物质来源和判定构造环境的重要参数。变价元素 Eu 具有 Eu^{2+} 和 Eu^{3+} 两种价态，Eu 异常的产生主要取决于 Eu^{2+} 和 Eu^{3+} 的平衡。在较高温热液蚀变过程中，Eu 相对于其他稀土元素可能发生显著分馏。一般将 Eu 正异常看成热液活动的标志。无论是通过矿石间接判别方法，还是从矿石流体包裹体中直接测定结果，都表明硫化物矿床成矿流体的 REE 分配模式均为轻稀土元素富集型，具有明显的 Eu 正异常特征。

计算公式：

$$\delta Eu =(Eu)_N/0.5(Sm+Nd)_N$$

式中：Eu_N、$(Sm+Nd)_N$ 为标准化值。

在稀土元素特征指数中，凡右下角标有"N"者，就是用球粒陨石标准化后计算。以 Eu 为例用球粒陨石标准化的计算公式：

$(Eu)_N=lg$（样品中 Eu 的含量/球粒陨石中 Eu 的含量），其中 lg 是以 10 为底的对数即常用对数。其他稀土元素用球粒陨石标准化的计算依次类推。

稀土元素球粒陨石标准化图解（又称科里尔图解）是在进行稀土元素含量-原子序数作图时，将稀土元素含量利用标准化（例如球粒陨石标准化）的方法消除偶数规则而得到平滑的直线。样品的稀土元素球粒陨石标准化图解应用最广，对于揭示其地球化学性质差异及在成岩、成矿过程中分异作用的用途较大，同时也便于进行各种地球化学参数的计算。

在稀土元素球粒陨石标准化图解（科里尔图解）中，δEu 值正异常为峰，δEu 值负异常为谷，无异常为直线。在岩石学研究中，δEu 值越小，则岩石的分异指数（DI）越大，则分异度越高。造成 Eu 严重亏损主要有三个原因，即多次分馏、广泛交代作用及多阶段分离结晶的结果。ΔEu 值与氧逸度 f_{O_2} 存在反比关系；太古代以后的沉积岩，$\delta Eu<1$，太古代以前者 $\delta Eu \geqslant 1$；δEu 值大的花岗岩多由地壳深部较基性的岩石经重熔作用或基性岩浆分异作用形成，而 δEu 值小的花岗岩则为地壳浅部岩石经重熔作用形成。

（7）Eu/Sm：Cullers 等用此指数表示 Eu 异常度，以球粒陨石标准化之后$(Eu)_N/(Sm)_N=0.35$ 为标准，大于此值为 Eu 正异常，小于此值为 Eu 负异常，等于此值为 Eu 无异常。实际上 Eu/Sm 值反映的是岩浆演化分异程度。

（8）δCe：δCe 值表示表示岩石地球化学研究中 Ce 异常的程度，δCe>1 为 Ce 正异常，δCe <1 为 Ce 负异常，δCe =1 为 Ce 无异常。

计算公式：

$$\delta Ce=(Ce)_N/0.5(La+Pr)_N$$

式中：Ce_N、$(La+Pr)_N$ 为标准化值。一般认为 Ce 亏损是古俯冲带及古洋壳残骸标志之一。

（9）土壤环境表土层中 δCe 和 δEu 值：张成龙等（张成龙等，2008）分析土壤环境表土层中稀土元素特征时，对 δCe 值异常的分析采用了另一个更为精确的标准值，即 δCe>1.05 为正异常，δCe<0.95 为负异常，0.95≤δCe≤1.05 属于无异常；δEu 的异常条件与 δCe 相同。

计算公式：

$$\delta Ce=(Ce)_N/[(La)_N\times(Pr)_N]^{1/2};\quad \delta Eu=(Eu)_N/[(Sm)_N\times(Gd)_N]^{1/2}$$

式中：Ce_N、La_N、Pr_N、Eu_N、Sm_N、Gd_N 为球粒陨石标准化值。

Ce 元素对外界氧化–还原条件变化较为敏感，可以反映岩石形成的氧化还原环境及海水的深浅，常用 Ce 异常值解释古沉积环境和海平面的变化。Ce 是变价元素，Ce^{4+} 在氧化环境中较难溶解，当 Ce^{4+} 所处的环境转变为缺氧环境时，Ce 元素会被激活以 Ce^{3+} 形式溶解在水中，使得铈元素在海水中由负异常向正异常转化，则铈表现为负异常。Ce 异常值越小，说明水体越缺氧，水体就越深；Ce 异常越大，说明水体越富氧，水体就越浅。

（10）$(La/Yb)_N$、$(La/Lu)_N$、$(Ce/Yb)_N$：这三个指数是球粒陨石标准化科里尔图解中曲线斜率的程度，反映轻重稀土分馏度。计算公式：

$$(La/Yb)_N=[(La)s/(La)c]/[(Yb)s/(Yb)c]$$
$$(La/Lu)_N=[(La)s/(La)c]/[(Lu)s/(Lu)c]$$
$$(Ce/Yb)_N=[(Ce)s/(Ce)c]/[(Yb)s/(Yb)c]$$

式中：下角 s 为样品；下角 c 为球粒陨石。$(La/Yb)_N$ 是稀土元素球粒陨石标准化图解中分布曲线的斜率，通常用来反映曲线的倾斜程度。当 $(La/Yb)_N$>1 时，曲线为右倾斜，轻稀土元素富集；$(La/Yb)_N$<1 时，曲线左倾斜，重稀土元素富集。

在岩浆岩中，一般侵位浅者大于侵位深者。这些指数值大，即斜率大，曲线右倾（左高右低），说明富集 LREE（如酸性岩浆岩）；如这些指数值近似于 1，曲线走势接近水平，属球粒陨石型模式（如大洋拉斑玄武岩、科马提岩等）；此值小于 1，为亏损型，即 HREE 富集型（如浅色花岗岩等）。

（11）$(La/Sm)_N$ 值大小反映轻稀土之间的分馏程度，该值越大，轻稀土（LREE）越富集。计算公式：

$$(La/Sm)_N=[(La)s/(La)c]/[(Sm)s/(Sm)c]$$

（12）$(Gd/Yb)_N$ 反映重稀土分馏度，此值越小，重稀土越富集、LREE/HREE 越小。计算公式：

$$(Gd/Yb)_N=[(Ga)s/(Ga)c]/[(Yb)s/(Yb)c]$$

（13）Sm/Nd：划分轻、重稀土富集类型，Sm/Nd 值小，为轻稀土富集型。Sm/Nd 值在岩浆岩中从超基性→基性→中性→酸性→碱性渐减，一般低于球粒陨石标准值（0.33）。

Sm/Nd 深源大于浅源，壳层为 0.1~0.31，深源可达 0.5~1.0。据 IO.A.巴拉索夫，地壳 Sm/Nd 初始值为 0.308，大洋玄武岩为 0.234~0.425，壳源花岗岩及沉积岩小于 0.3。

（14）Nd/Eu：稀土元素分馏重熔度。

（15）Y/La：此值与深度成正比。

（16）La/Yb：轻稀土分馏度，此值大，富集轻稀土。

（17）La/Y：与重熔度相关，此值浅源大于深源。

（18）Ce/Nd：此值浅源大于深源。

（19）Ce/La：侵位浅大于侵位深者。

（20）EV/OD：稀土元素奇偶比值，即偶数稀土元素（EV）含量之和与奇数稀土元素（OD）含量之和的比值。反映岩石成因类型及岩浆演化规律，岩浆岩从基性→酸性或从侵位深→侵位浅，此值一般趋于减小。

（21）稀土元素四分组效应：最早由 Peppavd 等（1969）提出，即把稀土元素按其性质的相似变化分成四组：La-Ce-Pr-Nd，(Pm)-Sm-Eu-Gd，Gd-Tb-Dy-Ho 和 Er-Tm-Yb-Lu，并进一步划分为 W 型和 M 型，W 型分布曲线为 Dy、Yb 下凹而 Er 上凸；而 M 型则相反，Ce、Sm 及 Dy 上凸，而 Nd、Gd 及 Er 下凹。稀土元素如存在四分组效应，说明在其演化（或成岩成矿）过程中有水参与。

5.2　土壤稀土评价方法

参照表层土壤重金属最常用的评价方法，表层土壤稀土或可借鉴的评价方法主要有如下几种单因子指数法、内梅罗综合污染指数法、Hacanson 潜在生态风险指数、地质累积指数法、污染负荷指数法等（张庆辉等，2012）。

5.2.1　单因子指数法

单因子指数法（nemerow index）能够直接反映土壤中每一种污染物的超标情况，将研究的土壤环境质量进行时间上的比较分析。是用于环境污染中评价各要素的一种最为广泛的方法。它具有目标明确、可比较性强和计算简单等优点。但是单因子指数法只能针对土壤中某种特定要素进行分析，无法反映出多种污染要素的综合效应。计算公式为

$$P_i = C_i/S_i \tag{5-1}$$

式中：P_i 为单项污染指数；C_i 为污染物实测值；S_i 为根据需要选取的评价标准。

$$P_i = C_i/S_i$$

式中：P_i 为污染物 i 的单项污染指数；C_i 为污染物 i 的实测浓度；S_i 为污染物 i 的评价标准。当 $P_i \leq 1$，表示土壤未受污染；当 $P_i > 1$，表示土壤受到污染。

5.2.2　内梅罗综合污染指数法

内梅罗污染指数是一种突出极值的计权型多因素环境质量指数。其优点在于数学过程相对简洁、运算方便、物理概念清晰等。对于一个区域的评价只需计算出它的综合指

数，再比对相应的质量标准，便可知道该区域某种环境要素的综合质量状况如何。计算公式为

$$P_s = \{[(C_i/S_i)^2\max + (C_i/S_i)^2\mathrm{ave}]/2\}^{1/2}$$

式中：P_s 为综合污染指数；$(C_i/S_i)\max$ 为污染物中污染指数最大值；$(C_i/S_i)_{\mathrm{ave}}$ 为污染物中污染指数平均值。污染指数（P_i）法分级标准：$P_i \leqslant 0.7$，清洁级；$0.7 < P_i < 1$，尚清洁级；$P_i > 1$，污染级。

5.2.3　Hacanson 潜在生态风险指数

潜在生态风险指数体系包括如下：

①单项污染指数：$C_f^i = C_{表层}{}^i / C_n^i$；②潜在生态风险单项指数：$E_r^i = T_r^i \times C_f^i$；

③潜在生态风险综合指数：$E_i = \sum E_r^i$。

式中：C_f^i 为单项污染系数；$C_{表层}{}^i$ 为土壤重金属的实测浓度；C_n^i 为计算所需的参比值，即研究区域的背景值；T_r^i 为单个污染物的毒性响应参数；E_r^i 为单项潜在生态风险指数；E_i 为潜在生态风险综合指数。单个污染物的毒性响应参数 Ti=Mn=Zn=1，V=Cr=2，Cu=Pb=Ni=Co=5，As=10，Cd=30，Hg=40（徐争启等，2008）。土壤重金属的潜在生态风险分级标准见表 5-1（陈奕云等，2016）。

表 5-1　土壤重金属的潜在生态风险分级标准

单项潜在生态风险指数	单污染物生态风险程度	综合潜在生态风险指数	综合潜在生态风险程度
$E_r^i < 40$	轻度（mild）	$E_i < 90$	轻度（mild）
40~80	中等（moderate）	90~180	中等（moderate）
80~160	强（strength）	180~360	强（strength）
160~320	很强（strong）	360~720	很强（strong）
320	极强（very strong）	>720	极强（very strong）

5.2.4　地质累积指数法

地质累积指数法（geoaccumulation index）是 1979 年由德国海德堡大学沉积物研究所科学家 Müller（1969）提出。目前已在欧洲被广泛用于研究沉积物中重金属污染程度的定量描述。地质累积指数法的优点在于所需数据单一、计算方法简便，同时综合考虑了人为污染因素和地球化学背景值等要素的影响。但此方法的不足在于没有充分考虑到重金属的形态分布和地理空间差异性的影响。

为减小成土母质风化过程等自然因素可能对测定农田土壤中重金属污染的影响，应用地累积指数法比较当下重金属元素实测浓度与工业化初期的重金属浓度来对污染程度进行评估。地累积指数（Igeo）计算式（5-2）：

$$\mathrm{Igeo} = \log_2 (C_n/1.5B_n) \tag{5-2}$$

式中：C_n 为重金属元素 n 的实测浓度（mg/kg）；B_n 为重金属元素在研究区土壤中的地球化学背景值（mg/kg）。地累积指数分成 7 个等级（Forstner u，et al.，1990），见表 5-2。

表 5-2　地累积指数分级

等级	范围值	土壤质量	等级	范围值	土壤质量
0	Igeo≤ 0	无污染	4	3<Igeo<4	强污染
1	0<Igeo <1	无污染到中度污染	5	4<Igeo<5	强污染到极强污染
2	1<Igeo <2	中度污染	6	5<Igeo	极强污染
3	2<Igeo<3	中度污染到强污染			

5.2.5　污染负荷指数法

污染负荷指数法由 Tomlinso 等（1980）提出。以研究的一级区域作为评价单元，通过计算污染负荷指数，在进行区域土壤重金属污染评价的同时，定量几种重金属元素在区域土壤重金属污染评价结果中的贡献。首先计算各元素的污染系数，再算各统计单元（二级区域）的污染负荷指数，最后算各评价单元（一级区域）的污染负荷指数。计算方法如下：

$$F_{\max,i}=w_i/w_{0,i} \tag{5-3}$$

式中：w_i 为元素 i 的实测值（mg/kg）；$w_{0,i}$ 为元素 i 的背景值（mg/kg）；$F_{\max,i}$ 为元素 i 的最高污染系数。

$$I_{PL}=(F_{\max,1}\times F_{\max,2}\times \cdots \times F_{\max,n})^{1/n} \tag{5-4}$$

式中：n 为评价元素个数，即重金属元素的种类。

$$I_{PL,Z}=(F_{PL,1}\times F_{PL,2}\times \cdots \times F_{PL,n})^{1/n} \tag{5-5}$$

式中：n 为评价样点（二级区域）个数；I_{PL}, n 为第 n 个样点（二级区域）的污染负荷指数。I_{PL} 污染负荷指数，Z. 重金属。

污染负荷指数一般分为 4 个等级，见表 5-3。

表 5-3　污染负荷指数等级表

I_{PL} 值	污染等级	污染程度
<1	0	无污染
1~<2	Ⅰ	中等污染
2~<3	Ⅱ	强污染
≥3	Ⅲ	极强污染

5.3　常用稀土元素基础数据

本节内容主要包括球粒陨石、页岩、上地壳稀土元素等常用数据。

5.3.1　球粒陨石与页岩稀土数据

稀土元素 REE 主要包括镧系元素：即 57~71 号元素 La、Ce、Pr、Nd、Pm、Sm、Eu、Gd、Tb、Dy、Ho、Er、Tm、Yb、Lu。有时包括 39 号元素 Y。这组元素由于其原子结构与晶体化学性质十分相似，而在自然界常呈"形影不离"，相伴产出。内潜同晶便是这种"形影不离"的最佳表达（李生和徐永生，2002），它是稀土元素的一个特别重要的性质。

内潜同晶是一种特殊的不完全类质同象，因此，它除具一般类质同象的特征外，还具有其特殊性，表现在：①内潜同晶的化合物中主要组分与伴生组分含量之间有严格的倍比关系。②内潜同晶置换可使许多地球化学参数相同或相近的元素依次带入晶格，结果形成内潜同晶链。REE 族是最典型的内潜同晶链。③另外内潜同晶具有定向性，即只能是半径小的阳离子置换半径大的阳离子。一般的类质同象都不具备这些特性。

由于稀土元素广泛具有内潜同晶性质，从而形成内潜同晶链及其各元素在该内潜同晶链中的倍比关系，这种倍比关系与岩石形成的物理化学条件相关连。该关系不是一种简单的实际含量倍比，而是一种类比倍比关系，即同类相比之后的倍比关系。球粒陨石标准化模式图是这种类比关系的一种最好表达方法，球粒陨石标准化配分模式，其本身并没有增强某方面信息量，其模式包含的信息与原始数据几乎没有差异，其优点体现在两个方面：①形成了一个直观的平滑曲线模式图；②消除了奇偶效应的影响。

由于作为标准化的球粒陨石稀土元素含量值有许多组，因而大部分研究都采用博因顿（Boynton，1984）推荐的球粒陨石值作为稀土内潜同晶模式标准化值；除此之外，用得最多的球粒陨石值还有增田彰（Masuda）、赫尔曼（Herrman）、泰勒（Talor）和博因顿值。

增田彰、博因顿、泰勒的球粒陨石值很一致，仅相差一个系数，而赫尔曼的球粒陨石值则在 Ce、Gd 略高，重稀土 Dy、Ho、Er、Yb、Lu 普遍偏低（表 5-4），这将导致以赫尔曼的球粒陨石值作标准处理引起 Ce、Gd 标准化值偏低，而重稀土 Dy、Ho、Er、Yb、Lu 标准化值偏高（图 5-1）。

表 5-4　不同球粒陨石值及其对同一样品 δREE 值比较（$\times 10^{-6}$ 或 ng/g，mg/kg）

元素/组分	增田彰（1973 年）	赫尔曼（1971年）	泰勒（1977 年）	博因顿（1984 年）	李生（2002 年）
La	0.378	0.320	0.315	**0.310**	2.260
Ce	0.976	0.940	0.813	**0.808**	8.260
Pr	0.138	0.120	0.116	**0.122**	1.050
Nd	0.716	0.600	0.597	**0.600**	2.440
Sm	0.230	0.192	0.192	**0.195**	0.720
Eu	0.087	0.073	0.072	**0.074**	0.080
Gd	0.311	0.310	0.259	**0.259**	0.440
Tb	0.057	0.050	0.049	**0.047**	0.160
Dy	0.390	0.31	0.325	**0.322**	0.440
Ho	0.087	0.073	0.073	**0.072**	0.160
Er	0.255	0.210	0.213	**0.210**	0.360
Tm	0.040	0.033	0.030	**0.032**	0.080
Yb	0.249	0.190	0.208	**0.209**	0.860
Lu	0.039	0.031	0.032	**0.033**	0.210
ΣREE	3.953	3.142	3.294	**3.293**	17.520
LREE	2.525	2.245	2.105	**2.109**	14.810
HREE	1.428	0.897	1.189	**1.184**	2.710
LREE/ HREE	1.768	2.503	1.770	**1.781**	5.465

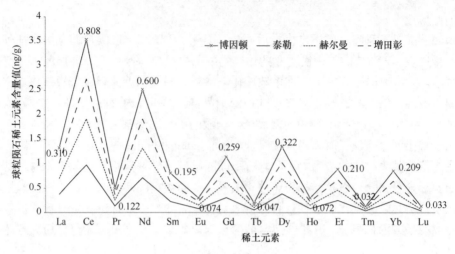

图 5-1　常用的不同球粒陨石值曲线对比图

增田彰的球粒陨石值是用稀释法分析的，较准确，但有些元素是理论计算值，且是较老的数据，泰勒的球粒陨石值也是较老的数据。

图 5-1 中曲线中的数字是博因顿稀土含量值。从统计学观点来说，博因顿的球粒陨石值应更具代表性。该模式图的最大好处是压缩了稀土元素信息总量，而增大了稀土元素的内潜同晶分馏分量。

表 5-4 是成都地质矿产研究所李生和徐永生（2002）共同研究提出的稀土元素内潜同晶分馏模式。该模式在岩石成因，特别是在岩浆岩成因、岩浆岩演化等方面的研究有其独特的应用意义。

安徽理工大学测绘学院教授赵志根（2000）建议采用的球粒陨石标准值，见表 5-5。

表 5-5　赵志根建议采用的球粒陨石标准

元素/组分	标准 1	标准 2
	Herrmann（1971）	Masuda 等（1973）
La	0.320	0.3150
Ce	0.940	0.8130
Pr	0.120	0.1150
Nd	0.600	0.5970
Sm	0.200	0.1920
Eu	0.073	0.0722
Gd	0.310	0.2590
Tb	0.050	0.0473
Dy	0.310	0.3250
Ho	0.073	0.0723
Er	0.210	0.2130
Tm	0.033	0.0333
Yb	0.190	0.2080
Lu	0.031	0.0323

续表

元素/组分	标准 1	标准 2
	Herrmann（1971）	Masuda 等（1973）
ΣREE	3.460	3.2944
LREE	2.253	2.1042
HREE	1.207	1.1902
LREE/HREE	1.8666	1.7679

注：标准 1 是指 Herrmann（1971）的 22 个球粒陨石平均值；标准 2 是指 Masuda 等（1973）的 6 个 Leedy 球粒陨石平均值（陈德潜，1990；王中刚，1989）。

中国地质大学地球化学研究所韩吟文和马振东（2004）推荐的球粒陨石标准值数据见表 5-6。

表 5-6　作为标准的球粒陨石和页岩组合样的稀土丰度及参数（×10⁻⁶）

元素/组分	Leed 球粒陨石	9 个球粒陨石平均	22+9=26	12 个陨石组合	韩吟文和马振东（2004）推荐值
La	0.3780	0.33±0.013	0.320	0.340	**0.3100**
Ce	0.9760	0.88±0.01	0.900	0.910	**0.8080**
Pr	0.1380	0.112±0.005	0.120	0.121	**0.1220**
Nd	0.7160	0.60±0.01	0.600	0.640	**0.6000**
Sm	0.2300	0.181±0.006	0.200	0.195	**0.1950**
Eu	0.0866	0.069±0.001	0.073	0.073	**0.0375**
Gd	0.3110	0.249±0.011	0.310	0.260	**0.2590**
Tb	0.0568	0.047±0.001	0.050	0.047	**0.0474**
Dy	0.3900	0.317±0.005	0.310	0.300	**0.3220**
Ho	0.0868	0.070±0.001	0.073	0.078	**0.0718**
Er	0.2550	0.200±0.009	0.210	0.200	**0.2100**
Tm	0.0399	0.030±0.002	0.033	0.032	**0.0324**
Yb	0.2190	0.200±0.007	0.190	0.220	**0.2090**
Lu	0.0387	0.034±0.002	0.031	0.034	**0.0332**
ΣREE	3.9218	—	3.420	3.450	**3.2573**
LREE	2.4380	—	2.140	2.206	**2.0350**
HREE	1.4838	—	1.280	1.244	**1.2223**
L/H	1.6431	—	1.6719	1.7733	**1.6649**

注：22+9=26 的意思是 22 个球粒陨石和 9 个球粒陨石组合样 26 次测定平均。

根据表 5-6 中韩吟文教授和马振东推荐的球粒陨石标准值数据作图 5-2。

沉积岩一般不采用球粒陨石标准，而是太古宙平均澳大利亚页岩（Post-Archean Australian shale：PAAS）（AliP et al.，2011）或北美页岩组合样或中国东部泥质岩，详细数据见 5.3.2。

5.3.2　常用的不同地质体稀土数据

沉积岩稀土含量对比分析常用的数据有 40 个北美页岩平均值、澳大利亚后太古宙

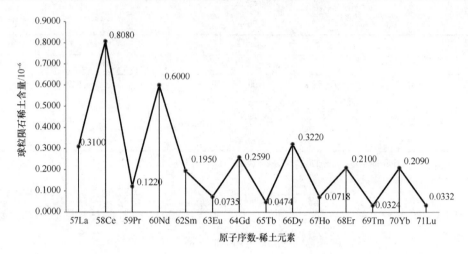

图 5-2　球粒陨石稀土含量变化曲线图［韩吟文和马振东（2004）等推荐值］

页岩平均值、中国东部泥质岩平均值和中国黄土平均值数据（孙莎莎等，2015；中国环境监测总站，1994），详见表 5-7。

表 5-7a　不同地质体中稀土元素组成及参数（×10⁻⁶）

元素/组分	北美页岩（NASC）	澳大利亚页岩（PAAS）	中国东部泥质岩
La	32.00（31.50）	38.00	50.00
Ce	73.00（66.50）	80.00	88.00
Pr	7.90	8.90	9.80
Nd	33.00（27.00）	32.00	40.00
Sm	5.70（5.90）	5.60	7.20
Eu	1.24（1.18）	1.10	1.40
Gd	5.20	4.70	6.20
Tb	0.85（0.79）	0.77	1.00
Dy	5.80	4.40	5.80
Ho	1.04	1.00	1.20
Er	3.40	2.90	3.20
Tm	0.50	0.40	0.49
Yb	3.10（2.97）	2.80	3.00
Lu	0.48（0.44）	0.43	0.47
ΣREE	173.21（160.12）	183.00	217.76
LREE	151.60（138.80）	165.60	196.40
HREE	21.61（21.32）	17.40	21.36
L/H	7.0153（6.5103）	9.52	9.19
δEu	1.00		
δCe	1.00		
Y	27.00		
ΣREE+Y	200.21		
ΣCe	152.84		
ΣY	47.37		
ΣCe/ΣY	3.23		

40 个北美页岩稀土含量平均值（NASC）；PAAS 是澳大利亚后太古宙页岩平均。

表 5-7b　不同地质体中稀土元素组成及参数（×10⁻⁶）

元素/组分	中国黄土	中国土壤背景值	中国土壤几何平均值	世界土壤背景值
La	33.64	37.40	38.60	40.00
Ce	66.15	68.40	83.40	50.00
Pr	6.68	7.17	9.67	7.00
Nd	27.97	26.40	41.10	35.00
Sm	5.70	5.22	6.60	4.50
Eu	1.13	1.03	1.18	1.00
Gd	4.86	4.60	5.39	4.00
Tb	0.82	0.63	0.67	0.70
Dy	4.58	4.13	3.92	5.00
Ho	0.94	0.87	0.73	0.60
Er	2.66	2.54	2.09	2.00
Tm	0.43	0.37	0.30	0.60
Yb	2.72	2.44	1.97	3.00
Lu	0.42	0.36	0.28	0.40
ΣREE	158.70	161.56	195.90	153.80
LREE	141.27	145.62	180.55	137.50
HREE	17.43	15.94	15.35	16.30
L/H	8.10	9.14	11.76	8.44
δEu	0.94			
δCe	0.96			
Y	24.78			40.00
ΣREE+Y	183.48			193.80
Σce	141.27			137.50
ΣY	42.21			56.30
Σce/ΣY	3.35			2.44

岩石学稀土含量对比分析常用的上陆壳或陆壳平均值数据以及北太平洋表层、黄海陆架沉积物稀土含量及参数等系列数据（张玉松和张杰，2015；史崇文等，1995；张若桦，1987）详见表 5-8。

表 5-8　不同地质体中稀土元素组成及参数对比（mg/kg）

元素/组分	上陆壳	陆壳平均	地壳	洋壳平均	黄海陆架沉积物
La	30.00	19.00	18.3	18.00	38.48
Ce	64.00	38.00	46.1	35.00	74.11
Pr	7.10	4.90	5.53	4.80	9.27
Nd	26.00	19.00	23.9	20.00	32.93
Sm	4.50	4.60	6.47	4.80	5.98
Eu	0.88	1.00	1.06	1.10	1.22
Gd	3.80	4.20	6.36	4.60	5.25
Tb	0.64	0.70	0.91	0.80	0.83

续表

元素/组分	上陆壳	陆壳平均	地壳	洋壳平均	黄海陆架沉积物
Dy	3.50	3.30	4.47	3.70	4.48
Ho	0.80	0.00	1.15	0.00	1.01
Er	2.30	2.00	2.47	2.30	2.58
Tm	0.33	0.00	0.20	0.00	0.41
Yb	2.20	1.60	2.66	1.90	2.44
Lu	0.32	0.00	0.75	0.00	0.36
ΣREE	146.37	98.30	120.33	97.00	179.35
LREE	132.48	86.50	101.36	83.70	161.99
HREE	13.89	11.80	18.97	13.30	17.36
L/H	9.54	7.33	5.34	6.29	9.33
δEu	—	1.00	—	1.03	0.96
δCe	—	0.86	—	0.82	0.85
Y	—	20.00	28.10	22.00	23.04
ΣREE+Y	—	118.30	148.43	119.00	202.39
ΣCe	—	86.50	101.36	83.70	161.99
ΣY	—	31.80	47.07	35.30	40.40
ΣCe/ΣY	—	2.72	2.15	2.37	4.01

主要江河与大洋等水体中稀土含量及参数等系列数据详见表 5-9。

表 5-9　不同水体中稀土元素组成及参数对比（μg/g）

元素/组分	黄河	长江	珠江	雅鲁藏布江	湄公河	北太平洋表层水
La	34.30	40.40	58.90	39.30	43.90	14.48
Ce	69.60	81.50	114.00	76.20	90.10	12.59
Pr	8.20	9.50	13.20	8.20	10.50	3.03
Nd	30.80	36.50	50.10	29.30	39.80	13.18
Sm	6.10	7.00	9.40	5.40	7.60	2.82
Eu	1.20	1.60	1.70	1.10	1.60	0.72
Gd	5.00	5.90	9.00	4.70	6.50	3.69
Tb	0.80	0.90	1.20	0.70	1.00	0.65
Dy	4.30	4.80	6.00	4.00	6.00	4.36
Ho	0.90	1.00	1.20	0.90	1.10	1.09
Er	2.30	2.70	3.30	2.30	3.30	3.43
Tm	0.30	0.40	0.50	0.40	0.60	0.47
Yb	2.20	2.40	2.70	2.30	3.30	2.90
Lu	0.30	0.40	0.50	0.40	0.50	0.48
ΣREE	166.30	195.00	271.70	175.20	215.80	63.89
LREE	150.20	176.50	247.30	159.50	193.50	46.82
HREE	16.10	18.50	24.40	15.70	22.30	17.07
L/H	9.33	9.54	10.14	10.16	8.68	2.74
δEu						0.98

续表

元素/组分	黄河	长江	珠江	雅鲁藏布江	湄公河	北太平洋表层水
δCe						0.41
Y						110.00
ΣREE+Y						173.89
Σce						46.82
ΣY						127.07
ΣCe/ΣY						0.37

其他有关常用稀土元素含量及参数等数据，请详细查阅本书第 6 章至第 7 章。

5.3.3　稀土矿山数据

关于稀土矿区的稀土元素含量数据主要包括中国北方包头白云鄂博和甘肃干沙鄂博稀土矿及其环境中的稀土元素含量特征。

1. 包头白云鄂博稀土矿

白云鄂博稀土矿区有关稀土的数据包括含稀土矿的主要岩石、稀土矿石及稀土矿选冶如包头稀土尾矿坝及其表土。

1）白云鄂博含稀土矿的岩体

白云鄂博宽沟背斜两翼岩性层序具有可比性（肖荣阁等，2012），由核部向两翼依次为变质砂砾岩→长石石英砂岩→黑色泥板岩→白云岩的层序。但是南北翼的板岩和白云岩岩性及成因明显不同，北翼黑色泥板岩属于含碳质粉砂质板岩，白云岩为薄层状条带状构造，沉积特征明显，而南翼板岩为厚层块状钾长板岩、霓闪钠长岩和钾长黑云片岩互层，白云岩具有角砾状、碎屑状、厚层块状构造，火山岩浆岩构造特征明显。含矿岩性段局限于宽沟背斜南翼矿区范围，分为白云岩段、钾长石板岩和霓闪钠长岩多种岩石组成的岩性，构成一套特殊的碱性火山岩系。白云岩及碳酸岩脉稀土元素成分见表 5-10。

表 5-10　白云鄂博矿床白云岩及碳酸岩脉稀土元素含量及参数（×10^{-6}）

元素/组分	主矿（7）	东矿（3）	碳酸岩脉	磁铁矿石
La	6187.43	6941.25	583.40	9314.40
Ce	10914.29	11179.50	1285.08	10010.00
Pr	1575.71	1423.33	103.36	945.50
Nd	3762.57	4337.50	410.22	2962.40
Sm	388.46	255.95	42.53	118.47
Eu	78.51	89.43	8.68	18.96
Gd	354.03	407.95	30.22	103.40
Tb	32.59	33.18	3.63	8.20

续表

元素/组分	主矿（7）	东矿（3）	碳酸岩脉	磁铁矿矿石
Dy	144.47	139.68	15.72	27.00
Ho	14.20	11.88	2.19	1.86
Er	39.42	45.18	6.30	8.30
Tm	2.21	2.19	0.73	0.35
Yb	9.63	11.19	4.29	1.82
Lu	1.11	1.47	0.65	0.24
ΣREE	23504.64	24879.70	2497.01	23520.90
LREE	22906.97	24226.96	2433.27	23369.73
HREE	597.66	652.72	63.73	151.17
LREE/HREE	38.33	37.12	38.18	154.59
La/Yb	642.52	620.45	135.94	5112.18
δCe	0.84	0.86	1.26	0.81
δEu	0.65	0.85	0.74	0.52
Y	264.76	263.03	60.75	45.77
ΣREE+Y	23769.39	25142.71	2557.75	23566.67
ΣCe	22906.97	24226.96	2433.27	23369.73
ΣY	862.42	915.75	124.48	196.94
Σce/ΣY	26.56	26.46	19.55	118.66

霓闪钠长岩是一种分布很广的岩石类型，在主矿南侧的采掘面内出现成层状、条带状纯钠长岩或形成钠铁闪（霓）石岩与钠长岩互层。霓闪钠长岩稀土元素含量见表 5-11。

表 5-11　白云鄂博矿床霓闪钠长岩稀土元素含量及参数（×10^{-6}）

元素/组分	主矿（3）	东矿（5）	钠长岩脉	钠闪岩脉（3）
La	27.10	548.60	57.70	184.13
Ce	64.53	941.22	78.84	230.79
Pr	11.61	137.86	7.62	27.39
Nd	53.27	356.80	25.40	109.60
Sm	15.27	40.98	1.89	11.75
Eu	3.86	8.60	0.50	2.34
Gd	8.33	33.92	1.40	7.32
Tb	1.11	3.13	0.13	0.86
Dy	5.33	13.40	0.47	3.66
Ho	0.67	1.35	0.04	0.48
Er	1.57	4.61	0.14	1.45
Tm	0.14	0.36	0.01	0.18
Yb	0.75	2.09	0.06	1.18
Lu	0.07	0.29	0.01	0.20
ΣREE	193.61	2093.21	174.21	581.33
LREE	175.64	2034.06	171.95	566.00

元素/组分	主矿（3）	东矿（5）	钠长岩脉	钠闪岩脉（3）
HREE	17.97	59.15	2.26	15.33
LREE/HREE	9.77	34.39	76.08	36.92
La/Yb	35.97	262.49	947.45	156.13
δCe	0.88	0.82	0.90	0.78
δEu	1.05	0.71	0.94	0.77
Y	16.13	31.02	1.73	17.08
ΣREE+Y	209.74	2124.23	175.94	598.41
ΣCe	175.64	2034.06	171.95	566.00
ΣY	34.10	90.17	3.99	32.41
ΣCe/ΣY	5.15	22.56	43.10	17.46

　　钾长板岩，富钾板岩分布局限于主东矿、西矿，区域上不可对比，因此认为近矿富钾板岩是围岩蚀变形成。根据白云鄂博矿区岩性剖面，从南向北依次为霓闪钠长火山岩→钾长板岩→矿化白云岩。在矿化白云岩及南部的霓闪钠长火山岩中也有薄层钾长板岩夹层，西矿有少量钾长板岩夹层产出，与霓闪钠长火山岩或白云岩呈过渡接触关系。钾长板岩稀土元素含量见表 5-12。

表 5-12　白云鄂博矿床钾长板岩稀土元素含量及参数（×10⁻⁶）

元素/组分	主矿（8）	东矿（9）	钾长板岩（17）	钾长岩脉（2）
La	84.00	221.00	156.52	296.40
Ce	184.00	564.00	385.22	368.45
Pr	21.00	54.00	38.45	45.30
Nd	76.00	169.00	125.05	185.35
Sm	10.00	19.00	14.45	19.99
Eu	2.12	5.62	3.97	3.88
Gd	6.10	15.70	11.19	12.22
Tb	0.57	1.48	1.05	1.46
Dy	2.40	6.50	4.58	6.23
Ho	0.34	0.74	0.55	0.84
Er	0.90	2.50	1.74	2.50
Tm	0.11	0.24	0.18	0.31
Yb	0.68	1.44	1.08	2.00
Lu	0.11	0.20	0.16	0.33
ΣREE	387.33	1061.04	744.19	945.26
LREE	377.12	1032.62	723.66	919.37
HREE	11.21	28.80	20.53	25.89
LREE/HREE	33.64	35.85	35.25	35.51
La/Yb	123.09	153.35	144.37	148.01
δCe	1.06	1.24	1.20	0.77
δEu	0.85	1.00	0.96	0.76

续表

元素/组分	主矿（8）	东矿（9）	钾长板岩（17）	钾长岩脉（2）
Y	9.20	16.80	13.19	29.97
ΣREE+Y	397.53	1078.22	757.38	975.23
Σce	377.12	1032.62	723.66	919.37
ΣY	20.41	45.60	33.72	55.86
Σce/ΣY	18.48	22.65	21.46	16.46

含矿白云岩与霓闪钠长岩、钾长板岩显示为海底环境喷发形成的碱性火山岩组合，与一系列同期的碳酸岩、霓闪钠长岩碱性岩脉一起，构成一套完整碱性火山岩系。

2）白云鄂博稀土矿石

白云鄂博稀土矿含矿建造中各种不同岩性显示不同的稀土地球化学特征，稀土总量以白云岩最高，钾长板岩最低，相应的岩脉稀土总量低于喷发岩。各种岩石均表现为轻稀土富集，重稀土亏损，但是轻重稀土比值以白云岩最大，霓闪钠长岩轻重稀土比值最小，相应的岩脉与喷发岩轻重稀土比值类似，但是纯钠长石岩脉和含稀土磁铁矿明显高于其他岩石。

白云岩和霓闪钠长岩均表现出不同的铕、铈负异常，但是碳酸岩脉和钾长板岩则显示弱铈正异常，霓闪钠长岩和钾长板岩铕异常不明显。Ce 的富集与亏损主要受氧化-还原条件的控制，在氧化环境，氧化作用使稀土元素的 Ce^{3+} 转变为 Ce^{4+}，导致 Ce 与其他稀土元素的分离，产生负 Ce 异常。

白云岩中稀土含量极度富集，稀土总量高，并以轻稀土高度富集、弱负铕异常为特征（表 5-13），而白云质角砾岩中负铕异常明显。

表 5-13　白云鄂博矿床霓闪钠长岩微量元素含量及参数（$\times 10^{-6}$）

元素/组分	主矿（7）	东矿（3）	碳酸岩脉	磁铁矿石
La	6187.43	6941.25	583.40	9314.40
Ce	10914.29	11179.50	1285.08	10010.00
Pr	1575.71	1423.33	103.36	945.50
Nd	3762.57	4337.50	410.22	2962.40
Sm	388.46	255.95	42.53	118.47
Eu	78.51	89.43	8.68	18.96
Gd	354.03	407.95	30.22	103.40
Tb	32.59	33.18	3.63	8.20
Dy	144.47	139.68	15.72	27.00
Ho	14.20	11.88	2.19	1.86
Er	39.42	45.18	6.30	8.30
Tm	2.21	2.19	0.73	0.35
Yb	9.63	11.19	4.29	1.82
Lu	1.11	1.47	0.65	0.24
ΣREE	23504.63	24879.68	2497.00	23520.90
LREE	22906.97	24226.96	2433.27	23369.73

元素/组分	主矿（7）	东矿（3）	碳酸岩脉	磁铁矿石
HREE	597.66	652.72	63.73	151.17
LREE/HREE	38.33	37.12	38.18	154.59
La/Yb	642.52	620.45	135.94	5112.18
δCe	0.84	0.86	1.26	0.81
δEu	0.65	0.85	0.74	0.52
Y	264.76	263.03	60.75	45.77
ΣREE+Y	23769.39	25142.71	2557.75	23566.67
Σce	22906.97	24226.96	2433.27	23369.73
ΣY	862.42	915.75	124.48	196.94
ΣCe/ΣY	26.56	26.46	19.55	118.66

　　霓闪钠长岩稀土元素高度富集，尤其高度富集轻稀土（表 5-14），但是稀土总量低于矿化白云岩。

表 5-14　白云鄂博矿床白云岩及碳酸岩脉稀土元素含量及参数（×10⁻⁶）

元素/组分	主矿（3）	东矿（5）	钠长岩脉	钠闪岩脉（3）
La	27.10	548.60	57.70	184.13
Ce	64.53	941.22	78.84	230.79
Pr	11.61	137.86	7.62	27.39
Nd	53.27	356.80	25.40	109.60
Sm	15.27	40.98	1.89	11.75
Eu	3.86	8.60	0.50	2.34
Gd	8.33	33.92	1.40	7.32
Tb	1.11	3.13	0.13	0.86
Dy	5.33	13.40	0.47	3.66
Ho	0.67	1.35	0.04	0.48
Er	1.57	4.61	0.14	1.45
Tm	0.14	0.36	0.01	0.18
Yb	0.75	2.09	0.06	1.18
Lu	0.07	0.29	0.01	0.20
ΣREE	193.61	2093.21	174.21	581.33
LREE	175.64	2034.06	171.95	566.00
HREE	17.97	59.15	2.26	15.33
LREE/HREE	9.77	34.39	76.08	36.92
La/Yb	35.97	262.49	947.45	156.13
δCe	0.88	0.82	0.90	0.78
δEu	1.05	0.71	0.94	0.77
Y	16.13	31.02	1.73	17.08
ΣREE+Y	209.74	2124.23	175.94	598.41
ΣCe	175.64	2034.06	171.95	566.00
ΣY	34.10	90.17	3.99	32.41
ΣCe/ΣY	5.15	22.56	43.10	17.46

钾长板岩与霓闪钠长岩类似，东矿钾长板岩稀土总量明显高于主矿，也高于钾长岩脉稀土总量。但是东矿的钠闪钠长岩稀土总量低，而较主矿钠闪钠长岩稀土总量高（表 5-15）。

表 5-15　白云鄂博矿床钾长板岩稀土元素含量及参数（×10⁻⁶）

元素/组分	主矿（8）	东矿（9）	钾长板岩（17）	钾长岩脉（2）
La	84.00	221.00	156.52	296.40
Ce	184.00	564.00	385.22	368.45
Pr	21.00	54.00	38.45	45.30
Nd	76.00	169.00	125.05	185.35
Sm	10.00	19.00	14.45	19.99
Eu	2.12	5.62	3.97	3.88
Gd	6.10	15.70	11.19	12.22
Tb	0.57	1.48	1.05	1.46
Dy	2.40	6.50	4.58	6.23
Ho	0.34	0.74	0.55	0.84
Er	0.90	2.50	1.74	2.50
Tm	0.11	0.24	0.18	0.31
Yb	0.68	1.44	1.08	2.00
Lu	0.11	0.20	0.16	0.33
ΣREE	388.33	1061.42	744.19	945.26
LREE	377.12	1032.62	723.66	919.37
HREE	11.21	28.80	20.53	25.89
LREE/HREE	33.64	35.85	35.25	35.51
La/Yb	123.09	153.35	144.37	148.01
δCe	1.06	1.24	1.20	0.77
δEu	0.85	1.00	0.96	0.76
Y	9.20	16.80	13.19	29.97
ΣREE+Y	397.53	1078.22	757.38	975.23
ΣCe	377.12	1032.62	723.66	919.37
ΣY	20.41	45.60	33.72	55.86
ΣCe/ΣY	18.48	22.65	21.46	16.46

白云鄂博矿床稀土含量主要集中在矿区 H8 岩性段矿化白云岩。H9 岩性段中发现了含钠长石很高的霓闪钠长岩火山岩。

3）包头尾矿库稀土尾矿砂及其覆土

受稀土冶炼和分离工艺的限制，包头稀土矿采选利用率仅为 10%，稀土生产过程中产生了大量的尾矿废弃物。目前，包头尾矿库积存的尾矿已达 1.6 亿 t，其中稀土氧化物总量约 1000 万 t 以上。郭伟等（2013）从内蒙古包头市白云鄂博稀土矿区（矿区中心点坐标 N 41°47′09.1″，E109°59′41.4″）采集稀土尾矿砂和表层覆盖土壤样品并分析稀土元素含量，见表 5-16。

表 5-16　稀土尾矿砂及覆土中稀土元素含量（mg/kg）

元素	尾矿砂	覆土
La	12 460±263	629.0±22.40
Ce	26 956±500	1417±25.00
Pr	5 199±116	243.6±9.60
Nd	7 800±168	409.3±18.20
Sm	544.4±12.8	41.55±3.39
Eu	83.04±1.91	11.27±0.43
Gd	91.92±3.50	14.21±1.07
Tb	40.85±1.74	12.04±1.51
Dy	8.92±2.08	2.89±0.11
Ho	3.90±0.12	4.09±0.06
Tm	8.76±0.80	7.22±0.97
Yb	7.79±0.15	4.23±0.09
Lu	3.28±0.05	2.16±0.06
Y	140.1±3.3	18.75±1.70

　　稀土尾矿砂 pH 为 7.08（尾矿砂与水的质量比为 1∶2.5），有机质含量 0.30%，全磷为 0.65%，速效磷为 6.08 mg/kg，尾矿砂和覆土中稀土含量见表 5-16。表层覆盖土壤 pH 为 7.30（土壤与水的质量比为 1∶2.5），有机质含量 0.36%，全氮为 0.02%，全磷为 0.13%，速效氮为 22.9 mg/kg，速效磷为 8.16 mg/kg。

　　近年来在其他地区发现具有工业价值的稀土矿主要有甘肃干沙鄂博稀土矿，含矿岩性及稀土含量特征在下一节详细介绍。

2. 甘肃干沙鄂博稀土矿

　　甘肃干沙鄂博稀土矿（原称干沙河脑多金属稀土矿）矿床大地构造位置位于北祁连加里东褶皱带东段冷龙岭复背斜近轴部之毛藏古凸起的西段（陈耀宇等，2014）。干沙鄂博碱性斑岩体的岩性组成包括霓辉正长斑岩、霓辉碱长石英正长斑岩、霓辉碱长正长斑岩、碱长正长斑岩、霓辉碱长正长岩及霓辉正长岩等，其中以霓辉正长斑岩为主，其次为霓辉碱长石英正长斑岩，各岩性间呈渐变过渡。代表性岩石样品稀土含量及有关特征参数见表 5-17。

表 5-17　碱性斑岩体稀土元素含量及参数（×10⁻⁶）

元素/组分	霓辉碱长石英正长斑岩	霓辉碱长正长斑岩	霓辉正长斑岩	霓辉正长斑岩	霓辉碱长正长岩	霓辉正长岩
La	1210.00	1940.00	2980.00	2870.00	254.00	212.00
Ce	1740.00	3120.00	4470.00	4570.00	317.00	182.00
Pr	168.00	317.00	447.00	455.00	31.90	11.20
Nd	487.00	937.00	1270.00	1330.00	99.20	21.20
Sm	50.40	103.00	131.00	145.00	12.70	1.66
Eu	14.80	26.20	36.70	44.40	3.44	0.34

续表

元素/组分	霓辉碱长石英正长斑岩	霓辉碱长正长斑岩	霓辉正长斑岩	霓辉正长斑岩	霓辉碱长正长岩	霓辉正长岩
Gd	61.20	119.00	159.00	169.00	14.80	3.84
Tb	4.82	9.24	12.00	12.90	1.34	0.16
Dy	12.80	25.80	31.40	35.30	5.24	0.19
Ho	2.08	4.04	4.89	5.49	0.96	0.024
Er	6.88	13.30	16.70	17.80	2.92	0.12
Tm	0.72	1.43	1.69	1.78	0.46	0.004
Yb	4.72	8.93	10.60	11.00	3.18	0.025
Lu	0.63	1.15	1.30	1.43	0.44	0.0045
ΣREE	3764.05	6626.09	9572.28	9669.10	747.58	432.77
LREE	3670.20	6443.20	9334.70	9414.40	718.24	428.40
HREE	93.85	182.89	237.58	254.70	29.34	4.37
L/H	39.11	35.23	39.29	36.96	24.48	98.09
δEu	0.81	0.72	0.78	0.87	0.77	0.40
δCe	0.82	0.87	0.83	0.87	0.73	0.58
La/Sm	24.01	18.83	22.75	19.79	20.00	127.71
La/Yb	256.36	217.25	281.13	260.91	79.87	8 480
Ce/Yb	368.64	349.38	421.70	415.45	99.69	7 280
Eu/Sm	0.29	0.25	0.28	0.31	0.27	0.20
Sm/Nd	0.10	0.11	0.10	0.11	0.13	0.08
$(La/Yb)_N$	172.86	146.46	189.53	175.91	53.83	5698.92
$(Ce/Yb)_N$	95.37	90.37	109.07	107.47	25.78	1877.08
$(Sm/Eu)_N$	1.28	1.48	1.35	1.23	1.39	1.84
Y	56.50	112.00	148.00	155.00	28.50	0.52
ΣREE+Y	3820.55	6738.09	9720.28	9824.10	776.08	433.29
ΣCe	3670.20	6443.20	9334.70	9414.40	718.24	428.40
ΣY	150.35	294.89	385.58	409.70	57.84	4.89
ΣCe/ΣY	24.41	21.85	24.21	22.98	12.42	87.65

　　碱性斑岩体的 REE 含量为 433×10^{-6}~$9\,824\times10^{-6}$，平均高达 $5\,218\times10^{-6}$。斑岩体的轻重稀土分异较强烈，LREE/HREE 比值介于 24~98，$(La/Yb)_N$ 比值为 54~5699。各阶段侵入的岩浆具有同源演化的特点。岩石具有中等程度的负铕异常，δEu 值为 0.40~0.87，暗示有斜长石的分离结晶作用。

　　干沙鄂博的矿化和蚀变特征与四川冕宁牦牛坪稀土矿床和美国加里诺斯稀土矿床相似，属于碱性斑岩岩浆期后热液稀土多金属矿床。

参 考 文 献

陈德潜, 陈刚. 1990. 实用稀土元素地球化学[M]. 北京: 冶金工业出版社, 144-151.

陈耀宇, 代文军, 魏学平, 等. 2014. 甘肃干沙鄂博稀土矿床地质特征及矿床成因分析[J]. 甘肃地质, 23(4): 52-62.

陈奕云, 唐名阳, 王淑桃, 等. 2016. 基于文献计量的中国农田土壤重金属污染评价[J]. 土壤通报, 47(1): 219-225.

郭伟, 赵仁鑫, 赵文静, 等. 2013. 丛枝菌根真菌对稀土尾矿中大豆生长和稀土元素吸收的影响[J]. 环境科学, 34(5): 1915-1921.

韩吟文, 马振东. 2004. 地球化学[M]. 北京: 地质出版社: 199.

李生, 徐永生. 2002. 稀土元素内潜同晶分馏模式及其意义[J]. 沉积与特提斯地质, 22(1): 72-82.

任耀武. 1998. 稀土元素演化特征及应用[J]. 河南地质, 6(4): 303-308.

史崇文, 赵玲芝, 郭新波, 等. 1995. 山西土壤稀土元素背景值[J]. 山西农业科学, 23(2): 38-40.

孙莎莎, 刘人和, 吝文. 2015. 辽河东部凸起山西-太原组泥页岩稀土元素特征研究[J]. 科学技术与工程, 15(31): 1671-1815.

王中刚, 于学元, 赵振华. 1989. 稀土元素地球化学[M]. 北京: 科学出版社, 310-313.

肖荣阁, 费红彩, 王安建, 等. 2012. 白云鄂博含矿碱性火山岩建造及其地球化学[J]. 地质学报, 86(5): 735-752.

徐争启, 倪师军, 庹先国, 等. 2008. 潜在生态危害指数法评价中重金属毒性系数计算[J]. 环境科学与技术, 31(2): 112-115.

张成龙, 邬光剑, 高少鹏. 2008. 青藏高原砂质表土样品稀土元素特征的初步探讨[J]. 冰川冻土, 30(2): 261-262.

张庆辉, 王贵, 朱晋, 等. 2012. 包头南郊污灌区农田表层土壤重金属潜在生态风险综合评价[J]. 西北农林科技大学学报(自然科学版), 40(7): 181-186, 192.

张若桦. 1987. 稀土元素化学[M]. 天津: 天津科学出版社.

张玉松, 张杰. 2015. 云南富源某红土型钛矿稀土元素地球化学特征[J]. 稀土, 36(3): 1-8.

赵志根. 2000. 不同球粒陨石平均值对稀土元素参数的影响——兼论球粒陨石标准[J]. 标准化报道, 21(3): 15-16.

中国环境监测总站. 1994. 中国土壤元素背景值[M]. 北京: 中国环境科学出版社.

Ali P, Nicolas D, Thomas J I. 2011. A novel extraction chromatography and MC-ICP-MS technique for rapid analysis of REE, Sc and Y: evising CI-chondrite and Post-Archean Australian Shale (PAAS) abundances Chemical Geology, In Press, Accepted Manuscript, Available online 30 August.

Boynton W V. Cosmochemistry of the Rare Earth Elements: Meteorite Studies [M]// Henderson P. Rare Earth Element Geochemistry. Amsterdam: Elsevier, 1984: 63-114.

Forstner U, Ahlfw, Calmanow, et al. 1990. Sediment criteria development-contripicalbutions from environmental geochemistry to water quality management[J]. Sediments and Environmental Geochemistry: Selected Aspects and Case Studies, 3: 11-38.

MÜller G. 1969. Index of geoaccumulation in sediments of the Rhine River[J]. GeoJournal, 2: 18-108.

Peppard D F, Mason G W, Lewey S, et al. 1969. A tetrad effect in the liquid-liquid extraction ordering of Lanthanides (III)[J]. Chemistry, 31: 2271-2272.

Tomlinson D L, Wilson J G, Harris C R, et al. 1980. Problems in the assessment of heavy metals levels in estuaries and the formation of pollution index[J]. Helgolander Meeresuntersuchungen, 33 (1/4): 566-575.

第6章 常用岩石稀土含量特征值

本章内容次序的安排遵循如下科学逻辑关系：

在岩石类型方面按岩浆岩、沉积岩（海洋底部结核等划分在沉积岩中）、变质岩类型安排先后次序。在区域大地构造体系方面按照天山兴蒙地槽系、秦祁昆仑地槽系、南岭地槽系、滇藏地槽系安排先后次序。在自然地理方面，按照岩石圈、大气圈、水圈、土壤圈和生物圈的思路安排本章内容。由于水系沉积物、土壤是研究全球变化的有效切入点，水系沉积物、土壤等对全球变化的反应非常敏感，并通过其中稀土元素的含量特征反映出对全球变化详细地微观记录，因此将水系沉积物、土壤等稀土元素含量数据从本章内容中提取出来，单独列出成为第7章。

结合上述三大方面的科学逻辑关系，使本章内容充分体现出岩石类型方面的典型性、区域大地构造体系方面的代表性和自然地理方面的系统性。充分体现稀土含量特征值的专业性和科学研究过程中能够进行参照对比的实用性。

本章采用其他专业科研工作者的研究成果时，对于他们对比使用的稀土球粒陨石标准、稀土北美页岩标准、稀土上地壳标准等值都遵从研究者采用的稀土标准值数据。本章稀土元素含量单位$\times 10^{-6}$与 mg/kg（或 mg·kg^{-1}）是一致的。

本章所选择的代表性稀土元素数据编排次序，先对应到各类型的岩石中去，再遵循区域大地构造体系自西向东、自北往南，安排各内容在本章中出现的先后次序。

岩石按成岩地质作用分为岩浆岩、沉积岩和变质岩三大类岩石，下面按照这个顺序介绍三大类岩石中具有代表性的稀土元素含量特征值。

6.1 岩浆岩岩石稀土含量

根据岩浆岩中 SiO_2 含量变化规律，将岩浆岩分为酸性岩（SiO_2>66%）、中性岩（SiO_2 在 52%~66%）、基性岩（SiO_2 在 45%~52%）和超基性岩（SiO_2<45%）四大类。

6.1.1 酸性岩

酸性岩浆岩稀土元素特征值的代表性岩体，选择二连浩特-贺根山蛇绿岩带北阿登锡勒二长花岗岩体（I 型花岗岩）、华北地台北缘以钾长花岗岩为主的沙德盖岩体、中酸性火成岩组合内蒙古固阳埃达克岩、甘肃省肃北县肃北岩体和石包城花岗岩体、小秦岭岩浆岩体（以花岗岩为主，另有闪长岩和辉长辉绿岩）、南岭地槽系离子吸附型稀土矿床成矿母岩花岗岩类以及湘南骑田岭以花岗岩体为代表的白石渡-飞仙镇地质剖面。

1. 阿登锡勒二长花岗岩体

阿登锡勒二长花岗岩体位于二连浩特-贺根山蛇绿岩带以北 50 km 处。阿登锡勒早石炭世二长花岗岩稀土元素含量见表 6-1（肖中军等，2015）。

表 6-1　阿登锡勒二长花岗岩稀土元素含量平均值（$\times 10^{-6}$）

元素/组分	La	Ce	Pr	Nd	Sm	Eu	Gd	Tb
平均值	18.66	43.12	4.82	17.66	3.43	0.46	3.15	0.51

元素/组分	Dy	Ho	Er	Tm	Yb	Lu	ΣREE	LREE
平均值	3.20	0.66	1.95	0.31	2.05	0.31	100.32	88.16

元素/组分	HREE	LREE/HREE	—	Y	ΣREE+Y	ΣCe	ΣY	ΣCe/ΣY
平均值	12.16	7.25		16.15	116.46	88.16	28.3	3.11

早石炭世阿登锡勒二长花岗岩为高分异 I 型花岗岩（I type granite）。

2. 华北地台北缘沙德盖岩体

沙德盖岩体是华北地台北缘印支期花岗岩带上的一个典型代表。沙德盖岩体岩性以钾长花岗岩为主，次为黑云母钾长花岗岩，中细粒花岗结构，块状构造。钾长花岗岩稀土元素组成见表 6-2 和表 6-3（顾枫华等，2011）。

表 6-2　沙德盖钾长花岗岩稀土元素含量平均值（$\times 10^{-6}$）

元素/组分	La	Ce	Pr	Nd	Sm	Eu	Gd	Tb	Dy	Ho
平均值	57.70	96.44	8.60	28.55	4.06	0.79	3.07	0.37	2.27	0.39

元素/组分	Er	Tm	Yb	Lu	ΣREE	LREE	HREE	L/H	$(La/Yb)_N$	δEu
平均值	1.23	0.21	1.25	0.20	205.13	196.14	8.99	21.82	30.55	0.70

表 6-3　沙德盖钾长花岗岩中暗色微粒包体稀土元素含量平均值（$\times 10^{-6}$）

元素/组分	La	Ce	Pr	Nd	Sm	Eu	Gd	Tb	Dy	Ho
平均值	107.65	165.02	16.54	51.75	7.36	1.82	6.66	0.83	4.26	0.76

元素/组分	Er	Tm	Yb	Lu	ΣREE	LREE	HREE	L/H	$(La/Yb)_N$	δEu
平均值	2.28	0.34	2.39	0.38	368.04	350.14	17.9	19.56	33.17	0.78

3. 内蒙古固阳埃达克岩

埃达克岩（Adakite）是具有特定地球化学性质的一套中酸性火成岩组合。地球化学标志是：$SiO_2 \geq 56\%$、高铝（$Al_2O_3 \geq 15\%$）、$MgO < 3\%$（极少 $> 6\%$），贫 Y 和 Yb（$Y \leq 18$ $\mu g/g$，$Yb \leq 1.9$ $\mu g/g$），高 Sr（$Sr > 400$ $\mu g/g$），LREE 富集，Eu 正异常（无明显负异常）。主要矿物组合为：斜长石+石英+角闪石±黑云母，副矿物为磷灰石、锆石、榍石及钛磁铁矿等。曾俊杰等（2008）证实内蒙古包头市固阳西营子岩体具有埃达克岩特征的华力西期花岗岩。按同源岩浆演化理论，从早到晚依次划分为闪长岩（$P_1\delta D$）、石英闪长岩（$P_1\delta O$）、英云闪长岩（$P_1\gamma O$）、花岗闪长岩（$P_1\gamma\delta$），各单元间均为脉动接触。西营子岩体中埃达克质花岗岩稀土元素含量及有关参数见表6-4（曾俊杰等，2008）。

表6-4　固阳地区埃达克质花岗岩稀土元素分析及有关参数（$\times 10^{-6}$）

元素/组分	中细粒闪长岩	中细粒石英闪长岩均值	中细粒英云闪长岩均值	中细粒花岗闪长岩均值	埃达克岩平均值
La	19.16	26.50	24.94	23.53	24.50
Ce	45.44	50.10	50.53	45.58	48.72
Pr	5.35	5.94	6.02	6.12	5.94
Nd	20.12	20.70	21.19	21.71	21.02
Sm	3.95	3.82	3.97	4.29	3.99
Eu	1.26	1.12	1.17	1.21	1.17
Gd	3.57	3.14	2.97	3.4	3.19
Tb	0.57	0.48	0.39	0.46	0.45
Dy	3.39	2.59	1.92	2.33	2.40
Ho	0.69	0.52	0.35	0.45	0.46
Er	2.02	1.38	0.89	1.15	1.24
Tm	0.32	0.22	0.14	0.18	0.20
Yb	2.06	1.40	0.81	1.11	1.21
Lu	0.33	0.22	0.12	0.17	0.19
ΣREE	108.23	118.13	115.40	111.67	114.68
LREE	95.28	108.18	107.82	102.44	105.34
HREE	12.95	9.95	7.59	9.25	9.34
LREE/HREE	7.36	10.87	14.21	11.07	11.28
δEu	1.01	0.96	1.04	0.94	0.99
$(La/Yb)_N$	6.13	13.10	24.00	20.19	17.53

固阳地区埃达克质花岗岩属于华北板块北缘晚古生代的岩浆增生带，是华北板块对古亚洲洋俯冲作用的响应。因此，固阳地区埃达克质花岗岩的确定，表明早二叠世可能是古亚洲洋发生俯冲消减的重要时期。

4. 中祁连西段肃北岩体

祁连造山带位于阿拉善地块与柴达木板块之间，由南往北依次划分为北祁连、中祁连与南祁连等几个构造单元。中祁连地区的肃北岩体位于甘肃省肃北县城东 5 km 处，主要为花岗闪长岩和花岗岩；石包城岩体露头主要为灰白色片麻状花岗岩。肃北岩体和石包城岩体稀土元素分析结果见表6-5（李建锋等，2010）。

石包城岩体产于洋壳俯冲的岛弧环境，肃北岩体是加里东陆陆碰撞造山作用晚期产物。

5. 小秦岭岩浆岩

小秦岭岩浆岩中的稀土元素含量和特征值见表6-6（冯建之等，2014）。

表 6-5　肃北岩体和石包城岩体稀土元素含量平均值（×10⁻⁶）

元素/组分	肃北岩体	石包城岩体	元素/组分	肃北岩体	石包城岩体
La	29.68	10.48	Er	1.50	0.34
Ce	52.53	17.14	Tm	0.23	0.05
Pr	5.98	1.92	Yb	1.55	0.32
Nd	21.48	6.59	Lu	0.23	0.05
Sm	3.63	1.22	ΣREE	124.18	40.75
Eu	0.93	0.56	LREE	114.23	37.90
Gd	2.94	1.16	HREE	9.94	2.86
Tb	0.47	0.14	LREE/HREE	11.49	13.27
Dy	2.53	0.68	$(La/Yb)_N$	14.10	25.37
Ho	0.51	0.12	δEu	0.84	1.53

表 6-6　岩浆岩稀土元素含量值（×10⁻⁶）

元素/组分	二长花岗岩	伟晶状花岗岩	闪长岩脉	辉长辉绿岩脉
La	38.79	80.32	34.76	33.18
Ce	79.64	134.90	83.38	63.38
Pr	9.75	14.18	10.60	8.90
Nd	34.99	42.17	37.96	34.97
Sm	5.88	4.71	6.59	7.22
Eu	1.63	1.37	1.76	2.24
Gd	4.56	2.51	5.02	6.62
Tb	0.74	0.31	0.80	1.10
Dy	3.93	1.31	4.12	5.83
Ho	0.76	0.22	0.79	1.09
Er	2.26	0.58	2.31	3.02
Tm	0.38	0.07	0.38	0.47
Yb	2.35	0.39	2.22	2.74
Lu	0.36	0.06	0.33	0.39
ΣREE	186.01	283.10	191.02	171.15
LREE	170.68	277.65	175.05	149.89
HREE	15.34	5.45	15.97	21.26
LREE/HREE	11.13	50.94	10.96	7.05
δEu	0.93	1.10	0.90	0.97
Y	22.61	5.96	22.65	30.35
ΣREE+Y	208.63	289.06	213.67	201.50
ΣCe	170.68	277.65	175.05	149.89
ΣY	37.95	11.41	38.62	51.61
ΣCe/ΣY	5.54	24.33	4.53	2.90

6. 南岭地槽系花岗岩

1）南岭稀土花岗岩地质时代类型

南岭是我国特有的重稀土离子吸附型稀土矿资源汇集区（赵芝等，2014），稀土矿床成矿母岩类型以花岗岩类最为常见，南岭东部离子吸附型稀土矿床最为发育。矿床均分布在成矿岩体内部，同时也严格受地形地貌及气候条件的控制。依据目前积累的 22 个成矿岩体的同位素年代学资料，形成时代主要集中在加里东期、印支期和燕山期，有以下分布特点：

（1）加里东期稀土花岗岩。该类岩体较为普遍，可见晚奥陶世花岗岩已具矿化特征。空间上岩体主要分布在江西赣县-信丰-安远-寻乌一带，有阳埠岩体、龙舌岩体、安西岩体和三标岩体，部分集中在福建西北部，如宁化岩体和玮埔岩体等。

（2）印支期稀土花岗岩。该类岩体较少，区域上分布不均，赣县出露清溪和黄沙两个岩体，且南北毗邻。其次仅见于福建连城小面积出露的黄坊岩体。印支期稀土岩体较少，这与该期花岗岩出露总面积较小密切相关。

（3）燕山期稀土花岗岩。该类岩体最为发育，岩体的锆石 U-Pb 年龄集中在 94~189 Ma，时间跨度较大，但多数岩体集中在 153~189 Ma，可见侏罗纪花岗岩更有利于稀土成矿。空间上岩体分布广泛，江西、福建、广东均有出露，主要岩体有桂坑、大埠、韩坊、柯树北、白水寨、寨背、足洞、牛坑、陂头、黄埠、弹前、武平及河田岩体等。

2）南岭花岗岩体稀土含量差异

已经发现的稀土矿床实例证实，基性、中性、酸性及碱性岩类均可形成离子吸附型稀土矿，但是中酸性花岗岩类，尤其是钾长花岗岩、黑云母花岗岩、二长花岗岩是主要的成矿岩石类型。南岭东部稀土矿区的稀土元素含量及配分特征表现为各岩体稀土总量普遍偏高，但稀土元素含量又有其自身特征（赵芝等，2014）。

（1）不同岩体的稀土总量存在显著差异，总量最高为关西岩体的碱长花岗斑岩（$\Sigma REE=926\mu g/g$），最低的为桂坑岩体的中粗粒黑云母花岗岩（$\Sigma REE=40\ \mu g/g$），所有岩体稀土均值为 289 $\mu g/g$，高于南岭花岗岩的平均值 227 $\mu g/g$。部分辉长岩、闪长岩样品的稀土总量也较高，如东坑坳辉长岩的稀土总量高达 1910 $\mu g/g$，宁化岩体半风化的闪长岩脉中，稀土总量虽然不高，但 Sc 含量达 54.5 $\mu g/g$，明显高于花岗岩。可见，高的稀土总量并非是酸性岩的专属性，而高的 Sc 含量是基性-中性岩的专属性。

（2）同一岩体不同岩石类型之间稀土总量也存在区别。如三标岩体含电气石白云母花岗岩、黑云母花岗岩、二长花岗岩的稀土总量分别为 133 $\mu g/g$、265 $\mu g/g$ 和 153 $\mu g/g$。黄埠岩体中石英正长岩、霓辉石正长岩、石英二长岩的稀土总量分别为 324 $\mu g/g$、176$\mu g/g$ 和 244 $\mu g/g$。

（3）同一岩体不同产状的岩石，其稀土总量也有所不同。三标岩体花岗斑岩稀土总量（$\Sigma REE=399\ \mu g/g$）高于黑云母花岗岩（$\Sigma REE=265\ \mu g/g$）和二长花岗岩（$\Sigma REE=132\ \mu g/g$）；关西岩体碱长花岗斑岩的稀土总量（$\Sigma REE=673\ \mu g/g$，）也显著高于黑云母碱性花岗岩（ΣREE=359 μg/g）。

（4）不同岩体、同一类型的岩石稀土总量也存在区别。清溪岩体黑云母花岗岩稀土含量（ΣREE=228 μg/g）高于桂坑岩体黑云母花岗岩（ΣREE=161 μg/g），且前者重稀土含量较高。寨背岩体钾长花岗岩稀土总量与陂头岩体钾长花岗岩的稀土总量相差不多，但前者重稀土总量（ΣHREE=108 μg/g）略高于后者（ΣHREE=79 μg/g）。可见，稀土独立矿物的含量影响了岩石中稀土元素含量。

3）南岭花岗岩体稀土元素配分特征

对南岭花岗岩体稀土元素配分特征（图 6-1）概括如下：

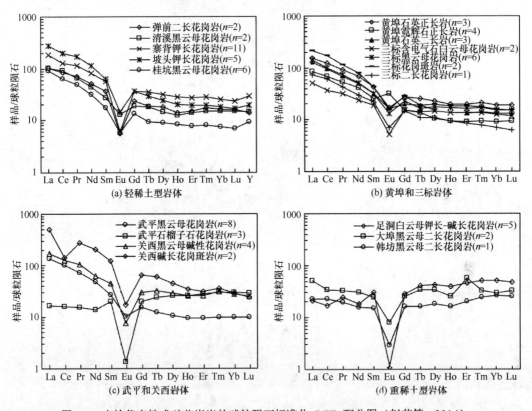

图 6-1　南岭代表性成矿花岗岩的球粒陨石标准化 REE 配分图（赵芝等，2014）

（1）不同岩体的稀土配分类型存在明显差异。多数岩体稀土配分曲线呈右倾型，轻重稀土分馏明显，属轻稀土型，具有明显的 Eu 负异常；少数岩体，如足洞、大埠、韩坊岩体，稀土配分曲线呈左倾式，重稀土含量高于轻稀土，属重稀土型，具有明显的 Eu 负异常（图 6-1）。

（2）同一岩体、不同岩性的岩石，稀土配分类型也存在较大差异。例如，黄埠岩体霓辉石正长岩显示 Eu 正异常，有别于石英正长岩和石英二长岩的 Eu 负异常。武平岩体石榴子石花岗岩因产石榴子石，而引起中重稀土含量明显偏高，稀土配分类型变为重稀土型，而不含石榴子石的黑云母花岗岩稀土配分类型为轻稀土型（图 6-1）。

总之，离子吸附型稀土矿床成矿时代均为第四纪，轻稀土型和重稀土型成矿花岗岩在岩石成因、副矿物组合及蚀变类型等方面均存在显著差异。离子吸附型稀土矿床的类型多继承了成矿母岩的稀土配分特征，但也受风化作用的影响而发生改变。

湘南骑田岭矿集区位于南岭成矿带，区内已有瑶岗仙钨矿、柿竹园钨锡钼铋矿、芙蓉锡矿、宝山铅锌矿、香花岭锡多金属矿、黄沙坪铅锌矿等众多矿床。骑田岭白石渡-飞仙镇重点剖面位于湖南省郴州市，西端在桂阳县飞仙镇，东端在宜章县白石渡，走向300°，全长 83 km。剖面东侧横穿骑田岭岩体（出露面积约 530 km^2），侵位于石炭系-三叠系碳酸盐岩和碎屑岩中，为菜岭、芙蓉两个超单元；菜岭超单元以二长花岗岩为主，芙蓉超单元中二长花岗岩和正长花岗岩大致相等。剖面各地质体稀土元素的平均含量见表 6-7（何晗晗等，2014）。

表 6-7　各地质体稀土元素的平均含量（×10^{-6}）

元素/组分	花岗岩风化壳	花岗岩岩屑	灰岩	砂岩	黏土
La	148.19	140.55	27.26	50.42	27.66
Ce	236.21	241.08	49.17	85.37	54.81
Pr	32.38	29.84	7.20	11.29	6.25
Nd	105.83	97.46	28.62	44.54	23.61
Sm	20.11	18.02	5.65	7.97	4.42
Eu	1.98	1.55	0.87	1.48	0.86
Gd	16.68	14.38	4.64	6.26	3.64
Tb	2.81	2.45	0.82	1.10	0.64
Dy	16.14	14.40	4.51	6.02	3.62
Ho	3.17	2.86	0.89	1.20	0.74
Er	9.61	8.53	2.71	3.75	2.30
Tm	1.37	1.26	0.37	0.52	0.32
Yb	8.69	7.96	2.28	3.24	2.08
Lu	1.38	1.29	0.35	0.49	0.33
ΣREE	604.55	581.63	135.34	223.65	131.28
LREE	544.70	528.50	118.77	201.07	117.61
HREE	59.85	53.13	16.57	22.58	13.67
LREE/HREE	9.10	9.95	7.17	8.90	8.60
La$_N$/Yb$_N$	12.54	13.29	9.02	12.13	9.20
δEu	0.32	0.28	0.59	0.62	0.63
δCe	0.85	0.91	0.91	0.89	0.97
Y	85.60	80.71	22.61	31.22	19.60
ΣREE+Y	690.15	662.34	157.95	254.87	150.88
ΣCe	544.7	528.5	118.77	201.07	117.61
ΣY	145.45	133.84	39.18	53.8	33.27
ΣCe/ΣY	3.74	3.95	3.03	3.74	3.54

骑田岭花岗岩的稀土元素特征及岩石成因对于稀土元素来说，轻稀土的碱性较强，重稀土的碱性较弱，随着岩浆作用从早期到晚期的演化，ΣCe/ΣY 值逐渐增大。ΣCe/ΣY 与 ΣREE 有着一定的正相关关系，表明随着岩浆的演化，ΣREE 含量逐渐增加，δEu 也有逐渐增大的趋势；相反，重稀土含量则逐渐减少。这反映了成岩过程中 LREE 曾发生了较强烈的分馏，其富集可能与花岗岩中的一些副矿物有关，如岩体内常见的褐帘石、独居石、锆石等；或者是在成岩过程中有富 HREE 的相存在于部分熔融的残留相或分离结晶作用中的结晶相中，如骑田岭花岗岩中普遍存在的副矿物石榴子石。

6.1.2　中性岩

中性岩浆岩稀土元素特征值的代表性岩体，选择内蒙古苏尼特右旗本巴图组以玄武安山岩、安山岩、英安岩为主的火山岩，内蒙古额仁陶勒盖银矿塔木兰沟组安山质火山岩（岩浆来源深度大于 50km），中亚造山带新疆东天山北缘卡拉塔格地区以英安岩为主的中酸性火山岩，新疆西准噶尔玛依勒山地区以辉长闪长岩、石英闪长岩、花岗闪长岩为主的阔依塔斯杂岩体，内蒙古阿拉善左旗巴彦诺日公苏木石英闪长岩体，青藏高原北缘的阿尔金山喀腊大湾地区北部的变形闪长岩。

1. 安山岩

苏尼特右旗本巴图组火山岩位于二连—贺根山断裂以南，西拉木伦断裂以北地区。本巴图组火山岩主要由玄武安山岩、安山岩、英安岩组成，敦图一带主要由玄武岩、安山岩和少量英安岩组成。本巴图组火山岩稀土含量见表 6-8（潘世语等，2012）。

表 6-8　本巴图组火山岩稀土元素含量平均值（×10⁻⁶）

元素/组分	玄武安山岩	英安岩	元素/组分	玄武安山岩	英安岩
La	8.65	12.10	Ho	2.04	2.32
Ce	24.43	33.09	Er	5.80	6.74
Pr	4.19	5.23	Tm	0.85	1.02
Nd	21.85	25.70	Yb	5.86	7.04
Sm	6.91	7.61	Lu	0.83	1.05
Eu	2.08	1.95	ΣREE	103.18	125.39
Gd	8.35	9.06	LREE	68.11	85.68
Tb	1.53	1.68	HREE	35.06	39.71
Dy	9.81	10.81	LREE/HREE	1.94	2.16

内蒙古额仁陶勒盖银矿带的塔木兰沟组安山质火山岩岩石中稀土元素含量特征见表 6-9（许立权等，2014）。

从表 6-9 可知，安山岩中稀土分馏强烈，Eu 负异常不明显，与中国东部燕山期火成岩岩石地球化学特征基本一致。

表 6-9　塔木兰沟组火山岩、石英斑岩岩石稀土元素含量及参数平均值（×10^{-6}）

元素/组分	安山岩	含银脉灰白色火山岩	石英斑岩	元素/组分	安山岩	含银脉灰白色火山岩	石英斑岩
La	40.13	46.40	15.58	ΣREE	192.32	224.67	79.32
Ce	82.32	97.10	34.14	LREE	181.24	211.20	71.63
Pr	10.82	12.50	4.08	HREE	11.08	13.47	7.69
Nd	39.75	45.20	14.62	LREE/HREE	16.36	15.68	9.31
Sm	6.56	7.91	2.79	$(La/Yb)_N$	23.2	24.40	8.06
Eu	1.68	2.09	0.42	$(La/Sm)_N$	3.79	3.62	3.45
Gd	4.22	5.36	2.13	$(Gd/Yb)_N$	2.90	3.37	1.31
Tb	0.63	0.77	0.37	δEu	0.92	0.93	0.51
Dy	2.91	3.56	1.92	Y	13.15	15.7	10.65
Ho	0.49	0.59	0.37	ΣREE+Y	205.47	240.37	89.97
Er	1.30	1.51	1.18	ΣCe	181.24	211.2	71.63
Tm	0.19	0.21	0.23	ΣY	24.23	29.17	18.34
Yb	1.17	1.27	1.29	ΣCe/ΣY	7.48	7.24	3.91
Lu	0.18	0.20	0.20				

中国境内的中亚造山带即天山造山带以乌鲁木齐—库尔勒一线为界分为东天山和西天山。卡拉塔格位于东天山北缘的哈尔里克—大南湖岛弧带上，该岛弧带主要包括奥陶纪、泥盆纪—石炭纪的火山岩、志留纪—二叠纪的侵入岩、火山碎屑岩和由浊积岩、玄武岩、硅质岩以及超基性岩组成的增生复合体。卡拉塔格地区的中酸性火山岩稀土元素含量见表 6-10（李玮等，2016）。

表 6-10　卡拉塔格地区安山岩和英安岩稀土元素含量平均值（×10^{-6}）

元素/组分	La	Ce	Pr	Nd	Sm	Eu	Gd	Tb	Dy
安山岩	9.71	20.44	2.57	11.19	2.56	0.67	2.66	0.41	2.61
英安岩	11.91	25.44	3.20	13.71	3.11	0.80	3.21	0.50	3.14

元素/组分	Ho	Er	Tm	Yb	Lu	ΣREE	LREE	HREE	L/H
安山岩	0.56	1.72	0.27	1.789	0.28	57.44	47.14	10.3	4.58
英安岩	0.67	2.07	0.33	2.18	0.35	70.63	58.17	12.45	4.67

从表 6-10 可知，安山岩和英安岩轻重稀土分异明显，具有中等程度 Eu 负异常。当地火山岩形成于洋内岛弧环境，表明古亚洲洋板块在早古生代已经存在向北俯冲消减作用。

2. 闪长岩

新疆北部包括天山—准噶尔—阿尔泰地区，属于中亚造山带的一部分，本区以其完整的碰撞造山旋回（从主碰撞、后碰撞到板内环境）、强烈的后碰撞构造-岩浆活动以及后期保存条件良好。阔依塔斯杂岩体是准噶尔盆地西缘玛依勒山地区重要的中酸性侵入岩体，主要有深灰色辉长闪长岩、灰色石英闪长岩、灰色花岗闪长岩。西准噶尔阔依塔斯杂岩体稀土元素含量特征见表 6-11（靳松等，2016）。

表 6-11　西准噶尔阔依塔斯杂岩体稀土元素含量及参数表（×10⁻⁶）

元素/组分	辉长闪长岩平均值	石英闪长岩	花岗闪长岩	元素/组分	辉长闪长岩平均值	石英闪长岩	花岗闪长岩
Sc	23.20	4.36	4.26	ΣREE	83.43	131.95	136.77
La	9.13	22.09	25.87	LREE	73.17	114.56	120.71
Ce	19.90	47.43	51.06	HREE	10.26	17.39	16.06
Pr	2.90	7.16	7.08	LREE/HREE	7.13	6.59	7.52
Nd	13.87	27.34	25.77	δEu	1.07	0.76	0.72
Sm	3.10	4.98	5.49	$(La/Yb)_N$	4.61	5.22	6.49
Eu	1.07	1.20	1.18	$(La/Sm)_N$	1.91	2.86	3.04
Gd	2.94	4.55	4.29	$(Gd/Yb)_N$	1.72	1.24	1.24
Tb	0.50	0.78	0.73	Y	14.27	24.40	22.54
Dy	2.89	4.66	4.22	$\Sigma REE+Y$	97.70	156.35	159.31
Ho	0.55	0.90	0.81	ΣCe	73.17	114.56	120.71
Er	1.51	2.57	2.33	ΣY	24.53	41.79	38.60
Tm	0.23	0.46	0.42	$\Sigma Ce/\Sigma Y$	2.98	2.74	3.13
Yb	1.42	3.04	2.86				
Lu	0.22	0.43	0.40				

巴丹吉林断裂带以南的石英闪长岩体，位于阿拉善左旗巴彦诺日公苏木以南约 12 km 处。石英闪长岩稀土元素含量特征见表 6-12（徐琳和谢启兴，2015）。

表 6-12　巴彦诺日公石英闪长岩稀土元素含量均值参数（×10⁻⁶）

元素/组分	La	Ce	Pr	Nd	Sm	Eu	Gd	Tb	Dy
均值	33.13	76.74	10.09	40.41	7.88	1.92	6.70	1.03	5.64
元素/组分	Ho	Er	Tm	Yb	Lu	ΣREE	LREE	HREE	L/H
均值	1.10	3.03	0.45	2.92	0.42	191.43	170.16	21.27	8.00
元素/组分	δEu	$(La/Yb)_N$	Y	ΣREE	ΣCe	ΣY	$\Sigma Ce/\Sigma Y$		
均值	0.77	7.83	28.07	219.50	170.16	49.34	3.45		

阿拉善左旗巴彦诺日公苏木石英闪长岩$(La/Yb)_N$=4.89~12.33，反映轻重稀土元素间分馏明显，属轻稀土富集型；Eu=0.67~0.89，具弱的铕负异常。晚石炭世石英闪长岩属华北板块北缘西段陆缘岩浆弧花岗岩，为板块碰撞前俯冲构造环境。

阿尔金山是青藏高原北缘的重要组成部分，其东侧与北祁连相连，向西插入西昆仑，南北分别以柴达木盆地和塔里木盆地为界。阿尔金北缘脆-韧性剪切带在北阿尔金中东段的喀腊大湾地区出露一套卷入脆-韧性剪切带内的变形闪长岩。变形闪长岩稀土元素含量及参数见表 6-13（吴玉等，2016）。

变形闪长岩类属准铝质钙碱性 I 型花岗岩，富集 LREE 元素等，其岩浆应来源于俯冲板片流体交代地幔楔诱发的部分熔融，在岩浆上升过程中混染了上地壳物质或在俯冲过程混入了俯冲沉积物，形成于与洋壳俯冲有关的活动大陆边缘岛弧环境。

表 6-13　变形闪长岩稀土元素含量及参数（×10^{-6}）

元素/组分	平均值	元素/组分	平均值
La	28.18	ΣREE	139.55
Ce	55.46	LREE	124.05
Pr	6.75	HREE	15.50
Nd	26.89	LREE/HREE	8.00
Sm	5.45	(La/Yb)$_N$	8.85
Eu	1.32	(La/Sm)$_N$	3.21
Gd	4.74	(Gd/Yb)$_N$	1.77
Tb	0.65	δEu	0.78
Dy	4.07	Sc	26.82
Ho	0.81	Y	20.88
Er	2.39	ΣREE+YSc	187.25
Tm	0.31	ΣCe	124.05
Yb	2.18	ΣYSc	63.20
Lu	0.35	ΣCe/ΣYSc	1.96

6.1.3　基性岩

　　基性岩浆岩稀土元素特征值的代表性岩体，选择内蒙古达茂旗满都拉地区辉长岩和辉绿岩，达茂旗查干诺尔苏木境内辉长岩（包括超基性深成岩橄榄岩），西藏雅鲁藏布缝合带日喀则夏鲁蛇绿岩带中的辉绿岩和印度洋中脊黑烟囱。

　　满都拉地区位于达尔罕茂明安联合旗北部，构造部位处于西伯利亚板块和华北板块汇聚地带，是研究古亚洲洋俯冲、碰撞造山的重要地区。出露的二叠纪基性岩系位于满都拉南约 15 km 的胡吉尔特——查干哈达庙一带。岩性以深灰或灰绿色玄武岩为主，岩石组合特征是：下部主要为灰-灰绿-灰黑色块状玄武岩；中部为深灰绿色、灰紫色枕状、气孔杏仁状细碧岩；上部深灰绿、灰黑色气孔杏仁状、块状玄武岩。岩性纵、横向变化较大，厚度大于 2130 m。满都拉基性岩地球化学分析结果见表 6-14（晨辰等，2012）。

表 6-14　满都拉基性岩稀土含量平均值及参数（μg/g）

元素/组分	辉长岩	辉绿岩	基性岩平均值	元素/组分	辉长岩	辉绿岩	基性岩平均值
La	2.39	2.16	2.28	Tm	0.33	0.34	0.34
Ce	5.80	5.10	5.45	Yb	2.16	2.24	2.20
Pr	1.04	0.92	0.98	Lu	0.32	0.33	0.33
Nd	5.82	5.09	5.46	ΣREE	30.23	27.80	29.02
Sm	2.02	1.80	1.91	LREE	18.08	15.80	16.94
Eu	1.01	0.74	0.88	HREE	12.15	12.00	12.08
Gd	2.54	2.33	2.44	L/H	1.49	1.32	1.41
Tb	0.52	0.48	0.50	(La/Yb)$_N$	0.82	0.69	0.76
Dy	3.40	3.31	3.36	δCe	0.90	0.89	0.90
Ho	0.74	0.73	0.74	δEu	1.40	1.11	1.26
Er	2.14	2.25	2.20				

内蒙古达尔罕茂明安联合旗查干诺尔苏木境内西伯地区，其岩石组合蛇绿混杂岩主要包括变质橄榄岩、橄榄辉长岩等。超基性岩、细粒辉长岩不同岩石类型的稀土元素含量及参数见表 6-15（魏小刚等，2014）。

表 6-15　蛇绿岩组合稀土元素含量平均值与参数（×10⁻⁶）

元素/组分	辉长岩	橄榄岩	元素/组分	辉长岩	橄榄岩
La	5.56	0.94	ΣREE	48.18	9.11
Ce	14.64	1.87	LREE	32.63	3.64
Pr	1.66	0.15	HREE	13.55	0.47
Nd	7.46	0.54	LREE/HREE	2.41	7.82
Sm	2.35	0.10	$(La/Sm)_N$	1.74	6.51
Eu	0.97	0.04	$(Gd/Yb)_N$	0.76	0.96
Gd	2.94	0.11	$(La/Yb)_N$	1.57	10.19
Tb	0.55	0.02	δEu	1.67	1.50
Dy	3.97	0.12	Y	28.56	1.36
Ho	0.81	0.03	ΣREE+Y	76.74	10.47
Er	2.32	0.08	ΣCe	32.63	3.65
Tm	0.34	0.02	ΣY	42.11	1.82
Yb	2.26	0.09	ΣCe/ΣY	0.77	2.31
Lu	0.35	0.02			

1. 峨眉山玄武岩

以四川省峨眉山命名的峨眉山玄武岩（刘仲兰等，2015），时代属中二叠世晚期至晚二叠世早期（257~259 Ma），分布于中国西南各地，如川西、滇、黔西及昌都地区等。分布于扬子克拉通西缘，西界为哀牢山—红河断裂，西北则以龙门山—小菁河断裂为界。主要为陆相裂隙式或裂隙-中心式溢出的基性岩流。以玄武岩为主，局部地区有粗面岩、安山岩、流纹岩及松脂岩等。常具似斑玄武岩结构、气孔及杏仁状结构。在云南、四川会理及金沙江流域，厚达 1000~2000 m。与下伏茅口组呈假整合或不整合接触，与上覆宣威组呈整合或假整合接触。在昆阳石龙坝附近玄武岩组底部发现有孔虫、腕足类及珊瑚等海相化石。在贵州威宁玄武岩下部夹凸镜状灰岩层。峨眉山大火成岩省主要由高钛（高磷钛）、低钛（低磷钛）玄武岩和苦橄岩组成，被认为是地幔柱活动的结果。峨眉山玄武岩稀土元素含量及其参数见表 6-16（毛德明等，1992）。

表 6-16　峨眉山玄武岩稀土元素含量及其参数（×10⁻⁶）

元素/组分	La	Ce	Pr	Nd	Sm	Eu	Gd	Tb
含量	45.55	108.05	15.93	65.08	13.93	4.63	11.08	1.47

元素/组分	Dy	Ho	Er	Tm	Yb	Lu	ΣREE	LREE
数值	7.26	1.46	3.46	0.51	2.37	0.37	281.15	253.17

元素/组分	HREE	L/H	$(La/Sm)_N$	$(Gd/Yb)_N$	$(La/Yb)_N$	δCe	δEu	
数值	27.98	9.05	2.04	2.87	11.41	0.84	1.20	

云南中部昆明—武定一带出露 40 余个高钛基性岩体，钛铁矿就产于强风化的高钛基性岩中。高钛辉绿岩与峨眉山高钛玄武岩稀土配分曲线及微量元素配分曲线形态也基本一致，说明它们是同源岩浆演化的产物，与峨眉山地幔柱活动有关的高钛辉绿岩体是峨眉山大火成岩省的重要组成部分。高钛辉绿岩与高钛玄武岩稀土元素含量对比见表 6-17（焦骞骞等，2015）。

表 6-17 高钛辉绿岩和高钛玄武岩稀土元素含量及参数平均值（$\times 10^{-6}$）

元素/组分	高钛辉绿岩	高钛玄武岩	元素/组分	高钛辉绿岩	高钛玄武岩
La	33.53	42.43	Tm	0.54	0.54
Ce	64.03	93.35	Yb	3.13	3.21
Pr	10.16	12.29	Lu	0.43	0.49
Nd	42.70	50.68	ΣREE	189.48	240.83
Sm	9.02	10.50	LREE	162.12	212.40
Eu	2.70	3.14	HREE	27.36	28.43
Gd	7.95	9.31	LRE/HRE	5.94	7.52
Tb	1.45	1.47	$(La/Yb)_N$	7.69	9.68
Dy	8.97	7.95	δEu	0.95	0.96
Ho	1.33	1.50	δCe	0.85	0.99
Er	3.56	3.96			

2. 雅鲁藏布缝合带蛇绿岩中的辉绿岩

雅鲁藏布缝合带是欧亚板块与印度板块的分界线。伴随着可能开始于早白垩世时期特提斯洋的北向俯冲和随后两个大陆的碰撞，形成了东西展布超过 1500 km 的雅鲁藏布缝合带。雅鲁藏布缝合带北侧出露冈底斯中新生代的中-酸性侵入岩和日喀则群（K_2）弧前盆地沉及错江顶群（E_{1-2}）残余弧前盆地滨海相磨拉石，秋乌组（E2）残余弧前盆地相磨拉石、冈底斯组（E_3-N_1）冈底斯相磨拉石；南侧为蛇绿岩、蛇绿混杂岩及嘎学群（J_3-K_1）海相复理石、硅质岩及基性熔岩所组成的构造单元。其中灰绿色、灰色和紫红色的枕状、块状、气孔和杏仁状玄武质熔岩和中细粒辉绿岩稀土元素含量见表 6-18（李文霞等，2012）。

表 6-18 日喀则夏鲁蛇绿岩中基性岩石的稀土元素平均含量及参数值（$\times 10^{-6}$）

元素/组分	La	Ce	Pr	Nd	Sm	Eu	Gd	Tb	Dy	Ho	Er	Tm
含量	2.21	7.4	1.3	7.2	2.46	0.85	3.14	0.6	3.98	0.84	2.47	0.37

元素/组分	Yb	Lu	ΣREE	LREE	HREE	L/H	Y	ΣREE+Y	ΣCe	ΣY	ΣCe/ΣY
数值	2.28	0.35	35.45	21.42	14.03	1.53	24	59.45	21.42	38.03	0.56

3. 海底热液

海底热液与火山活动（主要表现为岩浆喷溢）都是在地球表面构造-热流活动过程中，能够观察并获取样品进行科学研究的构造-热流活动系统，在地球科学方面迅速发展为尖端研究方向。海底热液系统中稀土元素地球化学反映了热液流体循环过程和热液产物特征。

　　西南印度洋中脊黑烟囱（硫化物、白烟囱、硫化物碎屑、氧化物和玄武岩）REE 模式呈 LREE 富集和重稀土（HREE）亏损特征，具有弱负 Eu 异常，而白烟囱（主要矿物组成碳酸钙）REE 模式也呈 LREE 富集和负 Eu 异常特征，Eu 异常不明显或负 Eu 异常特征可能与化物（或 REE）沉淀机制和热液流体温度有关。中国自 2005 年首次全球大洋科学考察航次以来，在西南印度洋中脊开展了大量调查，发现了多处热液异常区、活动热液喷口以及不活动热液区。李小虎等（2014）分析中国大洋科考 20 航次西南印度洋中脊热液区（25°S，9°E 至 39°S，64°E）所采取的 6 件硫化物和氧化物样品，样品描述如表 6-19 所示。

表 6-19　西南印度洋中脊研究区样品描述

样品编号	主要矿物相	采样站位	样品描述
S10-G8	黄铁矿、白铁矿	37.6574°S，50.4669°E	灰黑色至浅黄色硫化物碎屑
S25-G21	黄铁矿、白铁矿、水铁钒	27.9506°S，63.5414°E	灰黑色块状硫化物，表面见少量白色晶体
S32-G14a	黄铁矿、黄铜矿	37.6579°S，50.4663°E	表面红色 Fe 氧化物，黑色夹层可见黄铁矿
S32-G14b	方石英	37.6579°S，50.4663°E	氧化物，表面见红褐色软泥
S32-G14c	菱锌矿、菱铁矿	37.6579°S，50.4663°E	橘黄色板状物
S22-G18	赤铁矿、方石英	27.8515°S，63.9232°E	黑色壳状物质，中间可见石英颗粒

　　根据主要矿物相组成将样品分为 3 种类型，包括硫化物碎屑（样品编号 S10-G8、S25-G21）、硫化物氧化产物（样品编号 S32-G14a，14b，14c）和表层结壳（样品编号 S22-G18），是现代海底除黑烟囱和白烟囱以外的主要热液活动产物。样品中稀土元素分析成果见表 6-20（李小虎等，2014）。

表 6-20　西南印度洋中脊热液产物稀土元素含量组成（$\times 10^{-6}$）

元素/组分	S10-G8	S25-G21	S32-G14a	S32-G14b	S32-G14c	S22-G18	平均值
La	0.10	0.09	2.83	2.31	6.61	5.19	2.86
Ce	0.09	0.09	3.92	3.99	6.55	11.40	4.34
Pr	0.02	0.01	0.64	0.77	1.06	1.89	0.73
Nd	0.11	0.07	3.18	4.19	4.94	9.80	3.71
Sm	0.03	0.02	0.84	1.04	0.94	2.81	0.95
Eu	0.03	0.02	0.39	0.40	0.28	1.20	0.39
Gd	0.02	0.01	1.06	1.12	1.02	3.16	1.06
Tb	0.00	0.00	0.21	0.24	0.19	0.72	0.23
Dy	0.01	0.01	1.27	1.50	1.26	4.39	1.41
Ho	0.00	0.00	0.27	0.31	0.27	0.89	0.29
Er	0.02	0.01	0.84	1.08	0.79	2.73	0.91
Tm	0.00	NA	0.15	0.17	0.12	0.43	0.14
Yb	0.01	0.02	0.93	1.14	0.76	2.92	0.96

续表

元素/组分	S10-G8	S25-G21	S32-G14a	S32-G14b	S32-G14c	S22-G18	平均值
Lu	0.00	0.00	0.15	0.18	0.12	0.42	0.15
ΣREE	0.44	0.35	16.68	18.44	24.91	47.95	18.13
LREE	0.38	0.30	11.80	12.70	20.38	32.29	12.97
HREE	0.06	0.05	4.87	5.74	4.53	15.66	5.15
LREE/HREE	6.16	5.80	2.42	2.21	4.50	2.06	2.52
δEu	3.88	3.33	1.25	1.11	0.86	1.23	1.94
δCe	0.40	0.47	0.63	0.69	0.48	0.86	0.59
$(Nd/Yb)_N$	3.93	1.72	1.24	1.34	2.38	1.22	1.97

"NA"表示未检出,"N"表示球粒陨石标准化。

　　西南印度洋中脊热液产物稀土元素球粒陨石标准化模式呈现两种类型:①轻微富集 LREE 的相对平坦模式,ΣREE 大于 2×10^{-5}(图 6-2);②显著富集 LREE 并具有正 Eu 异常模式,ΣREE 小于 5×10^{-7}(图 6-2)。样品 S10-G8 和 S25-G21 具有类似的稀土元素模式,LREE 稀土富集和正 Eu 异常特征与西南印度洋中脊硫化物烟囱体 REE 元素研究结果类似,也与大西洋中脊 TAG 区和东太平洋海隆 13°N 热液喷口流体 REE 模式类似。S32-G14a、S32-G14b 和 S32-G14c 样品来自同一站位热液产物,稀土元素模式呈现一致趋势,表明具有相同的 REE 源区。

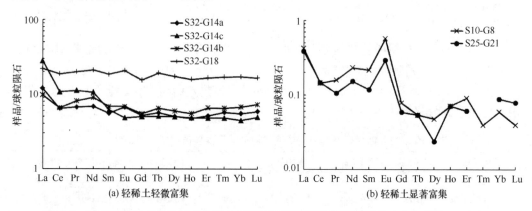

图 6-2　西南印度洋中脊热液产物稀土元素球粒陨石标准化配分模式(李小虎等,2014)

6.1.4　超基性岩

　　超基性岩浆岩稀土元素特征值的代表性岩体,选择内蒙古锡林浩特市朝克乌拉贺根山苏木蛇绿岩,西藏雅鲁藏布江缝合带日喀则夏鲁、泽当蛇绿岩,内蒙古温根南基性-超基性岩岩体群。

　　蛇绿岩是时间和空间上紧密相关的一套超镁铁-长英质的岩石组合,这套岩石组合在特定构造环境下,往往经历了多次部分熔融、岩浆分异等作用。蛇绿岩代表着上地幔和洋壳的残余,在板块汇聚过程中拼接到大陆边缘之上。

　　贺根山蛇绿岩位于内蒙古锡林浩特市朝克乌拉苏木,区域构造上位于最北部的二连浩特—贺根山蛇绿岩带中段。蛇绿岩主要为超镁铁质岩，岩石类型主要为全蛇纹石化辉石橄榄岩、纯橄榄岩，辉石橄榄岩；其次为辉长质岩石，出露于岩块的东侧，岩性为辉长岩及少量辉绿岩；镁铁质火山杂岩有片理化玄武岩、蚀变安山岩等。贺根山蛇绿岩稀土元素化学成分及主要参数见表 6-21（贺宏云等，2011）。

表 6-21　贺根山蛇绿岩稀土元素含量平均值及相关参数值（×10⁻⁶）

元素/组分	橄榄岩	辉长岩	玄武岩	闪长岩
La	0.44	0.44	3.28	18.90
Ce	0.92	1.10	9.03	38.20
Pr	0.13	2.20	0.77	4.69
Nd	0.20	1.20	8.07	18.00
Sm	0.12	4.20	1.53	3.26
Eu	0.03	0.30	1.10	0.79
Gd	0.10	0.70	3.33	2.98
Tb	0.02	1.15	0.47	0.65
Dy	0.13	1.20	5.40	2.45
Ho	0.03	0.25	1.14	0.44
Er	0.08	0.73	3.40	1.28
Tm	0.02	0.78	0.34	0.19
Yb	0.11	4.95	2.26	1.18
Lu	0.02	0.10	0.51	0.17
ΣREE	2.33	19.30	40.64	93.16
LREE	1.83	9.44	23.78	83.84
HREE	0.50	9.86	0.51	9.32
LREE/HREE	3.68	0.96	46.93	9.00
(La/Yb)N	3.07	0.06	1.85	9.90
(Ce/Yb)N	2.62	0.06	2.02	7.35
δEu	0.73	0.34	1.44	0.81
Y	2.72	46.30	19.17	11.70
ΣREE+Y	5.05	65.60	59.80	104.86
ΣCe	1.83	9.44	23.78	83.84
ΣY	3.22	56.16	36.02	21.02
ΣCe/ΣY	0.57	0.17	0.66	3.99

橄榄岩类 ΣREE 为 2.33×10⁻⁶，LREE/HREE 为 3.68，表明岩石稀土总量低，轻稀土略富集，轻、重稀土分馏程度较差。δEu 平均为 0.73，负 Eu 异常总体明显。指示轻稀土相对富集，重稀土略具亏损特点，与洋内强烈亏损的地幔岩石相似。辉长岩 ΣREE 为 19.30×10⁻⁶，LREE/HREE 为 0.96，为轻稀土亏损型，δEu 为 0.34，负 Eu 异常明显，表明轻、重稀土分馏程度较差，具有洋内拉斑玄武岩特征。玄武岩 ΣREE 为 40.64×10⁻⁶，LREE/HREE 为 0.51，表明轻、重稀土分馏程度差。δEu 值为 1.44，无负 Eu 异常。稀土(La/Yb)ₙ 平均值为 1.85，与标准洋中脊玄武岩（N-MORB）相当。闪长岩包括石英闪

长岩和英云闪长岩，ΣREE 93.16×10^{-6}，LREE/HREE 为 9.00，$(La/Yb)_N$ 为 9.90，δEu 为 0.81。为轻稀土富集型，负 Eu 异常不太明显，故贺根山蛇绿岩形成于大洋中脊环境。

　　形成于晚侏罗世—白垩纪的雅鲁藏布江缝合带位于青藏高原南部，缝合带东段的泽当地幔橄榄岩是泽当蛇绿岩的主体部分，与罗布莎超镁铁质岩同为雅鲁藏布江东段出露面积最大的地幔橄榄岩体。泽当蛇绿岩地处西藏山南地区乃东县城泽当镇以西 20 km，呈西北—东南方向延伸约 20 km，最宽处可达 4 km，总出露面积 45 km^2 左右。蛇绿岩主体以方辉橄榄岩为主。泽当蛇绿岩体主要由地幔橄榄岩、辉长辉绿岩和基性火山岩等组成。岩石稀土含量特征见表 6-22（来盛民等，2015）。

表 6-22　西藏泽当蛇绿岩地幔橄榄岩稀土元素含量及参数均值（$\times 10^{-6}$）

元素/组分	纯橄岩均值	方辉橄榄岩	二辉橄榄岩	总体平均值
La	0.01	0.02	0.02	0.02
Ce	0.05	0.06	0.06	0.06
Pr	0.00	0.00	0.00	0.00
Nd	0.01	0.02	0.02	0.02
Sm	0.00	0.01	0.01	0.01
Eu	0.00	0.00	0.01	0.00
Gd	0.00	0.02	0.03	0.02
Tb	0.00	0.00	0.01	0.00
Dy	0.00	0.02	0.09	0.04
Ho	0.00	0.01	0.02	0.01
Er	0.00	0.03	0.08	0.04
Tm	0.00	0.01	0.01	0.01
Yb	0.01	0.06	0.11	0.06
Lu	0.00	0.01	0.02	0.01
ΣREE	0.10	0.28	0.48	0.29
LREE	0.08	0.11	0.11	0.10
HREE	0.10	0.16	0.37	0.21
LREE/HREE	0.80	0.69	0.30	0.60
$(La/Yb)_N$	1.45	0.41	0.16	0.67
$(La/Sm)_N$	5.35	2.59	1.35	3.10
δEu	1.36	0.62	0.25	0.74
Y	0.05	0.40	0.70	0.38
$\Sigma REE+Y$	0.14	0.67	1.17	0.66
ΣCe	0.08	0.11	0.11	0.10
ΣY	0.07	0.56	1.07	0.57
$\Sigma Ce/\Sigma Y$	1.14	0.20	0.10	0.48

内蒙古温根南基性-超基性岩岩体群平面上近 NNE 向延伸，呈近椭圆形，面积 3.92 km^2。岩体主要由由辉长岩-橄长岩-纯橄岩-角闪岩等组成，显示了复式岩体特征。以粗粒辉长岩面积较大，韵律层不明显。岩石稀土元素含量特征见表 6-23（侯建光等，2014）。

表 6-23　温根南岩体稀土元素含量及参数（×10^{-6}）

元素/组分	辉长岩 深度 1~41 m 平均 27.00 m	橄榄辉长岩 深度 70~125 m 平均 92.40 m	橄长岩 深度 127~157 m 平均 145.25 m	橄榄辉石岩 深度 162~163 m 平均 162.50 m	纯橄岩 深度 176~270 m 平均 227.60 m	岩体均值
La	4.20	0.72	0.53	0.55	0.14	1.23
Ce	11.94	1.57	1.56	1.28	0.72	3.42
Pr	1.75	0.25	0.24	0.23	0.12	0.52
Nd	8.15	1.26	1.20	1.25	0.56	2.48
Sm	1.92	0.37	0.33	0.43	0.16	0.64
Eu	1.02	0.25	0.15	0.14	0.05	0.32
Gd	1.94	0.40	0.36	0.48	0.17	0.67
Tb	0.28	0.07	0.06	0.08	0.02	0.10
Dy	1.42	0.42	0.38	0.49	0.14	0.57
Ho	0.27	0.08	0.07	0.09	0.03	0.11
Er	0.71	0.23	0.21	0.25	0.07	0.29
Tm	0.10	0.06	0.05	0.11	0.04	0.07
Yb	0.52	0.18	0.16	0.20	0.05	0.22
Lu	0.08	0.03	0.03	0.04	0.02	0.04
ΣREE	34.28	5.90	5.32	5.59	2.29	10.68
LREE	28.98	4.42	4.01	3.87	1.77	8.61
HREE	5.31	1.47	1.32	1.72	0.52	2.07
LREE/HREE	5.46	3.00	3.05	2.25	3.37	3.43
Sc	26.68	22.12	20.83	29.20	9.72	21.71
Y	6.45	1.88	1.65	2.30	0.66	2.59
ΣREE+YSc	67.41	29.90	27.80	37.09	12.67	34.97
ΣCe	28.98	4.42	4.01	3.87	1.77	8.61
ΣYSc	38.43	25.47	23.79	33.22	10.90	26.36
ΣCe/ΣYSc	0.75	0.17	0.17	0.12	0.16	0.27

6.2　沉积岩石稀土含量

沉积岩记录了地球大气圈、水圈和生物圈与岩石圈相互作用、相互影响地球表层环境系统的变化规律。沉积岩稀土元素含量特征实例主要选择了中国西北地区石炭系，内蒙古的狼山—渣尔泰山造山带喷流-沉积型矿床、大青山煤田、鄂尔多斯盆地原油，中国华北北部煤田典型沉积岩，辽河盆地泥岩和泥页岩，山东青岛田横岛黄河入海沉积物，青藏高原及周边亚洲粉尘源区，南方（贵州）下寒武统的黑色页岩，江西震旦系浅海相陆源沉积岩砂板岩，藏南白垩系缺氧与富氧沉积，以及大洋洋底锰结核及富钴结壳等稀土元素含量特征。

6.2.1 西北地区石炭系岩石

本节的西北地区是东起内蒙古呼鲁斯太（鄂尔多斯西缘），西北至新疆准噶尔盆地西北缘，区内石炭系发育完整。祁连和德尔哈地区石炭系为一套海陆交互相含煤地层；柳园地区石炭系下部为一套碎屑岩与碳酸盐岩互层的混合沉积，上部为大套较深海相碎屑重力流沉积；新疆准噶尔盆地石炭纪发育了陆相、滨浅海至半深海和深海环境的碎屑岩和碳酸盐岩沉积，火山岩及火山碎屑岩发育。新疆北部和祁连地区石炭系稀土元素含量见表 6-24（朱如凯等，2002）。

表 6-24 西北地区石炭系岩石的稀土元素地球化学分析数据（×10⁻⁶）

元素/组分	参照对比数据				元素/组分	西北地区石炭系岩石研究数据		
	酸性岩	基性岩	北美页岩	黏土+页岩		泥岩	泥灰岩	凝灰质泥岩
La	60.00	27.00	32.00	40.00	La	56.10	294.45	7.22
Ce	100.00	415.00	73.00	50.00	Ce	75.36	658.11	19.40
Pr	12.00	4.00	7.90	5.00	Pr	14.03	738.37	3.41
Nd	46.00	20.00	33.00	23.00	Nd	44.37	324.37	14.50
Sm	9.00	5.00	5.70	6.50	Sm	9.76	734.45	5.17
Eu	1.50	1.00	1.24	1.00	Eu	1.88	17.64	1.50
Gd	9.00	5.00	5.20	6.50	Gd	118.75	593.27	5.11
Tb	2.50	0.80	0.85	0.90	Tb	1.42	0.42	0.88
Dy	0.00	0.00	5.80	0.00	Dy	7.46	2.22	5.36
Ho	2.00	1.00	1.04	1.00	Ho	1.59	0.40	1.34
Er	4.00	2.00	3.40	2.50	Er	4.70	1.43	3.87
Tm	0.30	0.20	0.50	0.25	Tm	0.58	0.23	0.44
Yb	4.00	2.00	3.10	3.00	Yb	4.59	1.19	2.72
Lu	1.00	0.60	0.48	0.70	Lu	0.63	0.19	0.51
REE	251.30	483.60	173.21	140.35	REE	228.99	54.77	61.37
LREE	228.50	472.00	152.84	125.50	LREE	199.60	46.22	51.14
HREE	22.80	11.60	20.37	14.85	HREE	25.96	11.61	10.20
L/H	10.02	40.69	7.50	8.45	L/H	7.97	5.65	2.53
					La/Yb	10.91	6.02	1.79
					La/Sm	3.66	1.89	0.88
					La/Lu	9.95	6.32	1.47
注：La/Yb、La/Sm、La/Lu、Tb/Yb、Ce/Yb、Gd/Yb 均为球粒陨石标准化比值；δEu、δCe；L/H 为轻、重稀土元素含量的比值					Tb/Yb	1.47	1.89	1.43
					Ce/Yb	5.79	4.70	1.84
					Gd/Yb	1.78	1.80	1.52
					δEu	0.65	0.59	0.90
					δCe	0.79	0.89	0.94

从表 6-24 可知：①西北地区各稀土元素含量及比值在研究区各剖面及不同层位的变化相当复杂，但局部有一定规律，这种变化与其物源供应和环境地球化学有关；②根据稀土元素 δCe 的变化，反映当时新疆北部地区水介质环境大部分为缺氧还原条件，祁连地区为海陆过渡环境，部分为氧化条件，部分为缺氧还原条件，与其研究结果是一致的；③根据稀土元素组合及其比值的变化等，显示其物源大体上为花岗岩和玄武岩与沉积岩的混合成因。

6.2.2 内蒙古狼山—渣尔泰山造山带

炭窑口多金属硫化物矿床位于华北地台北缘西段狼山—渣尔泰山裂陷槽，是内蒙古狼山—渣尔泰山矿集区内最有代表性的矿床之一，其成矿地质背景和矿床地质特征与世界著名的 McArthurRiver、Mount Isa、Sullivan 等典型 SEDEX 型矿床（Sedimentary Exhalative Deposit：喷流-沉积型矿床）有相似性。炭窑口矿区范围内普遍存在变质基性火山岩，火山弧基性火山岩稀土元素含量及特征参数见表 6-25（陈喜峰，2010）。

表 6-25 炭窑口矿区基性火山岩稀土元素含量与参数平均值（$\times 10^{-6}$）

元素/组分	平均值	元素/组分	平均值
La	19.22	Er	1.73
Ce	39.69	Tm	0.25
Pr	4.75	Yb	1.53
Nd	20.85	Lu	0.22
Sm	4.73	ΣREE	103.02
Eu	1.35	LREE/HREE	7.31
Gd	4.19	δEu	0.91
Tb	0.62	(Ce/Yb)N	6.80
Dy	3.26	(La/Lu)N	9.43
Ho	0.65	(La/Yb)N	8.59

内蒙古狼山—渣尔泰山造山带元古宙中有东升庙、炭窑口、甲生盘等大型铅锌矿床，东升庙矿床是最大的锌多金属矿床。赋矿地层是中元古界狼山群，主要含矿岩系是狼山群第 2 岩组 4 个岩性段，自下而上分别为：石英岩岩性段（$Pt_2Ln_2^1$），白云石大理岩岩性段（$Pt_2Ln_2^2$），绢云石墨片岩岩性段（$Pt_2Ln_2^3$），含石墨白云石大理岩岩性段（$Pt_2Ln_2^4$）。主要岩石矿物稀土元素含量见表 6-26（高兆富等，2014）。

表 6-26 稀土元素含量及参数（$\times 10^{-6}$）

元素/组分	富钾板岩	绢云石墨片岩	云母片岩	白云大理岩	菱铁矿矿石	富锌矿石
La	52.70	37.85	54.70	9.33	2.78	8.09
Ce	97.80	71.27	101.00	18.93	5.99	13.40
Pr	11.70	8.10	11.60	2.28	0.77	1.43
Nd	43.60	29.70	42.70	8.57	3.24	5.50
Sm	7.36	5.14	7.73	1.77	0.80	1.14

续表

元素/组分	富钾板岩	绢云石墨片岩	云母片岩	白云大理岩	菱铁矿矿石	富锌矿石
Eu	3.70	1.05	1.74	0.46	0.71	0.34
Gd	5.30	3.95	6.13	1.61	0.89	0.98
Tb	0.68	0.61	0.97	0.27	0.12	0.16
Dy	2.79	3.24	5.06	1.52	0.46	0.74
Ho	0.42	0.61	0.90	0.31	0.09	0.19
Er	0.91	1.67	1.91	0.86	0.27	0.57
Tm	0.13	0.28	0.30	0.15	0.03	0.08
Yb	0.98	1.80	1.67	0.90	0.26	0.60
Lu	0.00	0.00	0.00	0.00	0.00	0.00
ΣREE	228.07	165.27	236.41	46.96	16.41	33.22
LREE	216.86	153.11	219.47	41.34	14.29	29.90
HREE	11.21	12.16	16.94	5.62	2.12	3.32
L/H	19.35	12.59	12.96	7.36	6.74	9.01
Ce/Ce*	0.40	0.52	0.43	0.84	0.73	0.89
Eu/Eu*	2.78	1.12	1.19	1.39	3.93	1.51
La/La*	0.98	0.98	1.00	0.99	0.99	1.31
Gd/Gd*	1.13	1.03	1.01	0.86	1.27	1.03
(La/Sm)$_{PAAS}$	1.04	1.08	1.03	0.86	0.50	1.03
Y/Y*	0.79	1.00	0.87	1.20	1.46	1.26
Y	10.80	17.67	23.30	9.07	3.67	6.05
ΣREE+Y	238.87	182.94	259.71	56.03	20.08	39.27
ΣCe	216.86	153.11	219.47	41.34	14.29	29.90
ΣY	22.01	29.83	40.24	14.69	5.79	9.37
ΣCe/ΣY	9.85	5.13	5.45	2.81	2.47	3.19

δCe 为 Ce 的异常系数，是重要的氧化还原指标。传统的 Ce 异常计算公式为

$$Ce/Ce*=2Ce_{PAAS}/(La_{PAAS}+Pr_{PAAS}) 或 Ce/Ce* =3Ce_{PAAS}/(2La_{PAAS}+Nd_{PAAS})$$

但因为在海水等水成体系中，通常会产生一定的 La 和 Gd 正异常，因此这样计算可能会导致明显的 Ce 异常而影响分析。如果代之以用最邻近的没有异常的其他元素如 La、Ce、Gd 等进行计算，结果更能代表真实情况。对 La、Ce、Gd 等异常采用的计算公式如下：

$$La/La* = La_{PAAS}/(Pr_{PAAS}{}^3/Nd_{PAAS}{}^2)$$
$$Ce/Ce* = Ce_{PAAS}/(Pr_{PAAS}{}^2 + Nd_{PAAS})$$
$$Gd/Gd* = Gd_{PAAS}/(Tb_{PAAS}{}^2+ Sm_{PAAS})^{1/3}$$
$$Y/Y* = Y_{PAAS}/(0.5Dy_{PAAS}+0.5Ho_{PAAS})$$

Eu 异常采用传统的公式计算：

$$Eu/Eu* = 2Eu_{PAAS}/（Sm_{PAAS}+Gd_{PAAS}）。$$

式中：下标 PAAS（Post Archean Australian Shale）为对数据进行标准化。

以绢云石墨片岩为主的黑色岩系稀土元素总量较高，这与沉积物中黏土和有机质等对稀土元素有较强的吸附作用有关。

6.2.3　大青山煤田

大青山阿刀亥煤田位于内蒙古自治区包头市境内。阿刀亥矿煤中稀土元素含量及参数见表 6-27（邹建华等，2012）。

表 6-27　阿刀亥矿煤中的稀土元素测试结果及其相关参数（μg/g）

元素/组分	最小值	最大值	均值	元素/组分	最小值	最大值	均值
La	7.13	107.00	33.20	Lu	0.16	0.85	0.41
Ce	16.00	192.00	66.20	ΣREE	40.21	438.68	156.09
Pr	1.95	21.10	7.42	LREE	34.19	402.46	139.19
Nd	7.31	69.60	26.60	HRE	6.02	36.22	16.90
Sm	1.53	10.30	4.72	L/H	5.68	11.11	8.24
Eu	0.27	2.46	1.05	δCe	0.78	1.02	0.88
Gd	1.61	9.99	4.60	δEu	0.50	1.25	0.76
Tb	0.26	1.82	0.78	$(La/Yb)_N$	2.63	24.88	8.71
Dy	1.54	10.30	4.61	Y	10.50	51.40	24.30
Ho	0.31	1.84	0.86	ΣREE+Y	50.71	490.08	180.39
Er	0.98	5.34	2.62	ΣCe	34.19	402.46	139.19
Tm	0.17	0.88	0.41	ΣY	16.52	87.62	41.20
Yb	0.99	5.20	2.61	ΣCe/ΣY	2.07	4.59	3.38

阿刀亥煤矿稀土元素与灰分关系密切，表明稀土元素可能主要赋存于煤炭黏土矿物中。

6.2.4　鄂尔多斯盆地原油

鄂尔多斯盆地是中国乃至东亚最稳定的构造单元之一，盆地内部被河流切割冲刷出露的近乎水平的、未变质的、未有明显断裂发育的中生界河湖相地层是其最为典型的标志。鄂尔多斯盆地油气中很大部分，特别是石油，虽然是有机成因的，但却不能排除其中还有一部分（特别是天然气）是无机成因的。稀土元素在成岩期和变质作用过程中基本不分异，即使绝对含量有所变化，但配分模式不会改变，仍与源岩相似。因而通过稀土元素的地球化学特征揭示石油的物质来源。具体采样点分别位于西峰、马岭、木钵、安塞、子长等地。鄂尔多斯盆地原油的稀土元素含量及参数特征见表 6-28（潘爱芳和赫英，2008）。

稀土模式等特征表明其物源应当主要来自上地壳。但在盆地内部一些基底与深大断裂发育，构造活动相对强烈的区域，所赋存的油气田中可能有深部物质组分的运移和加入。其中，基底断裂带可能是深部流体活动的主要通道，凡位于这些区域的原油样品中，其微量元素与稀土元素特征显示有深源物质的加入，反之，则主要显示为地球浅部沉积岩特征。这一特征同时表明，断裂构造发育区的深部流体活动与原油的成藏（矿）作用存在密切关系。

表 6-28   鄂尔多斯盆地原油的稀土元素含量（×10⁻⁹）

元素/组分	平均值	元素/组分	平均值
La	2.661	Yb	0.103
Ce	4.284	Lu	0.018
Pr	0.475	ΣREE	10.358
Nd	1.735	LREE	9.538
Sm	0.324	HREE	0.822
Eu	0.059	L/H	11.603
Gd	0.271	$(La/Yb)_N$	19.887
Tb	0.043	$(La/Sm)_N$	5.374
Dy	0.214	$(Gd/Yb)_N$	2.169
Ho	0.040	δCe	0.789
Er	0.118	δEu	0.663
Tm	0.015		

6.2.5   华北北部煤田

华北北部泛指山西太原—河北石家庄一线以北的广大地区，包括宁夏、陕西北部、内蒙古中-东部、山西和河北的中-北部、北京、天津等地区，是我国最主要的煤产地之一。该地区山西组（内蒙古大青山聚煤区为杂怀沟组）是一套以陆源碎屑岩为主的含煤岩系（煤系），一般厚 80~100 m，最厚 150 m。华北地区煤田典型样品稀土元素含量特征见表 6-29（王水利和梁绍暹，2010）。

表 6-29   华北地区煤田典型样品稀土元素含量及参数（×10⁻⁶）

元素/组分	煤田样品平均值	参照对比数据					
		超基性岩	玄武岩	安山凝灰岩	花岗岩	次碱性流纹岩	北美页岩
La	33.62	6.70	15.80	19.00	60.00	97.00	32.00
Ce	67.37	12.70	31.90	37.00	100.00	180.00	73.00
Pr	9.99	1.10	4.80	11.00	12.00	28.50	7.90
Nd	30.57	4.00	19.70	24.00	46.00	1.65	33.00
Sm	6.18	0.90	4.20	5.20	9.00	9.88	5.70
Eu	1.12	0.30	1.40	1.40	1.50	0.35	1.24
Gd	4.94	0.90	5.20	3.00	9.00	5.23	5.20
Tb	0.78	0.20	0.80	0.45	1.30	0.84	0.85
Dy	4.53	1.10	4.70	2.50	6.70	5.10	5.80
Ho	0.95	0.20	1.00	0.55	1.47	1.14	1.04
Er	2.57	0.50	2.90	1.50	4.00	3.11	3.40
Tm	0.38	0.07	0.50	0.21	0.63	0.46	0.50
Yb	2.19	0.50	2.70	1.20	4.00	2.54	3.10
Lu	0.32	0.06	0.40	0.19	0.63	0.30	0.48
ΣREE	165.51	29.23	96.00	107.20	256.23	336.10	173.21
LREE	148.85	25.70	77.80	97.60	228.50	317.38	152.84

续表

元素/组分	煤田样品平均值	参照对比数据					
		超基性岩	玄武岩	安山凝灰岩	花岗岩	次碱性流纹岩	北美页岩
HREE	16.66	3.53	18.20	9.60	27.73	18.72	20.37
LREE/HREE	8.94	7.28	4.27	10.17	8.24	16.95	7.50
(La/Yb)N	9.63						
(La/Sm)N	3.56						
(Gd/Yb)N	1.64		球粒陨石标准化 REE 参数				
δCe	0.91						
δEu	0.83						
(La/Yb)NASC	1.60						
(La/Sm)NASC	1.04						
(Gd/Yb)NASC	1.39		北美页岩（NASC）标准化 REE 参数				
δCe	0.84						
δEu	1.18						

　　华北地区煤田典型样品的稀土元素含量不具有典型的沉积型泥岩的 REE 特征，物源可能分别来自中、基和酸性（偏碱）火山灰物质，并不同程度地混有陆源沉积物。

6.2.6　辽河盆地泥岩

　　辽河盆地和山西组泥岩厚度 70~80 m，埋深在 700~2500 m；太原组厚度 60~80 m，埋深在 900~2800 m。T2905 钻井得到厚约 138 m 的山西-太原组，自下而上发育多套厚度较大的暗色富有机质泥页岩、碳质泥岩夹薄煤层沉积，是页岩气富集的潜在有利层系。孙莎莎等在山西-太原组采样，采样深度范围为 1326.8~1483.5 m，形成时代为下二叠统山西组—上石炭统太原组，其中山西组 3 件，太原组 4 件。岩性主要为暗色泥岩。山西-太原组泥页岩稀土元素相关参数特征见表 6-30、表 6-31 和表 6-32（孙莎莎等，2015）。

表 6-30　T2905 井山西-太原组泥岩稀土元素含量（μg/g）

元素/组分	T16	T11	T9	均值	T4	T1	T15	T14	均值
	山西组深度/m				太原组深度/m				
	1326.80	1355.3	1376.5		1431.8	1449	1450.8	1483.5	
La	55.90	49.80	56.20	53.97	47.80	54.20	46.70	39.40	50.50
Ce	103.00	94.80	107.00	101.60	90.70	110.00	88.20	77.00	96.54
Pr	11.80	11.20	12.70	11.90	10.70	12.00	10.30	9.03	11.20
Nd	43.50	43.00	48.60	45.03	40.50	45.30	39.50	37.60	42.88
Sm	8.05	7.68	9.12	8.28	7.30	7.66	7.16	9.73	8.12
Eu	1.72	1.90	2.41	2.01	1.73	1.98	1.85	2.70	2.04
Gd	7.19	7.44	8.40	7.68	6.77	7.48	7.03	9.41	7.67
Tb	1.18	1.18	1.38	1.25	1.14	1.17	1.21	1.64	1.27

续表

元素/组分	T16	T11	T9	均值	T4	T1	T15	T14	均值
	山西组深度/m				太原组深度/m				
	1326.80	1355.3	1376.5		1431.8	1449	1450.8	1483.5	
Dy	6.10	6.14	6.71	6.32	5.74	6.41	5.98	8.04	6.43
Ho	1.20	1.15	1.24	1.20	1.05	1.19	1.14	1.45	1.20
Er	3.62	3.47	3.70	3.60	3.03	3.46	3.51	4.24	3.58
Tm	0.52	0.56	0.56	0.55	0.50	0.54	0.55	0.65	0.55
Yb	3.56	3.78	3.64	3.66	3.20	3.67	3.50	4.11	3.64
Lu	0.55	0.56	0.54	0.55	0.45	0.51	0.54	0.63	0.54
ΣREE	247.90	232.66	262.21	247.59	220.61	55.57	217.16	205.62	215.21
LREE	223.97	208.38	236.03	222.79	198.73	231.14	193.71	175.46	211.28
HREE	23.93	24.28	26.18	24.79	21.88	24.43	23.45	30.16	24.89
LREE/HREE	9.36	8.58	9.02	8.99	9.08	9.46	8.26	5.82	8.49

　　数据处理分析中需要对比的稀土元素球粒陨石（CI）、北美页岩（NASC）、澳大利亚后太古宙平均页岩（PAAS）、全球平均大陆上地壳（UCC）含量及参数等数据，请参照本书第 5 章相关内容。

表 6-31　T2905 井山西-太原组泥岩 PAAS 标准化相关参数（μg/g）

样号	地层	ΣREE	ΣLREE	ΣHREE	ΣL/ΣH	$(La/Yb)_P$	$(La/Sm)_P$	$(Gd/Yb)_P$	Ce_{anom}	$\delta Eu\ p$	$\delta Ce\ p$
T16	山西组	247.90	223.97	23.93	9.36	1.16	1.02	1.20	−0.046	1.05	0.92
T11		232.66	208.38	24.28	8.58	0.97	0.96	1.17	−0.047	1.17	0.92
T9		262.21	236.03	26.18	9.02	1.14	0.91	1.37	−0.048	1.28	0.92
均值		247.59	222.79	24.80	8.99	1.09	0.96	1.25	−0.047	1.17	0.92
T4	太原组	220.61	198.73	21.88	9.08	1.10	0.96	1.26	−0.046	1.15	0.92
T1		255.57	231.14	24.43	9.46	1.09	1.04	1.21	−0.015	1.22	0.99
T15		217.16	193.71	23.45	8.26	0.98	0.96	1.20	−0.048	1.22	0.92
T14		205.62	175.46	30.16	5.82	0.71	0.60	1.36	−0.051	1.32	0.94
均值		224.74	199.76	24.98	8.16	0.97	0.89	1.26	−0.040	1.23	0.94
PAAS		183.00	165.60	17.40	9.50						

注：下标表示相对于澳大利亚后太古宙平均页岩标准化，$Ce_{anom}= lg3Ce_N/(2La_N+Nd_N)$，$\delta Ce = Ce_N/(La_N \times Pr_N)^{1/2}$；$\delta Eu = Eu_N/(Sm_N \times Gd_N)^{1/2}$。

表 6-32　T2905 井山西-太原组泥岩球粒陨石标准化相关参数（μg/g）

样号	地层	La/Yb	$(La/Yb)_N$	La/Sm	$(La/Sm)_N$	Gd/Yb	$(Gd/Yb)_N$	Ce_{anom}	δEu	δCe	La/Ce
T16	山西组	15.70	10.64	6.94	4.48	2.10	1.63	−0.06	0.74	0.95	0.54
T11		13.17	8.92	6.48	4.18	1.97	1.59	−0.05	0.82	0.96	0.53
T9		15.44	10.45	6.16	3.98	2.31	1.86	−0.05	0.90	0.95	0.53
均值		14.77	10.00	6.53	4.21	2.13	1.69	−0.05	0.82	0.95	0.53
T4	太原组	14.94	10.12	6.55	4.22	2.12	1.71	−0.05	0.80	0.96	0.53
T1		14.77	10.00	7.08	4.56	2.04	1.65	−0.02	0.85	1.03	0.49
T15		13.34	9.04	6.52	4.21	2.01	1.62	−0.05	0.85	0.96	0.53
T14		9.59	6.49	4.05	2.61	2.29	1.85	−0.05	0.92	0.97	0.51
均值		13.16	8.91	6.05	3.90	2.12	1.71	−0.04	0.86	0.98	0.52

根据上面各表，辽河盆地山西组-太原组泥页岩中稀土元素总量较高，ΣREE、ΣLREE、ΣHREE 都相对 NASC、PAAS 和 UCC 富集。ΣLREE/ΣHREE、$(La/Yb)_N$ 等化学参数表明更富集轻稀土元素，且轻、重稀土元素分异明显。具有一定程度的 Eu 负异常、弱 Ce 异常和极明显的 Tm 负异常。Ce 异常值反映沉积时水体介质为氧化还原过渡环境，Eu 异常说明沉积时湿润的古气候条件。

6.2.7　青岛田横岛沉积物

田横岛是青岛市第三大岛，位于崂山湾北侧，横门湾之内，在即墨市洼里乡（今田横镇）东部海面 3.5km 处。田横岛柱状样样品稀土元素含量见表 6-33（韩宗珠等，2010）。

表 6-33　田横岛柱状样沉积物及其他相关样品中稀土元素含量及参数 （μg/g）

元素/组分	平均值	黄河	THD 煌斑岩	崂山花岗岩	黄海
La	21.71	33.45	56.82	46.81	36.00
Ce	35.26	54.12	97.88	70.82	74.00
Pr	4.55	6.47	12.61	8.21	6.50
Nd	16.16	21.15	48.83	25.62	30.00
Sm	2.74	3.96	8.09	4.25	6.40
Eu	0.87	0.85	2.50	0.52	1.20
Gd	2.50	3.68	6.72	3.46	4.60
Tb	0.40	0.55	0.88	0.56	0.79
Dy	2.46	3.04	4.31	3.33	2.89
Ho	0.49	0.61	0.84	0.74	0.48
Er	1.53	1.67	2.04	2.17	1.02
Tm	0.25	0.25	0.31	0.38	0.08
Yb	1.66	1.50	1.75	2.60	2.40
Lu	0.28	0.26	0.30	0.45	0.37
ΣREE	90.84	131.56	243.88	169.92	166.73
LREE	81.29	0.91	0.93	0.92	0.92
HREE	9.55	0.09	0.07	0.08	0.08
LREE/HREE	8.47	10.38	13.22	11.41	12.20
δEu	1.57	1.05	1.59	0.64	1.04
δCe	0.81	0.83	0.83	0.81	1.09
δGd	0.81	1.06	0.84	1.24	0.93
$(La/Yb)_N$	0.96	1.64	2.38	1.32	1.10
$(La/Sm)_N$	1.19	1.27	1.05	1.65	0.84
$(Gd/Yb)_N$	0.87	1.42	2.22	0.77	1.11

根据表 6-33，田横岛柱状样的稀土元素特征如下：

（1）与黄河沉积物、田横岛煌斑岩、崂山花岗岩、黄海沉积物稀土元素总量（ΣREE）相比，田横岛柱状样沉积物稀土元素总量平均值为 90.84 μg/g，值很低，原因为田横岛北滩松散沉积物中石英含量高，致使黏土含量低。

（2）田横岛沉积物的 LREE 占 89%，LREE/HREE 平均值 8.47，即轻稀土相对富集。

（3）δEu 平均值为 1.57，正异常。田横岛主要为陆源碎屑岩，石英、长石含量高，而斜长石是 Eu 正异常的主要原因。

（4）δCe 平均值为 0.81，为负异常。元素 Ce 的亏损，可能是由于该沉积环境较为冷干，引起介质条件的改变（pH 升高）。即在表生沉积过程中，在酸性介质条件下，Ce 要发生富集；而在强碱性介质条件下会引起 Ce 的转移，从而使 Ce 质量分数降低。

（5）δGd 平均值为 0.81，相对黄河沉积物 Gd 富集的情况，该区 Gd 负异常可能是由于人类活动的影响造成的。

（6）由（La/Yb）$_N$ 值可得到轻稀土富集。由(La/Sm)$_N$、(Gd/Yb)$_N$ 值可看出随着时间的发展，轻稀土越来越富集，重稀土越来越亏损。

6.2.8　南方下寒武统黑色页岩

南方下寒武统黑色页岩中赋存着钒、磷、钡、铂等金属资源和石油、天然气等油气资源。侯东壮等（2012）选取贵州东部三穗台烈镇剖面和黄平平溪镇剖面，系统地对斜坡相地区黄平、岑巩、三穗、镇远和天柱等地的黑色页岩通过稀土元素地球化学特征，研究寒武纪的沉积环境。黑色页岩稀土元素地球化学特征见表 6-34。

表 6-34　黔东南苗族侗族自治州下寒武统黑色岩系稀土元素含量及参数（×10^{-6}）

元素/组分	La	Ce	Pr	Nd	Sm	Eu	Gd	Tb
平均值	24	28.76	6.99	28.9	8.33	1.47	14.21	1.32
元素/组分	Dy	Ho	Er	Tm	Yb	Lu	ΣREE	ΣLREE
平均值	7.24	1.98	5.08	0.77	4.8	0.69	133.16	97.07
元素/组分	ΣHREE	L/H	(La/Yb)$_N$	(Tb/Yb)$_N$	δCe	δEu		
平均值	36.09	3.416	4.716	1.068	0.55	0.64		

黑色页岩平均含量为 133.16×10^{-6}，低于北美页岩稀土总量 200.21×10^{-6}（陈德潜和陈刚，1996），稀土元素含量以三穗页岩中部的稀土含量最多，大部分稀土元素都在此层富集。整体来说黑色页岩中稀土总量偏高；在剖面上中部稀土含量最高，说明热水喷流作用经历了由弱到强再到弱的过程。ΣLREE/ΣHREE 的比值为 3.416，说明轻稀土较为富集。且 Ce 明显负异常。本区 δCe 的计算公式为 δCe=lg[3Ce$_N$/(2La$_N$+Nd$_N$)]，δCe 均值为 0.55，反映岩石沉积环境为相对缺氧的深海环境条件。δEu 均值为 0.64，与被动大陆边缘的特征相似，表明沉积岩是在低于 250℃的低温环境下在大陆边缘形成的。故黑色页岩是在有热液参与的海相沉积环境下形成的。

6.2.9　江西震旦系浅海相陆源沉积岩砂板岩

江西省崇义县淘锡坑钨矿床位于华夏地块北西缘，南岭 EW 向构造带东段与武夷山 NE—NNE 向构造带南段的复合部位,属于云英岩型黑钨矿。矿区主要赋矿围岩震旦系浅海相陆源沉积岩砂板岩稀土组成及相关参数见表 6-35(杨帆等,2013)。

表 6-35 震旦系砂板岩稀土元素平均含量及相关参数表(×10⁻⁶)

元素/组分	La	Ce	Pr	Nd	Sm	Eu	Gd	Tb	Dy	Ho
数值	44.98	81.4	11.28	45.66	8.80	1.68	7.49	1.23	6.72	1.27

元素/组分	Er	Tm	Yb	Lu	ΣREE	LREE	HREE	L/H	δCe	δEu
数值	3.75	0.55	3.32	0.55	218.68	193.80	24.88	8.35	0.92	0.66

δCe=Ce/Ce*=(2 Ce/Ce$_{ch}$)/(La/La$_{ch}$+Pr/Pr$_{ch}$);δEu=Eu/Eu*=(2Eu/Eu$_{ch}$)/(Sm/Sm$_{ch}$+Gd/Gd$_{ch}$)。

淘锡坑钨矿床南部约 8km 以南为九龙脑花岗岩基分布区,面积约 100 km²。九龙脑复式岩体自南向北沿构造分布,南端地表出露为粗粒黑云母花岗岩,往北逐渐隐伏地下,变为中细粒黑云母花岗岩,该岩体是矿区钨矿成矿岩体,成矿花岗岩岩石稀土元素组成及相关参数见表 6-36(杨帆等,2013)。

表 6-36 淘锡坑钨矿床花岗岩稀土元素含量及相关参数表(×10⁻⁶)

元素/组分	La	Ce	Pr	Nd	Sm	Eu	Gd	Tb	Dy	Ho
数值	27.86	59.17	6.38	24.10	6.40	0.36	5.80	1.22	7.54	1.45

元素/组分	Er	Tm	Yb	Lu	ΣREE	LREE	HREE	L/H	δCe	δEu
数值	4.48	0.77	5.13	0.90	151.56	124.27	27.29	4.55	1.10	0.20

6.2.10 藏南白垩系缺氧与富氧沉积

胡修棉等(2010)从藏南岗巴地区宗山剖面 Cenomanian-Turonian 界线上采取缺氧沉积物样品,在江孜地区床得剖面及其上下部地层采取 Santonian-Campanian 富氧沉积物样品,获得藏南白垩纪缺氧与富氧沉积物中稀土元素地球化学特征值见表 6-37。

根据表 6-37 可知:①藏南白垩纪中期缺氧事件层中 Ce 和 Eu 含量分别增加 40%和 114%,ΣREE 整体增加 30%。晚白垩世的富氧沉积层各稀土元素平均增幅为 50%,其中以 Eu 增高最为明显(107%),Ce 增幅最小(17%),与其他 REE 增幅相比,表现为相对的 Ce 亏损。②缺氧沉积为 Ce 和 Eu 均呈富集的右倾斜式的曲线,而富氧沉积分布曲线则以 Ce 亏损和 Eu 富集为特征。③缺氧层内部的 δCe 和 Ce/La 值基本没有变化,缺氧事件期间是一个稳定而持续的低溶解氧的还原条件;富氧红色沉积开始处 δCe 和 Ce/La 值明显减小,古海洋由还原条件迅速转变为氧化条件,反映了一种瞬间的事件性变化;红层内部 δCe 和 Ce/La 值的不断增高,反映了溶解氧含量从高含量的富氧状态趋于正常状态的一个较长期的缓慢过程。④江孜地区床得组中无 Ce 亏损的红色沉积层(36 层)很可能代表了 Eh 值小于 Fe^{2+} 的氧化反应而大于 Ce^{3+} 的氧化反应之间的一种过渡的氧化还原条件。

表 6-37　缺氧与富氧沉积稀土元素含量及其相关参数均值（μg/g）

元素/组分	黑色页岩缺氧层	非缺氧层	紫红色页岩富氧红层	红色泥灰岩	非红层
La	49.33	42.93	63.51	32.17	42.67
Ce	115.03	82.33	99.12	58.35	84.85
Pr	0	0	0	0	0
Nd	58.55	46.66	62.9	35.51	45.58
Sm	12.71	9.83	13.81	7.03	9.38
Eu	4.13	1.93	3.72	1.81	1.80
Gd	0	0	0	0	0
Tb	1.36	1.26	1.75	1.04	1.26
Dy	0	0	0	0	0
Ho	0	0	0	0	0
Er	0	0	0	0	0
Tm	0	0	0	0	0
Yb	2.49	2.57	5.07	2.46	3.38
Lu	0.32	0.31	0.7	0.35	0.46
ΣREE	243.91	187.81	250.59	138.72	189.37
LREE	239.74	183.67	243.06	134.87	184.27
HREE	4.16	4.14	7.52	3.85	5.10
L/H	57.63	44.36	32.32	35.03	36.13
δCe	1.04	0.88	0.75	0.89	0.91
δEu	1.59	1.06	1.44	1.27	0.96
Ce/La	2.34	1.92	1.57	1.87	1.99

$\Sigma L = \Sigma LREE = (La + Ce + Nd + Sm + Eu)$，$\Sigma H = \Sigma HREE = (Tb + Yb + Lu)$，$\Sigma REE = (\Sigma LREE + \Sigma HREE)$。

6.2.11　洋底结核

大洋底部的结构性矿物以锰结核为代表。锰结核是一种洋底矿物，含有锰、铁、铜、镍、钴等 30 余种有用元素。其中尤以锰的含量最高，故称锰结核。

锰结核广泛地分布于世界海洋 2000~6000 m 水深海底的表层，而以生成于 4000~6000 m 水深海底的品质最佳。锰结核总储量估计在 30 000 亿 t 以上。其中以北太平洋分布面积最广，北太平洋大洋盆地里主要的沉积物是红黏土，在宽广的红黏土沉积盆地里（平均水深为 4853 m）蕴藏着大量的锰结核，占全球海洋锰结核总储量的 50%以上，约为 17 000 亿 t，是将来开采锰结核最好的远景区。特别是从美洲中部滨外至马里亚纳海沟（即北纬 6°30′~20°、西经 110°~180°）为锰结核富集带。锰结核密集的地方，每平方米面积上就有 100 余千克，锰结核基本上就是一个挨一个铺满海底。随着探索范围的拓展和研究程度的提高，发现海洋底部的结核还有铁锰结核（壳）等类型。下面主要介绍中国南海铁锰结核（壳）和大洋富钴结壳的稀土元素含量特征。

1. 中国南海铁锰结核（壳）稀土元素

鲍德根等研究了南海铁锰结核（壳）稀土元素的地球化学特征，为探讨结核（壳）不同层次上稀土元素含量变化，分别取 KD35 站一个结核和 KD17 站一个结壳进行剖面上的详细分析，相关数据如表 6-38 至表 6-40 所示（鲍德根和李全兴，1993）。

表 6-38　中国南海铁锰结核（壳）取样站位

站位	水深/m	取样个数	地理位置		形态	Mn/Fe（样品均值）	Fe/%（样品均值）	Mn/%（样品均值）
			N	E				
KD17	2470	3	18°54′	115°21′	结壳	0.90	17.74	15.98
KD18	3400	2	28°28′	115°21′	结核	0.85	18.42	15.73
KD20	1070	1	17°01′	115°24′	结核	1.12	18.14	20.26
KD21	2170	1	16°56′	114°23′	结壳	0.97	18.67	18.12
KD35	1500	2	17°10′	113°03′	结核	1.14	16.99	19.37
KD23	1400	1	16°46′	114°36′	结核	0.95	17.32	16.52
KD29	12500	1	16°04′	114°58′	结壳	0.76	20.39	15.51

表 6-39　中国南海铁锰结核（壳）中稀土元素含量及参数（×10⁻⁶）

元素/组分	南海铁锰结壳 5 个样品	南海铁锰结核 6 个样品	太平洋铁锰结核 5 个样品	太平洋锰结核区沉积物 1 个样品	南海沉积物 53 个样品	南海花岗岩 1 个样品	南海辉长岩 1 个样品
La	165.80	233.00	120.54	87.06	28.63	18.01	27.00
Ce	917.00	1315.50	383.66	134.57	55.80	84.36	101.26
Pr	41.00	52.83	38.39	23.65	6.31	3.35	7.97
Nd	132.00	170.50	124.45	99.37	22.65	11.10	38.03
Sm	44.00	52.83	31.75	31.22	4.71	1.69	10.90
Eu	12.76	13.95	7.72	6.03	1.09	0.92	9.29
Gd	48.00	55.83	30.27	25.90	4.27	0.66	10.56
Tb	9.74	7.65	5.24	4.27	0.68	0.06	2.74
Dy	53.00	59.00	29.33	25.23	4.00	1.13	13.87
Ho	7.30	5.82	5.35	5.11	0.82	0.03	6.94
Er	22.12	22.00	15.26	14.26	2.43	0.44	7.91
Tm	5.44	4.95	2.40	2.27	0.34	0.00	1.82
Yb	19.60	19.00	14.87	13.18	2.18	0.24	6.67
Lu	4.98	4.87	2.24	2.13	0.43	8.12	2.31
ΣREE	1482.74	2017.73	811.47	474.25	134.34	130.11	247.27
LREE	1312.56	1838.61	706.51	381.9	119.19	119.43	194.45
HREE	170.18	179.12	104.96	92.35	15.15	10.68	52.82
L/H	7.71	10.26	6.73	4.14	7.87	11.18	3.68
Y	141.80	149.17	112.99	158.02	21.81	13.00	47.95
ΣREE+Y	1624.54	2166.90	924.46	632.27	156.15	143.11	295.22
ΣCe	1312.56	1838.61	706.51	381.9	119.19	119.43	194.45
ΣY	311.98	328.29	217.95	250.37	36.96	23.68	100.77
ΣCe/ΣY	4.21	5.60	3.24	1.53	3.22	5.04	1.93

　　南海铁锰结核（壳）中稀土含量比太平洋北部铁锰结核高 1 倍以上，比太平洋北部铁锰结核富集区沉积物高 3 倍以上，其稀土主要以离子吸附型形式存在。南海铁锰结核（壳）中稀土配分模式基本相同，富轻稀土，负斜率，明显的 Ce 正异常 Eu 亏损不明显。南海铁锰结核（壳）中稀土元素的来源，主要为陆源中酸性岩石风化、淋滤和沉积。

表 6-40　不同层次铁锰结核（壳）稀土元素含量及参数（×10⁻⁶）

层次 （KD17-铁锰结壳）	ΣREE+Y	ΣCe	ΣY	ΣCe/ΣY
1	2444.30	1986.00	458.30	4.33
2	1986.90	1553.60	433.30	3.59
3	2055.10	1625.50	428.60	3.79
4	1987.30	1536.00	451.30	3.40
5	2026.20	1562.00	464.20	3.36
6	1880.20	1520.50	359.70	4.23
7	2316.20	1890.00	426.20	4.43
8	2298.70	1847.00	451.70	4.09
9	2526.30	2040.00	486.30	4.19
10	2480.10	2013.00	467.10	4.31
层次 （KD35-铁锰结核）	ΣREE+Y	ΣCe	ΣY	ΣCe/ΣY
1	1583.50	1257.50	326.00	3.86
2	1681.90	1385.00	296.90	4.66
3	2137.80	1759.00	378.80	4.64
4	2119.10	1672.00	447.10	3.74
5	2130.90	1711.00	419.90	4.07
6	2566.50	2225.90	341.50	6.52
7	2440.60	2096.00	344.60	6.08
8	2199.70	1716.00	483.70	3.55
9	1780.00	1411.40	368.60	3.83
10	2369.70	203.80	331.70	6.14

2. 大洋富钴结壳

大洋富钴结壳是一种生长于大洋高地硬质基岩上的黑色层状铁锰沉积物，分布于碳酸盐补偿深度（carbonate compensation depth，CCD）以上，最低含氧带（oxygen minimum zone，OMZ）以下水深 500~3500 m（有的甚至超过 4000 m）的海山、海岭和海底台地的顶部和斜坡上。富钴结壳富含钴、镍、铜、锌、铅、铂族元素和稀土元素等，且采样相对方便，成本相对较低，因此具有良好的开采前景；富钴结壳的生长明显受南极底流的侵蚀和溶蚀作用的影响，其发育期往往为海山上的沉积缺失期。取自西太平洋麦哲伦海山和马尔库斯-威克海山的两块富钴结壳稀土元素含量见表 6-41（杨胜雄等，2016）。

表 6-41　富钴结壳样品稀土元素含量及参数（×10⁻⁶）

元素/组分	La	Ce	Pr	Nd	Sm	Eu	Gd	Tb	Dy	Ho
平均值	275.01	1055.28	51.67	228.51	50.3	11.87	56.74	8.14	47.59	10.06
元素/组分	Er	Tm	Yb	Lu	ΣREE	LREE	HREE	L/H	δCe	(La/Yb)$_N$
平均值	27.18	3.86	25.19	3.69	1855.08	1672.64	182.45	9.17	1.94	1.05

注：元素单位 10⁻⁶；δCe=2Ce$_N$/（La$_N$+Pr$_N$）；Ce$_N$、La$_N$、Pr$_N$、Eu$_N$、Sm$_N$ 和 Gd$_N$ 等均为北美页岩标准化的值。

　　碳酸盐补偿深度是指海洋中碳酸钙（生物钙质壳的主要组分）输入海底的补给速率与溶解速率相等的深度面，也称碳酸钙补偿深度。它是海洋中的一个重要物理化学界面。海水表层碳酸钙是饱和的。随着水深增大，由于温度降低，CO_2 含量增加，碳酸钙溶解度增大，至某一临界深度，溶解量与补给量相抵平衡，这一临界深度就是碳酸钙补偿深度。

3. 太平洋洋底沉积物稀土含量

　　张霄宇等（2013）分析西太平洋海山区不同类型沉积物中稀土元素和其他微量元素富集程度，以及含沸石深海黏土中稀土元素赋存的地球化学特征；详细数据见表 6-42 和表 6-43。

表 6-42　稀土元素含量及参数平均值（μg/g）

样品（数量）	特征值	La	Ce	Pr	Nd	Sm	Eu	Gd
太平洋 CC 区 标志性黏土岩（25）	平均值	48.67	87.47	13.44	56.22	13.94	3.38	14.38
	最小值	31.1	66.00	8.67	36.40	9.57	2.22	9.85
	最大值	74.70	101.00	20.90	89.10	22.00	5.44	22.90
西太平洋海山 钙质淤泥（5）	平均值	14.65	12.55	3.31	14.43	3.27	0.78	3.82
	最小值	12.50	9.20	2.65	11.60	2.51	0.61	2.78
	最大值	18.40	21.40	4.65	20.60	4.87	1.23	5.84
西太平洋 黏土（或含硅质）（5）	平均值	61.97	86.82	16.08	67.57	15.82	3.69	16.33
	最小值	32.50	65.20	8.30	34.70	8.34	1.89	8.27
	最大值	119.00	131.00	29.50	125.00	27.80	6.51	29.40
西太平洋海山 沸石质黏土（5）	平均值	153.90	116.16	43.80	188.78	43.46	10.14	47.48
	最小值	74.50	98.80	22.00	92.90	23.10	5.38	24.10
	最大值	227.00	140.00	63.50	275.00	61.40	14.10	69.30

样品（数量）	特征值	Tb	Dy	Ho	Er	Tm	Yb	Lu
太平洋 CC 区 标志性黏土岩（25）	平均值	2.25	13.47	2.62	7.44	1.05	6.86	1.03
	最小值	1.57	9.58	1.88	5.27	0.75	4.93	0.75
	最大值	3.52	21.00	4.05	11.40	1.62	10.30	1.56
西太平洋海山 钙质淤泥（5）	平均值	0.58	3.77	0.81	2.38	0.35	2.25	0.35
	最小值	0.43	2.78	0.62	1.80	0.25	1.65	0.25
	最大值	0.87	5.46	1.15	3.35	0.50	3.17	0.49
西太平洋 黏土（或含硅质）（5）	平均值	2.50	15.22	3.02	8.69	1.22	7.86	1.18
	最小值	1.28	8.02	1.64	4.65	0.69	4.46	0.68
	最大值	4.39	26.80	5.34	15.30	2.13	13.50	2.05
西太平洋海山 沸石质黏土（5）	平均值	7.20	44.50	8.92	25.52	3.47	22.02	3.32
	最小值	3.62	22.40	4.33	12.30	1.69	10.80	1.62
	最大值	10.40	64.80	13.10	37.80	5.15	32.30	4.99

表 6-43　太平洋沉积物稀土元素含量及参数平均值

样品（数量）	特征值	ΣREE/ (μg/g)	ΣLREE/ (μg/g)	ΣHREE/ (μg/g)	ΣL/ΣH	δCe	δEu
太平洋 CC 区 标志性黏土岩（25）	最小值	188.59	154.01	34.58	3.85	0.51	1.00
	最大值	386.49	310.24	76.25	5.13	0.94	1.08
	平均值	272.22	223.12	49.09	4.59	0.77	1.05
西太平洋海山 钙质淤泥（5）	最小值	188.59	154.01	34.58	3.85	0.33	0.85
	最大值	2295.1	2101.70	249.30	11.33	0.50	1.01
	平均值	1143.0	1020.66	131.78	7.48	0.38	0.95
西太平洋 黏土（或含硅质）（5）	最小值	180.62	150.93	29.69	4.04	0.48	1.00
	最大值	537.72	438.81	98.91	5.08	0.86	1.02
	平均值	307.94	251.94	56.00	4.60	0.65	1.01
西太平洋海山 沸石质黏土（5）	最小值	397.54	316.68	80.86	3.28	0.25	0.94
	最大值	1018.8	781.00	237.84	3.92	0.53	1.01
	平均值	718.68	556.24	162.44	3.51	0.34	0.98
西太平洋磷矿	平均值	286.88	221.03	65.85	3.51	0.27	0.98
大西洋中脊 TAG 海岭区热液（6）	平均值	5.01	3.36	1.65	2.03	2.076	1.03
大西洋中脊 混合岩化区（2）	平均值	765.75	649.82	115.93	5.49	0.669	1.04
大西洋中脊 H 型 花岗岩区（4）	平均值	1948.74	1765.56	183.18	9.65	0.621	1.17
长江沉积物（14）	平均值	211.10	193.19	17.91	10.79	0.78	1.09
长江口及邻近陆架 表层沉积物	平均值	166.56	148.91	17.65	8.44	0.93	0.96
南中国海东部海域 沉积物（106）	平均值	129.44	113.95	15.50	7.35	0.91	0.99

　　黄牧等（2014）对东太平洋 CC 区中西部 33 站（图 6-3）表层沉积物稀土元素特征研究证实，表层沉积物中 REE 主要来自海洋自生物质，同时受到陆源物质、海底火山物质的影响。

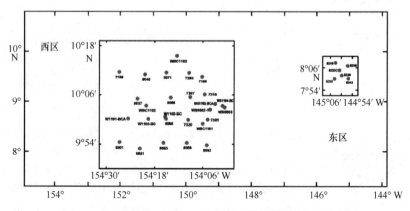

图 6-3　东太平洋 CC 区 33 站表层沉积物样品位置分布图

　　东太平洋 CC 表层沉积物中 REE 分布不均匀, 在沸石黏土中富集程度最高, 硅质沉积物中明显偏低。所有沉积物都存在明显 Ce 负异常和 Eu 正异常的 LREE 亏损特征, 为典型受到海水来源影响的 REE 配分模式, 与陆源物质的 REE 含量和配分模式都存在显著差异。与东区相比, 西区沉积物中 LREE、HREE 和 ΣREE 普遍偏高, LREE 与 HREE 分异更明显, HREE 富集程度更高, LREE 和 Ce 亏损更强烈。硅质黏土中 Ce 亏损程度、δEu 正异常和 REE 富集程度都比硅质软泥更明显; 东区的硅质软泥中 REE 含量、Ce 亏损程度都弱于其他硅质沉积物, 硅质黏土的 Ce 负异常和 HREE 富集程度均弱于西区硅质软泥。详细数据见表 6-44。

表 6-44a　东太平洋 CC 区表层沉积物及不同地质体中稀土元素组成及参数（×10⁻⁶）

元素/组分	北美页岩	中国黄土	黄海陆架沉积物	陆壳平均	洋壳平均	北太平洋表层水
La	32.00	33.64	38.48	19.00	18.00	14.48
Ce	73.00	66.15	74.11	38.00	35.00	12.59
Pr	7.90	6.68	9.27	4.90	4.80	3.03
Nd	33.00	27.97	32.93	19.00	20.00	13.18
Sm	5.70	5.70	5.98	4.60	4.80	2.82
Eu	1.24	1.13	1.22	1.00	1.10	0.72
Gd	5.20	4.86	5.25	4.20	4.60	3.69
Tb	0.85	0.82	0.83	0.70	0.80	0.65
Dy	5.80	4.58	4.48	3.30	3.70	4.36
Ho	1.04	0.94	1.01	0.00	0.00	1.09
Er	3.40	2.66	2.58	2.00	2.30	3.43
Tm	0.50	0.43	0.41	0.00	0.00	0.47
Yb	3.10	2.72	2.44	1.60	1.90	2.90
Lu	0.48	0.42	0.36	0.00	0.00	0.48
ΣREE	173.21	158.70	179.35	98.30	97.00	63.89
LREE	152.84	141.27	161.99	86.50	83.70	46.82
HREE	20.37	17.43	17.36	11.80	13.30	17.07
L/H	7.50	8.10	9.33	7.33	6.29	2.74
δEu	1.00	0.94	0.96	1.00	1.03	0.98
δCe	1.00	0.96	0.85	0.86	0.82	0.41
Y	27.00	24.78	23.04	20.00	22.00	110.00
ΣREE+Y	200.21	183.48	202.39	118.30	119.00	173.89
ΣCe	152.84	141.27	161.99	86.50	83.70	46.82
ΣY	47.37	42.21	40.40	31.80	35.30	127.07
ΣCe/ΣY	3.23	3.35	4.01	2.72	2.37	0.37

表 6-44b　东太平洋 CC 区表层沉积物及不同地质体中稀土元素含量及参数对比（×10⁻⁶）

元素/组分	沸石黏土	含硅质黏土	硅质黏土	黏土质硅质软泥	含黏土质硅质软泥	硅质软泥
La	34.81	61.38	58.78	59.85	52.89	49.12
Ce	92.15	97.38	88.18	84.55	94.57	103.02
Pr	36.89	17.42	16.83	17.60	15.52	14.61

续表

元素/组分	沸石黏土	含硅质黏土	硅质黏土	黏土质硅质软泥	含黏土质硅质软泥	硅质软泥
Nd	155.15	72.16	69.12	72.80	62.95	59.21
Sm	35.60	16.65	16.25	17.27	14.91	14.51
Eu	9.82	4.56	4.60	5.00	4.44	4.47
Gd	32.16	15.83	14.88	15.22	13.60	12.72
Tb	6.10	2.74	2.68	2.86	2.44	2.37
Dy	8.82	6.61	6.50	7.82	5.04	4.73
Ho	7.52	3.11	3.11	3.35	2.80	2.76
Er	1.26	8.78	8.73	9.40	7.83	7.62
Tm	3.19	1.33	1.33	1.44	1.20	1.19
Yb	19.67	8.26	8.24	8.92	7.54	7.49
Lu	3.16	1.32	1.32	1.43	1.20	1.20
ΣREE	446.30	317.53	300.55	307.51	286.93	285.02
LREE	364.42	269.55	253.76	257.07	245.28	244.94
HREE	81.88	47.98	46.79	50.44	41.65	40.08
L/H	4.45	5.62	5.42	5.10	5.89	6.11
δEu	1.27	1.23	1.30	1.35	1.37	1.44
δCe	0.28	0.65	0.61	0.57	0.72	0.84
Y	192.54	93.43	91.54	99.35	80.05	75.49
ΣREE+Y	638.84	410.96	392.09	406.86	366.98	360.51
ΣCe	364.42	269.55	253.76	257.07	245.28	244.94
ΣY	274.42	141.41	138.33	149.79	121.70	115.57
ΣCe/ΣY	1.33	1.91	1.83	1.72	2.02	2.12

6.3　变质岩岩石稀土含量

6.3.1　乌拉山变质岩

乌拉山金矿田位于包头市西郊，西起梅力更沟，东至大不产沟，南以乌拉山—大青山深断裂为界，北界已越过分水岭，东西长 24 km，南北宽 15 km，面积约 360 km²。新太古界乌拉山群是矿田内最古老、分布最广泛的金矿围岩。根据岩石的矿物组合、结构构造特征将矿田内变质岩石划分为片麻岩类、麻粒岩类、变粒岩类、斜长角闪岩类、石英岩类和大理岩类等 6 个类型。乌拉山金矿田变质岩石中稀土元素含量及有关特征值见表 6-45（陈小伍等，2002）。

表 6-45　乌拉山金矿田变质岩石中稀土元素含量及参数（×10⁻⁶）

元素/组分	样号										
	P-7	P-13	P-19	P-16	P-64	P-23	P-24	P-27	P-57	P-63	P-52
La	32.64	25.02	79.97	18.92	29.44	9.18	46.79	89.08	13.17	51.31	13.41
Ce	59.68	49.46	155.70	37.37	61.69	18.82	97.55	185.20	20.87	105.80	28.93

续表

元素/组分	样号										
	P-7	P-13	P-19	P-16	P-64	P-23	P-24	P-27	P-57	P-63	P-52
Pr	6.26	6.00	17.44	4.50	7.81	1.80	12.22	22.35	1.28	13.47	4.54
Nd	25.62	26.39	65.98	20.31	34.84	5.44	50.23	88.07	6.57	55.93	19.00
Sm	4.22	4.96	9.04	3.96	6.67	1.06	8.77	15.80	0.99	9.43	4.45
Eu	0.92	1.16	1.61	1.08	1.60	0.58	2.38	0.92	0.76	2.02	1.22
Gd	3.07	3.39	4.62	3.46	5.61	1.57	6.96	15.94	3.78	6.52	4.27
Tb	0.30	0.50	0.30	0.53	0.65	0.17	0.82	2.07	0.15	0.76	0.60
Dy	1.91	2.50	2.06	2.98	3.95	0.54	4.83	12.21	0.40	4.15	3.36
Ho	0.30	0.50	0.42	0.56	0.75	0.11	0.94	2.21	0.07	0.76	0.74
Er	1.10	1.38	1.22	1.88	2.14	0.27	2.74	5.24	0.21	2.08	2.00
Tm	0.10	0.15	0.14	0.27	0.23	0.03	0.38	0.61	0.02	0.20	0.29
Yb	0.61	0.93	0.63	1.41	1.49	0.20	2.04	3.51	0.16	1.27	1.58
Lu	0.10	0.10	0.10	0.24	0.10	0.04	0.31	0.42	0.07	0.20	0.24
ΣREE	136.83	122.44	339.23	97.47	156.97	39.81	236.96	443.63	48.51	253.90	84.63
LREE	129.34	112.99	329.74	86.14	142.05	36.88	217.94	401.42	43.64	237.96	71.55
HREE	7.49	9.45	9.49	11.33	14.92	2.93	19.02	42.21	4.87	15.94	13.08
L/H	17.27	11.96	34.75	7.60	9.52	12.59	11.46	9.51	8.97	14.93	5.47
La/Yb	34.02	15.60	83.33	8.43	15.33	29.10	13.27	15.44	41.10	22.86	0.95
δEu	0.84	0.88	0.73	0.97	0.86	1.60	1.01	0.20	1.18	0.82	5.04
Y	7.66	10.83	7.33	14.96	17.84	2.28	22.88	55.91	2.04	17.67	16.94
Sc	7.69	10.95	4.89	26.17	22.43	3.38	10.33	32.23	0.81	10.73	0.00
ΣREE+YSc	152.18	144.22	351.45	138.60	197.24	45.47	270.17	531.77	51.36	282.30	101.57
ΣCe	129.34	112.99	329.74	86.14	142.05	36.88	217.94	401.42	43.64	237.96	71.55
ΣYSc	22.84	31.23	21.71	52.46	55.19	8.59	52.23	130.35	7.72	44.34	30.02
ΣCe/ΣYSc	5.66	3.62	15.19	1.64	2.57	4.29	4.17	3.08	5.66	5.37	2.38

注：表中样号代表的岩石名称：P-7—黑云角闪斜长片麻岩；P-13—黑云角闪斜长片麻岩；P-19—榴石黑云角闪斜长片麻岩；P-16—榴石黑云角闪斜长片麻岩；P-64—黑云角闪斜长片麻岩；P-23—角闪斜长变粒岩；P-24—黑云二长片麻岩；P-27—磁铁辉石长英质麻粒岩；P-57—混合岩；P-63—斜长角闪岩；P-52—角闪斜长二辉麻粒岩。

根据表 6-45 完成表 6-46。

表 6-46 乌拉山金矿田变质岩石中稀土元素含量及参数（×10⁻⁶）

元素/组分	平均值	元素/组分	平均值
La	37.18	Dy	3.54
Ce	74.64	ΣREE	178.22
Pr	8.88	LREE	164.51
Nd	36.22	HREE	13.70
Sm	6.30	LREE/HREE	12.01
Eu	1.30	La/Yb	25.40
Gd	5.38	δEu	1.28
Tb	0.62	Y	16.03

元素/组分	平均值	元素/组分	平均值
Ho	0.67	Sc	11.78
Er	1.84	$\Sigma REE+YSc$	247.54
Tm	0.22	ΣCe	164.51
Yb	1.26	ΣYSc	41.52
Lu	0.17	$\Sigma Ce/\Sigma YSc$	3.96

乌拉山群变质岩石的稀土特征反映这套变质岩系的原岩为形成太古宙活动大陆边缘岛弧环境的火山-碎屑沉积岩组合，沉积物质可能来自邻近的火山岛弧。岩石中的稀土元素分布基本型式主要取决于原岩性质。在麻粒岩相变质和混合岩化过程中，稀土元素可能发生活化而出现整体的、系统的迁移，使麻粒岩和混合岩中的稀土总量减少，但仍保持原岩的稀土元素分布模式基本不变。

6.3.2　孔兹岩系

孔兹岩系（khondalite series）是以富含石榴子石、矽线石和石墨为特征的区域变质岩石组合。孔兹岩系（Banerji，1982）用以描述印度东南部孔兹地区的富铝变质岩系。大青山位于华北克拉通西部孔兹岩带中段，古元古代晚期孔兹岩系（上乌拉山岩群）十分发育。上乌拉山岩群中的一套古元古代早期变质碎屑沉积岩（大青山表壳岩，榴云片麻岩），它们遭受强烈变质变形和深熔作用改造，形成古元古代早期石榴子石花岗岩。包头哈德门沟是古元古代早期榴云片麻岩典型出露区，并有古元古代早期石榴子石花岗岩（哈德门沟石榴子石花岗岩）形成。由榴云片麻岩经深熔榴云片麻岩再到石榴子石花岗岩，浅色体增多，石榴子石增多且颗粒增大，黑云母减少，石榴子石包裹黑云母、石英、斜长石等矿物。

石榴子石花岗岩（S型壳熔花岗岩）位于哈德门沟沟口以北约 2km，称之为哈德门沟石榴子石花岗岩。岩体近东西向延长约 10 km，宽几百米到 1 km，出露面积为 $3\sim4$ km^2。哈德门沟地区岩石地球化学稀土元素组成见表 6-47（马铭株等，2015）。

表 6-47a　哈德门沟地区岩石地球化学稀土元素含量及参数（$\times10^{-6}$）

项目	样号						稀土含量平均值
	NM0606	NM0808	NM0908	NM1005	NM1028	NM1030	
岩性	榴云片麻岩						
采样位置	哈德门沟口 石哈线103km 处	哈德门沟	昆都仑 水库南 2km 处	哈德门沟	杨树沟	杨树沟	
经纬度	N40°41′32″	N40°41′38″	N40°44′14″	N40°43′8″	N40°42′34″	N40°41′52″	
	E109°38′29″	E109°38′28″	E109°48′19″	E109°38′17″	E109°4′20″	E109°43′15″	
La	56.70	47.30	66.80	23.00	40.50	62.10	49.40
Ce	107.00	105.00	140.00	40.00	79.30	104.00	95.88

续表

项目	样号						稀土含量平均值
	NM0606	NM0808	NM0908	NM1005	NM1028	NM1030	
岩性	榴云片麻岩						
采样位置	哈德门沟口石哈线103km 处	哈德门沟	昆都仑水库南2km 处	哈德门沟	杨树沟	杨树沟	稀土含量平均值
经纬度	N40°41′32″	N40°41′38″	N40°44′14″	N40°43′8″	N40°42′34″	N40°41′52″	
	E109°38′29″	E109°38′28″	E109°48′19″	E109°38′17″	E109°4′20″	E109°43′15″	
Pr	12.20	11.40	16.10	3.99	8.60	12.50	10.80
Nd	41.90	43.10	62.60	13.40	30.40	43.40	39.13
Sm	6.34	7.59	10.40	1.79	4.76	6.34	6.20
Eu	2.60	1.65	2.19	1.71	1.68	1.80	1.94
Gd	5.62	5.52	6.65	1.45	3.65	4.72	4.60
Tb	0.64	0.76	0.79	0.20	0.59	0.72	0.62
Dy	3.31	3.70	3.83	1.15	3.11	3.24	3.06
Ho	0.63	0.65	0.68	0.28	0.60	0.63	0.58
Er	1.96	1.85	1.90	0.92	1.69	1.84	1.69
Tm	0.28	0.26	0.27	0.15	0.23	0.25	0.24
Yb	1.95	1.70	1.72	1.12	1.36	1.64	1.58
Lu	0.31	0.28	0.25	0.20	0.22	0.26	0.25
ΣREE	241.40	230.80	314.20	89.36	176.70	243.40	215.98
LREE	226.74	216.04	298.09	83.89	165.24	230.14	203.36
HREE	14.70	14.72	16.09	5.47	11.45	13.30	12.62
L/H	15.42	14.68	18.53	15.34	14.43	17.30	15.95
$(La/Yb)_N$	19.15	18.33	25.58	13.53	19.62	24.94	20.19
Eu/Eu*	1.32	0.75	0.76	3.17	1.20	0.97	1.36

表 6-47b　哈德门沟地区岩石地球化学稀土元素含量及参数（×10⁻⁶）

项目	样号			稀土含量平均值
	NM0807	NM0810	NM0905	
岩性	深熔榴云片麻岩			
采样位置	哈德门沟	哈德门沟	哈德门沟西 10km 处	稀土含量平均值
经纬度	N40°41′38″	N40°41′37″	N40°41′17″	
	E109°38′28″	E109°38′29″	E109°30′30″	
La	35.00	90.10	34.40	53.17
Ce	67.40	204.00	62.30	111.23
Pr	6.88	21.60	7.24	11.91
Nd	24.40	80.60	26.50	43.83
Sm	4.34	13.00	4.48	7.27
Eu	1.38	1.77	1.14	1.43
Gd	4.68	7.55	3.88	5.37
Tb	0.80	0.97	0.59	0.79
Dy	4.86	3.88	3.47	4.07
Ho	0.93	0.62	0.67	0.74
Er	2.61	1.55	1.85	2.00

续表

项目	样号			稀土含量平均值
	NM0807	NM0810	NM0905	
岩性	深熔榴云片麻岩			
采样位置	哈德门沟	哈德门沟	哈德门沟西 10km 处	
经纬度	N40°41′38″	N40°41′37″	N40°41′17″	
	E109°38′28″	E109°38′29″	E109°30′30″	
Tm	0.37	0.18	0.25	0.27
Yb	2.52	1.13	1.72	1.79
Lu	0.39	0.19	0.25	0.28
ΣREE	156.60	427.10	148.70	244.13
LREE	139.40	411.07	136.06	228.84
HREE	17.16	16.07	12.68	15.30
L/H	8.12	25.58	10.73	14.81
$(La/Yb)_N$	9.15	52.52	13.17	24.95
Eu/Eu*	0.94	0.51	0.82	0.76

表 6-47c　哈德门沟地区岩石地球化学稀土元素含量及参数（$\times10^{-6}$）

项目	样号					稀土含量平均值
	NM0401	NM0809	NM1006	NM1015	NM1019	
岩性	石榴子石花岗岩					
采样位置	哈德门沟	哈德门沟	哈德门沟	平方沟	虎本汉沟西侧沟内	
经纬度	N40°42′30″	N40°41′38″	N40°43′08″	N40°42′34″	N40°42′17″	
	E109°38′34″	E109°°38′28″	E109°38′17″	E109°39′40″	E109°40′56″	
La	61.90	24.80	37.60	59.10	20.30	40.74
Ce	97.80	47.60	66.10	101.00	30.70	68.64
Pr	9.54	4.77	6.55	13.00	2.82	7.34
Nd	29.90	16.30	21.40	46.30	8.85	24.55
Sm	3.83	2.99	4.23	7.34	1.18	3.91
Eu	3.27	1.09	1.54	2.05	2.19	2.03
Gd	3.50	3.85	7.03	4.48	1.15	4.00
Tb	0.71	0.74	1.89	0.65	0.22	0.84
Dy	4.68	4.47	15.30	2.88	1.87	5.84
Ho	0.90	0.73	3.97	0.53	0.56	1.34
Er	2.15	1.74	13.50	1.39	2.21	4.20
Tm	0.30	0.22	2.21	0.16	0.36	0.65
Yb	1.58	1.27	15.50	1.03	2.59	4.39
Lu	0.24	0.22	2.50	0.16	0.38	0.70
ΣREE	220.30	110.80	199.30	240.10	75.38	169.18
LREE	206.24	97.55	137.42	228.79	66.04	147.21
HREE	14.06	13.24	61.90	11.28	9.34	21.96
L/H	14.67	7.37	2.22	20.28	7.07	10.32
$(La/Yb)_N$	25.81	12.86	1.60	37.80	5.16	16.65
Eu/Eu*	2.71	0.99	0.87	1.02	5.73	2.26

深熔作用是壳源花岗岩形成的重要方式。大青山哈德门沟地区为研究 S 型壳源花岗岩形成过程提供了典型实例。哈德门沟石榴子石花岗岩"漂在"桑干岩群麻粒岩之上，呈无根状态产出，很可能是岩浆侧向运移的结果。石榴子石花岗岩与榴云片麻岩和深熔榴云片麻岩的地球化学组成特征总体上类似，富集轻稀土。

6.3.3　锡林郭勒杂岩

锡林郭勒杂岩位于兴蒙造山带中东部锡林郭勒盟地区。其中锡林浩特岩群断续出露于锡林浩特市东南部，呈东西向带状分布，西起马那嘎乌拉—锡热图一带，向东经瓦窑沟和鹰头沟延伸至白音胡硕一带，出露面积共约 40 km^2。该岩群主要由一套片麻岩夹层状斜长角闪岩、磁铁石英岩和变粒岩等变质岩组成；岩群变质程度达到角闪岩相，代表性岩石样品稀土元素分析数据见表 6-48（孙俊俊等，2012）。

表 6-48　锡林浩特岩群片麻岩和斜长角闪岩稀土元素含量及参数均值（×10^{-6}）

元素/组分	黑云斜长片麻岩	斜长角闪岩	参照对比值			
La	22.06	6.24	8.72	24.40	33.00	33.50
Ce	57.66	16.84	22.53	50.50	72.70	71.90
Pr	5.56	2.33	—	—	—	—
Nd	21.81	11.24	11.36	20.80	25.40	29.00
Sm	4.37	3.33				
Eu	1.06	1.10				
Gd	3.89	4.03	大洋岛弧杂砂岩	大陆岛弧杂砂岩	活动大陆边缘杂砂岩	被动大陆边缘杂砂岩
Tb	0.63	0.73				
Dy	3.90	4.96				
Ho	0.82	1.06	—	—	—	—
Er	2.31	2.96				
Tm	0.37	0.44				
Yb	2.55	2.97	大洋岛弧杂砂岩	大陆岛弧杂砂岩	活动大陆边缘杂砂岩	被动大陆边缘杂砂岩
Lu	0.37	0.43				
ΣREE	127.37	58.65	58±10	146±20	186.00	210.00
LREE	112.53	41.08				
HREE	14.84	17.57				
L/H	7.63	2.37				
δEu	0.79	0.92	1.04±0.11	0.79±0.13	0.60	0.56
δCe	1.29	1.08	—	—	—	—
(La/Yb)	6.17	1.59	2.8±0.9	7.5±2.5	8.50	10.80
(La/Lu)$_N$	6.38	1.65				
Y	12.26	29.94				
ΣREE+Y	139.63	88.59				
ΣCe	112.53	41.08				
ΣY	27.10	47.51				
ΣCe/ΣY	4.92	0.90				

综合表 6-48 可知：①锡林浩特岩群中与斜长角闪岩互层的片麻岩原岩为成熟度较低的富含黏土质亚杂砂岩和杂砂岩，次级为泥质岩或黏土质岩石，其母岩碎屑物来自于大陆上地壳。而斜长角闪岩则属于拉斑—钙碱性玄武岩，具有向钙碱性系列过渡的趋势，体现了源区成分的不均一性。②富含黏土的亚杂砂岩和杂砂岩的大量存在，可说明该区域的沉积分异作用不强，并伴有多次火山活动，使得锡林浩特岩群一段基性玄武岩夹层大量出现，三段也有出露，总体构成了基性火山岩-粗碎屑岩和基性火山岩-细碎屑岩两个喷发-沉积旋回。③片麻岩形成于活动大陆边缘-大陆岛弧；斜长角闪岩形成于岛弧-弧后盆地，二者均指示形成于活动大陆边缘体系。锡林郭勒杂岩片麻岩和斜长角闪岩形成于中元古代晚期，大地构造背景为大陆岛弧。

6.3.4　小秦岭新太古界太华群变质岩

小秦岭金矿产于新太古界太华群变质岩中，近东西向次级拆离断裂为赋矿构造。小秦岭，由西向东大体等间距分布着中生代花岗岩体（基），金矿围绕文峪花岗岩体呈半环状分布。金矿床基本为石英脉型热液金矿，主要赋矿地层的分析样品主要从大理岩类、石英岩类、变粒岩类、片麻岩类、斜长角闪岩类、片麻状花岗岩类。变质岩中的稀土元素含量和特征值见表 6-49（冯建之等，2014）。

表 6-49　变质岩稀土元素含量及参数平均值（$\times 10^{-6}$）

元素/组分	大理岩类	石英岩类	变粒岩类	片麻岩类	斜长角闪岩	片麻状花岗岩	几何均值
La	12.74	7.65	26.67	38.11	18.09	47.46	24.27
Ce	25.58	13.72	51.96	74.65	37.12	89.04	47.29
Pr	3.28	1.59	6.13	9.12	5.22	9.26	5.77
Nd	12.76	5.21	21.32	32.33	21.38	29.61	20.68
Sm	2.56	0.79	3.66	5.89	5.04	4.49	3.78
Eu	0.51	0.29	0.90	1.45	1.61	1.18	0.99
Gd	2.40	0.60	2.76	4.93	5.51	3.10	3.20
Tb	0.41	0.09	0.41	0.81	1.05	0.47	0.53
Dy	2.25	0.48	1.97	4.20	6.19	2.32	2.77
Ho	0.46	0.09	0.34	0.79	1.27	0.42	0.52
Er	1.31	0.25	0.90	2.20	3.78	1.15	1.47
Tm	0.20	0.04	0.13	0.34	0.64	0.17	0.23
Yb	1.14	0.23	0.76	1.94	3.97	1.00	1.33
Lu	0.17	0.03	0.11	0.28	0.61	0.14	0.19
ΣREE	65.77	31.06	118.02	177.04	111.48	189.81	113.02
LREE	57.43	29.25	110.64	161.55	88.46	181.04	102.78
HREE	8.34	1.81	7.38	15.49	23.02	8.77	10.24
L/H	6.89	16.16	14.99	10.43	3.84	20.64	10.04
δEu	0.62	1.24	0.83	0.80	0.93	0.92	0.85

续表

元素/组分	大理岩类	石英岩类	变粒岩类	片麻岩类	斜长角闪岩	片麻状花岗岩	几何均值
La/Yb	8.02	23.86	25.17	14.09	3.27	34.04	13.09
La/Sm	3.21	6.25	4.70	4.18	2.32	6.82	4.14
Gd/Yb	1.74	2.16	3.00	2.10	1.15	2.56	1.99
Y	9.44	15.08	2.49	22.10	35.36	11.62	12.15
ΣREE+Y	75.21	46.14	120.51	199.14	146.84	201.43	125.17
ΣCe	57.43	29.25	110.64	161.55	88.46	181.04	102.78
ΣY	17.78	16.89	9.87	37.59	58.38	20.39	22.39
ΣCe/ΣY	3.23	1.73	11.21	4.30	1.52	8.88	4.59

参 考 文 献

鲍德根, 李全兴. 1993. 南海铁锰结核(壳)的稀土元素地球化学[J]. 海洋与湖沼, 24(3): 304-313.

曾俊杰, 郑有业, 齐建宏, 等. 2008. 内蒙古固阳地区埃达克质花岗岩的发现及其地质意义[J]. 中国地质大学学报, 33(6): 755-763.

陈德潜, 陈刚. 1996. 实用稀土元素地球化学[M]. 北京: 冶金工业出版社: 135-206.

陈喜峰. 2010. 炭窑口矿区基性火山岩地球化学特征及其构造意义[J]. 地质与勘探, 46(1): 113-119.

陈小伍, 王振华, 刘萍. 2002. 内蒙古乌拉山金矿田变质岩石的地球化学特征[J]. 矿床地质, 21(增刊): 577-581.

晨辰, 张志诚, 郭召杰, 等. 2012. 内蒙古达茂旗满都拉地区早二叠世基性岩的年代学、地球化学及其地质意义[J]. 中国科学: 地球科学, 42(3): 343-358.

冯建之, 张灯堂, 张为民, 等. 2014. 河南小秦岭金矿稀土元素地球化学特征及地质意义[J]. 现代地质, 28(6): 1151-1160.

高兆富, 朱祥坤, 罗照华, 等. 2014. 东升庙多金属硫化物矿床主要含矿岩系地质地球化学特征及对矿床成因的指示意义[J]. 岩石矿物学杂志, 33(5): 825-840.

顾枫华, 章永梅, 刘瑞萍, 等. 2011. 内蒙古乌拉山沙德盖花岗岩及其暗色微粒包体岩石学与地球化学研究[J]. 矿物岩石地球化学通报, 33(5): 572-581.

韩宗珠, 李敏, 李安龙, 等. 2010. 青岛田横岛北岸海滩沉积物稀土元素特征及物源判别[J]. 海洋湖沼通报, (3): 131-136.

何晗晗, 李建康, 李超, 等. 2014. 湘南骑田岭矿集区深部探测剖面的稀土元素地球化学特征[J]. 岩矿测试, 33(1): 110-117.

贺宏云, 宝音乌力吉, 杨建军. 2011. 内蒙古贺根山蛇绿岩地球化学特征及其成因[J]. 西部资源, (3): 93-96.

侯东壮, 吴湘滨, 刘江龙, 等. 2012. 黔东南州下寒武统黑色页岩稀土元素地球化学特征[J]. 中国有色金属学报, 22(2): 546-552.

侯建光, 苏尚国, 周岱, 等. 2014. 内蒙古温根南基性-超基性岩体岩石学、地球化学特征及其形成构造背景[J]. 岩石学报, 30(12): 3729-3740.

黄牧, 刘季花, 石学法, 等. 2014. 东太平洋 CC 区沉积物稀土元素特征及物源[J]. 海洋科学进展, 32(2): 175-187.

焦骞骞, 叶金福, 罗来. 2015. 云南高钛辉绿岩与峨眉山玄武岩同源性分析[J]. 东华理工大学学报: 自然科学版, 38(4): 391-397.

靳松, 荣桂林, 张兆祎, 等. 2016. 新疆西准噶尔玛依勒山地区阔依塔斯杂岩体地球化学特征及锆石

U-Pb 年龄[J]. 中国地质, 43(1): 99-110.

来盛民, 杨经绥, 熊发挥, 等. 2015. 西藏雅鲁藏布江缝合带东段泽当地幔橄榄岩特征及其意义[J]. 岩石学报, 31(12): 3629-3649.

李建锋, 张志诚, 韩宝福. 2010. 中祁连西段肃北、石包城地区早古生代花岗岩年代学、地球化学特征及其地质意义[J]. 岩石学报, 26(8): 2431-2444.

李玮, 陈隽璐, 董云鹏, 等. 2016. 早古生代古亚洲洋俯冲记录: 来自东天山卡拉塔格高镁安山岩的年代学、地球化学证据[J]. 岩石学报, 32(2): 505-521.

李文霞, 赵志丹, 朱弟成, 等. 2012. 西藏雅鲁藏布蛇绿岩形成构造环境的地球化学鉴别[J]. 岩石学报, 28(5): 1663-1673.

李小虎, 初凤友, 张平萍, 等. 2014. 西南印度洋中脊热液产物稀土元素组成变化及其来源[J]. 海洋学报, 2014, 36(6): 33-41.

刘仲兰, 李江海, 姜佳奇, 等. 2015. 四川峨眉山地质遗迹及其地学意义[J]. 地球科学进展, 30(6): 691-699.

马铭株, 董春艳, 徐仲元, 等. 2015. 内蒙古大青山地区古元古代早期榴云片麻岩(大青山表壳岩)深熔作用: 地质、锆石年代学和地球化学研究[J]. 岩石学报, 31(6): 1535 -1548.

毛德明, 张启厚, 安树仁. 1992. 贵州西部峨眉山玄武岩及有关矿产[M]. 贵阳: 贵州科技出版社.

潘爱芳, 赫英. 2008. 鄂尔多斯盆地石油的稀土元素地球化学特征[J]. 中国稀土学报, 26(3): 374-380.

潘世语, 迟效国, 孙巍, 等. 2012. 内蒙古苏尼特右旗晚石炭世本巴图组火山岩地球化学特征及构造意义[J]. 世界地质, 31(1): 40-50.

孙俊俊, 葛梦春, 周文孝, 等. 2012. 内蒙古锡林浩特岩群岩相学、地球化学特征及构造环境分析[J]. 地学前缘, 19(5): 144-145.

孙莎莎, 刘人和, 吝文. 2015. 辽河东部凸起山西-太原组泥页岩稀土元素特征研究[J]. 科学技术与工程, 15(31): 1671-1815.

王水利, 梁绍暹. 2010. 华北北部山西组煤系粘土岩稀土元素地球化学特征[J]. 煤田地质与勘探, 38(6): 12-16.

魏小刚, 谭晋昉, 徐德伟. 2014. 内蒙古西伯地区蛇绿—构造混杂岩带岩石学及地球化学特征[J]. 矿产与地质, 28(3): 351-355, 384.

吴玉, 陈正乐, 陈柏林, 等. 2016. 阿尔金北缘脆-韧性剪切带内变形闪长岩的年代学、地球化学特征及其对北阿尔金早古生代构造演化的指示[J]. 岩石学报, 32(2): 555 -570.

肖中军, 王振强, 赵春勇, 等. 2015. 内蒙古苏尼特左旗北部阿登锡勒大队一带早石炭世高分异 I 型花岗岩的发现及地质意义[J]. 地质评论, 61(4): 777-786.

徐琳, 谢启兴. 2015. 内蒙古阿拉善巴彦诺日公石英闪长岩 LA-ICP-MS 锆石 U-Pb 定年及地球化学特征[J]. 新疆地质, 33(4): 529-536.

许立权, 刘翠, 邓晋福, 等. 2014. 内蒙古额仁陶勒盖银矿区火成岩岩石地球化学特征及锆石 SHRIMP U-Pb 同位素定年[J]. 岩石学报, 30(11): 3203-3212.

杨帆, 肖荣阁, 白凤军, 等. 2013. 江西赣州淘锡坑钨矿床稀土地球化学研究[J]. 地质与勘探, 49(6): 1139-1152.

杨胜雄, 龙晓军, 祁奇, 等. 2016. 西太平洋富钴结壳矿物学和地球化学特征——以麦哲伦海山和马尔库斯—威克海山富钴结壳为例[J]. 中国海洋大学学报, 46(2): 105-116.

张霄宇, 邓涵, 张富元, 等. 2013. 西太平洋海山区深海软泥中稀土元素富集的地球化学特征[J]. 中国稀土学报, 31(6): 729-737.

张晓峰, 胡修棉, 王成善. 2010. 藏南白垩纪缺氧与富氧沉积的稀土元素地球化学特征[J]. 矿物岩石地球化学通报, 2010, 29(2): 173-180.

赵芝, 王登红, 陈振宇, 等. 2014. 南岭东段与稀土矿有关岩浆岩的成矿专属性特征[J]. 大地构造与成矿学, 38(5): 255-263.

朱如凯, 郭宏莉, 何东博, 等. 2002. 中国西北地区石炭系泥岩稀土元素地球化学特征及其地质意义[J]. 现代地质, 16(2): 130-136.

邹建华, 刘东, 田和明, 等. 2012. 内蒙古阿刀亥矿晚古生代煤的微量元素和稀土元素地球化学特征[J]. 煤炭学报, 38(6): 1012-1018.

Banerji, P. K. 1982. The Khondalites of Orissa, India: A Case History of Confusing Terminology. Jour. Geol. Soc. India, 23: 155-159.

第7章 常用生态环境稀土含量特征值

本章内容是从环境学、自然地理学角度出发，将典型水系沉积物、土壤等从沉积岩体系中分离出来，单独设立。

对于水系沉积物的稀土含量分析成果主要选取我国很有代表性的黄河、长江，我国东部主要河流的综合性研究及沿海水域沉积物如北部湾、南海等地。

典型土壤稀土含量的分析成果主要选取分布范围广的地带性土壤如栗钙土、或在成因方面能反映地球气候变化的代表性土壤如世界上最大的黄土高原的黄土及其粉尘源区。还有变性土（云南元谋盆地）、亚热带地区代表性的红壤等。

并专门选用了对于食品和人体稀土含量特征的代表性研究成果。

本章采用专业科研工作者的研究成果时，对于他们对比使用的稀土球粒陨石标准、稀土北美页岩标准、稀土上地壳标准等值都遵从研究者采用的稀土标准值数据。

本章所选择的代表性稀土元素数据编排次序，遵循地理空间体系自西向东、自北往南，安排各内容在本章中出现的先后次序。

7.1 水系沉积物稀土含量

本节介绍的水系沉积物稀土元素含量特征包括和海洋型沉积物两大类型。河流型沉积物主要选择黄河、长江沉积物及中国东部主要河流沉积物中稀土元素含量特征；海洋型沉积物主要选择中国渤海、黄海和东海、南海等地区代表性的沉积物稀土含量特征。

7.1.1 河流型沉积物

1. 黄河-长江沉积物

黄河底质沉积物样品采自于黄河利津水文站，长江表层沉积物样品采自于长江口附近。并将小于 63 μm 的黄河沉积物分成 6 个粒级、小于 63 μm 的长江沉积物分成 4 个粒级；其中黄河沉积样品分为 6 个粒级，长江沉积样品分为 4 个粒级。各粒级沉积物稀土含量见表 7-1a、表 7-1b（宫传东等，2013）。

从表 7-1 可看出，相同粒级中长江沉积物的 ΣREE 均高于黄河沉积物。长江沉积物 REE 的丰度遵循元素的"粒度控制律"，即随粒度变细 ΣREE 含量依次增高；黄河沉积物 ΣREE 呈"高-低-高"的不对称马鞍形分布；轻重稀土分馏明显，相对富集 LREE，具弱 Ce 亏损，明显的 Eu 正异常。长江与黄河沉积物 REE 组成特征差异与两条河流流域的风化作用及沉积物的矿物组成密切相关，黄河 ΣREE 的马鞍形分布是细粒级中黏

表 7-1a 黄河沉积物不同粒级稀土含量及参数（×10⁻⁶）

元素/组分	样品粒级						平均值
	<2μm	2~4μm	4~8μm	8~16μm	16~32μm	32~63μm	
La	31.2	27.25	14.8	23.9	29.9	30	26.18
Ce	60	53.45	28.9	48.5	59.3	57.2	51.23
Pr	7.24	6.00	3.22	5.71	6.69	6.8	5.94
Nd	25	22.1	11.8	20.9	26.3	25.6	21.95
Sm	4.42	3.93	2.07	3.82	5.02	4.9	4.03
Eu	1.11	0.88	0.47	0.86	1.08	1.03	0.91
Gd	4.13	3.62	1.92	3.46	4.23	4.28	3.61
Tb	0.59	0.48	0.28	0.48	0.58	0.62	0.51
Dy	3.21	2.95	1.59	2.67	3.38	3.42	2.87
Ho	0.67	0.62	0.36	0.59	0.73	0.75	0.62
Er	2.11	1.89	1.08	1.72	2.08	2.2	1.85
Tm	0.38	0.28	0.16	0.25	0.3	0.32	0.28
Yb	2.14	1.89	1.08	1.64	2.07	2.09	1.82
Lu	0.38	0.27	0.15	0.25	0.3	0.31	0.28
ΣREE	142.58	125.61	67.88	114.75	141.96	139.52	122.05
LREE	128.97	113.61	61.26	103.69	128.29	125.53	110.23
HREE	13.61	12	6.62	11.06	13.67	13.99	11.83
LRE/HRE	9.48	9.47	9.25	9.38	9.38	8.97	9.32
Y	15.9	15.35	8.57	13.9	16.8	17.7	14.7
ΣREE+Y	158.48	140.96	76.45	128.65	158.76	157.22	136.75
ΣCe	128.97	113.61	61.26	103.69	128.29	125.53	110.23
ΣY	29.51	27.35	15.19	24.96	30.47	31.69	26.53
ΣCe/ΣY	4.37	4.15	4.03	4.15	4.21	3.96	4.15

表 7-1b 长江沉积物不同粒级稀土含量及参数（×10⁻⁶）

元素/组分	样品粒级				平均值	中国黄土
	<4μm	8~16μm	16~32μm	32~63μm		
La	40.50	38.30	34.90	31.20	36.23	33.00
Ce	69.90	68.70	62.60	59.30	65.13	66.90
Pr	8.20	8.22	7.74	7.21	7.84	6.74
Nd	29.90	30.40	29.50	27.10	29.23	28.20
Sm	5.60	5.17	5.38	5.07	5.31	5.74
Eu	1.17	1.08	1.19	1.05	1.12	1.14
Gd	4.83	4.62	4.68	4.36	4.62	4.87
Tb	0.64	0.62	0.60	0.59	0.61	0.84
Dy	3.76	3.61	3.39	3.02	3.45	4.62
Ho	0.81	0.78	0.70	0.66	0.74	0.95
Er	2.40	2.34	2.04	1.83	2.15	2.68

元素/组分	样品粒级					
	<4μm	8~16μm	16~32μm	32~63μm	平均值	中国黄土
Tm	0.36	0.33	0.30	0.26	0.31	0.43
Yb	2.44	2.21	1.87	1.69	2.05	2.74
Lu	0.36	0.31	0.27	0.24	0.30	0.43
ΣREE	170.87	166.69	155.16	143.58	159.08	159.28
LREE	155.27	151.87	141.31	130.93	144.85	141.72
HREE	15.60	14.82	13.85	12.65	14.23	17.56
LREE/HREE	9.95	10.25	10.20	10.35	10.19	8.07
Y	19.40	19.00	16.90	15.60	17.73	25.00
ΣREE+Y	190.27	185.69	172.06	159.18	176.80	184.28
ΣCe	155.27	151.87	141.31	130.93	144.85	141.72
ΣY	35.00	33.82	30.75	28.25	31.96	42.56
ΣCe/ΣY	4.44	4.49	4.60	4.63	4.54	3.33

土矿物吸附及粗粒级中相对高含量的重矿物富集作用的结果，而长江沉积物随粒级增大 ΣREE 的衰减趋势主要是随粒级增大逐步增加的石英和长石含量的稀释作用所造成。

2. 中国东部 33 条主要河流沉积物

在河流沉积物（RS）、悬浮颗粒物（SPM）、溶解相（DF）中稀土元素含量及其配分模式主要受区域地质背景、风化作用、迁移过程中河水溶解相与悬浮颗粒物间相互作用等因素的影响，因而稀土元素常常是研究河流水系和海洋物质来源、水粒作用及其分配、迁移与地球化学演化过程的重要示踪元素。

河流是陆源物质远距离、大通量迁移的重要通道，河流下游特别是河口地区河流水体化学组成是汇水盆地基岩风化和人为污染综合作用的结果。虽然在自源头至河口的迁移过程中，河流物质来源和化学组成越来越复杂，其稀土元素组成会有所变化，但由于河流悬浮物及沉积物主要来自流域内的岩石风化作用，稀土元素组成主要受流域区域地质背景和水文条件的控制，源区特征比较明显。下面内容包括长江、黄河、珠江在内的中国东部 33 条主要河流，控制的流域总面积约 402 万 km²，占据中国东部陆域大部分面积，河流年径流总量达 14 527 亿 m³，占中国陆地输入渤海、黄海、东海、南海总径流量的 81%。

该区域自北向南跨越了中温带、暖温带、凉亚热带、中亚热带、暖亚热带和边缘热带等数个气候带，年均气温由 6℃ 左右递增至 24℃ 左右，年降水量由东北地区的 600~900 mm，下降到华北地区的 400 mm 左右，再递增至南方的 2000 余毫米。从北至南，地形地貌、地质背景、气候及降水量、植被和人为影响差异大，植被发育与覆盖程度、土壤类型等均具有明显的南北分带规律。北方河流径流量相对小，而泥沙量较大；南方河流水量较丰沛，泥沙量较小。长江、黄河、珠江等大江大河，源远流长，流域内地质背景十分复杂，基岩岩性类型多样；而马颊河、徒骇河、小清河以及曹娥江等东南沿海河流，干流长度较短，流域面积相对较小，区域地质背景相对简单。采自于各河流的样品中稀土元素含量统计参数见表 7-2 至表 7-6（周国华等，2012）。

表 7-2　枯水期河流沉积物中稀土元素含量及参数（μg/g）

元素/组分	全部河流（n=33）				北方河流（N）	南方河流（S）	S/N
	最小值	最大值	平均值	中值	平均值	平均值	
La	24.00	128.00	51.00	43.00	41.00	56.00	1.37
Ce	45.00	246.00	94.00	81.00	77.00	105.00	1.36
Pr	6.00	29.30	11.50	11.30	9.60	12.60	1.30
Nd	22.00	105.00	41.00	41.00	35.00	45.00	1.28
Sm	4.20	12.90	7.60	7.50	5.90	8.50	1.43
Eu	0.67	2.26	1.29	1.31	1.20	1.34	1.12
Gd	3.59	11.73	6.81	6.80	5.14	7.76	1.51
Tb	0.55	1.88	1.10	1.07	0.80	1.27	1.60
Dy	2.89	9.97	5.90	5.73	4.20	6.87	1.64
Ho	0.58	2.07	1.19	1.14	0.84	1.38	1.64
Er	1.63	5.82	3.37	3.29	2.46	3.89	1.58
Tm	0.28	1.07	0.57	0.55	0.40	0.67	1.65
Yb	1.74	6.59	3.51	3.39	2.51	4.08	1.63
Lu	0.26	1.04	0.55	0.52	0.40	0.63	1.60
ΣREE	115.40	542.90	229.70	204.70	186.30	254.50	1.37
LREE	97.50	507.60	197.90	174.30	162.40	218.10	1.34
MREE	12.80	40.20	23.80	23.80	18.10	27.10	1.50
HREE	3.90	14.50	8.00	7.70	5.80	9.30	1.61
LREE/HREE	24.80	34.90	24.70	22.80	28.20	23.50	0.87
La/Yb	13.90	19.40	14.40	12.80	16.40	13.70	0.86

注：北方河流是指射阳河及其以北的河流，包括大辽河、双台子河、大凌河、滦河、海河、马颊河、徒骇河、黄河、小清河、新沂河、苏北灌溉总渠、射阳河。南方河流是指长江及其以南的河流，包括长江、黄浦江、钱塘江、曹娥江、甬江、椒江、瓯江、交溪、闽江、晋江、九龙江、韩江、东江、珠江、北江、西江、潭江、漠阳江、鉴江、南流江、钦江。

表 7-3　枯水期河流水体悬浮物中稀土元素含量及参数（μg/g）

元素/组分	全部河流（n=33）				北方河流（N）	南方河流（S）	S/N	世界主要河流均值
	最小值	最大值	平均值	中值	平均值	平均值		
La	11.00	124.50	53.1	45.00	40.70	60.10	1.48	37.40
Ce	20.00	226.20	100.8	84.20	71.50	117.60	1.64	73.60
Pr	2.46	26.47	11.50	10.09	8.41	13.26	1.58	7.95
Nd	8.70	93.30	42.2	36.00	30.80	48.70	1.58	32.20
Sm	1.74	17.76	7.96	7.27	5.36	9.45	1.76	6.12
Eu	0.39	3.28	1.45	1.34	1.03	1.68	1.63	1.29
Gd	1.59	16.42	7.30	6.65	4.72	8.77	1.86	5.25
Tb	0.28	2.88	1.18	1.02	0.71	1.45	2.05	0.82
Dy	1.21	14.61	5.81	4.91	3.31	7.23	2.18	4.25
Ho	0.28	3.09	1.19	0.93	0.67	1.49	2.22	0.88

续表

元素/组分	全部河流（n=33）				北方河流（N）	南方河流（S）	S/N	世界主要河流均值
	最小值	最大值	平均值	中值	平均值	平均值		
Er	0.68	8.19	3.09	2.38	1.78	3.84	2.16	2.23
Tm	0.12	1.47	0.52	0.39	0.28	0.66	2.31	0.38
Yb	0.68	8.28	2.94	2.10	1.68	3.66	2.18	2.11
Lu	0.11	1.40	0.49	0.34	0.28	0.61	2.13	0.35
ΣREE	49.32	505.36	239.51	200.83	171.26	278.50	1.63	174.83
LREE	42.16	470.37	207.59	175.96	151.44	239.67	1.58	151.15
MREE	5.51	57.10	24.88	22.25	15.80	30.07	1.90	18.61
HREE	1.66	19.34	7.04	5.11	4.02	8.76	2.18	5.07
LRE/HRE	20.39	97.82	31.77	30.30	36.44	29.10	0.80	29.81
La/Yb	12.72	72.88	20.04	17.97	24.51	17.48	0.71	17.73

河流水体悬浮物指以 0.45μm 滤膜过滤后截留于滤膜上的颗粒物。

表 7-4　枯水期河流溶解相稀土元素含量及参数（ng/l）

元素/组分	全部河流（n=33）				北方河流（N）	南方河流（S）	S/N
	最小值	最大值	平均值	中值	平均值	平均值	
La	2.20	214.50	47.60	26.40	65.00	37.70	0.58
Ce	8.80	365.20	100.00	46.20	135.30	79.80	0.59
Pr	1.10	41.80	11.80	7.70	14.70	10.20	0.70
Nd	4.40	166.10	47.80	26.40	65.10	37.90	0.58
Sm	0.00	36.30	9.50	5.50	13.80	7.00	0.51
Eu	3.30	27.50	9.80	8.80	16.10	6.20	0.38
Gd	0.00	33.00	9.80	6.00	11.30	9.00	0.80
Tb	0.00	5.50	1.80	1.10	2.20	1.50	0.69
Dy	0.80	25.80	8.40	5.80	10.90	7.00	0.64
Ho	1.00	8.00	2.40	2.00	3.00	2.00	0.68
Er	1.00	28.00	9.40	8.00	13.80	6.90	0.50
Tm	1.00	4.00	1.40	1.00	1.50	1.30	0.86
Yb	1.00	24.00	8.90	7.00	12.50	6.80	0.54
Lu	1.00	5.00	1.70	1.00	2.30	1.40	0.63
ΣREE	40.50	948.50	270.20	160.50	367.30	214.80	0.58
LREE	19.80	787.60	207.20	108.90	280.00	165.60	0.59
MREE	7.80	117.90	41.60	31.60	57.20	32.70	0.57
HREE	5.00	57.00	21.40	17.00	30.00	16.40	0.55
LRE/HRE	1.98	18.32	8.66	7.43	8.11	8.97	1.11
La/Yb	0.55	18.15	5.63	5.50	4.84	6.09	1.26

表 7-5　用于标准化处理的稀土元素含量及参数参照值（μg/g）

元素/组分	1 球粒陨石	2 页岩	3 总陆壳	4 上陆壳	5 澳大利亚页岩	6 中国东部泥岩
La	0.3100	92.00	16.00	30.00	44.56	50.00
Ce	0.8080	59.00	33.00	64.00	88.25	88.00
Pr	0.1220	5.60	3.90	7.10	10.15	9.80
Nd	0.6000	24.00	16.00	26.00	37.32	40.00
Sm	0.1650	6.40	3.50	4.50	6.88	7.20
Eu	0.0735	1.00	1.10	0.88	1.22	1.40
Gd	0.2590	6.40	3.30	3.80	6.04	6.20
Tb	0.0474	1.00	0.60	0.64	0.89	1.00
Dy	0.3220	4.60	3.70	3.50	5.33	5.80
Ho	0.0718	1.20	0.78	0.80	1.05	1.20
Er	0.2100	2.50	2.20	2.30	3.08	3.20
Tm	0.0324	0.20	0.32	0.33	0.45	0.49
Yb	0.2090	2.60	2.20	2.20	3.01	3.00
Lu	0.0332	0.70	0.30	0.32	0.4386	0.47
REE	3.2633	207.20	86.90	146.37	208.67	217.76
LREE	2.0785	188.00	73.50	132.48	188.38	196.40
HREE	1.1848	19.20	13.40	13.89	20.29	21.36
L/H	1.7543	9.79	5.490	9.54	9.29	9.19

注：①CI 球粒陨石平均值（Boynton，1984）；②页岩稀土元素平均值（Turekian and Wedepohl，1961）；③总陆壳稀土元素平均值（Taylor and McLennan，1995）；④上陆壳稀土元素平均值（Taylor and McLennan，1995）；⑤页岩稀土元素平均值 PAAS（post archean australian shales）（Pourmand, et al.，2012）；⑥中国东部泥质岩稀土元素平均值（鄢明才和迟清华，1997）。

表 7-6　标准化后的沉积物、悬浮物和溶解相 Ce、Eu 异常值

河流名称	沉积物 Ce异常值	Eu异常值	悬浮物 Ce异常值	Eu异常值	溶解相 Ce异常值	Eu异常值
大辽河	0.91	1.08	1.00	0.99	0.86	6.64
双台子河	0.94	1.11	1.00	0.99	1.08	4.23
大凌河	0.96	0.82	1.02	0.92	1.20	3.09
滦河	0.90	1.23	0.92	0.94	0.97	4.75
海河	0.97	1.07	0.76	0.95	1.72	3.60
马颊河	0.98	1.02	0.97	1.17	1.20	18.64
徒骇河	0.97	1.01	1.01	1.11	0.88	24.36
黄河	0.94	1.05	0.98	1.01	1.01	5.00
小清河	1.01	1.13	0.99	1.04	1.24	6.67
新沂河	1.01	1.04	0.98	1.06	1.32	41.80
苏北灌渠	0.94	1.06	0.97	1.07	0.81	46.29
射阳河	0.92	0.95	0.94	0.73	0.75	6.30
长江	0.94	1.06	0.98	0.93	0.73	11.39
黄浦江	0.94	0.99	0.98	1.05	0.86	12.51

河流名称	沉积物		悬浮物		溶解相	
	Ce 异常值	Eu 异常值	Ce 异常值	Eu 异常值	Ce 异常值	Eu 异常值
钱塘江	0.95	0.97	0.99	1.01	1.28	8.71
曹娥江	0.88	0.97	0.97	1.02	1.06	1.66
甬江	0.96	1.02	0.88	0.98	0.94	1.73
椒江	1.03	0.95	1.04	1.00	1.02	1.45
瓯江	1.06	0.89	1.05	0.89	1.22	3.00
交溪	1.04	0.90	1.07	0.84	1.01	2.68
闽江	0.99	0.89	1.07	0.85	1.05	2.00
晋江	0.94	0.84	0.88	0.96	0.80	6.67
九龙江	0.98	0.59	1.09	0.81	1.08	2.98
韩江	1.01	0.72	0.92	0.65	0.64	2.47
东江	0.95	0.76	1.09	0.78	1.06	3.87
珠江	0.99	0.77	1.08	0.87	1.28	5.50
北江	0.97	0.63	1.07	0.68	1.00	4.46
西江	0.94	0.78	0.98	0.94	0.63	9.92
潭江	1.03	0.60	1.08	0.66	0.82	4.94
漠阳江	1.04	0.71	0.95	1.05	0.86	29.23
鉴江	1.06	0.81	1.54	0.99	1.16	7.01
南流江	1.03	0.73	1.28	1.11	0.90	7.40
钦江	1.01	0.43	1.15	1.08	1.47	8.26
最小值	0.88	0.43	0.76	0.65	0.63	1.45
最大值	1.06	1.23	1.54	1.17	1.72	46.29
平均值	0.97	0.90	1.02	0.94	1.03	9.37
中值	0.97	0.95	0.99	0.98	1.01	5.50
标准差	0.05	0.18	0.13	0.13	0.24	10.92
XN	0.95	1.05	0.96	1.00	1.09	14.28
XS	0.99	0.81	1.05	0.91	0.99	6.56
XN/XS	1.03	0.77	1.10	0.91	0.91	0.46

注：采用中国东部泥质岩的稀土元素平均值进行标准化。XN.北方河流平均值；XS.南方河流平均值；XS/XN .南方河流均值/北方河流均值。

中国东部 33 条主要河流沉积物的稀土含量特点：

(1)中国东部河流沉积物、悬浮物、溶解相稀土组成为轻稀土>中稀土>重稀土，与地壳及上陆壳稀土元素组成规律相同。经过了基岩风化、迁移和水粒相互作用，与轻稀土相比，河流沉积物相对富集中、重稀土元素。而河流悬浮物表现为轻稀土相对富集，且河流溶解相明显富集重稀土。

(2)南方河流沉积物、悬浮物稀土元素含量总体上高于北方河流，与中国东部出露地壳的稀土含量南北差异相符，显示了地壳岩石丰度对河流沉积物稀土组成的控制作用。南方河流悬浮物态中稀土、重稀土呈现一定程度的相对富集，与中国稀土矿产种类的南北分布规律一致。河流溶解相稀土元素浓度则为北方河流明显大于南方河流，反映了河水理化性质的重要作用。

（3）多数河流悬浮物轻、中稀土弱富集型，Ce 异常不明显，Eu 多为负异常；溶解相则以中、重稀土相对富集。北方河流（河水 pH 较高时）溶解相 Ce 呈较强的负异常。除小清河外，所有河流的 Eu 呈现强烈的正异常。

7.1.2　海洋型沉积物

1. 渤海湾-黄海-东海

中国四大海域之一渤海整体为浅海，海底地形呈三个海湾向渤海中央倾斜的平缓斜坡。渤海平均水深仅 18 m，最深处仅 30 m。由于渤海的四周几乎为大陆所包围，流入渤海的河流有黄河、辽河、滦河等多条，每年都带来大量泥沙，主要堆积在河口，其余部分向渤海中央及沿岸搬运和沉积。其中黄河自 1855 年改道入渤海以来，平均每年输沙量约 12 亿 t，黄河沉积物成为渤海最主要的沉积物源。

渤海环流主要由黄海暖流的余流和渤海沿岸流组成，北部为反时针方向，南部为顺时针方向的双环流结构。环流作用是渤海浅海环流系统中，沉积物长期输运过程的主要动力。郑世雯等（2017）研究渤海中部表层沉积物中稀土元素（不含 Y）的含量波动在 105.75~228.61 µg/g（表 7-7），平均值为 156.93 µg/g，接近于全球沉积物平均稀土元素含量（150~300 µg/g）的低值端，与黄土的平均含量较接近（155.31 µg/g），但是高于黄海、东海表层沉积物的平均含量（黄海为 134.03 µg/g，东海为 140.03 µg/g），低于南海表层沉积物的平均含量（南海为 187.58 µg/g）。

表 7-7a　渤海沉积物表层样稀土元素含量（µg/g）

特征值	La	Ce	Pr	Nd	Sm	Eu	Gd	Tb	Dy	Ho	Er	Tm	Yb	Lu
最大值	43.4	85.58	10.17	37.46	7.05	1.52	6.03	0.96	5.55	1.08	3.24	0.48	3.21	0.46
最小值	22.92	43.78	5.33	19.48	3.50	0.78	2.79	0.46	2.65	0.48	1.40	0.23	1.43	0.02
平均值	33.25	66.15	7.63	28.4	5.29	1.17	4.18	0.71	4.44	0.85	2.48	0.39	2.52	0.35

表 7-7b　渤海沉积物表层样稀土元素（组分）主要参数（µg/g）

特征值	ΣREE	ΣLREE	ΣHREE	ΣLRE/ΣHRE	(La/Yb)$_{NASC}$	(La/Sm)$_{NASC}$	(La/Yb)$_{NASC}$	δCe	δEu
最大值	204.89	185.18	20.40	10.39	1.61	1.25	1.29	0.93	1.43
最小值	105.75	96.04	9.70	7.96	1.07	1.06	0.81	0.86	0.98
平均值	157.80	141.89	15.91	8.96	1.29	1.12	0.99	0.90	1.10

表层平均值与渤海周边河流，黄河、滦河、辽河及海河等稀土元素各项指标进行对比，见表 7-8。

表 7-8　表层样平均值与注入渤海的主要河流稀土元素（组分）含量比较（μg/g）

元素/组分	表层样平均值	注入渤海的主要河流			
		黄河	滦河	辽河	海河
La	33.06	28.97	25.22	27.65	34.49
Ce	65.76	53.92	44.90	49.90	70.94
Pr	7.59	7.07	6.15	6.70	7.91
Nd	28.26	26.67	22.98	25.13	29.63
Sm	5.26	4.99	4.22	4.71	5.65
Eu	1.17	1.04	1.01	0.97	1.28
Gd	4.15	4.65	3.64	4.21	5.66
Tb	0.71	0.75	0.56	0.67	0.72
Dy	4.41	3.92	2.92	3.49	3.81
Ho	0.85	0.84	0.59	0.72	0.75
Er	2.47	2.33	1.64	2.05	2.09
Tm	0.39	0.35	0.28	0.35	0.31
Yb	2.51	2.05	1.74	2.19	2.00
Lu	0.34	0.31	0.27	0.34	0.30
ΣREE	156.93	137.86	116.11	129.09	165.51
LREE	141.09	122.66	104.48	115.06	149.88
HREE	15.83	15.20	11.63	14.03	15.63
L/H	8.96	8.07	8.98	8.20	9.59
$(La/Yb)_{NASC}$	1.31	1.37	1.40	1.22	1.67
$(La/Sm)_{NASC}$	1.12	1.03	1.06	1.05	1.09
$(La/Yb)_{NASC}$	1.03	1.35	1.24	1.14	1.69
δCe	0.90	0.82	0.79	0.80	0.94
δEu	1.10	0.95	1.13	0.96	0.99

注：NASC 是北美页岩标准化。

蓝先洪等（2016）在渤海东部和黄海北部海域采取区表层沉积物样品的 ΣREE 含量见表 7-9。

表 7-9　渤海东部和黄海北部表层沉积物稀土元素（组分）含量参数（μg/g）

元素/组分	最大值	最小值	平均值
La	48.90	19.50	33.50
Ce	102.00	38.40	66.60
Pr	11.50	4.65	7.86
Nd	41.90	17.20	29.20
Sm	7.14	3.13	5.25
Eu	1.37	0.70	1.08
Gd	6.07	2.61	4.56
Tb	0.92	0.41	0.70
Dy	5.19	2.33	3.92

续表

元素/组分	最大值	最小值	平均值
Ho	1.05	0.45	0.80
Er	2.97	1.16	2.21
Tm	0.47	0.16	0.34
Yb	2.99	1.01	2.20
Lu	0.47	0.15	0.35
ΣREE	232.94	91.86	158.57
LREE	212.81	83.58	143.49
HREE	20.13	8.28	15.08
L/H	10.57	10.09	9.52
Y	27.50	11.60	21.10
ΣREE+Y	260.44	103.46	179.67
ΣCe	212.81	83.58	143.49
ΣY	47.63	19.88	36.18
ΣCe/ΣY	4.47	4.20	3.97

上述区域的沉积物中总稀土平均含量为 179.7 μg/g，高于中国陆架海底沉积物平均含量（156 μg/g），比较接近于中国黄土的 ΣREE 值（185 μg/g），而与深海沉积物中稀土元素的 ΣREE 值（200 μg/g）相差较大。稀土元素在研究区域的分布趋势表现为由成山角沿山东半岛向西北方向海域，以及由山东半岛东南部沿近岸向西南海域逐渐减少。研究区西北角、东部、东南部和辽东半岛东南部局部海域为 ΣREE 高值区，渤海研究区中部、渤海海峡、研究区西南部和成山角以东海域为 ΣREE 低值区。

对于中国海大地架沉积物稀土元素的丰度，根据赵一阳等（1990）研究成果整理，见表 7-10。

表 7-10　中国海大陆架沉积物中稀土元素（组分）的丰度（μg/g）

元素/组分	渤海	黄海	东海	南海	平均
La	43.98	26.41	22.73	40.51	28.78
Ce	73.51	53.05	55.18	57.65	55.43
Pr	11.91	6.52	5.84	10.17	7.37
Nd	43.80	20.45	22.00	36.77	26.38
Sm	7.18	4.16	4.60	5.69	4.40
Eu	1.82	1.00	0.90	1.35	1.10
Gd	7.41	4.55	4.59	5.81	5.11
Tb	0.79	0.53	0.64	0.83	0.62
Dy	4.40	2.89	3.49	3.21	3.42
Ho	9.84	0.44	0.77	0.34	0.64
Er	2.39	1.03	1.40	1.95	1.50
Tm	0.26	0.08	0.16	0.13	0.15
Yb	2.13	1.74	1.70	1.59	1.75

续表

元素/组分	渤海	黄海	东海	南海	平均
Lu	0.27	0.13	0.13	0.26	0.16
ΣREE	209.69	122.98	124.13	166.26	136.81
LREE	182.20	111.59	111.25	152.14	123.46
HREE	27.49	11.39	12.88	14.12	13.35
L/H	6.63	9.80	8.64	10.77	9.25
Y	28.54	11.05	20.18	21.63	19.08
ΣREE+Y	238.23	134.03	144.31	187.89	155.89
ΣCe	182.20	111.59	111.25	152.14	123.46
ΣY	56.03	22.44	33.06	35.75	32.43
ΣCe/ΣY	3.25	4.97	3.37	4.26	3.81

2. 南海（包括北部湾）

1）北部湾

李军和窦衍光等（2012）对北部湾东部海域表层沉积物样品的稀土元素（REE）分析详细数据见表7-11。

表 7-11　北部湾东部海域表层沉积物稀土元素含量有关参数（μg/g）

沉积物分区	特征值	Mz(φ)	La	Ce	Pr	Nd	Sm	Eu	Gd	Tb	Dy	Ho
	Min	3.57	35.33	59.92	7.62	25.95	4.85	0.83	4.34	0.68	3.47	0.67
Ⅰ（27）	Max	7.46	42.02	78.53	8.92	34.59	6.74	1.34	6.88	1.00	5.05	1.09
	Av	6.38	38.82	69.81	8.40	30.23	5.66	1.05	5.11	0.80	4.30	0.87
	Min	4.38	25.80	36.57	6.16	18.96	3.53	0.42	3.19	0.51	2.55	0.49
Ⅱ（9）	Max	7.34	32.84	53.35	7.16	23.03	4.31	0.83	4.33	0.66	3.59	0.76
	Av	5.92	29.60	46.70	6.62	20.85	3.96	0.68	3.64	0.58	3.10	0.63
	Min	0.53	12.74	9.03	3.54	4.46	0.99	0.14	0.84	0.17	1.23	0.25
Ⅲ（8）	Max	7.64	23.52	34.47	5.47	14.48	2.90	0.60	2.56	0.42	2.67	0.55
	Av	3.25	19.07	23.56	4.69	10.43	2.01	0.40	1.78	0.30	1.78	0.38
	Min	3.69	42.65	81.25	8.95	31.93	5.86	0.80	5.25	0.82	4.06	0.79
Ⅳ（24）	Max	7.47	69.09	138.31	14.09	57.66	10.31	1.50	9.40	1.30	5.95	1.20
	Av	6.63	47.00	91.29	9.83	36.73	6.80	1.25	5.95	0.96	5.21	1.05
	Min	0.53	12.74	9.03	3.54	4.46	0.99	0.14	0.84	0.17	1.23	0.25
北部湾（全部）	Max	7.64	69.09	138.3	14.09	57.66	10.30	1.50	9.40	1.30	5.95	1.20
	Av	6.06	38.15	68.85	8.23	28.99	5.41	0.99	4.83	0.77	4.17	0.85
珠江	—	—	52.7	114.2	12.14	46.21	8.69	1.77	8.82	1.14	6.39	1.26
红河	—	—	52.0	111.7	11.5	43.3	7.73	1.67	7.99	1.03	5.67	1.09
湄公河	—	—	38.3	86.1	8.76	33.6	6.30	1.37	6.54	0.85	4.81	0.94
上陆壳	—	—	30	64	7.1	26	4.50	0.88	3.80	0.64	3.50	0.80
中国浅海沉积物			33	67	—	29	5.60	1.00	—	0.73	—	—

续表

沉积物分区	特征值	Mz(φ)	Er	Tm	Yb	Lu	ΣREE	δEu	δCe	(La/Yb)$_N$	(Gd/Yb)$_N$
	Min	3.57	2.13	0.29	1.87	0.28	153.9	0.45	0.83	8.18	1.49
I（27）	Max	7.46	3.20	0.48	3.23	0.46	186.6	0.68	0.98	12.83	2.16
	Av	6.38	2.65	0.39	2.49	0.37	170.9	0.60	0.93	10.66	1.66
	Min	4.38	1.56	0.21	1.33	0.20	105.2	0.38	0.70	8.63	1.44
II（9）	Max	7.34	2.24	0.34	2.19	0.32	135.9	0.64	0.87	14.32	1.95
	Av	5.92	1.93	0.28	1.79	0.27	120.6	0.55	0.80	11.37	1.65
	Min	0.53	0.76	0.11	0.70	0.11	36.10	0.40	0.32	7.78	0.61
III（8）	Max	7.64	1.64	0.25	1.62	0.25	91.20	1.03	0.73	15.80	1.54
	Av	3.25	1.10	0.17	1.09	0.16	66.90	0.67	0.59	12.28	1.34
	Min	3.69	2.62	0.35	2.27	0.35	190.6	0.25	0.95	5.85	1.34
IV（24）	Max	7.47	3.61	0.53	3.37	0.50	313.9	0.67	1.07	17.34	2.82
	Av	6.63	3.17	0.46	2.97	0.45	213.1	0.61	1.02	10.81	1.64
	Min	0.53	0.76	0.11	0.70	0.11	36.08	0.32	0.32	7.78	0.61
北部湾（全部）	Max	7.64	3.61	0.53	3.37	0.50	313.9	1.03	1.06	17.34	2.82
	Av	6.06	2.56	0.38	2.41	0.36	167.0	0.60	0.90	10.95	1.61
珠江	—	—	3.66	1.50	3.45	0.50	295.4	0.62	1.06	10.31	2.07
红河	—		3.15	0.43	2.85	0.40	278.4	0.65	1.07	12.36	2.28
湄公河	—		2.76	0.39	2.61	0.37	239.6	0.65	1.10	9.91	2.03
上陆壳	—		2.30	0.33	2.20	0.32	146.4	0.65	1.06	9.19	1.39
中国浅海沉积物			—	—	2.20	0.34	144.7	0.53	0.93	—	—

　　I（27）-取样分区编号（取样数）；Mz（φ）-平均粒径；Min-最小值，Max-最大值，Av-平均值；珠江、红河、湄公河样品为小于 63 μm 的沉积物。

　　根据表 7-11 可知，北部湾东部海域沉积物 REE 变化范围为 36.10~232.70 μg/g，平均值为 152.10 μg/g，ΣREE 均值与上陆壳（UCC）相比，研究区沉积物呈现轻稀土（LREE）明显富集，重稀土（HREE）相对亏损以及中等程度的 Eu 异常等特征。

2）南海表层沉积物

　　朱赖民等（2007）对南海表层沉积物中稀土元素分布特征参数的研究成果见表 7-12 和表 7-13。

表 7-12a　中国南海不同区域表层沉积物稀土元素含量及参数（×10^{-6}）

海区	特征值	黏土/%	粉砂+黏土/%	砂/%	ΣLREE
	最小值	12.63	45.66	7.57	13.09
陆架区（9）	最大值	26.95	92.43	54.34	220.59
	平均值	20.04	73.17	26.84	110.00
	最小值	1.70	5.94	0.73	9.88
陆坡区（28）	最大值	35.76	99.27	94.06	144.17
	平均值	24.02	82.32	18.04	93.97

海区	特征值	黏土/%	粉砂+黏土/%	砂/%	ΣLREE
海盆区（16）	最小值	11.12	72.22	0.61	37.95
	最大值	38.26	99.39	27.78	146.74
	平均值	30.01	91.53	8.45	117.80
全海区（53）	最小值	1.70	5.94	0.61	9.88
	最大值	38.26	99.39	94.06	220.59
	平均值	25.42	84.09	16.10	103.76

表 7-12b　中国南海不同区域表层沉积物稀土元素含量及参数（×10⁻⁶）

海区	特征值	ΣHREE	ΣREE	δEu	δCe	L/H
陆架区（9）	最小值	1.86	15.09	0.44	0.91	6.57
	最大值	17.19	236.56	0.66	1.09	13.81
	平均值	10.46	120.46	0.53	1.05	9.71
陆坡区（28）	最小值	1.89	11.77	0.52	0.67	5.23
	最大值	16.17	159.62	0.66	1.15	9.51
	平均值	11.63	105.59	0.57	1.00	7.92
海盆区（16）	最小值	6.91	44.86	0.51	0.86	4.79
	最大值	20.26	163.55	0.66	1.14	9.36
	平均值	15.07	132.86	0.59	1.04	7.72
全海区（53）	最小值	1.86	11.77	0.44	0.67	4.79
	最大值	20.26	236.56	0.66	1.15	13.81
	平均值	12.50	116.27	0.57	1.02	8.13

注：陆架区（9）-（样品个数）；平均值为算术平均值。

表 7-13　中国南海不同区域表层沉积物与其他地区的沉积物稀土元素平均丰度及参数对比表（×10⁻⁶）

海区	ΣREE	LREE	HREE	L/H	δEu	δCe
南海大陆架	120.46	110	10.46	9.71	0.53	1.05
南海大陆坡	105.59	93.97	11.63	7.92	0.57	1.00
南海海盆区	132.86	117.80	15.07	7.72	0.59	1.04
南海全区	116.27	103.76	12.50	8.13	0.57	1.02
中国浅海沉积物	159.53	114.73	14.80	9.78	0.53	0.93
中国大地沉积物	172.11	153.54	18.57	8.27	0.54	0.96
深海沉积物	125.13	87.36	37.77	3.31	0.65	0.64
大洋玄武岩	58.64	42.96	15.68	2.74	0.87	1.35
黄河沉积物	137.77	122.67	15.10	8.12	0.57	0.91
长江沉积物	167.10	149.49	17.61	8.49	0.59	0.90
中国黄土	155.31	138.01	22.53	11.39	0.55	1.08
珠江沉积物	279.21	256.68	22.53	11.39	0.55	1.08
上地壳	146.37	132.48	13.89	9.54	0.56	1.06

综合表 7-12a、表 7-12b 和表 7-13 可知，在空间分布上，ΣREE 呈显著正相关，反映出稀土元素在风化、搬运和沉积过程中地球化学行为非常相似，在陆架区具有沿陆分带特点。南海各海区沉积物陆架区轻稀土比重稀土明显富集，存在比较明显的 Eu 负异常，与陆架区相比较，陆坡区和海盆区则轻稀土含量相对降低，重稀土含量有所上升。LREE/HREE 从陆架区、陆坡区到海盆区逐渐降低，显示陆架区主要为陆源，而陆坡和海盆沉积物中则有幔源物质加入。陆架区表现为轻稀土富集、重稀土亏损，具一定的铈负异常，深部海盆区则出现明显的中稀土和重稀土的富集，铈异常变弱，与深部海盆区有基性火山物质的加入的地质事实相吻合。南海表层沉积物稀土元素总体上呈现出以陆源沉积为主的特征，其元素平均丰度和各参数值都比较接近陆源河流和中国浅海沉积物，而与深海沉积物和大洋玄武岩差别显著，显示南海沉积物虽然受到火山沉积和生物沉积的混合作用的影响，但其物质源仍然主要来自于周缘大陆。

7.2　典型土壤稀土含量

源自于《易·离》的"百谷草木丽乎土"，应该是我国古典文献资料中对于土壤功能最早的记述，也体现了中华民族先祖对土壤的认识。土壤是大气圈、水圈、生物圈对地球岩石圈表层经过复杂、长期的风化作用而形成的次生圈，这个次生圈也称之为土壤圈。土壤由固相物质、液相物质、气相物质组成。固相物质包括土壤矿物质、有机质和微生物通过光照抑菌灭菌后得到的养料等；液相物质主要指土壤水分；气相物质是存在于土壤孔隙中的空气。土壤中这三类物质互相联系，互相制约，对立统一，为作物提供必需的生活条件，是土壤肥力的物质基础。中国土壤的水平地带性和垂直地带性分布特点非常明显：

中国土壤的水平地带性分布，在东部湿润、半湿润区域，表现为自南向北随气温带而变化的规律，热带为砖红壤，南亚热带为赤红壤，中亚热带为红壤和黄壤，北亚热带为黄棕壤，暖温带为棕壤和褐土，温带为暗棕壤，寒温带为漂灰土，其分布与纬度基本一致，故又称纬度水平地带性。

垂直地带性分布表现在随着山体的高度和相对高差，表现出土壤的垂直带谱。山体越高，相对高差越大，土壤垂直带谱越完整。例如，喜马拉雅山具有最完整的土壤垂直带谱，由山麓的红黄壤起，经过黄棕壤、山地酸性棕壤、山地漂灰土、亚高山草甸土、高山草甸土、高山寒漠土，直至雪线，为世界所罕见。中国的土壤由南到北、由东向西虽然具有水平地带性分布规律，但北方的土壤类型在南方山地却往往也会出现。

中国土壤资源丰富、类型繁多，世界罕见。中国主要土壤发生类型可概括为红壤、棕壤、褐土、黑土、栗钙土、漠土、潮土（包括砂姜黑土）、灌淤土、水稻土、湿土（草甸、沼泽土）、盐碱土、岩性土和高山土等 12 个系列。其中栗钙土是中国北方分布范围极广的一些草原土壤，如内蒙古地区的草原土壤都属于栗钙土系列。

下面选择北方代表性的栗钙土等、黄土亚洲风尘源区表土层、云南元谋盆地变性土、南方红壤剖面土壤稀土元素含量等数据。

7.2.1　北方主要土壤稀土含量

中国北方半干旱地区农牧交错带常年干旱少雨，其土壤类型主要是栗钙土，而栗钙土明显的特点是具有栗色腐殖质层和碳酸钙淀积层。栗钙土主要分布在内蒙古地区，约占内蒙古土地总面积的 21.3%，大约 243.4 万 hm^2。栗钙土中胡敏酸的三维空间构象有明显的立体空隙网状结构，其空隙可能会大量吸附碳水化合物和蛋白质以及有机污染物，从而使土壤胡敏酸有很好的保肥能力和净化能力。胡敏酸中羟基、醇和酚、饱和碳、饱和羧酸等含量较多，从而使胡敏酸高分子呈酸性（吕贻忠等，2012）。李品芳等（2014）研究证实内蒙古武川地区（41°8′7″~41°8′36″N；111°17′30″~111°17′59″E）栗钙土剖面形态特征基本是由腐殖质表层（A）、过渡层（AB）、钙积层（Bk）和母质层（C）组成。土壤剖面的腐殖质表层中含量最低，而钙积层中较高；碳酸钙淀积形式有假菌丝状、粉末状、石块下淀积形式等。钙积层及非钙积层的碳酸钙平均含量为 60.70 g/kg，钙积层土壤的碳酸钙平均含量为 180.10 g/kg，最高含量达 429.30 g/kg，属于中等变异强度。按地貌部位不同采用非等间距不规则网格布点法，在 700 m×900 m 的区域内 80 个剖面中碳酸钙含量属于很高的变异强度。钙积层淀积厚度在 20~40 cm，所占比例最大，达 57.70%。钙积层出现深度最小为 12 cm，最大为 90 cm，平均值为 48.0 cm。

王玉琦等（1987）研究了松辽平原不同土壤类型中稀土、铀和钍等微量元素含量，如表 7-14 和表 7-15 所示。

表 7-14　松辽平原不同土类的稀土、铀和钍元素含量（μg/g）

元素	黑土	黑钙土	草甸土	棕壤	褐土
La	39.10	31.30	35.00	36.50	29.30
Ce	81.20	61.70	69.50	74.50	69.50
Nd	40.30	30.50	36.50	39.30	30.20
Sm	6.82	5.51	5.86	6.15	4.98
Eu	1.31	1.08	1.19	1.28	1.01
Tb	0.87	0.68	0.78	0.86	0.65
Yb	2.83	2.33	2.39	2.73	2.37
Lu	0.47	0.39	0.40	0.47	0.40
U	2.60	2.10	2.24	2.48	2.16
Th	12.10	9.84	11.00	11.00	9.50
Th/U	4.70	4.60	4.90	4.40	4.40
元素	暗棕壤	栗钙土	白浆土	松辽平原	世界土壤
La	37.10	27.80	36.30	34.40	40.00
Ce	71.50	54.20	71.90	70.70	50.00
Nd	37.50	27.30	34.00	35.10	35.00
Sm	6.21	4.99	6.03	5.90	4.50
Eu	1.24	0.97	1.16	1.17	1.00
Tb	0.81	0.68	0.77	0.77	0.70
Yb	2.41	2.35	2.49	2.52	3.00
Lu	0.38	0.39	0.42	0.42	0.40
U	2.55	2.10	2.34	2.34	2.00
Th	13.00	8.80	11.20	10.80	9.00

表 7-15　松辽平原土壤的稀土元素数据（μg/g）

土壤类型	ΣREE	LREE	HREE	L/H	Eu*	Eu/Eu*	Ce*	Ce/Ce*
黑土	200.40	179.00	21.40	8.40	2.01	0.65	82.30	0.99
黑钙土	156.80	139.90	16.90	8.30	1.58	0.68	65.50	0.98
草甸土	175.10	156.60	18.50	8.50	1.72	0.69	72.20	0.96
棕壤	187.70	167.00	20.70	8.10	1.86	0.69	79.00	0.94
褐土	159.30	142.80	16.50	8.70	1.46	0.69	63.80	1.09
暗棕壤	181.30	162.30	19.00	8.50	1.83	0.68	75.60	0.95
栗钙土	138.69	121.70	16.90	7.20	1.50	0.65	57.10	0.95
白浆土	176.40	157.80	18.60	8.50	1.75	0.66	74.80	0.96

7.2.2　亚洲风尘源区表土层

黄土亚洲风尘源区土壤层是中国黄土高原地区黄土的主要物质来源。亚洲风尘的源区主要包括中国西部沙漠、中国北部沙漠以及青藏高原地区。青藏高原的高山作用（包括冰川研磨作用、山体剥蚀作用、山前冲洪积作用等）形成大量松散物质就近分布于青藏高原及周边地区，这成为亚洲粉尘的源区之一。稀土元素特征是砂质表土物理化学性质的重要部分，同时又是稀土元素示踪系统的基础。张成龙等（2008）在青藏高原不同地区采样品，样品编号为：QMX（且末县西 90 km 流沙）；YCD（叶城东 35 km 流沙）；TSH（柴达木盆地托素湖岸沙堆）；XDT（青海西大滩沙丘）；PRG（普若岗日沙堆）；GZB（改则北的荒漠）；QZX（青藏线南段第一沙堆）；DWH（达瓦湖北的高山草原上的沙丘）；YJH（雅鲁藏布江河漫滩沙土）；DRX（定日附件的沙堆）。这些砂质表土主要是局地风沙活动堆积的，后期风化较弱，能够反映当地表土的综合状况。青藏高原及周边地区砂质表土样品稀土元素含量见表 7-16。

表 7-16　青藏高原及周边地区部分砂质表土样的稀土含量（组分）及参数（μg/g）

元素/组分	编号											
	QMX	YCD	TSH	XDT	PRG	GZB	QZX	DWH	YJH	DRX	CHL	UCC
La	23.01	26.72	16.08	24.18	9.84	18.65	20.76	21.21	56.74	34.07	34.00	30.00
Ce	44.91	52.07	29.61	49.78	17.49	38.96	39.94	39.33	120.40	68.78	66.80	64.00
Pr	5.35	6.23	3.76	6.03	2.13	4.53	4.59	4.64	13.85	7.93	7.97	7.10
Nd	18.74	22.28	13.52	22.32	7.59	15.97	15.67	16.01	48.94	27.60	37.30	26.00
Sm	3.80	4.44	2.72	4.74	1.55	3.02	3.03	3.08	9.21	5.36	6.20	4.50
Eu	0.80	0.94	0.66	1.07	0.37	0.57	0.56	0.59	1.65	0.93	1.18	0.88
Gd	3.57	4.02	2.60	4.82	1.48	3.02	3.08	2.92	7.44	4.74	4.43	3.80
Tb	0.53	0.67	0.40	0.78	0.21	0.37	0.57	0.43	0.96	0.69	0.83	0.64
Dy	3.00	3.72	2.21	4.61	1.21	2.02	3.59	2.58	5.06	4.06	4.53	3.50
Ho	0.62	0.78	0.45	0.95	0.26	0.41	0.84	0.56	1.00	0.87	1.17	0.80
Er	1.72	2.13	1.24	2.61	0.73	1.13	2.65	1.61	2.92	2.49	2.61	2.30
Tm	0.26	0.32	0.18	0.38	0.11	0.17	0.41	0.24	0.44	0.39	0.52	0.33
Yb	1.56	2.04	1.10	2.24	0.70	1.03	2.55	1.59	2.76	2.48	2.69	2.20

元素/组分	编号											
	QMX	YCD	TSH	XDT	PRG	GZB	QZX	DWH	YJH	DRX	CHL	UCC
Lu	0.24	0.32	0.17	0.33	0.11	0.16	0.40	0.25	0.44	0.40	0.43	0.32
ΣREE	108.11	126.68	74.7	124.84	43.78	89.71	98.64	95.04	271.81	160.79	170.66	146.37
LREE	96.61	112.68	66.35	108.12	38.97	81.7	84.55	84.86	250.79	144.67	153.45	132.48
HREE	11.50	14.00	8.35	16.72	4.81	8.01	14.09	10.18	21.02	16.12	17.21	13.89
L/H	8.40	8.05	7.95	6.47	8.10	10.20	6.00	8.34	11.93	8.97	8.92	9.54
(La/Yb)N	9.96	8.83	9.85	7.28	9.49	12.16	5.49	9.00	13.88	9.27	9.19	8.52
(La/Sm)N	3.81	3.79	3.72	3.21	4.00	3.88	4.30	4.33	3.88	4.00	4.19	3.45
(Gd/Yb)N	1.85	1.59	1.91	1.74	1.71	2.13	0.97	1.48	2.18	1.54	1.39	1.33
δCe	0.97	0.97	0.92	0.99	0.92	1.02	0.98	0.95	1.03	1.01	1.06	0.98
δEu	0.66	0.68	0.76	0.68	0.76	0.61	0.56	0.61	0.61	0.57	0.65	0.69

UCC 为现代上地壳；CHL 为中国黄土样品。

　　根据表 7-16 结合分布模式图 7-1 中可以清楚看到，轻稀土部分曲线相对较陡峭，重稀土部分曲线相对平缓。QZX 样品在重稀土部分表现不同的现象，呈现为逐渐富集的状态，如分布模式图 7-1 所示，表现为轻微的左倾状。

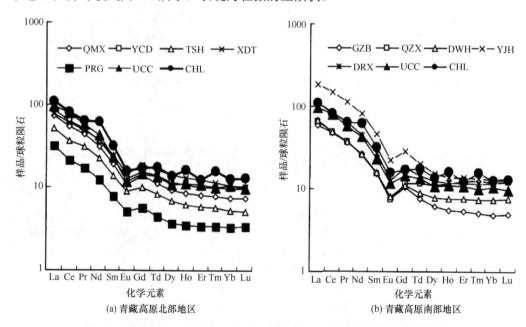

图 7-1　表土样品、中国黄土及上地壳稀土元素球粒陨石标准化分布模式

　　如图 7-1 球粒陨石标准化曲线反映出高原表土样中 Eu 元素明显亏损，Ce 元素无显著异常。高原表土样的 δEu 值（0.56~0.76）均显著小于 0.95，而 δCe 值（0.92~1.03）主要分布在 0.95~1.05 的范围内，仅有 TSH（0.92）和 PRG（0.92）两样品小于 0.95，Ce 元素表现为微弱的亏损。

　　所以，青藏高原砂质表土稀土元素特征主要受原岩性质的控制，同时在不同程度上受到风化作用的影响；其稀土含量变化较大，温暖湿润的藏南地区稀土含量较高，气候寒冷干燥地区则相对偏低；稀土元素的球粒陨石标准化分布模式与现代上地壳和中国黄土的稀土元素分布模式相似，均表现为轻稀土富集，Eu 相对亏损、Ce 元素无明显异常的模式。

7.2.3　云南元谋盆地变性土

变性土是一类主要发育于泥质沉积物或沉积岩的特殊的土壤类型。由于具有强烈的湿胀干缩特性，工程地质界称为"膨胀土"。云南省元谋盆地属干热气候，出露的元谋组沉积地层部分层段，如泥岩或页岩，在干热的气候条件下发育，形成干润变性土。黄成敏等（黄成敏和王成善，2003）分别采集干润变性土两个典型土壤亚类的剖面样品：YB01 和 YB02 剖面。YB01 剖面为表蚀简育干润变性土，微地貌陡峭，排水极快；YB02 剖面为强裂钙积干润变性土，微地形较平缓，排水较慢。YB01 剖面地表分布有大量直径 0.2~0.6 mm 的铁质结核。YB02 剖面地表有多量的粒径 2~5 mm 钙质结核。另外，采集元谋组其他层段沉积岩样品 B4 和样品 B10，用于与 YB01 剖面和 YB02 剖面样品对比研究（表 7-17 至表 7-19）。

表 7-17　变性土剖面样品的基本特征

剖面	样品	采样深度/cm	发生层次	有机质/(g/kg)	pH	CaCO₃ /(g/kg)	颗粒组成/ (g/kg)		
							2~0.05 mm	0.05~0.002 mm	<0.002 mm
YB01	B1	0~7	Bk	2.44	8	25.35	96	554	350
	B2	7~43	（B）C	2.41	7.95	20.19	96	569	335
	B3	43~120	灰色泥岩	2.17	7.72	18.49	87	584	329
	B5	地表	铁质结核	—	7.36	4.08	—	—	—
YB02	B6	0~5	（A）Bk	5.46	8.69	126.36	35	173	792
	B7	5~20	（B）C	4.19	8.74	15.45	20	152	828
	B8	20~90	灰色泥岩	3.73	8.4	21.19	44	135	821
	B9	地表	钙质结核	4.56		233.2			
对比样	B4		红色砂岩		6.84	5.8	748	177	75
对比样	B10		黑色页岩	161.13	4.51				

表 7-18　变性土剖面样品稀土元素含量（组分）及参数（mg/kg）

元素/ 组分	B1	B2	B3	B5	B6	B7	B8	B9	B4	B10	PAAS	IDMS
	0~7	7~43	43~120	地表	0~5	5~20	20~90	地表	—	—	—	—
La	54.05	56.74	46.43	68.44	54.28	52.34	45.93	56.32	19.52	14.24	38.20	0.31
Ce	101.90	105.60	87.97	169.70	111.10	95.80	86.07	100.10	35.98	24.72	79.60	0.81
Pr	11.16	11.66	9.59	21.48	12.37	10.03	9.27	14.74	3.95	2.71	8.83	0.12
Nd	42.89	46.15	36.92	82.99	45.66	38.03	35.80	52.55	11.29	9.26	33.90	0.60
Sm	8.25	8.97	7.52	22.37	9.02	6.98	6.94	11.72	2.59	1.82	5.55	0.20
Eu	1.64	1.75	1.54	5.43	1.80	1.35	1.33	2.61	0.44	0.34	1.08	0.07
Gd	7.37	7.85	7.26	25.94	7.86	6.04	6.34	12.76	2.17	1.51	4.66	0.26

续表

元素/组分	B1	B2	B3	B5	B6	B7	B8	B9	B4	B10	PAAS	IDMS
	0~7	7~43	43~120	地表	0~5	5~20	20~90	地表	—	—	—	—
Tb	1.01	1.04	0.98	3.33	1.05	0.86	0.90	1.42	0.36	0.22	0.77	0.05
Dy	5.92	5.97	5.85	19.38	5.73	5.14	5.29	7.29	1.68	1.16	4.68	0.32
Ho	1.28	1.28	1.25	3.55	1.21	1.15	1.15	1.42	0.39	0.28	0.99	0.07
Er	3.12	3.13	3.03	7.74	2.93	2.93	2.88	2.92	0.97	0.68	2.85	0.21
Tm	0.53	0.52	0.51	1.11	0.50	0.52	0.50	0.44	0.20	0.14	0.41	0.03
Yb	3.52	3.45	3.27	6.95	3.11	3.41	3.27	2.40	1.19	0.76	2.82	0.21
Lu	0.55	0.54	0.51	1.01	0.51	0.55	0.52	0.37	0.21	0.14	0.43	0.03
ΣREE	243.16	254.65	212.62	439.41	257.13	225.11	206.21	267.06	80.94	57.97	184.77	3.29
LREE	219.89	230.87	189.96	370.41	234.23	204.53	185.34	238.04	73.76	53.09	167.16	2.11
HREE	23.27	23.78	22.66	69.00	22.90	20.58	20.87	29.03	7.18	4.89	17.61	1.18
L/H	9.45	9.71	8.39	5.37	10.23	9.94	8.88	8.20	10.28	10.86	9.49	1.78
Y	33.63	34.09	34.11	91.89	32.99	30.18	31.46	47.31	9.94	6.79	27.00	0.00
ΣREE+Y	276.79	288.74	246.73	531.30	290.12	255.29	237.67	314.37	90.88	64.77	211.77	3.29
ΣCe	219.89	230.87	189.96	370.41	234.23	204.53	185.34	238.04	73.76	53.09	167.16	2.11
ΣY	56.90	57.87	56.77	160.89	55.89	50.76	52.33	76.34	17.12	11.68	44.61	1.18
ΣCe/ΣY	3.86	3.99	3.35	2.30	4.19	4.03	3.54	3.12	4.31	4.54	3.75	1.78

PAAS: 太古界后澳大利亚沉积岩稀土平均含量；IDMS: 球粒陨石稀土含量。

表 7-19　变性土剖面样品稀土元素（组分）含量及参数

样品	采样深度/cm	LRE/（mg/kg）	HRE/（mg/kg）		REE/（mg/kg）		LRE/HRE		δCe	δEu
			1	2	1	2	1	2		
B1	0~7	219.889	23.273	56.903	243.162	276.792	9.448	3.864	0.999	0.642
B2	7~43	230.872	23.783	57.873	254.655	288.745	9.708	3.989	0.988	0.637
B3	43~120	189.964	22.655	56.765	212.619	246.729	8.385	3.346	1.004	0.638
B5	地表	370.41	69.004	160.894	439.414	531.304	5.368	2.302	1.065	0.689
B6	0~5	234.23	22.904	55.894	257.134	290.124	10.227	4.191	1.032	0.655
B7	5~20	204.531	20.575	50.755	225.106	255.286	9.941	4.03	1.006	0.637
B8	20~90	185.338	20.868	52.328	206.206	237.666	8.882	3.542	1.004	0.613
B9	地表	238.037	29.026	76.336	267.063	314.373	8.201	3.118	0.836	0.652
B4	—	73.76	7.178	17.122	80.938	90.882	10.276	4.308	0.987	0.565
B10	—	53.086	4.886	11.68	57.972	64.766	10.864	4.545	0.959	0.631
PAAS	—	167.16	17.613	44.613	184.773	211.773	9.491	3.747	1.043	0.649

注：1 未包括元素 Y 的 HRE 和 REE 之和；2 包括元素 Y 的 HRE 和 REE 之和；$\delta Ce = Ce_N/(La_N \times Pr_N)^{1/2}$；$\delta Eu = Eu_N/(Sm_N \times Gd_N)^{1/2}$。

结合表 7-7 至表 7-19 可知，干热气候条件下由于变性土发育时间短，淋溶作用较弱，土壤稀土元素较之沉积母岩分异作用并不强烈，表现在 REE 含量、分布模式以及特征比值间无显著差异。但在成土过程中，形成的新生体（次生结核）中 REE 具有特殊的行为。

铁质结核 REE 富集作用明显。相比 YB01 剖面中的土壤和沉积母岩，铁质结核出现明显 HRE 相对增多。同时铁质结核 Ce 为正异常；变性土中钙质结核高 Y 值和富 LRE 的分布特征，与沉积过程中形成的原生钙质结核 REE 特征不一致。钙质结核较母岩和土壤中 Ce 相对亏损，出现负异常。

7.2.4　红壤剖面

1. 不同母质来源的红壤剖面

杨元根等（1998）研究了不同母质来源的红壤剖面层中稀土元素结合形态的变化以及可溶态稀土元素含量的变化，结果表明，红壤中稀土元素的有效性较其他类型土壤为高，可溶态稀土元素在土壤稀土总量中所占的比例可达 6%~7%，稀土的有效性主要与土壤中黏土矿物及有机质等组分对稀土的吸附有关。详细数据见表 7-20 至表 7-23。

表 7-20　土样的基本情况

剖面号	地点	母质	土地利用	层位	厚度/cm	pH$_{KCl}$	有机质（g/kg）
1	浙江嵊州城郊	玄武岩	低丘茶园	A	0~20	4.3	21.5
				B	20~50	4.4	6.1
				C	50~90	4.4	2.8
2	浙江衢州全旺	花岗岩	低丘乔木	A	0~15	6.0	61.5
				B	15~60	4.5	5.4
				C	60~150	4.6	3.0
3	浙江诸暨陈蔡	变质岩	丘陵茶园	A	0~20	4.5	19.5
				B	20~50	4.9	4.0
				C	50~100	4.8	2.9
4	贵州罗甸龙坪	砂页岩	菜地	A	0~20	7.05	13.3
				B	20~60	7.19	2.1
				C	60~150	6.95	1.7
5	贵州罗甸龙坪	石灰岩	丘陵茅草	A	0~10	6.95	29.9
				B	10~30	6.74	9.3
				C	30~60	6.66	3.2

表 7-21　稀土元素不同结合形态平均值在红壤剖面层位中的分布（μg/g）

结合形态	层位	La	Ce	Pr	Nd	Sm	Eu	Gd
可交换态	A	1.109	2.278	0.586	0.727	0.079	0.038	0.124
	B	1.260	2.949	0.425	0.702	0.075	0.034	0.109
	C	2.101	4.411	0.840	2.218	0.422	0.122	0.476
碳酸盐结合态	A	0.659	1.536	0.620	1.808	0.190	0.053	0.206
	B	0.678	1.265	0.404	0.845	0.152	0.041	0.163
	C	1.513	1.513	0.620	1.598	0.371	0.092	0.384
铁锰氧化物结合态	A	2.794	11.285	1.950	3.556	1.232	0.243	1.283
	B	2.401	12.903	2.369	3.308	1.183	0.231	1.239
	C	4.682	14.102	2.288	4.557	1.576	0.303	1.619

续表

结合形态	层位	La	Ce	Pr	Nd	Sm	Eu	Gd
有机质结合态	A	1.792	2.257	0.352	1.523	0.260	0.083	0.312
	B	1.734	2.595	0.407	1.421	0.255	0.079	0.302
	C	1.347	1.358	0.340	1.309	0.211	0.070	0.250
残渣态	A	38.406	81.130	5.731	23.39	6.688	1.399	6.072
	B	38.486	82.502	5.976	23.633	6.593	1.374	5.752
	C	43.912	88.128	6.458	25.145	6.887	1.435	6.090
酸溶态	A	0.543	1.442	0.405	0.482	0.118	0.023	0.118
	B	0.657	1.854	0.345	0.515	0.131	0.026	0.128
	C	0.763	1.739	0.370	0.620	0.159	0.034	0.165

结合形态	层位	Tb	Dy	Ho	Er	Tm	Yb	Lu	Y
可交换态	A	0.004	0.084	0.017	0.028	0.080	0.031	0.04	0.802
	B	0.004	0.067	0.010	0.016	0.075	0.027	0.038	0.444
	C	0.059	0.356	0.074	0.189	0.100	0.127	0.055	2.681
碳酸盐结合态	A	0.024	0.109	0.021	0.045	0.026	0.025	0.015	0.705
	B	0.020	0.079	0.013	0.026	0.022	0.018	0.013	0.543
	C	0.051	0.217	0.040	0.092	0.033	0.052	0.019	1.462
铁锰氧化物结合态	A	0.396	0.793	0.216	0.503	0.191	0.286	0.101	4.596
	B	0.408	0.774	0.222	0.533	0.188	0.308	0.112	4.430
	C	0.461	1.052	0.270	0.659	0.224	0.414	0.126	6.489
有机质结合态	A	0.016	0.297	0.048	0.126	0.089	0.124	0.050	1.936
	B	0.016	0.281	0.047	0.129	0.085	0.118	0.048	1.830
	C	0.004	0.268	0.039	0.116	0.078	0.114	0.043	1.433
残渣态	A	1.022	5.316	1.142	3.527	0.315	3.046	0.381	33.168
	B	0.962	4.961	1.063	3.235	0.311	2.911	0.361	31.615
	C	1.022	5.175	1.119	3.465	0.312	3.008	0.407	33.854
酸溶态	A	0.042	0.093	0.026	0.063	0.021	0.032	0.007	0.584
	B	0.043	0.094	0.026	0.063	0.020	0.035	0.008	0.534
	C	0.049	0.129	0.032	0.083	0.024	0.048	0.010	0.777

表 7-22　稀土结合形态所占比例的变化（%）

层位	统计量	可交换态	碳酸盐结合态	铁锰氧化物结合态	有机质结合态	残渣态	酸溶态
A	平均值	2.41	2.23	10.10	3.18	81.96	1.66
	极差	7.23	2.89	13.01	11.29	22.01	4.28
B	平均值	2.95	1.53	10.01	3.38	82.78	1.98
	极差	11.68	2.39	16.10	12.86	19.10	4.90
C	平均值	4.59	2.44	11.84	1.96	79.19	1.90
	极差	12.16	4.52	19.12	5.96	28.67	4.21

表 7-23　红壤中可溶态稀土含量的变化

层位	统计量	含量/（μg/g）	占比例/%
A	平均值	15.859	6.27
	极差	28.129	15.11
B	平均值	14.908	6.04
	极差	22.704	11.88
C	平均值	19.916	7.13
	极差	21.702	11.47

　　与其他类型的土壤相比，红壤中稀土元素的有效性相当高，有效态稀土含量平均达稀土总量的 6%~7%；红壤中有效态稀土的来源主要是土壤的黏粒矿物及有机质等组分中的吸附态稀土。

2. 雷州半岛玄武岩母质的土壤

　　广东省西南部的雷州半岛，分布不同地质时代喷发形成的玄武岩，在长期的湿热气候条件下，风化作用强烈，经过脱盐基、脱硅和富铝化等表生作用，形成富铝型风化壳，并逐步发育成富铁土和铁铝土。李徐生等选择雷州半岛三个玄武岩母质基础上发育的土壤剖面，研究风化成壤后 REE 在土壤剖面中的分布特征，详细数据见表 7-24 至表 7-26（张立娟等，2011）。

表 7-24　剖面及采样信息

剖面号	采样地点	位置	土壤样品个数	母岩样品个数	剖面厚度/cm
LZ03	徐闻县龙塘镇	20°22.377′N；110°23.318′E	13	1	275
LZ05	徐闻县海安镇	20°16.609′N；110°15.218′E	17	1	415
LZ08	徐闻县海安镇	20°17.662′N；110°11.441′E	8	1	225

表 7-25　雷州半岛玄武岩及土壤中稀土元素含量及参数（μg/g）

剖面号	发生层	深度/cm	La	Ce	Pr	Nd	Sm	Eu	Gd
LZ03	A	0~3	12.28	49.38	3.55	15.90	4.22	1.52	4.54
		3~25	10.91	59.33	3.20	14.12	3.88	1.49	4.30
		25~50	13.85	51.67	3.90	16.17	4.10	1.39	4.39
	B	50~60	4.06	43.37	1.44	6.24	1.90	0.71	2.10
		60~80	6.37	45.02	2.01	8.96	2.50	0.97	2.78
		80~110	5.69	28.64	1.81	8.38	2.44	1.01	2.85
		110~140	6.56	35.50	2.08	9.37	2.63	1.08	3.14
		140~170	7.12	38.09	2.27	10.66	2.89	1.09	3.23
		170~200	5.10	41.50	1.70	8.10	2.45	0.99	2.72
		200~220	9.80	51.91	3.20	13.90	3.94	1.48	3.93
		220~242	6.14	49.71	2.04	8.98	2.77	1.11	3.35
	BC	242~270	3.74	46.77	1.41	6.27	2.01	0.83	2.17
		270~母岩	9.31	41.99	3.03	12.38	3.63	1.29	4.02
	母岩	玄武岩	10.93	21.94	2.72	11.05	2.73	1.02	2.94

续表

剖面号	发生层	深度/cm	La	Ce	Pr	Nd	Sm	Eu	Gd
	A	0~3	10.74	53.25	3.01	12.61	3.25	1.00	3.39
		3~18	17.86	58.67	4.64	17.78	4.63	1.59	5.03
		18~38	23.16	67.32	5.93	24.30	5.22	1.78	5.46
		38~70	10.95	45.71	2.85	12.72	3.13	1.05	3.05
	B	70~100	9.08	48.88	2.76	11.01	2.64	0.85	2.71
		100~120	6.40	50.28	1.92	8.99	2.28	0.80	2.47
		120~170	5.21	64.51	1.75	7.32	1.93	0.62	1.98
		170~190	1.65	34.91	0.63	2.91	0.90	0.35	1.05
LZ05		190~220	2.59	32.82	0.88	4.03	1.01	0.37	1.17
		220~250	2.67	41.86	0.89	4.09	0.97	0.40	1.19
		250~280	1.70	28.36	0.68	2.93	0.82	0.30	0.88
		280~300	2.47	17.38	0.84	3.53	0.97	0.35	0.95
	BC	300~330	1.07	14.95	0.44	1.87	0.59	0.23	0.64
		330~360	1.40	14.64	0.53	2.24	0.67	0.27	0.75
		360~390	1.69	17.72	0.60	2.70	0.80	0.28	0.87
		390~410	5.11	16.57	1.44	6.13	1.55	0.54	1.52
		410~母岩	5.66	19.13	1.69	6.12	1.86	0.68	1.77
	母岩	玄武岩	16.19	25.32	3.65	15.70	3.56	1.37	4.33
	A	0~20	30.11	85.54	5.67	23.20	4.92	1.67	5.01
		20~45	33.49	71.72	8.29	33.01	6.57	2.08	6.03
		45~80	27.79	77.82	69.79	26.01	5.91	1.84	5.62
	B	80~120	13.94	71.86	3.43	14.91	3.35	1.08	3.31
LZ08		120~150	8.34	137.30	2.41	9.46	2.11	0.60	2.27
		150~195	18.67	51.20	1.29	16.88	3.93	1.18	3.38
		195~220	11.97	42.33	3.25	13.07	2.88	0.91	2.72
	BC	220~母岩	12.03	47.48	2.87	11.05	2.68	0.85	2.43
	母岩	玄武岩	26.51	39.54	4.86	19.80	4.02	1.46	4.51

剖面号	发生层	深度/cm	Tb	Dy	Ho	Er	Tm	Yb	Lu	ΣREE
	A	0~3	0.65	4.28	0.89	2.53	0.35	1.87	0.29	102.30
		3~25	0.59	4.03	0.87	2.37	0.33	1.64	0.29	107.40
		25~50	0.58	3.65	0.83	2.11	0.29	1.54	0.25	104.70
		50~60	0.30	2.16	0.44	1.31	0.17	0.98	0.16	65.34
		60~80	0.41	2.77	0.61	1.72	0.24	1.31	0.22	75.87
		80~110	0.40	2.97	0.62	1.68	0.24	1.26	0.20	58.19
LZ03	B	110~140	0.43	3.28	0.69	1.91	0.27	1.42	0.24	68.60
		140~170	0.47	3.21	0.64	1.77	0.25	1.38	0.23	73.29
		170~200	0.40	2.84	0.58	1.64	0.22	1.28	0.20	69.74
		200~220	0.58	4.12	0.84	2.33	0.33	1.95	0.30	98.61
		220~242	0.46	3.38	0.72	2.00	0.30	1.67	0.27	82.90
	BC	242~270	0.34	2.57	0.50	1.49	0.21	1.18	0.19	69.66
		270~母岩	0.55	3.82	0.82	2.34	0.33	1.72	0.28	85.51
	母岩	玄武岩	0.43	2.76	0.59	1.51	0.21	1.22	0.20	60.26

续表

剖面号	发生层	深度/cm	Tb	Dy	Ho	Er	Tm	Yb	Lu	ΣREE
LZ05	A	0~3	0.48	3.11	0.64	1.75	0.23	1.30	0.20	94.96
		3~18	0.69	4.61	0.93	2.61	0.35	1.80	0.28	121.50
		18~38	0.71	4.39	0.87	2.23	0.32	1.77	0.27	143.70
	B	38~70	0.42	2.71	0.55	1.46	0.20	1.07	0.16	86.04
		70~100	0.36	2.41	0.40	1.31	0.18	1.09	0.17	83.85
		100~120	0.34	2.38	0.47	1.29	0.19	1.10	0.17	79.09
		120~170	0.25	1.76	0.38	1.02	0.16	0.83	0.13	87.84
		170~190	0.16	1.17	0.24	0.66	0.11	0.62	0.09	45.45
		190~220	0.17	1.10	0.26	0.72	0.10	0.55	0.08	45.85
		220~250	0.18	1.29	0.27	0.80	0.11	0.67	0.10	55.47
		250~280	0.14	1.15	0.23	0.70	0.09	0.61	0.09	38.68
		280~300	0.16	1.16	0.24	0.70	0.10	0.58	0.09	29.51
	BC	300~330	0.09	0.81	0.16	0.50	0.07	0.45	0.07	21.94
		330~360	0.12	0.96	0.20	0.59	0.09	0.50	0.08	23.04
		360~390	0.14	1.05	0.21	0.62	0.09	0.54	0.08	27.39
		390~410	0.25	1.71	0.37	0.96	0.14	0.78	0.13	37.22
		410~母岩	0.28	1.97	0.40	1.18	0.17	1.02	0.16	42.11
	母岩	玄武岩	0.60	3.75	0.79	2.15	0.28	1.28	0.20	79.17
LZ08	A	0~20	0.66	3.78	0.74	1.95	0.25	1.26	0.22	165.00
		20~45	0.75	4.77	0.97	2.44	0.34	1.65	0.25	172.40
		45~80	0.72	4.56	0.82	2.28	0.30	1.60	0.25	162.30
	B	80~120	0.46	3.11	0.58	1.51	0.22	1.19	0.19	119.10
		120~150	0.27	1.70	0.37	0.99	0.13	0.71	0.10	166.80
		150~195	0.49	3.10	0.60	1.58	0.22	1.14	0.19	106.80
		195~220	0.38	2.57	0.50	1.29	0.20	1.00	0.15	83.22
	BC	220~母岩	0.34	2.34	0.45	1.24	0.18	1.10	0.16	85.19
	母岩	玄武岩	0.52	3.33	0.62	1.65	0.21	0.92	0.15	108.10

表 7-26　雷州半岛玄武岩母岩及土壤稀土特征参数

剖面号	统计值	ΣREE/（μg/g）	LREE/（μg/g）	HREE/（μg/g）	LREE/HREE
LZ03	范围	58.19~107.49	47.96~92.93	7.63~15.40	4.69~7.57
	平均值	77.47	66.30	11.17	5.98
	玄武岩	60.26	50.39	9.86	5.11
LZ05	范围	21.94~143.70	19.51~127.70	2.79~16.30	5.06~12.51
	平均值	81.69	73.49	8.20	9.39
	玄武岩	79.17	65.78	13.39	4.91
LZ08	范围	83.22~172.40	74.42~160.30	6.54~17.20	8.46~24.52
	平均值	135.10	123.40	11.66	11.72
	玄武岩	108.10	96.16	11.91	8.07

剖面号	统计值	(La/Sm)$_N$	(Gd/Yb)$_N$	δEu	δCe
	范围	1.17~2.31	1.49~2.30	1.00~1.21	1.69~4.90
LZ03	平均值	1.55	1.80	1.12	2.75
	玄武岩	2.52	1.95	1.10	0.97
	范围	1.16~2.79	1.16~2.49	0.92~1.17	1.38~8.25
LZ05	平均值	1.91	1.94	1.03	3.97
	玄武岩	2.86	2.72	1.07	0.79
	范围	2.48~3.85	1.78~3.21	0.97~1.03	1.04~7.38
LZ08	平均值	2.81	2.53	0.97	2.55
	玄武岩	4.15	3.97	1.03	0.84

注：表 7-26 中各参数范围是指剖面内部不同深度各参数变化范围，而平均值为各土壤剖面 B 层平均值。

7.2.5　海南岛西南部干旱地区砖红壤

　　海南岛西南部山地较集中，包括五指山市，白沙县、乐东县、儋州市、昌江县、乐东乐光的部分地区。山地边缘地区较大的盆地，有乐东、白沙等地是目前海南重要的农业基地。区内气候炎热，年均温在 24℃ 以上，日均温不小于10℃的积温超过 90℃。年降水量 1000~1300 mm，80% 集中在夏半年（5~10 月），冬半年（1~4 月）异常干燥，蒸发量为降水量的 2~4 倍。全年蒸发量为降水量的 1.5~2.3 倍，水热系数为 1.1~1.5，气候干热。该区土壤可分为黄壤、砖黄壤、砖红壤、赤红壤、燥红土等五大类型，按其成土母质特征又可分为玄武岩砖红壤、浅海沉积物砖红壤、花岗岩砖红壤、砂页岩砖红壤，但后两者分布较广。王鹏等（2012）选择海南岛西南部干旱地区砖红壤发育较好的 5 个剖面采样，样品稀土元素组成特征见表 7-27。

表 7-27a　海南岛西南干旱区土壤剖面稀土元素（组分）含量及其参数（ug/g）

元素/组分	白沙花岗岩土壤			儋州砂页岩土壤			乐东砂页岩土壤		
	A 层	B 层	C 层	A 层	B 层	C 层	A 层	B 层	C 层
La	42.57	46.18	99.32	38.15	48.03	62.75	79.76	96.60	227.26
Ce	83.86	72.10	141.70	138.54	94.66	210.93	224.68	464.48	727.56
Pr	9.08	9.96	20.20	7.28	8.07	10.71	15.68	16.24	44.13
Nd	40.09	44.32	83.50	29.94	31.78	42.35	63.39	64.66	170.55
Sm	7.86	8.56	15.19	5.48	5.33	6.94	11.12	10.03	27.56
Eu	1.79	1.96	3.70	0.96	0.99	1.27	1.25	1.19	3.26
Gd	8.03	8.68	15.26	5.75	5.89	8.36	11.36	13.18	31.54
Tb	1.07	1.16	1.91	0.66	0.69	0.93	1.29	1.30	3.38
Dy	5.29	5.81	9.17	3.07	3.24	4.25	5.70	5.61	14.50
Ho	1.01	1.10	1.70	0.55	0.59	0.79	1.00	1.03	2.67
Er	2.66	3.00	4.58	1.42	1.62	2.17	2.49	2.66	7.03
Tm	0.36	0.42	0.60	0.21	0.23	0.30	0.32	0.34	0.90
Yb	2.23	2.66	3.82	1.36	1.49	1.97	2.06	2.08	5.63
Lu	0.32	0.38	0.55	0.19	0.22	0.29	0.28	0.29	0.77
ΣREE	206.22	206.29	401.20	233.56	202.83	354.01	420.38	679.69	1266.74

续表

元素/组分	白沙花岗岩土壤			儋州砂页岩土壤			乐东砂页岩土壤		
	A 层	B 层	C 层	A 层	B 层	C 层	A 层	B 层	C 层
LREE	185.25	183.08	363.61	220.35	188.86	334.95	395.88	653.20	1200.32
HREE	20.97	23.21	37.59	13.21	13.97	19.06	24.50	26.49	66.42
L/H	8.83	7.89	9.67	16.68	13.52	17.57	16.16	24.66	18.07
δEu	0.69	0.69	0.74	0.52	0.54	0.51	0.34	0.32	0.34
(La/Yb)$_N$	12.87	11.68	17.51	18.94	21.68	21.49	26.13	31.29	27.20
δCe	1.03	0.81	0.76	2.00	1.16	1.96	1.53	2.82	1.75
Y	28.50	33.23	52.93	16.23	20.52	28.34	27.99	37.64	97.22
ΣREE+Y	234.72	239.52	454.13	249.79	223.35	382.35	448.37	717.33	1363.96
ΣCe	185.25	183.08	363.61	220.35	188.86	334.95	395.88	653.20	1200.32
ΣY	49.47	56.44	90.52	29.44	34.49	47.40	52.49	64.13	163.64
ΣCe/ΣY	3.74	3.24	4.02	7.48	5.48	7.07	7.54	10.19	7.34

表 7-27b　海南岛西南干旱区土壤剖面稀土元素含量及参数（ug/g）

元素/组分	五指山市西花岗岩土壤			昌江车站花岗岩土壤		球粒陨石
	A 层	B 层	C 层	B 层	C 层	
La	280.99	280.89	398.47	159.14	178.25	0.3100
Ce	547.68	471.59	618.88	363.80	245.25	0.8080
Pr	49.96	48.51	71.72	38.50	35.65	0.1220
Nd	187.50	183.64	276.81	125.14	120.21	0.6000
Sm	28.54	26.76	44.82	15.03	14.68	0.1950
Eu	3.58	3.44	6.11	1.99	2.27	0.0735
Gd	30.12	28.16	45.87	11.29	9.92	0.2590
Tb	3.04	2.82	5.14	1.36	1.23	0.0474
Dy	12.03	10.79	21.66	7.40	6.01	0.3220
Ho	2.10	1.87	3.81	1.38	1.02	0.0718
Er	5.33	4.74	9.58	4.09	2.89	0.2100
Tm	0.69	0.61	1.27	0.57	0.39	0.0324
Yb	4.44	3.85	8.06	3.80	2.37	0.2090
Lu	0.64	0.56	1.15	0.50	0.32	0.0322
ΣREE	1156.64	1068.23	1513.35	733.99	620.46	3.2923
LREE	1098.25	1014.83	1416.81	703.60	596.31	2.1085
HREE	58.39	53.40	96.54	30.39	24.15	1.1838
L/H	18.81	19.00	14.68	23.15	24.69	1.7811
δEu	0.37	0.38	0.41	0.47	0.57	
(La/Yb)$_N$	42.66	49.14	33.32	28.26	50.73	
δCe	1.11	0.97	0.88	1.12	0.74	
Y	67.19	61.24	126.76	44.11	30.42	1.9000
ΣREE+Y	1223.83	1129.47	1640.11	778.10	650.88	5.1923
ΣCe	1098.25	1014.83	1416.81	703.60	596.31	2.1085
ΣY	125.58	114.64	223.30	74.50	54.57	3.0838
ΣCe/ΣY	8.75	8.85	6.34	9.44	10.93	0.6837

结合上述各表发现上述区域内稀土元素组成存在如下规律：①由砂页岩风化而成的土壤，其 ΣREE 值相对较小，而由花岗岩风化而成的土壤，其 ΣREE 值较大。总体来看，区内土壤 ΣREE 值要高于全国土壤 ΣREE 的平均值（187 mg/kg），也高于南方酸性土壤 ΣREE 平均值（200 mg/kg）及地壳中稀土含量的平均值（207 mg/kg）。②区内土壤样品的 $\Sigma Ce/\Sigma Y$ 值介于 3.24~10.93，而(La/Yb)$_N$ 值也介于 11.68~50.73，反映研究区内土壤稀土元素组成显示出轻稀土富集的特点。③研究区内土壤样品的 δEu 值介于 0.32~0.74，显示出明显的 Eu 负异常特征。

根据海南岛西南干旱区土壤剖面稀土元素含量特征及变化趋势分析，有如下几点结论：

（1）成土母质决定着区内土壤中稀土元素的初始含量，而上下层土壤之间的稀土元素具有一定的继承性。区内由砂页岩风化而成的土壤，其稀土元素含量相对较低，而由花岗岩风化而成的土壤，其稀土元素含量相对较高。

（2）区内土壤样品的 $\Sigma Ce/\Sigma Y$ 值与(La/Yb)$_N$ 值较大，反映区内土壤在发育过程中发生了明显的轻稀土元素富集。而区内土壤 Eu 亏损可能与区内成土母质和 Eu 自身的地球化学特性有关。在研究区随湿度、酸度的增加，Eu^{3+} 被淋溶到下层再被还原形成 Eu^{2+} 而淋失，从而导致上部土壤 Eu 的亏损加剧。

（3）研究区土壤剖面淋溶层的风化较强，表层土壤酸性也较强，Ce 在此条件下，易被氧化和水解，生成溶解度很低的 Ce(OH)$_4$ 沉淀，从而导致 Ce 在土壤表层中的富集。导致 Ce 呈现正异常，而淀积层、母质层呈现负异常，由剖面深部至浅部，Ce 有由负异常向正异常演化的趋势。

（4）各土壤剖面深部至浅部稀土元素含量逐步减少是土壤淋溶作用的结果，导致由土壤浅部至深部，稀土元素含量逐步增加，其中土壤表层稀土元素含量大幅度减少。

7.3 食品与人体稀土含量

7.3.1 粮食

成都市疾病预防控制中心高舸等分别对大米、玉米、小麦面粉等样品中稀土元素进行测定，结果见表 7-28（高舸等，2012）。

表7-28 几种粮食样品稀土含量及参数（μg/kg）

元素/组分	大米	玉米	小麦面粉	元素/组分	大米	玉米	小麦面粉
La	2.60	0.75	13.78	Yb	0.07	0.06	0.40
Ce	12.92	3.01	34.46	Lu	0.02	0.04	0.06
Pr	0.65	ND	2.99	REE	18.85	5.58	68.96
Nd	1.26	0.36	10.33	LREE	17.78	4.33	64.36
Sm	0.18	ND	1.96	HREE	1.07	1.25	4.60
Eu	0.17	0.21	0.84	L/H	16.62	3.46	13.99
Gd	0.36	0.21	1.99	Sc	14.58	21.60	21.20
Tb	0.08	0.67	0.33	Y	0.59	0.84	4.81
Dy	0.10	0.09	1.00	$\Sigma REE+YSc$	34.02	28.02	94.97

续表

元素/组分	大米	玉米	小麦面粉	元素/组分	大米	玉米	小麦面粉
Ho	0.07	0.14	0.22	ΣCe	17.78	4.33	64.36
Er	0.37	ND	0.54	ΣYSc	16.24	23.69	30.61
Tm	ND	0.04	0.06	ΣCe/ΣYSc	1.09	0.18	2.10

ND 为低于检出限。

广东省疾病预防控制中心梁旭霞等（2007）应用 ICP-MS 仪器测定植物性食品中稀土元素，结果见表 7-29。

表 7-29　标准物质 GBW07603、GBW07605 和 GBW08503 的元素测定结果

元素/组分	灌木枝叶 GBW07603/（μg/g）		茶叶 GBW07605/（μg/g）		小麦粉 GBW08503A/（ng/g）	
	标准值	测定值	标准值	测定值	标准值	测定值
La	1.25±0.04	1.11	0.60±0.03	0.56	15.1±1.6	15.5
Ce	2.2±0.1	2.29	1.0±0.1	0.96	27.0±5.8	28.9
Pr	（0.24）	0.22	（0.12）	0.12	（3.1）	3.16
Nd	1.0±0.1	0.97	（0.44）	0.4	14.5±2.4	14.8
Sm	0.19±0.01	0.17	0.085±0.017	0.083	2.3±0.6	2.53
Eu	0.039±0.002	0.036	0.018±0.002	0.016	（0.7）	0.8
Gd	（0.19）	0.18	（0.093）	0.088	（2.5）	2.62
Tb	0.025±0.002	0.029	（0.011）	0.016	（0.3）	0.46
Dy	（0.13）	0.16	（0.074）	0.08	（2.0）	1.92
Ho	（0.033）	0.025	（0.019）	0.02	（0.3）	0.65
Er	—	0.084	—	0.04	（1.0）	0.95
Tm	—	0.013	—	0.01	（0.2）	0.24
Yb	0.063±0.006	0.068	0.044±0.004	0.05	（0.9）	0.86
Lu	（0.011）	0.008	（0.007）	0.009	（0.2）	0.26
ΣREE		5.363		2.452		73.650
LREE		4.796		2.139		65.690
HREE		0.567		0.313		7.960
L/H		8.459		6.834		8.253
Y	0.68±0.02	0.730	0.36±0.03	0.390	（9.5）	9.800
ΣREE+Y		0.738		0.399		10.060
ΣCe		4.796		2.139		65.690
ΣY		1.297		0.703		17.760
ΣCe/ΣY		3.698		3.043		3.699

表 7-30　各类食物的稀土元素总含量（ng/g）

类别	最低值	最高值	平均值
绿叶蔬菜	8.63	475.40	65.17
干豆类	27.38	102.20	59.01
新鲜瓜豆	4.47	16.40	12.40
菌菇类	3.14	706.50	174.00
面	14.31	52.99	35.44
米	0.46	82.98	15.96
新鲜水果	0.03	93.75	15.28

表 7-31　茶叶 GBW 10016、玉米粉 GBW 10012、大米 GBW 10010、小麦 GBW 10011 稀土元素的测定结果（mg/kg）（胡书玉，2010）

样品	统计值	Y	La	Ce	Pr	Nd	Sm	Eu	—
茶叶	标准值	0.23	0.25	0.39	0.042	0.15	0.029	0.0067	—
GBW10016	不确定度	0.03	0.02	0.05	0.004	0.02	0.003	0.0014	—
	测定值	0.24	0.261	0.372	0.038	0.163	0.028	0.0071	—
	RSD/%	3.89	2.17	1.94	3.72	2.09	6.97	2.29	
玉米粉	标准值	0.021	0.057	0.12	0.007	0.022	0.0032		
GBW10012	不确定度	0.004	0.006	0.02	0.001	0.004	0.0005		
	测定值	0.021	0.062	0.13	0.008	0.025	0.0032		
大米	标准值	0.052	0.008	0.011	0.0011	—	—		
GBW10010	不确定度	0.009	0.003	0.002	0.0003	—	—		
	测定值	0.057	0.009	0.012	0.0012	—	—		
小麦	标准值	0.023	0.006	0.009	0.0011	0.0046	0.00095		
GBW10011	不确定度	0.005	0.002	0.002	0.0004	0.0014	0.00028		
	测定值	0.024	0.007	0.01	0.0012	0.0052	0.0011		

样品	标准值	Gd	Tb	Dy	Ho	Er	Tm	Yb	Lu
茶叶	不确定度	0.031	0.0045	0.025	0.0054	0.014	0.0026	0.018	0.003
GBW10016	测定值	0.005	0.0007	0.006	0.0012	0.004	0.001	0.004	0.0008
	RSD/%	0.032	0.047	0.03	0.058	0.016	0.002	0.017	0.0024
	标准值	8.39	2.96	4.04	2.38	5.59	5.96	5.96	6.18
玉米粉末	不确定度	0.0043	0.00073	0.0032	0.00066	0.0017	—	0.0016	
GBW10012	测定值	0.0009	0.00024	0.0008	0.00015	0.0004	—	0.0002	
	标准值	0.0048	0.00056	0.0028	0.00053	0.0015	—	0.0015	
大米	不确定度	—	—	—	—	—	—	—	
GBW10010	测定值	—	—	—	—	—	—	—	
	标准值								
小麦	不确定度	—	—	—	—	—	—	—	
GBW10011	测定值	—	—	—	—	—	—	—	

注：标准物质证书中未标示标准值。

7.3.2　茶叶

国家食品质量安全监督检验中心林立等选择三种代表性比较强的茶叶（铁观音、茉莉花茶和绿茶），分别采用不同的处理方法比较分析，获得茶叶中稀土元素含量见表 7-32（林立等，2007）。

7.3.3　人体

解清等（2008）在我国四个不同膳食类型地区（河北、山西、江苏和四川）采集 16 例包括急病、交通事故等突然死亡的正常成年男子尸体的心脏血、肝脏、脾脏、睾丸、肋骨 5 种器官组织样品测定其 15 种稀土元素含量，结果见表 7-33。

表 7-32　应用干法灰化与微波消解结果对比（μg/kg）

元素/组分	铁观音		茉莉花茶		绿茶	
	干法灰化	微波消解	干法灰化	微波消解	干法灰化	微波消解
La	552	555	584	577	300	330
Ce	1253	1310	802	825	459	519
Pr	113	110	113	111	53	58
Nd	423	423	425	427	188	208
Sm	87	75	92	98	36	43
Eu	17	15	32	26	11	12
Gd	88	74	103	99	39	45
Tb	15	11	18	14	6	8
Dy	78	70	89	82	31	34
Ho	19	17	20	14	7	7
Er	53	52	50	46	19	18
Tm	10	9	8	8	3	3
Yb	82	71	56	51	24	23
Lu	14	13	9	10	4	4
ΣREE	2804	2805	2401	2388	1180	1312
LREE	2445	2488	2048	2064	1047	1170
HREE	359	317	353	324	133	142
L/H	6.81	7.85	5.8	6.37	7.87	8.24
Sc	150	151	120	108	51	60
Y	551	560	592	567	233	245
ΣREE+YSc	3505	3516	3113	3063	1464	1617
ΣCe	2445	2488	2048	2064	1047	1170
ΣYSc	1060	1028	1065	999	417	447
ΣCe/ΣYSc	2.31	2.42	1.92	2.07	2.51	2.62

表 7-33　5 个器官组织中 15 种稀土元素含量及配分

元素/组分	心脏血/（ng/mL）	肝脏/（ng/g）	脾脏/（ng/g）	肋骨/（ng/g）	睾丸/（ng/g）
La	41.80	33.10	25.40	37.20	21.10
Ce	24.90	47.80	39.90	21.90	35.10
Pr	4.47	4.34	4.44	10.20	3.81
Nd	9.08	10.70	11.90	15.00	15.40
Sm	1.44	0.41	1.41	2.61	3.34
Eu	1.15	0.09	0.28	0.63	1.23
Gd	2.16	0.98	1.91	1.08	2.54
Tb	0.29	0.05	0.18	0.34	0.43
Dy	1.15	0.20	0.99	0.64	1.75
Ho	0.29	0.03	0.14	0.14	0.41
Er	0.58	0.06	0.54	0.26	0.87
Tm	0.13	0.01	0.06	0.05	0.12

续表

元素/组分	心脏血/（ng/mL）	肝脏/（ng/g）	脾脏/（ng/g）	肋骨/（ng/g）	睾丸/（ng/g）
Yb	0.58	0.05	0.45	0.17	0.78
Lu	0.14	0.01	0.11	0.19	0.20
ΣREE	88.16	97.83	87.71	90.41	87.08
LREE	82.84	96.44	83.33	87.54	79.98
HREE	5.32	1.39	4.38	2.87	7.10
L/H	15.57	69.38	19.03	30.50	11.26
δEu	0.94	0.43	0.51	1.14	1.29
δCe	0.44	0.96	0.90	0.27	0.94
Y	7.93	0.71	4.40	3.26	8.80
ΣREE+Y	96.09	98.54	92.11	93.67	95.88
ΣCe	82.84	96.44	83.33	87.54	79.98
ΣY	13.25	2.10	8.78	6.13	15.90
ΣCe/ΣY	6.25	45.92	9.49	14.28	5.03

表 7-33 显示，稀土元素在人体器官组织中的蓄积浓度分别为肝脏（318.8ng/g）>肋骨（107.9ng/g）>睾丸（30.2ng/g）>脾脏（24.6 ng/g）>心脏血（3.3 ng/mL）；除心脏血和肋骨中的 La、Ce 外，其余 13 种稀土元素在上述组织器官的分布模式均符合奥多-哈尔金斯定律；经球粒陨石标准化处理稀土元素在组织器官中的分布模式均存在轻稀土富集重稀土亏损（$La_N/Sm_N>1$ 和 $Gd_N/Yb_N>1$）。

欧阳荔等（2004）在上述研究基础上对中国上海、四川、河北和山西四地区包括急病、交通事故等突然死亡的正常成年男子尸体器官组织（肺脏、肝脏、骨、甲状腺、小肠、胃、肌肉、肾脏、脾脏、心脏）中 15 种痕量稀土元素测定进行分析结果见表 7-34。

表 7-34　人尸体器官组织中稀土元素的测定结果（ng/g）

元素/组分	肺脏		肝脏		骨	
	测定值	中位值	测定值	中位值	测定值	中位值
La	57.7~765.20	185.60	7.75~328.60	89.80	13.7~162.6	35.40
Ce	116.9~1841.70	417.90	14.00~760.00	142.90	29.4~285.4	73.90
Pr	11.4~163.50	36.80	1.24~66.80	13.10	3.39~32.3	8.20
Nd	41.0~433.90	118.30	5.08~157.2	33.40	6.12~116.3	25.80
Sm	4.75~47.50	14.10	0.65~8.75	2.22	0.77~14.4	4.72
Eu	0.64~7.40	2.23	0.05~1.21	0.26	0.31~4.64	1.23
Gd	6.09~68.00	18.90	1.04~15.6	3.81	0.89~16.2	4.40
Tb	0.48~6.08	1.57	0.06~1.10	0.31	2.19~6.33	3.60
Dy	2.86~29.10	7.48	0.30~2.78	0.97	3.03~9.07	3.08
Ho	0.70~5.48	1.68	0.02~0.45	0.16	0.10~2.86	0.05
Er	1.60~17.70	5.10	0.15~1.58	0.47	0.28~5.87	0.45
Tm	0.14~2.44	0.59	0.01~0.40	0.06	0.02~1.06	0.14

续表

元素/组分	肺脏		肝脏		骨	
	测定值	中位值	测定值	中位值	测定值	中位值
Yb	1.32~15.20	4.13	0.15~1.79	0.50	0.10~4.86	0.77
Lu	0.08~2.31	0.63	0.01~0.28	0.03	0.14~2.27	1.39
ΣREE	—	815.01	—	287.99	—	163.13
LREE	—	774.93	—	281.68	—	149.25
HREE	—	40.08	—	6.31	—	13.88
L/H	—	19.33	—	44.64	—	10.75
Y	20.5~145.70	46.80	1.06~10.50	3.67	9.53~61.2	18.60
ΣREE+Y	—	861.81	—	291.66	—	181.73
ΣCe	—	774.93	—	281.68	—	149.25
ΣY	—	86.88	—	9.98	—	32.48
ΣCe/ΣY	—	8.92	—	28.22		4.60

元素/组分	甲状腺		小肠		肌肉	
	测定值	中位值	测定值	中位值	测定值	中位值
La	3.34~40.80	18.50	2.20~23.40	13.20	0.61~59.70	6.43
Ce	5.67~72.60	35.60	4.89~55.30	27.00	1.71~114.90	11.70
Pr	0.92~8.790	3.42	0.61~5.24	2.51	0.08~13.00	1.16
Nd	2.93~36.70	9.55	1.31~17.80	8.92	0.88~45.30	4.40
Sm	0.76~6.18	1.37	0.40~2.15	0.69	0.13~8.88	0.77
Eu	0.04~2.62	0.65	0.01~2.15	0.13	0.06~2.25	0.27
Gd	1.25~7.16	2.05	0.95~3.18	1.33	0.20~8.45	0.78
Tb	0.13~0.68	0.14	0.03~0.71	0.19	0.01~1.20	0.13
Dy	0.68~3.73	0.87	0.28~3.49	0.72	0.13~6.05	0.45
Ho	0.02~0.67	0.17	0.03~0.32	0.16	0.01~1.18	0.12
Er	0.30~1.31	0.41	0.05~0.84	0.27	0.08~3.54	0.27
Tm	0.04~0.38	0.07	0.01~0.19	0.05	0.01~0.43	0.06
Yb	0.10~1.07	0.21	0.11~1.06	0.16	0.12~2.93	0.33
Lu	0.06~0.30	0.13	0.01~0.29	0.04	0.01~0.44	0.05
ΣREE		73.14	—	55.37	—	26.92
LREE	—	69.09	—	52.45	—	24.73
HREE	—	4.05	—	2.92	—	2.19
L/H	—	17.06		17.96	—	11.29
Y	1.39~15.10	3.60	0.81~7.19	4.55	0.61~33.00	2.46
ΣREE+Y	—	76.74	—	59.92	—	29.38
ΣCe	—	69.09	—	52.45	—	24.73
ΣY	—	7.65	—	7.47	—	4.65
ΣCe/ΣY	—	9.03		7.02		5.32

元素/组分	胃		肾脏		脾脏		心脏	
	测定值	中位值	测定值	中位值	测定值	中位值	测定值	中位值
La	2.98~34.10	11.70	0.80~23.60	5.84	1.83~29.80	5.56	1.60~13.70	3.93
Ce	7.64~70.90	25.50	2.80~50.90	13.40	3.28~67.80	10.90	3.17~24.80	7.06
Pr	0.82~7.63	2.65	0.38~3.47	1.34	0.28~6.55	1.15	0.35~2.17	0.74
Nd	2.73~28.10	8.61	1.30~19.00	4.17	0.98~21.70	3.85	1.45~9.68	2.74
Sm	0.15~4.84	1.49	0.36~3.13	0.82	0.17~3.49	0.72	0.22~1.34	0.46
Eu	0.02~3.51	0.46	0.08~2.07	0.24	0.01~0.64	0.13	0.07~1.72	0.25
Gd	1.15~5.98	2.19	0.34~3.53	0.68	0.33~3.77	0.62	0.19~1.47	0.52
Tb	0.06~0.78	0.25	0.03~0.42	0.11	0.03~0.44	0.08	0.02~0.21	0.07
Dy	0.39~3.42	0.93	0.12~2.32	0.33	0.21~2.75	0.47	0.17~1.20	0.29
Ho	0.02~0.42	0.19	0.02~0.38	0.09	0.01~0.39	0.06	0.02~0.44	0.08
Er	0.15~1.44	0.46	0.09~1.39	0.22	0.09~1.53	0.23	0.06~0.50	0.22
Tm	0.01~0.23	0.09	0.01~0.16	0.04	0.02~0.23	0.04	0.01~0.13	0.03
Yb	0.04~0.94	0.34	0.04~1.06	0.21	0.10~1.40	0.23	0.03~0.70	0.09
Lu	0.01~0.25	0.09	0.01~0.16	0.03	0.02~0.19	0.07	0.02~0.31	0.05
ΣREE	—	54.95	—	27.52	—	24.11	—	16.53
LREE	—	50.41	—	25.81	—	22.31	—	15.18
HREE	—	4.54	—	1.71	—	1.80	—	1.35
L/H	—	11.10	—	15.09	—	12.39	—	11.24
Y	1.44~14.40	3.76	0.50~11.30	1.76	0.84~15.6	1.78	0.92~22.8	1.92
ΣREE+Y	—	58.71	—	29.28	—	25.89	—	18.45
ΣCe	—	50.41	—	25.81	—	22.31	—	15.18
ΣY	—	8.30	—	3.47	—	3.58	—	3.27
ΣCe/ΣY	—	6.07	—	7.44	—	6.23	—	4.64

各器官组织中稀土元素的量各不相同，其中轻稀土量高于重稀土量，而轻稀土中又以 La、Ce 量最高，重稀土以 Y 最高。La 在人体器官组织中的分布顺序为：肺脏>肝脏>骨>甲状腺>小肠>胃>肌肉>肾脏>脾脏>心脏。

刘虎生等（2007）测得中国成年男子肺脏、肝脏、肾脏中 15 种微量稀土元素含量见表 7-35。

表 7-35 人头发 GBW09101a 中微量稀土元素的分析结果及人肺脏、肝脏、肾脏中稀土元素含量（ng/g）

元素/组分	人头发测得值	人头发标准值	人肺脏	人肝脏	人肾脏
La	1.32±1.3	13.4±1.8	225.900	107.100	6.600
Ce	20.3±2.3	19.7±2.6	434.800	154.500	9.810
Pr	2.39±0.14	−2.4	42.500	14.100	1.090
Nd	9.4±0.7	8.4±1.5	119.400	35.500	3.150
Sm	1.67±0.25	1.4±0.4	12.200	1.520	0.380
Eu	—	—	—	—	—

续表

元素/组分	人头发测得值	人头发标准值	人肺脏	人肝脏	人肾脏
Gd	1.81±0.16	−1.8	15.700	3.190	0.510
Tb	0.20±0.01	−0.2	1.560	0.160	0.051
Dy	1.02±0.08	−1.3	7.470	0.640	0.240
Ho	0.22±0.03	−0.3	1.110	0.090	0.036
Er	0.62±0.08	−0.7	3.350	0.210	0.100
Tm	0.09±0.02	−0.1	0.540	0.032	0.014
Yb	0.56±0.05	−0.8	3.600	0.170	0.070
Lu	0.11±0.02	−0.2	0.066	0.048	0.027
ΣREE	—	—	868.196	317.260	22.078
LREE	—	—	834.800	312.720	21.030
HREE	—	—	33.396	4.540	1.048
L/H	—	—	24.997	68.881	20.067
Y	7.45±0.48	−7.5	36.100	2.290	1.120
Sc	—	—	44.400	6.280	5.960
ΣREE+YSc	—	—	948.696	325.830	29.158
ΣCe	—	—	834.800	312.720	21.030
ΣYSc	—	—	113.896	13.110	8.128
ΣCe/ΣYSc	—	—	7.329	23.854	2.587

梁涛等研究白云鄂博居民头发稀土含量数据分析结果见表 7-36 至表 7-40（Wei et al.，2013）。

表 7-36　白云鄂博居民头发稀土含量研究中采用的参照数据

元素/组分	标准样品的回收率/%	标准值/（ng/g）	测定值/（ng/g）	标准偏差
La	102.60	13.60	13.95	1.51
Ce	103.27	19.50	20.137	22.62
Pr	99.59	2.20	2.19	0.22
Nd	99.10	8.31	8.24	0.87
Sm	106.14	1.45	1.54	0.34
Eu	102.05	0.78	0.8	0.07
Gd	103.88	1.70	1.77	0.24
Tb	105.00	0.18	0.19	0.04
Dy	95.21	1.19	1.13	0.19
Ho	101.82	0.22	0.22	0.05
Er	102.63	0.76	0.78	0.09
Tm	93.92	0.13	0.13	0.02
Yb	97.64	0.89	0.87	0.15
Lu	102.00	0.20	0.20	0.03

续表

元素/组分	标准样品的回收率/%	标准值/（ng/g）	测定值/（ng/g）	标准偏差
ΣREE	—	51.11	52.15	—
LREE	—	45.84	46.857	—
HREE	—	5.27	5.29	—
L/H	—	8.7	8.86	—
Y	98.58	8.04	7.93	0.91
ΣREE+Y	—	59.15	60.08	—
ΣCe	—	45.84	46.86	—
ΣYc	—	13.31	13.22	—
ΣCe/ΣY	—	3.44	3.54	—

表 7-37　白云鄂博女性头发中稀土含量基础统计数据（ng/g）

元素/组分	矿区样品（N=33）			控制区样品（N=20）		
	范围	平均值	中位数	范围	平均值	中位数
La	35.47~732.45	161.00	143.04	59.32~295.92	146.45	127.56
Ce	112.32~1396.98	402.28	312.06	140.52~653.18	312.05	296.24
Pr	7.07~150.84	32.76	27.64	10.10~125.53	33.55	27.33
Nd	28.99~575.94	131.45	110.63	40.89~788.65	153.62	129.06
Sm	6.26~70.16	19.37	16.26	5.53~29.77	15.57	12.58
Eu	1.47~14.66	4.80	3.96	1.20~6.63	3.49	3.27
Gd	3.98~50.56	12.92	9.51	4.45~35.16	11.86	10.52
Tb	0.39~4.13	1.22	1.02	0.43~2.81	1.02	0.81
Dy	1.37~20.84	5.57	4.67	1.76~9.28	4.05	3.49
Ho	0.30~3.29	0.96	0.67	0.24~1.59	0.72	0.63
Er	4.30~63.16	17.14	16.52	4.90~63.78	20.83	18.37
Tm	0.10~0.98	0.34	0.29	0.09~0.47	0.24	0.21
Yb	0.59~7.66	2.05	1.62	0.61~2.97	1.53	1.50
Lu	0.06~1.44	0.30	0.22	0.10~0.80	0.26	0.27
ΣREE	—	792.16	648.11	—	705.24	631.84
LREE	—	751.66	613.59	—	664.73	596.04
HREE	—	40.5	34.52	—	40.51	35.80
LREE/HREE	—	18.56	17.77	—	16.41	16.65
Y	7.72~85.74	25.40	19.11	9.99~47.88	19.88	17.85
ΣREE+Y	—	817.56	667.22	—	725.12	649.69
ΣCe	—	751.66	613.59	—	664.73	596.04
ΣYc	—	65.9	53.63	—	60.39	53.65
ΣCe/ΣY	—	11.41	11.44	—	11.01	11.11

表 7-38　白云鄂博男性头发中稀土含量基础统计数据（ng/g）

元素/组分	矿区样品（N=27）			控制区样品（N=21）		
	范围	平均值	中位数	范围	平均值	中位数
La	38.26~830.42	194.68	176.61	54.16~505.19	148.28	102.87
Ce	134.88~1460.27	483.50	420.86	138.94~1053.65	351.14	247.70
Pr	8.40~158.75	39.66	32.36	11.00~105.66	29.73	19.23
Nd	32.57~603.72	158.84	121.86	45.19~436.89	121.19	70.61
Sm	4.19~99.89	24.92	20.81	5.53~56.25	17.93	13.56
Eu	0.95~12.60	4.29	3.65	1.20~9.72	3.62	2.37
Gd	3.37~45.67	14.88	12.14	5.18~46.64	13.65	7.92
Tb	0.37~6.38	1.56	1.04	0.44~4.25	1.28	0.82
Dy	0.98~19.17	6.54	5.32	1.89~27.31	5.84	3.37
Ho	0.26~5.36	1.22	0.96	0.31~3.24	0.88	0.57
Er	5.77~109.08	37.21	23.03	7.90~88.40	29.49	21.65
Tm	0.10~4.08	0.54	0.33	0.09~1.39	0.37	0.22
Yb	0.80~11.48	2.60	1.77	0.28~9.03	2.04	1.42
Lu	0.10~3.06	0.50	0.29	0.07~2.31	0.35	0.21
ΣREE	—	970.94	821.03	—	725.79	492.52
LREE	—	905.89	776.15	—	671.89	456.34
HREE	—	65.05	44.88	—	53.9	36.18
L/H	—	13.93	17.29	—	12.47	12.61
Y	7.40~90.13	30.33	23.82	9.60~66.57	21.75	17.90
ΣREE+Y	—	1001.27	844.85	—	747.54	510.42
ΣCe	—	905.89	776.15	—	671.89	456.34
ΣYc	—	95.38	68.7	—	75.65	54.08
ΣCe/ΣY	—	9.5	11.3	—	8.88	8.44

表 7-39　白云鄂博矿区居民头发中稀土含量基础统计数据（ng/g）

元素/组分	范围	平均值	中位数
La	38.26~1554.73	367.60	222.34
Ce	172.69~2857.86	802.78	529.84
Pr	8.40~317.39	78.43	42.81
Nd	32.57~1229.96	306.11	183.18
Sm	4.19~129.68	36.03	26.11
Eu	1.04~26.69	6.94	4.58
Gd	3.37~81.17	22.48	15.84
Tb	0.37~6.47	2.00	1.58
Dy	0.98~22.26	8.38	6.79
Ho	0.26~2.97	1.29	1.10
Er	5.77~168.19	40.35	22.16
Tm	0.10~1.17	0.42	0.33
Yb	0.47~6.81	2.56	2.20

续表

元素/组分	范围	平均值	中位数
Lu	0.10~1.17	0.38	0.35
ΣREE	—	1675.75	1059.21
LREE	—	1597.89	1008.86
HREE	—	77.86	50.35
L/H	—	20.52	20.04
Y	7.40~84.89	34.15	25.36
ΣREE+Y	—	1709.9	1084.57
ΣCe	—	1597.89	1008.86
ΣYc	—	112.01	75.71
ΣCe/ΣY	—	14.27	13.33

表 7-40　其他已经发表文章中人头发稀土元素含量值（ng/g）

元素/组分	中国江西（0~3岁）		中国江西（11~15岁）		中国山东		瑞典
	矿区	控制区	矿区	控制区	矿区	控制区	市区
La	1370.59	78.11	450.00	120.00	124.90	25.10	35
Ce	581.24	113.06	340.00	220.00	269.20	65.60	39
Pr	302.34	18.74	80.00	30.00	21.40	5.20	—
Nd	1111.44	70.92	280.00	120.00	77.20	21.20	—
Sm	196.71	15.23	40.00	30.00	9.30	3.90	—
Eu	20.04	0.97	6.00	3.70	2.50	1.10	—
Gd	151.97	14.79	30.60	23.70	8.40	4.60	—
Tb	18.09	1.98	3.30	3.40	0.80	0.50	—
Dy	71.59	10.44	15.10	18.20	4.20	3.10	—
Ho	11.22	1.90	2.30	3.10	0.70	0.50	—
Er	28.13	4.98	15.90	8.50	2.30	1.40	—
Tm	2.87	0.64	0.60	1.10	0.20	0.10	—
Yb	17.31	3.35	3.60	6.60	1.40	1.30	—
Lu	2.31	0.33	0.50	0.80	0.20	0.10	—
ΣREE	3885.85	335.44	1267.90	589.10	522.70	133.70	—
LREE	3582.36	297.03	1196	523.70	504.50	122.10	—
HREE	303.49	38.41	71.9	65.40	18.20	11.60	—
L/H	11.80	7.73	16.63	8.01	27.72	10.53	—
Y	201.55	38.72	71.20	82.30	19.60	16.00	23
ΣREE+Y	4087.40	374.16	1339.10	671.40	542.30	149.70	—
ΣCe	3582.36	297.03	1196.00	523.70	504.50	122.10	—
ΣYc	505.04	77.13	143.10	147.70	37.80	27.60	—
ΣCe/ΣY	7.09	3.85	8.36	3.55	13.35	4.42	—

　　本章的大量数据，也是关于过量累积的外源稀土元素对生态环境尤其是通过生物链传递对人体健康具有生态潜在风险的研究成果。即使是生命必需元素，也有其最适宜营

养浓度。任何一种生命必需元素，如果远远高于其最适宜营养浓度，也会使生物体发育异常。而过量的生命非必需元素，对生物体尤其是对人体健康必然会产生毒性效应。过量累积的稀土元素对人体健康影响到底有多大的潜在风险，详细内容请见第 8 章"稀土元素对模式生物毒性效应"。

参 考 文 献

蓝先洪, 李日辉, 密蓓蓓, 等, 2016. 渤海东部和黄海北部表层沉积物稀土元素的分布特征与物源判别[J]. 地球科学, 41(3): 463-474.

李品芳, 白海峰, 郭世文, 等. 2014. 栗钙土碳酸钙含量的空间分布特征[J]. 土壤学报, 51(2): 402-406.

窦衍光, 李军, 李炎. 2012. 北部湾东部海域表层沉积物稀土元素组成及物源指示意义[J]. 地球化学, 41(2): 147-157.

高舸, 张钦龙, 黄志, 等. 2012. ICP-MS 法测定粮食中 16 种稀土元素[J]. 中国食品卫生杂志, 24(3): 236-239.

宫传东, 戴慧敏, 杨作升. 2013. 长江与黄河沉积物稀土元素随粒度变化对比研究[J]. 地质与资源, 22(2): 148-154.

胡书玉. 2010. 测定茶叶和粮食中稀土元素含量的方法研究[J]. 职业与健康, 26(7): 768-769.

黄成敏, 王成善. 2003. 变性土发育过程中稀土元素地球化学特征和行为[J]. 中国稀土学报, 21(6): 706-710.

梁旭霞, 杜达安, 梁春穗, 等. 2007. ICP-MS 同时测定植物性食物中 15 种稀土元素[J]. 华南预防医学, 33(3): 12-15.

林立, 陈光, 陈玉红. 2007. 电感耦合等离子体质谱法测定茶叶中的 16 种稀土元素[J]. 环境化学, 26(4): 555-558.

刘虎生, 诸洪达, 王小燕, 等. 2007. 中国成年男子肺肝肾中 15 种微量稀土元素的 ICP-MS 测定研究[J]. 现代科学仪器, (6): 94-95.

吕贻忠, 郑殷恬, 赵楠. 2012. 栗钙土胡敏酸分子三维结构模型构建及其优化[J]. 化学研究与应用, 24(6): 848-853.

欧阳荔, 诸洪达, 王京宇, 等. 2004. 电感耦合等离子体质谱法测定人尸体 10 种器官组织样品中 15 种痕量稀土元素的研究[J]. 分析试验室, 23(7): 7-9.

王鹏, 赵志忠, 王军广, 等. 2012. 海南岛西南干旱区土壤中稀土元素含量及其空间分布特征[J]. 干旱区资源与环境, 26(5): 83-87.

王玉琦, 孙景信, 屠树德, 等. 1987. 松辽平原土壤中稀土、铀和钍等微量元素的环境背景值[J]. 地理科学, 7(4): 364-368.

解清, 诸洪达, 王小燕, 等. 2008. 中国成年男子全血及器官组织中稀土元素分布模式[J]. 现代仪器, (1): 23-26.

鄢明才, 迟清华. 1997. 中国东部地壳与岩石的化学组成[M]. 北京: 科学出版社: 292.

杨元根, 刘丛强, 袁可能, 等. 1998. 红壤中稀土元素的有效性及其环境意义[J]. 农村生态环境, 14(4): 19-23.

张成龙, 邬光剑, 高少鹏. 2008. 青藏高原砂质表土样品稀土元素特征的初步探讨[J]. 冰川冻土, 30(2): 259-265.

张立娟, 李徐生, 李德成, 等. 2011. 雷州半岛玄武岩母质土壤剖面稀土元素分布及其与常量元素、粒度的关系[J]. 土壤学报, 48(1): 1-9.

赵一阳, 王金土, 秦朝阳, 等. 1990. 中国大地架海底沉积物中的稀土元素[J]. 沉积学报, 8(1): 37-43.

郑世雯, 范德江, 刘明, 等. 2017. 渤海中部现代黄河沉积物影响范围的稀土元素证据[J]. 中国海洋大学学报(自然科学版), 47(6): 95-103.

周国华, 孙彬彬, 刘占元, 等. 2012. 中国东部主要河流稀土元素地球化学特征[J]. 现代地质, 26(5): 1028-1042.

朱赖民, 高志友, 尹观, 等. 2007. 南海表层沉积物的稀土和微量元素的丰度及其空间变化[J]. 岩石学报, 23(11): 2963-2980.

Boynton W V. 1984. Geochemistry of the rare earth elements: Meteorite studies[M]. //Henderson P. Rare Earth Elements Geochemis-try. Amsterdam: Elsevier: 63-114.

Pourmand A, Dauphas N, Ireland T J. 2012. A novel extraction chro-matography and MC-ICP-MS technique for rapid analysis of REE, Sc and Y: Revising CI-chondrite and Post-Archean Australian Shale (PAAS) abundances [J]. Chemical Geology, 291: 38-54.

Taylor S R, McLennan S M. 1995. The geochemical evolution of the continental crust[J]. Reviews of Geophysics, 33: 241-265.

Turekian K K, Wedepohl K H. 1961. Distribution of the elements in major units of the earth crust[J]. Geological Society America Bulletin, 72: 172-192.

Wei B G, Li Y H, Li H R, et al. 2013. Rare earth elements in human hair from a mining area of China[J]. Ecotoxicology and Environmental Safety, 96: 118-123.

第 8 章　稀土元素对模式生物毒性效应

稀土元素（rare earth elements，REEs）包括 15 种镧系元素（Lanthanides，Lns）及与镧系同族的 Y 和 Sc，共 17 种。其特征电子层结构为$[Xe]4f^{0\sim14}5d^{0\sim1}6s^2$，它们趋于形成相对稳定的三价阳离子。

稀土离子 RE^{3+} 与 Ca^{2+} 在性质和结构等方面都很相似，不同之处是 RE^{3+} 的离子势比 Ca^{2+} 大，RE^{3+} 不仅可以占据钙位置，而且还能取代结合钙，使细胞内 Ca^{2+} 增加（凤志慧等，2001）。因而稀土又称"超级钙"（张丽平等，2009），其产生毒害效应的途径之一是与细胞作用时胞内信使物质发生变化。Ca^{2+} 作为细胞第二信使传递胞内信息，诱发一系列的细胞形态、生理和分子生物学事件。稀土离子比钙离子多一个正电荷，与含氧配体的结合能力强，使得稀土可置换出许多酶中的 Ca^{2+}，从而参与各种酶促反应并影响酶活性。此外，稀土还可竞争 Ca^{2+} 在膜磷脂上的结合位点，改变细胞膜电位而影响膜上 Ca^{2+} 转运机制，导致 Ca^{2+} 在细胞内分布改变，甚至取代 Ca^{2+} 在信号传递中的作用，使稀土可通过调控 Ca^{2+} 来完成细胞内信使分子介导的一系列生理生化反应过程的调节。稀土能促使细胞内 Ca^{2+} 显著升高，而 Ca^{2+} 升高将促进细胞内氧自由基形成，导致细胞损伤甚至凋亡。

模式生物是生物学家通过对选定的生物物种进行科学研究，用于揭示某种具有普遍规律的生命现象，这种被选定的生物物种就是模式生物（徐江等，2014）。从一般生物学属性上看，模式生物通常具有世代周期较短、子代多，表型稳定等特征。世代短可以节省实验观察周期，子代多有利于突变表型的发现。研究者通过模式生物可以从错综复杂的生物学现象中抽取通用的生物学本质。随着生命科学研究的进一步深入和细化，模式生物的范畴正在不断扩大，从 1900 年选定玉米以来发展到现在，已经包括小鼠、黑腹果蝇、酿酒酵母、T-噬菌体、拟南芥、大肠杆菌、λ-噬菌体、秀丽隐杆线虫、鸡、非洲爪蟾、斑马鱼、水稻等。尤其是人类基因组计划的完成和后基因组研究时代的到来，使模式生物研究策略得到了特别的重视。基因的结构和功能可以在其他合适的生物中去研究，同样人类的生理和病理过程也可以选择合适的生物来模拟。

目前在人口与健康领域应用最广的模式生物包括，噬菌体、大肠杆菌、酿酒酵母、秀丽隐杆线虫、海胆、果蝇、斑马鱼、爪蟾和小鼠。在植物学研究中比较常用的有拟南芥、水稻等。

随着生命科学研究的发展，还会有新的物种被人们用来作为模式生物。但它们会有一些基本共同点：①有利于回答研究者关注的问题，能够代表生物界的某一大类群；②对人体和环境无害，容易获得并易于在实验室内饲养和繁殖；③世代短、子代多、遗传背景清楚；④容易进行实验操作，特别是具有遗传操作的手段和表型分析的方法。

为了揭示稀土元素的生态毒性效应，有不少专家学者通过研究稀土元素对模式生物的毒性效应，查明稀土元素对人体健康将产生的可能性影响。因此本章对于通过模式生物果蝇、斑马鱼、蚯蚓、梨形四膜虫、小鼠、蚕豆、玉米、水稻、拟南芥、藻类、大肠杆菌等研究稀土毒性取得的代表性成果进行综合论述，以期正确认识稀土矿区或稀土选冶型城市农田稀土污水灌溉区中稀土元素对人体健康的危害，这对于预防稀土通过粮食、蔬菜等生物链传导而危害人体健康具有重要的理论借鉴意义。

8.1　模式生物动物类稀土元素毒性效应

模式生物动物类稀土元素毒性效应综合分析主要包括果蝇、斑马鱼、蚯蚓、梨形四膜虫和小鼠类。

8.1.1　果蝇

果蝇（*Drosophila*）以发酵烂水果上的酵母为食（管德龙等，2014），广泛分布于世界各温带地区。果蝇作为一种真核多细胞昆虫，生理功能和代谢系统类似于哺乳动物。果蝇具有生活周期短、容易饲养、染毒途径单一（只经口染毒）、繁殖力强（在25℃左右温度下10天左右就繁殖一代，一只雌果蝇一代能繁殖数百只）、染色体数目少而易于观察等特点，因而是遗传学研究的最佳材料。李宗芸等（Li Z Y, et al.，2009）、黄淑峰等（Huang S F, et al.，2010）将果蝇培养在不同质量浓度（1 mg/L、4 mg/L、16 mg/L、64 mg/L、256 mg/L、1024 mg/L）的硫酸铈培养基中研究证实，当 $Ce(SO_4)_2$ 质量浓度高于16 mg/L时，彗星电泳结果表现为随着硫酸铈剂量的递增，果蝇中肠细胞的彗星率、彗星尾长和 Olive 尾矩增加，表明硫酸铈能打断DNA，使其片段化；使中肠细胞出现凋亡的特征是，硫酸铈诱导果蝇的氧化应激使果蝇中肠细胞超氧化物歧化酶（SOD，别名肝蛋白）和过氧化氢酶（CAT）活性降低，脂质过氧化产物（丙二醛，MDA）含量上升。可见硫酸铈可诱导果蝇细胞中遗传物质的损伤，对果蝇有一定的氧化毒性和遗传毒性作用。

8.1.2　斑马鱼

斑马鱼（*Danio rerio*）的生长发育过程、组织系统结构与人有很高的相似性。斑马鱼胚胎透明、体外发育、个体小、繁殖率高、产卵时间长、鱼种发育遗传背景清晰，目前已成为研究脊椎动物（包括灵长类）胚胎发育及外界环境变化、胚胎发育用于遗传分析、毒理学和研究多种人类疾病的理想模式生物。崔俊安等（2011）通过斑马鱼试验证实随着 Gd 暴露浓度的升高（大于0.005 mmol/L），其毒性效应逐渐增强。在8小时时，1.0 mmol/L Gd 暴露液中，斑马鱼胚胎全部卵凝结（死亡）；在24小时时，0.5 mmol/L和0.3 mmol/L Gd 暴露液中，有部分胚胎死亡。96小时半致死浓度（LC_{50}）为0.192 mmol/L；72小时绝对致死浓度（LC_{100}）是0.9357 mmol/L。Gd 暴露液还会导致明显致畸现象，如水肿、尾畸弯曲。

8.1.3 蚯蚓

蚯蚓（*Eisenia fetida*）是土壤中广泛存在的一种低等动物（David B Mayfield and Anne Fairbrother，2015），占土壤总动物生物量的 60%~80%，其生存、生长与繁殖受环境中污染物影响，已成为陆地环境中有毒物质的重要指示生物。蚯蚓是环节动物门寡毛纲类动物的通称。科学分类属于单向蚓目。身体呈圆柱形，两侧对称，具有分节现象：由 100 余个体节组成，在第十一节以后，每节的背部中央有背孔；没有骨骼，在体表覆盖一层具有色素的薄角质层。除了身体前两节之外，其余各节均具有刚毛。雌雄同体，异体受精，生殖时借由环带产生卵茧，繁殖下一代。蚯蚓几乎见于世界各地所有湿度合适并含足够有机物质的土壤。吴晶等（2012）证实钇溶液浓度在 78.33~79.47 mg/kg 范围内，蚯蚓死亡率为 60%~100%。滤纸接触法急性毒性实验证实，当钇浓度从 0.15g/L 增加到 0.35g/L 时，蚯蚓应激反应剧烈，表现出强烈的逃避行为，甚至爬到滤纸边缘和培养皿壁上；中毒症状表现为躯体变软、环带肿大、充血，环带间有黄色液体渗出，随着染毒时间的延长，蚯蚓体色变淡，散发出恶臭，有的蚯蚓躯体出现断裂，甚至死亡。当土壤中钇浓度为 1.0 g/kg 增加到 1.1 g/kg 时，7 天内蚯蚓的死亡率由 10%上升为 40%，14 天内死亡率由 20%增加到 60%；当浓度达到 1.2 g/kg 时，蚯蚓的应激反应更加激烈，在 7 天内死亡率达 80%；浓度为 1.3 g/kg 时，钇对蚯蚓的毒性更强，7 天内全部死亡。染毒时间对蚯蚓死亡率也有影响，对于同一浓度的钇，14 天内蚯蚓的死亡率要高于 7 天内的。中毒症状表现为环带肿大、充血，驱体萎缩，糜烂，恶臭直至死亡。冯秀娟等证实硫酸铵与稀土元素钇对蚯蚓复合染毒（Feng X J, et al., 2014），中浓度（14g/L）硫酸铵增加稀土元素钇对蚯蚓的毒性，产生较明显的协同作用；高浓度（20g/L）硫酸铵显著增加了稀土元素钇对蚯蚓的毒性。稀土元素钇染毒下蚯蚓死体更易断裂，而活体对针刺反应相对不灵敏。

8.1.4 梨形四膜虫

梨形四膜虫（*Tetrahymena pyriformis*）广泛分布于世界各地的淡水中，属原生动物门，纤毛虫纲，膜口目，四膜虫科，其生活周期短（代时仅为 2~4 小时），生长快速，易于无菌条件下纯种培养形成无性克隆。现在研究最多的是梨形四膜虫和嗜热四膜虫。四膜虫具有典型的真核细胞器，它的代谢功能非常类似哺乳动物的肾脏和肝脏，因此十分适合用作生理生化、遗传、细胞生物学及毒理学研究的材料。王永兴等（1998）采用 S1 上海梨形四膜虫进行稀土金属离子 La^{3+}、Sm^{3+}、Y^{3+}、Gd^{3+}的 24 小时和 96 小时生长毒性试验结果表明，随着浓度的升高，四种稀土金属离子均表现出毒性效应，毒性大小顺序为 $Gd^{3+}>Y^{3+}>Sm^{3+}>La^{3+}$。比较每一处理组的四膜虫细胞（$10^4$）蛋白质和核酸含量表明，稀土离子在较高浓度时梨形四膜虫的分裂均受到抑制。重稀土（Y^{3+}，Gd^{3+}）对四膜虫的毒性大于轻稀土（La^{3+}、Ce^{3+} 和 Sm^{3+}）。

8.1.5　小鼠类

在分类学上，小鼠属于哺乳纲（Mammalia）、啮齿目（Rodentia）、鼠科（Muridae）、小鼠属（Mus）动物。小鼠是由小家鼠演变而来。它广泛分布于世界各地，经长期人工饲养选择培育，已育成 1000 余个近交系和独立的远交群。早在 17 世纪就有人用小鼠做实验，在哺乳类实验动物中，由于小鼠体小，饲养管理方便，易于控制，生产繁殖快，研究最深，有明确的质量控制标准，已拥有大量的近交系、突变系和封闭群，现已成为使用量最大、研究最详尽的哺乳类实验动物。因此，稀土元素在小鼠体内表现出的毒性效应与其对人体健康的影响非常相似，这对稀土矿区或稀土选冶型城市正确认识排入环境中的稀土元素通过粮食、蔬菜等生物链传导而危害人体健康具有重要的理论借鉴意义。

目前有关稀土元素在小鼠体内各种毒性效应的代表性研究主要包括稀土元素对小鼠大脑与神经系统、循环系统、呼吸系统、消化系统、泌尿系统、生殖系统及分子生物学水平等综合性研究方面的成果。

1. 大脑与神经系统

由于镧系元素 4f 电子层 1/4、1/2、3/4 至完全充满状态其化学性质的差异性变化造成稀土四分组效应，即 La-Ce-Pr-Nd、Pm-Sm-Eu-Gd、Gd-Tb-Dy-Ho 和 Er-Tm-Yb-Lu 化学性质分组，Nd/Pm、Gd、Ho/Er 为分界点、每 4 个稀土元素为一组，各组在化学过程呈现出更相似的性质。因而在研究稀土元素的生物学毒性时，为了提高研究效率，降低研究成本，常常选取四分组中有代表性的稀土元素进行研究。例如，通过选取代表性稀土元素 La、Gd、Yb 研究证实，稀土离子有一定的神经毒性，且 Yb^{3+} 较 La^{3+} 和 Gd^{3+} 的神经毒性强（杜正清和杨频，2011），而且 Yb^{3+} 增大了海马神经元钠离子通道的电导率，使钠离子内流增加，对于分析长期摄入低剂量稀土导致儿童智商降低的原因提供了重要依据。这也支持和印证了 $YbCl_3$（2.0 mg/kg 和 40 mg/kg 体重剂量）长期暴露会对大鼠的学习记忆能力产生负面影响。

2. 循环系统

循环系统是生物体细胞外液（包括血浆、淋巴和组织液）及其借以循环流动的管道组成系统。稀土元素可促进心肌细胞老化，如长时间（30min）摄取高剂量（250 mg/kg）Ce^{3+}（$CeCl_3$）对心肌细胞的 Ca^{2+} 内流和 K^+ 外流产生显著的影响，并使大白鼠心率显著降低。同样低浓度的 Y^{3+} 可使心肌收缩幅度和心脏血液输出量增加，心率加快，高浓度则相反。亚慢性硝酸钐 Sm（NO_3）$_3$ 暴露可导致 ICR（Institute of Cancer Research）小鼠血常规部分指标的改变（阮琴等，2013）。

3. 呼吸系统

呼吸系统是执行机体和外界进行气体交换的器官的总称。呼吸系统的机能主要是与外界的进行气体交换，呼出二氧化碳，吸进氧气，进行新陈代谢。呼吸系统包括呼吸道（鼻腔、咽、喉、气管、支气管）和肺脏。经呼吸道进入体内的稀土化合物粉尘（如包头市大气中含包钢尾矿的 PM10）可较长时间滞留在肺部，从而引起肺组织的纤维性病变，即稀土尘肺。例如，稀土化合物 Nd_2O_3 颗粒物可致染尘大鼠发生肺组织损伤作用，早期以炎性损伤为主，晚期可形成细胞性结节。通过呼吸道染毒进入大鼠体内的 Nd_2O_3 颗粒物在肝脏、肾脏和脑之间进行再分配，其中肝脏中 Nd_2O_3 水平高于肾脏和脑组织。而氟化钕微粒可导致大鼠肺组织氧化损伤（杨艳霞等，2014），随染尘时间的延长肺组织纤维化程度呈上升趋势；同样氧化钕粉尘（郑姗姗等，2014）进入大鼠肺组织后，支气管肺泡灌洗液中细胞总数以及上清液和巨噬细胞中蛋白含量均明显增高。

4. 消化系统

消化系统从口腔延续到肛门，负责摄入食物、将食物消化成为营养素、吸收营养素进入血液，以及将食物的未消化部分排出体外。消化道包括口腔、咽、食管、胃、小肠、大肠、直肠和肛门，还包括一些位于消化道外的器官：胰腺、肝脏和胆囊。消化系统的基本生理功能是摄取、转运、消化食物和吸收营养、排泄废物，这些生理的完成有利于整个胃肠道协调的生理活动。稀土对消化系统的不良影响很大，例如，用 2.0 mg/kg、5.0 mg/kg、20.0 mg/kg 的农用混合稀土“常乐”（La_2O_3 30.48%、CeO_2 54.67%、Pr_6O_{11} 6.05%和 Nd_2O_3 8.8%）对 Wistar 大鼠连续灌胃 3 个月后（夏青等，2006），证实 20.0 mg/kg 组肝细胞索排列显著紊乱，汇管区有炎细胞浸润，糖原减少，线粒体嵴轻度肿胀，胆小管附近有较多电子密度高的致密体及溶酶体。肝细胞中琥珀酸脱氢酶（SDHase）、葡萄糖- 6-磷酸酶（G-6-Pase）和三磷酸腺苷酶（Ca^{2+}-ATPase）活性均明显降低。

稀土在小鼠体内长期作用，可与多种鼠肝蛋白结合，可能导致肝脏和肾脏特定部位均受到一定程度的损害，并使体内酶代谢发生紊乱，且随着稀土量的增多，损害程度也越严重。实验证实鼠肝中各稀土含量随给药剂量的增加而增大，其累积速度大小顺序为 La>Ce>Nd>Pr。实验的 La（NO₃）₃最小剂量为 0.2mg/kg，虽不很明显仍有机体受损 NMR（Nuclear Magnetic Resonance，核磁共振）信号，说明稀土 La（NO₃）₃的安全剂量略小于 0.2mg/kg。镧剂量高于 0.20 mg/kg 时，生长期小鼠的肝脏出现肿块，且谷丙转氨酶、谷草转氨酶的活性偏高，肝脏功能受到损伤。

稀土元素 La、Ce、Nd 可以进入肝细胞（于秋红等，2011），主要蓄积在肝细胞核。细胞核是细胞中最重要的细胞器，它直接关系到遗传信息传递、基因表达、生物大分子的合成与代谢等。虽然细胞核中稀土含量很低，但其中富集了肝细胞中大部分的 DNA。DNA 是生物体内重要的遗传信息载体，稀土与 DNA 生成配合物对动物体内蛋白合成和遗传等造成不良影响而表现出遗传毒性（廖沛球等，2012）。还如 Pr(NO₃)₃对 Wistar

大鼠急性毒性的靶向器官为肝脏和肾脏，但以肝脏为主，且呈现明显的剂量-反应关系。$Pr(NO_3)_3$ 会通过改变大鼠体内酶代谢而造成肝脏线粒体中的能量代谢（脂肪、糖代谢）紊乱；$Nd(NO_3)_3$ 能够影响大鼠肝脏线粒体中的糖代谢、脂肪代谢和氨基酸代谢，从而对大鼠肝细胞核的氧化损伤而损害肝脏（田蜜等，2011），且其损害程度随剂量的增加 [2mg/kg(体重)→50 mg/kg(体重)] 有增强的趋势。稀土 La、Ce、Sm 等对肝脏都具有和 Pr、Nd 一样的毒性。

5. 泌尿系统

泌尿系统由肾脏、输尿管、膀胱及尿道组成。其主要功能为排泄。排泄是指机体代谢过程中所产生的各种不为机体所利用或者有害的物质向体外输送的生理过程。被排出的物质一部分是营养物质的代谢产物；另一部分是衰老的细胞破坏时所形成的废物。此外，排泄物中还包括一些随食物摄入的多余物质，如多余的水和无机盐，蛋白质等。

稀土对泌尿系统的毒性效应通过 Wistar 大鼠长期口服混合稀土常乐（La_2O_3 30.48%、CeO_2 54.67%、Pr_6O_{11} 6.05% 和 Nd_2O_3 8.8%）90 天后观测证实（郝利铭等，2007），随着浓度升高到 5 mg/kg 以后，混合稀土常乐对大鼠肾脏的不良影响逐渐增大。同样，$Pr(NO_3)_3$ 会改变肾脏中渗透质平衡，降低肾脏对氨基酸的重吸收和利用能力；$Nd(NO_3)_3$ 对肾脏肾乳头、肾小管等特定部位会造成损害（廖沛球等，2008），使肾脏功能处于不正常状态。

6. 生殖系统

生殖系统是对有毒有害物质比较敏感的系统之一，稀土元素对生殖系统的影响备受关注。一定剂量的 REE 在体内蓄积对雄性小鼠性腺（精子畸形率、睾丸重和睾酮分泌）可产生不良的影响。镧染毒对雄性小鼠生殖腺具有一定的毒性作用，造成睾丸生精障碍（刘高峰等，2012），使精子数量减少，对精子质量造成损伤。对小鼠用 50 mg/L $Sm(NO_3)_3$ 染毒小鼠生精小管中只有 4~6 层细胞，曲精小管周围的间质细胞变少；500 mg/L 剂量组曲精小管的间质细胞进一步减少，曲精小管细胞广泛脱落，精子几乎消失，仅剩 2~4 层细胞。最高剂量 2000 mg/L 的 $Sm(NO_3)_3$ 使小鼠睾丸萎缩，整个曲精管内几乎无精子，间质细胞很少，甚至消失。SDH（大鼠山梨醇脱氢酶）是精子的一种特异酶，当 SDH 缺乏时，影响精子的成熟、形态和数量等，钐剂量的增加在中高剂量小鼠组 SDH 酶活性均呈显著性下降，这必将影响小鼠的生殖能力。流行病学调查显示高浓度的稀土化合物，可通过呼吸、饮食、接触等多种途径进入人体，损伤生殖细胞或干扰胚胎发育的过程。不同剂量的混合稀土对小鼠腹腔注射连续染毒 10 天后，观察分析证实 400 mg/(kg·d) 以上的稀土处理对超排卵数、活卵数、成熟卵数和孤雌活化率均下降，使胎仔体长和尾长缩短，体形改变，胎仔生长发育受到抑制（杨三平等，2011）。可见，稀土元素对雄性、雌性小鼠的生殖能力都有毒性效应。

7. 综合性研究

[141]Ce 示踪研究表明（陈祖义等，2000），滞留于小鼠体内的铈经过再分配而在各脏器组织中均有分布，其中眼、骨骼、睾丸、心脏、大脑和脂肪内的蓄积量较高，且随剂量或摄入时间的增加而增加，表现了明显的选择性蓄积。眼球的蓄积性尤为突出，明显高于其他脏器。

用硝酸稀土（其中 La、Ce、Pr、Nd 的比例分别为 28%、48%、6%、14%，其余的 4%为其他稀土）按 60 mg/（kg·BW）对小白鼠灌胃后分析证实（吕景智等，2006），稀土在小白鼠体内吸收迅速，分布非常广泛，但各种消除过程都比较缓慢。不同器官组织间的稀土浓度有明显的差别，在肝脏中最高，其次是脾脏、肾脏、肌肉，最后是心脏。

经不同途径摄入的稀土，在机体内分布状况不尽相同，经静脉注射后，稀土在脾脏、牙、骨等不同组织中分布比较均衡，因为静脉注射的稀土随血液循环很快到达各组织，被组织吸收后难以排出，因而呈均匀分布；腹腔注射的稀土在肝、脾中高度富集，由于稀土经腹腔注入后逐渐转化成氢氧化物微粒状态，不易在组织、体液中循环，而是选择亲稀土的网状组织富集，导致分布的不均匀。有关从分子生物学方面对稀土离子生态毒性的研究有曹睿等（2007）做了详细的研究，此处不再赘述。

8.2　模式生物植物类稀土元素毒性效应

模式生物植物类稀土效应综合分析主要包括蚕豆、玉米、水稻、拟南芥。

8.2.1　蚕豆

蚕豆（*Vicia faba* Linn）为一年生草本（何玉华等，2014），高 30~100（120）cm。主根短粗，多须根，根瘤粉红色，密集。蚕豆根尖细胞染色体数目少且大，染色体组为 $2n = 12$，基因组片段大小为 13 000Mb，DNA 含量高，相对于其他生物对诱变因子反应敏感，蚕豆和动物之间对环境致突变物所引起染色体畸变等定性反应的一致性可达 99%以上，是遗传毒埋学研究的经典材料。

孔志明等（1998）较系统的研究证实 La^{3+}、Sm^{3+}、Y^{3+}、Gd^{3+}在高浓度时对蚕豆幼苗的生长均具有抑制作用，且随浓度升高，抑制作用增强。不同稀土元素的抑制作用阈浓度不同，La^{3+}、Sm^{3+}均为 12 mmol/L，Gd^{3+}为 6mmol/L，Y^{3+}为 9 mmol/L，显然重稀土元素 Y、Gd 对蚕豆早期生长的毒性要大于轻稀土元素 La 和 Sm。由于稀土离子与 Ca^{2+}相似，能够与膜磷脂结合，调节钙的代谢，并且由于电荷密度比 Ca^{2+}高，能够取代 Ca^{2+}参与与 Ca^{2+}有关的许多生理过程，调节许多生物大分子如酶、核酸的活性及功能。在高剂量条件下，稀土离子则成为 Ca^{2+}的拮抗剂，干扰细胞内部的正常生理活动，从而表现为抑制效应。

稀土元素作用于蚕豆根尖细胞（Wang, et al., 2012）之后会使染色体发生损伤，能诱发蚕豆根尖细胞产生单微核、双微核、小微核和大微核，在一定剂量范围内可以导致蚕豆根尖细胞微核率显著增加；稀土元素对蚕豆根尖细胞染色体结构具有染色体断裂剂的作用，表现为分裂细胞中有各种类型的染色体畸变，如染色体断片、粘连、融合及染色体桥等，其中以染色体断片最为多见；在中期分裂相中出现极少数细胞染色体数目加倍现象，说明稀土元素同时又具有纺锤丝毒剂的作用。这都说明稀土元素对主要豆类作物蚕豆能产生一定的细胞毒性和遗传毒性。

8.2.2　玉米

玉米（*Zea mays* Linn）是一年生禾本科草本植物，植株高大，易于观察各种性状及发生的变化。玉米花器官大，雌雄花异位，间距大，而且花时长，花粉、柱头数量大，寿命长，利于授粉受精，方便操作。作为旱生作物易于选择实验地块。劳秀荣等（1996）在山东分布最广泛的棕壤和褐土中种植玉米证实，玉米在成熟期时，根的稀土元素含量是籽粒含量的 3.1 倍之多。稀土元素含量的平均顺序为根>叶>茎>籽粒。黄淑峰等（2007）证实硝酸稀土[硝酸铈 $Ce(NO_3)_3$，硝酸铒 $Er(NO_3)_3$，硝酸钐 $Sm(NO_3)_3$，硝酸镧 $La(NO_3)_3$，硝酸钇 $Y(NO_3)_3$，硝酸铕 $Eu(NO_3)_3$]中除 $La(NO_3)_3$ 外，其他 5 种硝酸稀土对玉米根尖细胞具有遗传毒性。且重稀土元素 Er、Y 的硝酸化合物对玉米根尖细胞的遗传毒性大于轻稀土元素 Ce、Sm、Eu 的硝酸化合物对玉米根尖细胞的遗传毒性。遗传毒性的阈值 $Sm(NO_3)_3$、$Eu(NO_3)_3$ 都为 125 mg/L，$Ce(NO_3)_3$ 为 25 mg/L，$Y(NO_3)_3$、$Er(NO_3)_3$ 都为 5 mg/L。$La(NO_3)_3$ 对玉米根尖细胞微核的产生没有显著性影响。在 5.5~2626 mg/L 浓度范围内，混合稀土化合物随总浓度的增加，玉米根尖细胞微核率显著上升，表现出一定的联合毒性作用。费红梅等（2010）证实 $Ce(NO_3)_3$ 可诱导玉米根尖细胞中 hsp70 mRNA 的表达，对玉米根尖细胞具有一定的遗传毒性。Y 能降低玉米的光合性能和生长速率（Maksimović et al.，2014）。

8.2.3　水稻

水稻（*Oryza sativa* Linn）属须根系，不定根发达，穗为圆锥花序，自花授粉。其基因组最小，与玉米、大麦和小麦等其他禾本科粮食作物存在广泛的共线性，是禾本科中目前唯一已完成基因组测序的模式植物，为一年生禾本科单子叶植物，24 条染色体。水稻的基因体是高等生物中基因定序最完整的，已经辨识出的 37 500 个基因中，包括了数个影响重要农业生产未来的基因。稀土元素镧（浓度 100μmol/L LaCl）处理水稻幼苗（肖强等，2007）可显著降低水稻幼苗中超氧化物歧化酶（superoxide dismutase，SOD）活性和还原型谷胱甘肽（reduced glutathione，GSH）含量，促进叶片过氧化氢（H_2O_2）含量上升。高浓度（600μg/mL）钕 Nd^{3+} 抑制杂交水稻汕优 63（F1）线粒体代谢（梅启明等，2008）。

La 浓度为 75 mg/kg 时水稻的生育期明显滞后，La 浓度为 300 mg/kg 时使水稻的根系代谢发生紊乱，生长显著受到抑制，产量显著降低（水稻生物量降低一半的 C_{50}=323.02 mg/kg）。根系是植物吸收矿质营养和水分的主要器官，其形态及构型在很大程度上决定着植物获取养分的能力。在土壤非生物逆境胁迫条件下，植物最先感受逆境胁迫的器官是根系。植物根系它生长的好坏,直接制约着地上部分的生长和产量的高低。

水稻植株各器官对土壤稀土元素的累积能力依次为根>叶>茎>穗轴、谷壳>籽粒(王立军等,2006)。对照水稻根部对土壤中各稀土元素的吸收积累能力大致相同,仅对 Tb 有更强的选择性吸收。地上部各器官对中、重稀土元素的累积能力大于轻稀土元素,并多数对 Eu 及 Tb 有更强的累积。植株各器官及籽粒对外施稀土元素中的 Nd 都表现出更强的吸收累积作用。

生态环境恶化会加强稀土元素对水稻生长发育的不良影响。例如,高强度酸雨(pH ≤2.5)胁迫下(吴遥琪等,2008),经 La^{3+} 处理和单一酸雨处理的水稻种子萌发均受到不可逆转性伤害:稻种发芽率、发芽势、发芽指数、活力指数皆为零,部分种子异状发芽,过氧化物酶(POD)活性及可溶性蛋白含量显著下降。稀土元素和重金属的协同作用会加剧重金属对水稻幼苗生长的毒害,如随着镉胁迫程度的加重(CdCl$_2$ 浓度由 50 mg/L 到 100 mg/L)和胁迫时间延长(由第 3 天到第 9 天),镧与镉发生协同作用,使得质膜透性更大,细胞膜结构破坏更严重,加剧了镉对水稻幼苗生长的毒害。又如任艳芳等(2010)证实当镨浓度达到 230 μmol/L 时,与 50 μmol/L Cd 协同作用,使金优 207 水稻幼苗根系的生长和根系活力明显受到抑制,水稻根系受到严重毒害。

8.2.4 拟南芥

拟南芥(*Arabidopsis*)属于被子植物门,双子叶植物纲。二年生草本,全球分布广泛;优点是植株小、结子多。其基因组是目前已知植物基因组中最小的。自花授粉植物,基因高度纯合,用理化因素处理突变率很高,容易获得各种代谢功能的缺陷型。因而拟南芥被誉为"植物中的果蝇"。王学等将拟南芥幼苗在 0~500 μmol/L 的 Ce(NO$_3$)$_3$ 液中培养 7 天(WANG Xue et al.,2012),分析证实铈主要分布在细胞壁。高浓度时 Ce 进入细胞,破坏细胞的超微结构并扰乱拟南芥的内在营养元素平衡。稀土元素明显抑制主根生长和毛细根的发育(WANG Jianrong et al.,2014),降低叶绿素含量,进而降低植物鲜重。常虹等(2007)研究了 pH 对 Ca^{2+}、La^{3+} 和 Al^{3+} 与拟南芥钙调素(CaM)竞争结合作用的影响:在中性条件下,金属离子与 Tb·CaM 系统中 Tb^{3+} 的竞争能力强弱顺序为 La^{3+}>Ca^{2+}>Al^{3+},与钙调素的结合力为 Tb^{3+}>La^{3+}>Ca^{2+}>Al^{3+}。在 pH 等于 4.5 的酸性条件下,Ca^{2+}、La^{3+} 和 Al^{3+} 与 Tb^{3+} 的竞争结合能力较中性条件下弱,同时,稀土在酸性条件下的竞争结合力大于 Ca^{2+} 和 Al^{3+},Al^{3+} 与 CaM 竞争结合能力在酸性条件下大于 Ca^{2+}。钙调素(CaM)是一种普遍存在的多功能 Ca^{2+} 受体蛋白,它以 Ca^{2+} 依赖的形式参与细胞中 30 多种酶的调节及许多钙依赖性的生理反应过程。细胞外普遍存在钙调素,可以在胞外发挥多种生物学功能,具有胞外及跨膜信号转导机制。

8.3 模式生物微生物类稀土元素毒性效应

模式生物微生物类稀土元素毒性效应综合分析主要包括藻类、菌类(以大肠杆菌为代表)。

8.3.1　藻类

藻类（*Alga*）是原生生物界一类真核生物（有些也为原核生物，如蓝藻门的藻类）。主要水生，无维管束，能进行光合作用。体型小至长 1 μm 的单细胞鞭毛藻，大至长达 60 m 的大型褐藻。真核藻类是继原核藻类之后出现种类更多，分布更广的水生光合自养生物，是水体中主要的初级生产者，对稀土金属有较强的富集能力。藻类对于外来物质反应十分敏感，环境变化会出现藻类种群结构及生物多样性的变化，从而引起水质变化。胡勤海等（2001）证实随着钐（Sm）和钇（Y）处理浓度的提高和处理时间的延长，小球藻的生长繁殖明显受到抑制；当 Y 浓度达 25 mg/L、Sm 浓度达 45 mg/L 时，小球藻生长基本停止；Y 对小球藻的毒性要较 Sm 略大。并在此基础上进一步证实 5 mg/L 浓度的 Nd 及混合稀土对藻类的抑制影响较明显（胡勤海等，2003）；相对而言，单一稀土元素 Nd 的毒性要比混合稀土略大。铈、钐对两种绿藻栅藻、蛋白核小球藻的抑制作用程度大小为栅藻>蛋白核小球藻（许晓路等，2010a）（许晓路等，2010b）。说明随着稀土浓度的增加，藻细胞被氧化程度不断加深。有关稀土元素对藻类生物的毒性效应，已有陈爱美等（2014）进行了详细的综述性研究，此处不再赘述。

8.3.2　菌类

大肠杆菌（*Escherichia coli*）在生物技术应用中作为外源基因表达的宿主，遗传背景清楚，技术操作简单，培养条件简单，大规模发酵经济，深受遗传工程专家的重视。其基因组 DNA 为拟核中的一个环状分子，同时可以有多个环状质粒 DNA。目前大肠杆菌是应用最广泛，最成功的表达体系，常作为高效表达的首选体系。汪承润等（2006）实验表明镧离子对大肠杆菌基因组 DNA 可能具有降解或交联作用，稀土离子能水解 DNA 的磷酸二酯键，且其水解效率高于限制性内切酶百万倍甚至亿倍；柴瑞娟等（2014）证实 La（NO₃）₃ 和 Ce（NO₃）₃ 的浓度不小于 200 mg/L 时会大肠杆菌细胞壁的肽聚糖结构，并随着浓度由 500 mg/L 升至 700 mg/L 时影响也增大。另有褚海燕等（2000）研究表明镧（LaCl₃）对纯培养细菌、放线菌、真菌均有较强的毒害作用，其对镧的敏感性顺序为放线菌>细菌>真菌。随着 LaCl₃ 浓度的升高（最高浓度为 1000 mg/kg）则抑制作用不断增强。外源稀土对红壤微生物区系产生抑制作用的临界浓度在 150 mg/kg 左右。

参 考 文 献

曹睿, 黄晓华, 周青. 2007. 稀土离子生态毒性的分子生物标志物研究[J]. 农业系统科学与综合研究, 23(3): 324-327, 332.
柴瑞娟, 李露, 王玉良. 2014. La 和 Ce 对两种细菌抗性的影响及其细胞壁的红外光谱分析[J]. 稀土, 35(5): 50-54.
常虹, 肖凤娟, 刘德龙. 2007. pH 对 Ca²⁺、La³⁺和 Al³⁺与拟南芥钙调素竞争结合作用的影响[J]. 稀土, 28(5): 31-35.
陈爱美, 施庆珊, 谢小保, 等. 2014. 稀土对藻类生物效应的研究进展[J]. 稀土, 35(4): 103-109.

陈祖义, 刘 玉, 王元兴. 2000. 稀土元素铈(^{141}Ce)在小鼠体内的分布与蓄积动态[J]. 南京农业大学学报, 23(3): 101-103.

褚海燕, 李振高, 谢祖彬, 等. 2000. 稀土元素镧对红壤微生物区系的影响[J]. 环境科学, (6): 28-31.

崔俊安, 张智勇, 赵春禄. 2011. 钇对斑马鱼胚胎发育的影响[J]. 中国稀土学报, 29(2): 254-258.

杜正清, 杨 频. 2011. 镧、钇、镱三种稀土离子诱导背根神经元凋亡及膜上钾电流的比较研究[J]. 中国稀土学报, 29(4): 496-503.

费红梅, 杨素春, 罗 娟, 等. 2010. 稀土铈诱导玉米根尖细胞 hsp70 mRNA 表达研究[J]. 玉米科学, 18(3): 101-104.

凤志慧, 王玺, 张孙曦, 等. 2001. 稀土元素 La、Gd 和 Ce 对培养大鼠细胞生物学效应的研究[J]. 中华核医学杂志, 21(2): 111-114.

管德龙, 梁露, 张敏. 2014. 重金属镉胁迫对果蝇 dDnmt2、dMBD2/3 表达量的影响[J]. 应用昆虫学报, 51(2): 460-468.

郝利铭, 姜文华, 董智勇, 等. 2007. 混合稀土常乐对 Wistar 大鼠肾脏影响的实验研究[J]. 信阳师范学院学报: 自然科学版, 20(4): 445-447.

何玉华, 杨 峰, 王丽萍, 等. 2014. 云南省地方蚕豆种质资源形态学遗传多样性分析[J]. 西南农业学报, 27(2): 512-517.

胡勤海, 胡晓明, 陈林茜, 等. 2003. 外源性稀土对淡水藻类种群生物多样性的影响研究[J]. 农业环境科学学报, 22(3): 315-317.

胡勤海, 郑苏平, 汤曙明, 等. 2001. 稀土元素钐和钇对小球藻生长的影响[J]. 农业环境保护, 20(6): 398-400, 404.

黄淑峰, 李宗芸, 傅美丽, 等. 2007. 正交实验设计法检测 6 种硝酸稀土的遗传毒性[J]. 农业环境科学学报, 26(1): 150-155.

孔志明, 王永兴, 吴庆龙, 等. 1998. 稀土金属离子对蚕豆根尖微核率及对蚕豆早期生长发育的影响[J]. 农业环境保护, 17(3): 97-100.

劳秀荣, 刘春生, 杨守祥, 等. 1996. 玉米对稀土元素的吸收分布规律研究[J]. 植物学通报, 13(3): 59-61.

廖沛球, 薛 蓉, 吴亦洁, 等. 2012. 给药硝酸镨后大鼠尿液和血清的核磁共振代谢组学研究[J]. 分析化学研究报告, 40(9): 1421-1428.

廖沛球, 张晓宇, 魏来, 等. 2008. 基于 NMR 的代谢组学方法对硝酸钕急性生物效应的研究[J]. 分析化学研究报告, 36(4): 426-437.

刘高峰, 胡小梅, 王春景, 等. 2012. 氯化镧对雄性小鼠精子质量及睾丸酶活力的影响[J]. 四川动物, 31(3): 471-473.

吕景智, 宋代军, 黄明宪, 等. 2006. 小白鼠稀土代谢动力学及组织分布的研究[J]. 西南农业学报, 2006, 19(6): 1166-1168.

梅启明, 谢戎, 余金洪. 2008. 钕(III)对杂交水稻线粒体影响的微量热研究[J]. 湖北农业科学, 47(10): 1122-1124.

任艳芳, 何俊瑜, 周国强, 等. 2010. 镨对镉胁迫下水稻幼苗根生长和根系形态的影响[J]. 生态环境学报, 19(1): 102-107.

阮琴, 申秀英, 王芳, 等. 2013. 亚慢性硝酸钐暴露对小鼠血常规指标的动态影响[J]. 中国稀土学报, 31(2): 249-256.

田蜜, 曹丽歌, 谢广云, 等. 2011. 镧、铈、钕对小鼠肝细胞核的氧化损伤作用[J]. 生态毒理学报, 6(5): 546-550.

汪承润, 陈华波, 杨帆, 等. 2006. 稀土镧离子对大肠杆菌基因组 DNA 的影响[J]. 癌变·畸变·突变, 18(2): 116-118.

王立军, 胡霭堂, 周权锁, 等. 2006. 稀土元素在土壤-水稻体系中的迁移与吸收累积特征[J]. 中国稀土学报, 24(1): 91-97.

王永兴, 吴庆龙, 王晓蓉, 等. 1998. 应用四膜虫刺泡发射试验方法评价金属离子的毒性[J]. 中国环境科学, 18(5): 446-449.

吴晶, 冯秀娟, 钱晓燕. 2012. 稀土钇对蚯蚓的急性毒性及蚓体内蓄积研究[J]. 环境科学与技术, 35(12): 46-50.

吴遥琪, 彭莹, 唐璐, 等. 2008. 酸雨胁迫下 La(III)对水稻种子萌发及 POD 活性影响[J]. 农业环境科学学报, 27(5): 1901-1906.

夏青, 陈东, 刘玉蓉, 等. 2006. 混合稀土"常乐"对大鼠肝脏的影响[J]. 稀土, 27(3): 76-78.

肖强, 茹巧美, 吴飞华, 等. 2007. 氧化氮对水稻叶片中由镧引起的氧化胁迫的缓解作用[J]. 中国稀土学报, 25(6): 745-750.

徐江, 孙超, 徐志超, 等. 2014. 药用模式生物研究策略[J]. 科学通报, 59(9): 733-742.

许晓路, 蔡振宾, 李月香, 等. 2010b. 稀土钕对若干淡水藻类的毒性作用研究[J]. 江西科学, 28(3): 344-349.

许晓路, 孙金艳, 徐冬梅. 2010a. 稀土元素铈对若干淡水绿藻的毒性作用[J]. 浙江农业科学, (6): 1372-1377.

杨三平, 申秀英, 吴益, 等. 2011. 钕对小鼠睾丸组织超微结构的影响[J]. 中国环境科学, 31(11): 1896-1899.

杨艳霞, 张翼翔, 阴海静, 等. 2014. 稀土氟化钕微粒致大鼠肺损伤的实验研究[J]. 包头医学院学报, 30(1): 26-29.

于秋红, 刘裕婷, 韩莹, 等. 2011. 镧、铈、钕在小鼠肝细胞核和线粒体中的蓄积[J]. 毒理学杂志, 2011, 25(3): 203-205.

张丽平, 陈明, 杨频. 2009. 稀土元素镱对 NIH3T3 细胞外向钾电流的影响[J]. 科学通报, 54(20): 3185-3189.

郑姗姗, 王素华, 王春虾, 等. 2014. 稀土氧化钕粉尘对大鼠肺灌洗液中细胞总数变化和蛋白含量的影响[J]. 环境与职业医学, 31(10): 788-792.

Feng X J, Ma C Y, Sun F, et al. 2014. Study on the acute toxicity of rare earth yttrium to Earthworms under the stress of leaching agent ammonium sulfate[J]. Agricultural Science & Technology, 15(2): 177-181, 190.

Huang S F, Li Z Y, Wang X Q, et al. 2010. Cerium caused life span shortening and oxidative stress resistance in Drosophila melanogaster[J]. Ecotoxicology and Environmental Safety, 73: 89-93.

Maksimović I, Kastori R, Putnik-Delić M, et al. 2014. Effect of yttrium on photosynthesis and water relations in young maize plants[J]. Journal of Rare Earths, 32(4): 371-378.

Li Z Y, Huang S F, Wang X Q, et al. 2009. Oxidative stress and cell apoptosis in Drosophila melanogaster induced by oral administration of cerium[J]. Journal of Xuzhou Normal University(Natural Science Edition), 27(4): 1-9.

Mayfield D B, Anne F. 2015. Examination of rare earth element concentration patterns in freshwater fish tissues[J]. Chemosphere, 125: 68-74.

Wang C R, Zhang K G, He M, et al. 2012. Mineral nutrient imbalance, DNA lesion and DNA-protein crosslink involved in growth retardation of *Vicia faba* L. seedlings exposed to lanthanum ions[J]. Journal of Environmental Sciences, 24(2): 214-220.

WANG J R, WANG L, HU T, et al. 2014. Effects of lanthanum on abscisic acid regulation of root growth in Arabidopsis[J]. Journal of Rare Earths, 32(1): 78-82.

Wang L Q, Liang T. 2014. Accumulation and fractionation of rare earth elements in atmospheric particulates around a mine tailing in Baotou, China[J]. Atmospheric Environment, 88: 23-29.

WANG X, LIN Y S, LIU D W, et al. 2012. Cerium toxicity, uptake and translocation in Arabidopsis thaliana seedlings[J]. Journal of Rare Earths, 30(6): 579-585.

第9章　包头自然地理特征

包头既是中国最大的轻稀土生产中心，也是世界上最著名的轻稀土生产中心，因此各位读者非常有必要了解和认识一下包头。

包头是内蒙古的经济中心，也是内蒙古自治区下辖市、拥有地方立法权的较大城市。是内蒙古的制造业、工业中心及最大城市，也是呼包银经济带和呼包鄂城市群中的中心城市。作为中国重要的基础工业基地和全球轻稀土产业中心，被誉称"草原钢城""稀土之都"。

包头地处环渤海经济圈和沿黄经济带的腹地，位于蒙古高原南端，华北地区北部、内蒙古中部，南濒黄河，东西接土默川平原和河套平原，阴山山脉横贯该市中部，形成北部高原、中部山地、南部平原三个地形区域。包头地理坐标范围 40°14′56″~42°43′49″N，109°15′12″~111°26′25″E，面积为 27 691 km^2。包头城市建成区面积 360 km^2，市中心区面积 315 km^2。

截至 2015 年年底，包头市辖 5 个市辖区、1 个县、2 个旗及一个国家级稀土高新技术产业开发区：昆都仑区、青山区、东河区、九原区、石拐区、固阳县、土默特右旗、白云鄂博市（拟由达尔罕茂明安联合旗、白云鄂博矿区合并而成）和包头稀土高新技术产业开发区（包括滨河新区）。其中包头国家稀土高新技术产业开发区于 1992 年 11 月经国务院批准成为自治区第一个国家级高新技术产业开发区，也是全国 117 个国家级高新区中唯一冠有稀土专业名称的高新区。稀土高新区由建成区、滨河新区、希望园区、稀土应用产业园区四部分组成，总规划面积约 121 km^2，总人口约 12.5 万人。全部实现供电、供热、供汽、给水、排污、道路、通信、煤气等"八通一平"，建成较为完善的基础设施保障体系和配套服务体系。

包头全市常住人口 276.6 万人，包头市区人口 226.8 万人。全市常住人口中，汉族人口为 2 499 508 人，占 94.31%；蒙古族人口为 85 121 人，占 3.21%；其他少数民族人口为 65 735 人，占 2.48%。包头是一座典型的移民城市，除了世居的蒙古族以外，其他民族主要来自周边盟市、华北和东北等地，形成了东河区老包头人（山西人后裔）居多，青山区河北人居多，昆都仑区东北人居多的格局。随移民带来很多外地文化，如二人转、京剧、评剧等也给包头地方文化产生了不可磨灭的深远影响，由此在包头产生了与山西、陕西相关的走西口文化（包括二人台、晋商文化）等。总之，中原文化与高原文化，农耕文化与游牧文化，晋陕文化与草原文化在这里交融、交错、交流，形成了包头丰富多彩、特色鲜明的移民文化、阴山文化。这一移民文化也是草原文化灿烂的一部分，共同书写了中华文化博大精深的辉煌篇章。

包头的公路有京藏高速、京新高速、包茂高速公路、110 国道、210 国道等重要线路在包头市交会。包头为中国重要的铁路交通枢纽，京包铁路、包兰铁路、包西铁路、包环铁路、包满铁路、包神铁路、甘泉铁路等在此交会。计划修建经满都拉口岸到蒙古国赛音山达的跨境铁路。包头市最主要的火车站是包头站和包头东站。2015 年初开通动车组列车，发往呼和浩特、乌兰察布，计划开通到鄂尔多斯的动车。包头机场为 4D 级机场，从北京、上海、杭州、广州、成都、西安、沈阳、深圳、厦门等大城市都有到包头的往返航班。

包头地质、地貌、气象和气候、水文、土壤、生物等自然地理特征详细内容叙述如下。

9.1　地　　质

内蒙古大青山西起包头昆都仑河谷，东至呼和浩特大黑河上游谷地（张庆辉，2015）。东西长 240 余千米，南北宽 20~60 km，海拔 1800~2000 m，大青山主峰海拔 2338 m。包头地区晚更新世的大青山山前断裂形成于新生代，长期活动控制着河套断陷盆地北侧的边界断裂。

大青山山前断裂是华北鄂尔多斯地块北部活动断陷带，即河套断陷带中以其清晰的地貌特征成为鄂尔多斯地块周边一条醒目的、最重要的活动性正断裂。呈 NEE 向展布于大青山南麓，倾向南，西起黄河南岸昭君坟，向东经包头市东河区、土默特右旗、土默特左旗、呼和浩特市北至奎素，总体 NEE 方向展布，长约 200 km，控制呼包凹陷北缘。

断裂形成于始新世，新生代强烈活动，其中第四纪以来的垂直位移幅度超过 2400 m，亦即凹陷内第四系最大厚度 2400 m。沿大青山山前断裂最显著的地质地貌特征是上升盘广泛分布 3 级台地。一级台地多数是全新世时期由断层陡坎控制的上升洪积扇组成，高度在几米至十几米之间；二级、三级台地大都为基座阶地，上覆晚更新世冲、洪积或冲湖积地层（萨拉乌苏组），高度 120~170 m。包头市大青山山脉中南北向大断层形成了当地的大型河谷。发育于大青山中规模较大的河流谷地自西向东依次为五当沟、水涧沟、美岱沟、大水沟、水磨沟和哈拉沟 6 条。

大青山山前断裂是呼包断陷的主要控制断裂体系，其平行断层之一兰阿断层（兰贵窑子—阿善沟门村）在包头市区全长约 45 km。该断层西起包头市昭君坟，经过召湾-麻池-万水泉，沿包头山前倾斜冲湖积台地前缘展布，在召湾、麻池段呈北东方向，倾角 45°~75°；在农药厂转为近东西向，经万水泉、韩庆坝延伸至东河区，沿二级台地前缘展布，倾角为 55°~75°，向深部变缓为 44°~60°。再向东沿大青山山前延伸至呼和浩特以东的奎素一带，总体呈 NEE 走向，主断面向盆地倾斜，具有典型的正断层特点。

9.2　地　　貌

三湖河平原位于河套平原的东南端（张庆辉，2015），乌拉山与黄河之间，西起西山咀，东至巴彦淖尔市与包头市交界（乌拉特前旗黑柳子乡东界与包头市九原区哈业胡同镇袁家圪旦西界），东西长 70 km，南北宽 3~15 km，面积 700 km^2，为一狭长地带，地势由山麓向黄河、由西向东倾斜。地面坡降度平均 1/7000 左右。海拔 1010~1200 m，可分为河漫滩、黄河冲积平原、山前冲积洪积平原、山麓洪积平原四部分。

　　土默川平原得名于明清时代该地区居住的蒙古族土默特部。土默川平原西起包头市西郊区哈业胡同镇东乌不浪沟口（梅力更沟），东至蛮汉山（主峰位于凉城县东十号乡境内），北靠大青山，南濒黄河及和林格尔黄土丘陵。南北窄，西部平均宽 19 km，东部宽达 200 余千米，总面积约 1 万 km²，系由黄河及其支流大黑河冲积而成。地势西、北、东三面向南倾斜，最低处在黄河沿岸一带。整个平原地势平坦，气候条件适宜，土壤肥沃，水源丰富，盛产小麦、玉米、甜菜、胡麻等作物和各类蔬菜，是内蒙古的"米粮川"。个别地方因排水不畅，地下水位升高，土壤发生盐碱化。历史上的敕勒川是指呼和浩特大黑河流域和包头昆都仑河流域之间的平原；敕勒川源于南北朝时期鲜卑语译成汉语的《敕勒歌》："敕勒川，阴山下，天似穹庐，笼盖四野；天苍苍，野茫茫，风吹草低见牛羊。"

　　本项目的研究取样区在行政管辖上主要属于麻池镇南部和萨如拉办事处的农业种植区，见图 9-1。

图 9-1　麻池镇南部和萨如拉办事处地理位置图

　　麻池镇位于包头市九原区西南部，北靠京包铁路，南临黄河，东接滨河新区，地处历史悠久的汉代麻池古城遗址。下辖北新村社区、明天科技社区、神鹿社区、景富社区、麻池村、武家村、古城村、永茂泉村、沃土壕村、新胜村、农大新村等 11 个社区，总面积 100 km² 左右，其中耕地面积 16.67 km²，人口 5 万人。麻池镇具有得天独厚的蔬菜种植优势，是包头市重要的蔬菜副食品生产基地，无公害绿色蔬菜生产基地占地 0.13 km²。淡水养殖面积达 66.67 km²。镇内实现了村村通水泥路，各种通信网络覆盖全镇。

　　萨如拉办事处位于包头市九原区西南部，北靠昆都仑区，南临黄河，东接滨河新区，西临昆都仑河。下辖第一社区、第二社区、第三社区、第四社区等四个社区。萨如拉办事处别名黄河乳牛场、奶业公司。

研究区微地貌特征主要有如下 5 个分区：

北起 067 县道包哈公路，南至南绕城公路，西界为 007 乡道（北路口与 067 县道联通，联通点即华成村路口），东邻四道沙河的支流泄洪渠。行政区域上以东壕口村城梁七队为主。泄洪渠宽 40 m，从 067 包哈公路县道至南绕城公路之间的南北长度约 2000 余米。污灌区范围主要由污水引灌区的延伸灌溉区域确定，而且西部 007 乡道和南部南绕城公路也限定了污灌区向其他区域的延伸。

取样区位于四道沙河灌区的西部。范围东部为 007 乡道，北起 067 县道包哈公路，西部和南部是南绕城公路。行政区域范围内自东到西依次有永茂泉村、观音庙村和武家村（麻池四村）、西南角有郝家圪卜小村。

位置在永茂泉取样区的南部，两区之间就是南绕城公路。取样区范围北起南绕城公路，南至滨河开发区红旗大街及其西延长线，东部为 007 乡道及其南延长线即滨河开发区经纬路，西部为萨如拉办事处南北向车行道，即吕花圪旦-萨如拉黄河码头-加油站南北连线（连线及其道东有面积大且成片的居民区）。

西召咀山梁延伸带在行政范围内属于萨如拉办事处的中部区域。取样范围北起滨河开发区红旗大街及其西延长线，南至黄河北北岸湿地（湿地区没有取样），西至 115 乡道（自北往南依次有付家圪旦、南圪梁、黄家圪旦村），东部为吕花圪旦与中凯渔村（小白河北岸西四分之一点）的南北连线。本区是西召咀山梁向东延伸带，地势比南北毗邻区高，农田菜地都是井水灌溉；南西区主要为昆都仑河灌溉区。

本区北界为西召咀山梁南部断层悬崖（属于召湾-麻池-万水泉-韩庆坝延伸至东河区的断层）及其向东延伸带，南界为北岸的国家级黄河湿地公园景观大道以北，至 115 乡道（自北往南依次有付家圪旦、南圪梁、黄家圪旦村），西邻昆都仑河东岸农田。行政区域属于萨如拉办事处西召咀七队和二队。

本区地势西北高、东南低，北高南低。故从昆都仑河引水的灌溉渠以北线为最长，主灌渠自西召咀村向付家圪旦方向延伸过程中，依次往南向农田中分入支渠。

在西召咀七队农田区域内，自西往东依次有南北向的煤渣路 5 条，路基所在地貌都比路两旁的农田高出 3~5 m。当地农田都是经过人工平整过的土地，人工对土地的平整使土层发生重大变化而使土壤稀土含量背景值降低。

9.3　气象和气候

包头市最突出的极端天气包括干旱、暴雨、大风和暴风雪。

9.3.1　干旱

干旱是包头市最为严重的气象灾害，该地区干旱年的累计频率高达 70% 以上。干旱具有持续时间长、发生频率高、影响范围广、危害程度大等特点，能够对农牧业的高产稳产造成严重影响。干旱会使植物土壤中缺乏水分，从而无法满足农作物正常生长的水分需求，致使作物出现枯萎甚至死亡的现象，导致农作物大幅度、大面积减产。干旱还能导致植被发育不良甚至出现退化的现象，减少生物的多样性，降低草场载畜的能力。持续干旱会使地下水位下降，湖泊、河流出现断流的现象。

9.3.2　暴雨

包头市暴雨分布呈现时空分布不均，出现日数少，持续时间短，日变化较大，南北差距大，局地性强的特点。以气象观测单站 24 小时（0 时~08 时）降水量≥50 mm 为一次暴雨日，包头市平均年暴雨日数为 1.05 天，山南多于山北。历年极端最多暴雨日数为 2~3 天，山南山北相差较小。包头市也是全内蒙古自治区暴雨日数较少地区之一。一年中暴雨以 7 月至 8 月最为集中，为 74 次，占 86%；7 月出现 31 次，占 36%，8 月出现 43 次，占 50%。暴雨及大暴雨的逐旬变化，峰顶出现在 7 月下旬，出现次数最多的还有 8 月上旬和中旬。

包头暴雨 1 小时最大雨量出现的时刻以午后至傍晚出现最多，而夜间和上午都很少，特别是上午更少。包头 1 小时最大雨量极值为 66.9 mm（1979 年 8 月 12 日 15 时 09 分~16 时 09 分），出现在石拐站（1994 年撤站）；次极大值为 54.3 mm，出现在包头市区（1958 年 8 月 7 日 19 时 20 分）。1 小时最大降水量的相对强度较大，可达到包头市年平均降水量的 10%~23%。包头市区 61 日内 24 小时最大雨量中，100 mm 以上大暴雨出现在 1958 年 8 月 7 日 08 时~8 日 08 时（100.8 mm）。连续两日降水量最大值出现在1997 年 8 月 13~14 日 48 小时累积降水量为 117.4 mm。暴雨日降雨开始到结束之间的持续整时数（用自记或实测记录，以间断不超过 3 小时为连续）为暴雨持续时数。全包头市暴雨及大暴雨持续时数在 7~43 小时之间。其中持续时数在 20 小时以上的地区，为阴山山地东段。在以上区域两侧，持续时数在 20 小时以下。

综上所述，包头暴雨日数、强度（相对强度除外）和持续时间，总的趋势是从东南向西北递减，与平均年降水量的分布规律相一致。并且在阴山山脉南麓有暴雨中心，除环流因素外，也显现了地形的重要作用。

9.3.3　大风

包头市月平均风速全市在 1.8~5.9 m/s（夏雪莲，2012），其中包头市区、萨拉齐和固阳城关 1.8~3.0 m/s，其余地区 3.0~5.9 m/s。春季（3~5 月）的风速比其他季节略大一些，夏秋季（6~10 月）是年内风速较小的时段。全市年平均风速在 2.3~5.0 m/s 之间，包头市区和萨拉齐最小，只有 2.3 m/s，白云鄂博最大，为 5.0 m/s。总之，包头市北部地区比南部地区风速大，海拔高的地区比低的地区风速大，山区比平原地区风速变化大。包头市区、萨拉齐和固阳城关年最大风速为 20.0~24.0 m/s，其余地区 26.0~28.0 m/s。固阳城关是全市风速最小的地区，为 20.0 m/s，百灵庙最大，为 28.0 m/s。

包头市各地全年盛行风向和频率为：包头市区 NNW，频率 16；萨拉齐 E，频率 12；固阳 NE，频率 15；白云鄂博 WSW，频率 16；百灵庙 SE，频率 12；满都拉 W，频率 18；希拉穆仁 W，频率 15；频率最大是固阳，为 21；最小是白云鄂博，为 3。

9.3.4　暴风雪

　　暴风雪是一种强风雪寒潮天气过程，所伴随的降温幅度、降雪强度和风力都十分明显。如果一次冷空气活动同时具备以下 3 个条件，即视为一次暴风雪天气：①最低气温下降幅度≥10℃；②降雪量≥5 mm；③定时风力≥6 级（或瞬时风力≥8 级）。包头牧区（达茂联合旗、白云鄂博、满都拉和希拉穆仁）暴风雪年发生频率（袁国波等，2013）：在 1971~2010 年这 40 年间，包头牧区共出现了 20 次暴风雪天气，年平均发生频率为 0.5 次/a，即包头牧区大约每两年会发生一次暴风雪天气。在这 20 个个例中，最低气温下降的最大幅度为 15.9℃，最大降雪量为 9.7 mm，最大瞬时风速为 22.6 m/s。近 20 年来暴风雪灾害呈明显减少趋势。包头地区处于我国西北干旱区，对气候变化十分敏感。

9.4　水　　文

9.4.1　河流

　　昆都仑河是包头市境内最大的黄河支流（赵卫东和秦占荣，2010），是大青山与乌拉山的天然分界，古称石门水，其上游俗称北齐沟。昆都仑河发源于固阳县下湿壕镇春坤山，在固阳县城关镇以北为自东向西流向，以南是自北向南流向，在九原区新城乡的前口子流出山区，进入平原区，流经包头市区，在哈林格尔乡注入黄河，全长 143 km，流域面积 2716 km^2，平均比降 6‰，有支流 23 条。昆都仑河属山溪季节性河流，山洪多发生于 7 月、8 月，历史最大洪峰 7050 m^3/s（1856 年）。据塔尔湾水文站实测泥沙资料统计，该站多年平均输沙量 139 万 t，悬移质多年平均含沙量 29.8 kg/m^3，悬移质多年平均输沙模数为 527 t/km^2。昆都仑河流域多年平均径流量 0.316 亿 m^3，多年平均径流深 12.0 mm。昆都仑河下游建有昆都仑水库，设计库容 7850 万 m^3，蓄水面积 72 万 m^2，水库在城市防洪和供水方面发挥了巨大的工程效益和社会效益。昆都仑沟河谷平坦，可行车马，是横穿阴山最理想的交通坦途。

　　在包头市城市发展过程中，流经青山区的四道沙河曾有泄洪、排污和农业灌溉用水渠的功能，原来主要接纳内蒙古一机厂、二机厂、二〇二厂、棉纺厂、印染厂、亚麻厂、造纸厂、第二化工厂、第四化工厂等及沿途稀土企业以及青山区生活污水和昆区大部分生活污水。到 2006 年以来，包头市将四道沙河综合治理工程列为包头市城区生态环境建设的重点项目，范围北至北郊防洪沟，南至京包铁路，建设总长 10.45 km，规划总面积 4 km^2，是包括堤防、蓄水和绿化景观于一体的综合性环境治理工程。2014 年 7 月上旬，四道沙河青山段已开始正式蓄水。青山段北起环城铁路，南至建设路，河道水面 0.20 km^2，建设河道长度 3.8 km，共建有 4 座橡胶坝。河道最宽处 90 m，最窄处 40 m，蓄水最深处达 3 m 余。下一段即为赛罕塔拉河道，北起建设路，南至哈屯高勒路，总设计面积 0.92 km^2。

9.4.2　湿地

包头市湿地总面积为 936 km^2（张庆辉，2014），占包头市国土面积的 3.34%。其中：河流湿地 315.38 km^2，湖泊湿地 69.41 km^2，沼泽湿地 513.48 km^2，人工湿地 37.67 km^2。

包头处于黄河流域上游，黄河湿地紧邻城市，属于稀缺的内陆半干旱高纬度黄河湿地，具有多样的湿地类型和原生的湿地生态系统，生物资源极为丰富，并且是全球鸟类迁徙的重要中转站。目前，包头市已设立国家级湿地公园（包头黄河国家湿地公园）1 处、自治区级湿地自然保护区（南海子）1 处、县级湿地自然保护区（腾格淖尔）1 处。

2008 年《包头市黄河湿地概念性规划》重点搭建了"一廊三带七景区"的构架：

"一廊"即 165 km 以堤代路的生态游览走廊，它既是一条防洪抢险通道，又是一条沿黄湿地景观的主轴线。

"三带"即黄河堤坝以南退耕退牧还泽还草保持原生态，形成河道湿地天然景观带；堤坝至堤北 100 m 范围，对原有湿地、草场全面保护，建设绿化防护带；堤北 100 m 至 3000 m 范围，拆除违章建筑，搬迁和禁止新建影响湿地项目，整合村庄，恢复和扩大湿地面积，形成田园湿地风光带。

"七景区"即重点建设昭君岛、小白河、南海湖、土默特右旗共中海和敕勒川等湿地景点、景区。昭君岛位于九原区哈林格尔镇全巴图村昭君岛及周边，总占地约 4 km^2，其中水面占地约 2.67 km^2，湿地约 1.33 km^2。小白河湿地公园位于包头市城区以南，西起昆都仑河东岸，南至黄河中心线，东至画匠营子水源地保护区东界，北至小白河应急分洪区现状水域北界及分洪区岛屿南侧，总面积 22.57 km^2，湿地率 86.93%，其中堤南面积 10.90 km^2、堤北面积 11.67 km^2。湿地公园包含小白河应急分洪区面积 4.70 km^2，年生态需水量约 550 万 m^3。南海湖湿地位于包头东河城区东南侧，黄河之滨，占地面积 20 km^2，其中水域面积 5.80 km^2，湿生草地面积约 10 余 km^2。也是国家 AAAA 级旅游风景区和自治区级湿地自然保护区。土默特右旗的共中海和敕勒川片区在土右旗境内，总面积 55.25 km^2。

9.4.3　地下水

包头市区北为乌拉山和大青山，东侧是土默川平原，西为后套平原，整个地区呈中间高、四周低，北高南低，西高东低的地形，海拔 997~2338 m。地貌形态上，北部为山前冲洪积平，南部为黄河冲湖积平原。平原区巨厚的第四系松散岩类广泛沉积，其中赋存松散岩类孔隙水，由北向南含水层由全新统和上更新统的砂卵砾石逐渐变为全新统、上更新统以及中更新统下段的中细砂、粉细砂（云利萍和李政红，2014）。含水层厚度由北部冲洪积扇顶部 80~120 m 逐渐减小为南部黄河冲湖积平原的 20~40 m。地下水位埋深由北部扇顶部的 30~50 m，至南部黄河沿岸的 2~5 m。浅层地下水流向主要为由北向南，在市东北区域有局部地下水疏干现象。包头的城市地下水补给项中，潜水主要包括降雨入渗补给量、井灌回归量、黄河侧向补给量、山前侧向补给量，承压水主要有黄河侧向补给量、山前侧向补给量、越流量（廖梓龙等，2014）；地下水排泄项中，潜水主要有人工开采量、越流量、蒸发蒸腾量，而承压水只有人工开采量。降水补给是包头市地下水的主要补给来源。

9.5 土　　壤

土壤作为地球表层自然环境中的要素之一，也是地球陆地生态系统的基础。内蒙古中西部地区（包括包头市）的典型土壤属于栗钙土。土壤中矿物质种类很多，化学组成复杂，土壤的 Cl^-、SO_4^{2-}、HCO_3^- 含量分别是 0.011 36%、0.013 44%、0.031 72%，pH 7.98、电导率 0.16μS/cm，不含可溶性碳酸盐（霍林桃等，2008）。

9.5.1 包头市土壤类型

包头市九原区也是包头市菜篮子工程基地，土地面积 734 km^2。九原区土壤分为 4 个土类、8 个亚类，19 个土属，67 个土种。土类是分类的基本单元，是根据成土条件、成土过程以及由此而产生的土壤属性所显示的特点（剖面形态，理化和生物特性）进行划分，如表 9-1 所示。研究区土壤类型主要有栗钙土、风沙土和灌淤土。

表 9-1　九原区不同土壤类型及其耕地面积表

项目	草甸土	风沙土	灰褐土	栗钙土
面积/hm²	13282.91	368.78	2196.20	363.75
比例/%	81.94	2.27	13.55	2.24

包头市九原区各种土壤类型的形成及分布（蔡锐等，2013）：

1. 栗钙土

栗钙土是九原区水平地带性土壤，主要发育在基岩为太古界变质岩的残、坡积物，第四纪中上冲洪积物，黄土或黄土状物母质，主要分布在低山丘陵及山前洪积扇上，面积 3.64 km^2。栗钙土的形成是在半干旱草原环境条件下进行的。栗钙土的植被属草原类型，由贫杂类草的大针茅-糙隐子草草原和克氏针茅草原的群落类型组成。

栗钙土的成土过程主要是碳酸钙淀积和有机质的累积。钙积层是栗钙土的最基本的诊断层。所以，栗钙土腐殖质层养分含量较低，质地粗糙，土壤干旱，易风蚀而成沙化、砾质化，心土为深厚坚实的钙积层，影响作物根系发育。因此在改良利用上要充分利用水资源，加强抗旱保墒，实行粮草轮作或间作，增施有机肥，并营建农田防护林，减免风沙、干旱危害。

2. 草甸土

草甸土是九原区非地带性土壤，地处半干旱大陆性气候带植被类型，是直接受地下水浸润，在草甸植被下发育而成的半水九原区不同土壤类型的耕地面积成土壤，常见植物有鹅绒委陵菜、黄戴戴、海乳草、蒲公英、旋复花、车前、马蔺、西伯利亚蓼等，广泛分布在黄河冲积平原和山前洪积扇缘及山间沟谷阶地上，母质为第四纪冲积物、洪积-冲积物，面积共 132.83 km²，是九原区主要耕作土壤类型。

草甸土的形成过程主要是具有明显的腐殖质累积和潜育化过程。草甸土的腐殖质累积主要集中在表层，其下腐殖质含量锐减。其次，由于地下水埋藏浅，一般 1~3 m，平均 1.89 m，潜水可通过毛管作用到达地表，地下水位随季节变化频繁升降，从而引起土体中的氧化还原过程交替进行，铁、锰氧化物随之迁移和局部累积，在土壤剖面中出现铁锈锈斑，形成潴育层。潴育层以下，经常受潜水影响，以还原作用为主，形成青灰色的潜育层，在九原区出现较深，一般在 2.5 m 以下。由于草甸土所处地带为半干旱大陆气候，因而在成土过程中反映出地带性和地区性的差异。

3. 风沙土

风沙土是发育在风积母质上的一类幼年土壤，主要分布在哈林格尔镇境内，面积共 3.69 km²，面积较小。风沙土是非地带性土壤，形成主要受母质、气候条件、人为活动的影响。沙性母质本身是形成风沙土的物质基础，在九原区风沙土地带地表露出的为第四纪的冲积细砂、粉砂，粒径在 0.05~0.25 mm，颗粒粗，结构差，具有很好的流动性和松散性，所以沙源是风沙土的内在因素。干旱和大风时形成风沙土的动力，风沙土区年降水量在 250~300 mm，多集中在 7~8 月，干燥度 k 值大于 1.8，土壤含水量低，使沙粒间黏结性更差，加之大风日数多，仅 3~5 月大于 8 m/s 大风日数就有 50 天，这些气候条件都为风沙土的形成提供了有利的条件。不合理的人类活动，也形成了风沙土的外在条件，如耕作粗放，只种不养或用大于养，滥开荒地，过度放牧等。

4. 灌淤土

包头农业区还有一种主要土类就是灌淤土。根据各土类特征来看，灌淤土类由于人们长期不断地引黄灌溉和耕作施肥，土壤层次不十分明显，颜色、质地、结构等基本一致，在灌淤层中，石灰反应较弱，有机质含量较小，易耕作，适宜各种农作物的生长。灌淤土主要分布于黄河两岸灌溉区。草甸灌淤土的养分及有机质含量高于盐化灌淤土，草甸灌淤土既有草甸土向灌淤土过渡的特征，又有脱盐过程大于积盐过程的特点。而盐化灌淤土，由于人为的不合理使用，形成土壤的次生盐渍化。而新垦盐荒地，产生脱盐-返盐-脱盐的良性过程。

在包头市南郊区农田区共取土壤样品 120 个，见表 9-2 中 1~75 号样品取自包头市南郊的南部昆都仑河灌区，76~120 号取自南郊的北部四道沙河灌区（后续各表中的土壤样品都相同）。包头市南郊区农田土壤养分有机质含量见表 9-2。

表 9-2a　昆都仑河灌区农田土壤样品有机质含量（g/kg）

样号	有机质	样号	有机质	样号	有机质	样号	有机质
1	11.947	20	0.569	39	2.845	58	6.258
2	10.241	21	5.120	40	8.818	59	10.809
3	5.120	22	9.103	41	9.672	60	12.232
4	7.112	23	11.947	42	6.258	61	20.481
5	6.069	24	10.999	43	19.059	62	20.481
6	6.827	25	12.137	44	7.112	63	15.019
7	3.414	26	2.560	45	8.344	64	26.550
8	5.689	27	8.249	46	12.232	65	13.654
9	15.550	28	1.991	47	0.285	66	22.378
10	11.811	29	6.543	48	5.310	67	10.241
11	12.516	30	7.965	49	8.818	68	40.678
12	1.707	31	10.999	50	10.241	69	15.93
13	3.698	32	5.310	51	12.896	70	15.171
14	5.405	33	9.956	52	11.094	71	9.103
15	5.405	34	5.974	53	9.387	72	29.205
16	4.551	35	33.68	54	13.275	73	27.308
17	6.827	36	9.103	55	8.818	74	21.335
18	10.241	37	5.974	56	7.965	75	7.112
19	14.413	38	42.669	57	18.433		

表 9-2b　四道沙河灌区农田土壤样品有机质含量（g/kg）

样号	有机质	样号	有机质	样号	有机质	样号	有机质
76	25.412	88	33.756	100	12.289	112	68.650
77	21.240	89	12.971	101	13.370	113	57.271
78	56.892	90	9.956	102	15.930	114	42.859
79	21.998	91	15.361	103	15.171	115	45.134
80	32.997	92	28.446	104	14.792	116	64.098
81	28.067	93	11.663	105	36.032	117	57.271
82	18.585	94	80.407	106	44.755	118	64.857
83	22.378	95	25.412	107	37.928	119	43.238
84	29.963	96	56.133	108	58.409	120	39.066
85	14.413	97	21.998	109	48.548		
86	40.583	98	12.896	110	42.479		
87	38.307	99	11.094	111	37.169		

　　从表 9-2 中可以看出，上述区域土壤有机质含量在 0.285~80.407 g/kg，平均值为 19.857 g/kg，以昆都仑河灌区为主的南郊南部区 1~75 号的农田土样有机质含量值在 0.285~42.669 g/kg，平均值为 11.368 g/kg。以四道沙河区为主的南郊北部区 76~120 号的农田土样有机质含量值在 7.112~80.407 g/kg，平均值为 34.005 g/kg。

　　在全国第二次土壤普查工作中，规定了最新的土壤有机质分级标准（表 9-3）。

表9-3　我国第二次土壤普查有机质含量分级表

项目	一级	二级	三级	四级	五级	六级
有机质/%	>40	30~40	20~30	10~20	6~10	<6

从土壤有机质分级情况来看，在表9-2中所述的120个土壤样品中，没有达到有机质含量一级、二级、三级、四级的土壤样品：五级4个，六级116个。达到五级的4个土壤样品都是四道沙河灌区，昆都仑河灌区全部土壤样品土壤有机质含量都处于六级。

土壤样品全氮含量详见表9-4。

表9-4a　昆都仑河灌区农田土壤样品全氮含量（g/kg）

样号	全氮	样号	全氮	样号	全氮	样号	全氮
1	0.444	20	0.220	39	0.549	58	0.157
2	0.470	21	0.246	40	0.706	59	0.269
3	0.314	22	0.493	41	0.246	60	0.889
4	1.359	23	0.605	42	1.142	61	0.549
5	0.605	24	0.596	43	0.444	62	1.004
6	0.392	25	0.679	44	0.392	63	1.008
7	0.131	26	0.287	45	0.063	64	1.359
8	0.188	27	0.441	46	0.403	65	0.366
9	0.131	28	0.497	47	0.392	66	1.286
10	0.220	29	0.067	48	0.376	67	0.679
11	0.366	30	0.426	49	0.202	68	0.497
12	0.287	31	0.739	50	0.605	69	0.909
13	0.157	32	0.533	51	0.418	70	0.915
14	0.235	33	0.157	52	0.549	71	0.314
15	0.157	34	0.340	53	0.376	72	0.732
16	0.105	35	0.183	54	0.497	73	1.693
17	0.314	36	0.444	55	0.601	74	1.307
18	0.575	37	0.105	56	0.515	75	0.157
19	0.601	38	0.209	57	1.299		

表9-4b　四道沙河灌区农田土壤样品全氮含量（g/kg）

样号	全氮	样号	全氮	样号	全氮	样号	全氮
76	0.889	88	1.254	100	0.653	112	5.143
77	0.862	89	0.874	101	0.679	113	2.227
78	0.596	90	0.336	102	0.287	114	2.352
79	0.439	91	0.052	103	0.261	115	3.167
80	1.829	92	1.599	104	0.653	116	2.446
81	0.815	93	0.679	105	1.756	117	4.045
82	0.690	94	0.941	106	1.348	118	3.795
83	0.878	95	1.035	107	4.924	119	5.582
84	1.124	96	2.289	108	3.889	120	1.725
85	0.493	97	1.098	109	2.446		
86	2.415	98	0.627	110	0.878		
87	1.317	99	0.653	111	1.693		

表 9-4 中土壤样品全氮含量范围为 0.052~5.582 g/kg，平均值为 0.933 g/kg。

在全国第二次土壤普查工作中，规定了最新的土壤全氮含量分级标准（表 9-5）。

表 9-5　我国第二次土壤普查全氮含量分级表

项目	一级	二级	三级	四级	五级
全氮/（g/kg）	>2	1.5~2	1~1.5	0.75~1	<0.75
样品个数/个	13	6	14	10	77
所占比例/%	10.83	5.00	11.67	8.33	64.17

表 9-5 中土壤样品中全氮含量 5 级范围占到了 64.17%，远远高于其他 4 个级别。昆都仑河灌区土壤全氮含量范围为 0.063~1.693 g/kg，平均值为 0.509 g/kg；四道沙河灌区土壤全氮含量范围为 0.052~5.582 g/kg，平均值为 1.639 g/kg。

土壤样品全磷含量详见表 9-6。

表 9-6a　昆都仑河灌区农田土壤样品全磷含量（%）

样号	全磷	样号	全磷	样号	全磷	样号	全磷
1	0.437	20	0.317	39	0.577	58	1.084
2	0.824	21	0.491	40	0.437	59	0.602
3	0.605	22	0.636	41	0.752	60	0.526
4	0.680	23	0.861	42	0.524	61	0.740
5	0.833	24	0.886	43	0.464	62	0.605
6	0.770	25	0.790	44	0.690	63	1.130
7	0.693	26	0.548	45	0.563	64	0.773
8	0.718	27	0.298	46	0.504	65	0.850
9	0.712	28	0.588	47	0.773	66	0.678
10	0.525	29	0.807	48	0.480	67	1.230
11	0.653	30	0.863	49	0.518	68	0.760
12	0.662	31	0.783	50	0.599	69	0.737
13	0.572	32	0.720	51	0.736	70	1.062
14	0.717	33	0.592	52	0.745	71	0.813
15	0.613	34	0.712	53	0.718	72	0.532
16	0.527	35	0.765	54	0.498	73	1.140
17	0.572	36	0.675	55	0.673	74	1.310
18	0.695	37	0.560	56	0.670	75	1.203
19	0.835	38	0.603	57	0.674		

表 9-6b　四道沙河灌区农田土壤样品全磷含量（%）

样号	全磷	样号	全磷	样号	全磷	样号	全磷
76	0.525	81	1.923	86	0.664	91	0.470
77	1.655	82	1.132	87	0.916	92	0.493
78	1.193	83	1.354	88	1.374	93	0.930
79	1.066	84	0.988	89	1.458	94	0.565
80	1.040	85	1.038	90	0.639	95	1.252

续表

样号	全磷	样号	全磷	样号	全磷	样号	全磷
96	0.712	103	0.522	110	3.946	117	6.112
97	5.332	104	3.915	111	0.962	118	7.294
98	0.656	105	0.638	112	3.942	119	6.756
99	0.595	106	3.510	113	9.612	120	7.970
100	0.588	107	4.930	114	3.026		
101	0.633	108	7.392	115	2.882		
102	0.585	109	7.162	116	2.394		

我国第二次土壤普查全磷含量分级见表 9-7。

表 9-7   我国第二次土壤普查全磷含量分级表（%）

项目	一级	二级	三级	四级	五级	六级
全磷	>0.200	0.161~0.200	0.121~0.160	0.081~0.120	0.040~0.080	<0.040

由表 9-6 和表 9-7 对照可知,研究区土壤全磷含量一级的样品有 18 个,二级的 2 个,三级的 7 个,四级的 22 个,五级的 70 个,六级的 2 个。约 80%的土壤样品全磷含量集中在四级、五级,约 16%的土壤样品全磷含量为一级、二级。而一级、二级的土壤样品全部来自 76~120 号样品即四道沙河灌区,四、五级的土壤样品 74%都来自 1~75 号样品即昆都仑河灌区。由此可知包头昆都仑河灌区土壤含磷量整体偏低,四道沙河灌区部分土壤含磷量偏高。

土壤样品全钾含量详见表 9-8。

表 9-8a   昆都仑河灌区农田土壤样品全钾含量（g/kg）

样号	全钾	样号	全钾	样号	全钾	样号	全钾
1	0.824	20	0.011	39	0.656	58	0.824
2	4.931	21	3.029	40	0.656	59	5.809
3	4.109	22	0.706	41	1.235	60	0.656
4	0.230	23	2.560	42	0.706	61	0.230
5	0.822	24	1.729	43	4.109	62	1.151
6	4.109	25	3.534	44	1.083	63	0.928
7	4.109	26	1.083	45	0.874	64	1.299
8	1.151	27	3.534	46	0.639	65	1.013
9	0.824	28	0.230	47	0.656	66	0.874
10	0.788	29	3.029	48	0.276	67	1.441
11	4.109	30	2.560	49	0.706	68	0.824
12	1.441	31	3.029	50	0.928	69	4.931
13	9.446	32	1.216	51	1.441	70	2.987
14	0.824	33	0.746	52	0.824	71	2.441
15	0.824	34	1.441	53	0.531	72	3.534
16	0.824	35	0.824	54	0.824	73	1.299
17	0.230	36	1.441	55	4.109	74	1.083
18	4.109	37	0.824	56	2.560	75	1.299
19	1.299	38	0.824	57	0.928		

表 9-8b　四道沙河灌区农田土壤样品全钾含量（g/kg）

样号	全钾	样号	全钾	样号	全钾	样号	全钾
76	0.536	88	1.729	100	0.656	112	1.729
77	2.441	89	0.928	101	0.656	113	0.788
78	0.663	90	5.809	102	0.656	114	0.788
79	0.531	91	1.584	103	4.109	115	0.338
80	1.441	92	0.013	104	0.656	116	0.013
81	0.188	93	1.083	105	0.392	117	0.989
82	2.929	94	0.989	106	0.895	118	0.989
83	0.188	95	0.874	107	0.895	119	0.989
84	0.959	96	0.531	108	4.124	120	0.989
85	2.560	97	1.216	109	0.169		
86	1.151	98	1.870	110	0.960		
87	1.151	99	0.230	111	0.788		

我国第二次土壤普查全钾含量分级见表 9-9。

表 9-9　我国第二次土壤普查全钾含量分级表（g/kg）

项目	一级	二级	三级	四级	五级	六级
全钾	>0.3	0.241~0.3	0.181~0.24	0.121~0.18	0.06~0.12	<0.06

由表 9-8 和表 9-9 对照可知，表 9-8 中所述两个灌区土壤样品全钾含量的平均值为 1.566 g/kg，变化范围在 0.011~9.446 g/kg。在一级区间的有 108 个，平均值为 1.721 g/kg，变化范围在 0.338~9.446 g/kg，占总量的 90%；其中在昆都仑河灌区分布的有 69 个，平均值为 1.920 g/kg，变化范围在 0.531~9.446 g/kg；在四道沙河灌区分布有 39 个，平均值为 1.368 g/kg，变化范围在 0.338~5.809 g/kg。其他级别的样品数量很少，不具有代表性，此处不再赘述。总之，与表 9-9 中全钾含量相比，两个灌区的农田土壤样品钾含量总体上偏高，且昆都仑河灌区土壤样品全钾含量比四道沙河灌区土壤全钾含量高。

土壤样品 pH 详见表 9-10。

表 9-10a　昆都仑河灌区农田土壤样品 pH

样号	pH	样号	pH	样号	pH	样号	pH
1	8.23	11	8.22	21	9.07	31	8.50
2	8.14	12	8.37	22	8.84	32	8.27
3	8.26	13	8.05	23	8.60	33	8.29
4	8.07	14	8.61	24	8.54	34	8.53
5	8.22	15	8.27	25	8.44	35	8.66
6	8.45	16	8.99	26	8.24	36	8.38
7	8.32	17	8.45	27	8.24	37	8.31
8	7.83	18	8.01	28	7.98	38	8.31
9	8.23	19	8.43	29	8.34	39	8.09
10	7.73	20	8.29	30	8.24	40	8.14

续表

样号	pH	样号	pH	样号	pH	样号	pH
41	8.77	50	8.41	59	9.70	70	8.15
42	8.44	51	8.23	60	7.92	71	8.20
43	8.24	52	8.27	61	7.91	72	8.17
44	7.92	53	7.96	62	8.09	73	7.86
45	7.99	54	8.36	63	7.94	74	8.11
46	8.15	55	8.11	64	8.59	75	8.13
47	7.85	56	8.21	65	8.03	70	8.15
48	7.73	57	8.21	68	8.48	71	8.20
49	8.24	58	8.30	69	8.21		

表 9-10b　四道沙河灌区农田土壤样品 pH

样号	pH	样号	pH	样号	pH	样号	pH
76	8.00	88	7.78	100	8.05	112	7.41
77	7.78	89	8.49	101	7.74	113	7.41
78	8.39	90	8.16	102	7.72	114	7.88
79	8.02	91	8.02	103	7.72	115	7.62
80	7.92	92	8.34	104	7.58	116	7.66
81	8.12	93	10.68	105	7.95	117	7.56
82	8.04	94	8.23	106	7.82	118	7.65
83	8.06	95	7.84	107	7.23	119	7.57
84	8.18	96	7.39	108	7.35	120	7.64
85	8.49	97	7.97	109	7.46		
86	7.69	98	8.17	110	7.38		
87	8.06	99	8.01	111	7.43		

我国第二次土壤普查 pH 含量分级见表 9-11。

表 9-11　土壤 pH 等级划分标准

项目	强酸性	中强酸性	弱酸性	中性	碱性	强碱性
pH	<4.5	4.5~5.5	5.5~6.5	6.5~7.5	7.5~8.5	>8.5

由于气候原因，导致我国土壤呈现"南酸北碱"的现象。结合表 9-11 pH 等级划分标准，表 9-10 中所述两个灌区土壤样品 pH 范围为 7.23~10.68，平均值为 8.14，所以包头市南郊农田土壤样品 pH 总体都偏碱性。其中昆都仑河灌区农田土壤样品 1~75 号的 pH 的变幅为 7.73~9.7，均值为 8.28。以四道沙河灌区为主的 76~120 号农田土壤样品 pH 变幅为 7.23~10.68，均值为 7.90。整体土壤显碱性，南部区农田土样相比北部区 pH 变幅更小，均值更大。因为昆都仑河属于季节性很强的河段，在包头夏季高温少雨的时间段当地蒸发量远远大于降水量时，昆都仑河灌区这种季节性强的河水流量便大大降低，在强烈蒸发的作用下盐碱化程度便大大提高，使昆都仑河土壤—水系沉积物中含碱量很高，pH 升高，因此南部农田区 pH 均值较北部农田区更大。

9.5.2　包头市九原区土壤养分状况

包头市九原区土壤养分主要包括有机质、全氮、有效磷、缓效钾、速效钾等内容（蔡锐等，2013）。

1. 有机质

九原区土壤有机质含量平均值为 20.1 g/kg，水平较高。其中东部丘陵、平原区（研究区）有机质含量最高，为 34.9g/kg；中西部平原区平均含量为 17.0 g/kg；北部山地、丘陵区有机质最低，平均值为 16.6 g/kg。灰褐土有机质含量平均值为 23.5 g/kg，栗钙土有机质平均含量为 22.3 g/kg，草甸土有机质平均含量为 19.1 g/kg，风沙土有机质平均含量只有 13.5 g/kg。土壤有机质含量大部分集中在 10.7~25.9 g/kg。

2. 全氮

九原区土壤全氮平均含量为 1.04 g/kg。中西部平原区全氮含量和北部山地、丘陵区全氮含量差距不大，分别为 0.84 g/kg、0.92 g/kg。草甸土、风沙土、灰褐土、栗钙土的土壤全氮含量分别为 1.00 g/kg、0.82 g/kg、1.19 g/kg、1.09 g/kg。

九原区土壤碱解氮平均含量为 101.94 mg/kg，变幅为 14.5~499.8 mg/kg。其中东部丘陵、平原区（研究区）碱解氮含量最高，为 136.99 mg/kg；中西部平原区碱解氮平均含量为 99.81 mg/kg；北部山地、丘陵区含量最低，平均含量只有 85.03 mg/kg。最高的栗钙土全氮平均含量为 106.55 mg/kg；其次是草甸土，全氮平均含量为 104.14 mg/kg；最低的风沙土全氮平均含量只有 89.78 mg/kg。

3. 有效磷

九原区土壤有效磷含量为 2.6~89.4 mg/kg，平均含量为 23.92 mg/kg。东部丘陵、平原区（研究区）有效磷含量最高，平均含量为 31.00 mg/kg；北部低山、丘陵区有效磷含量最低，平均含量为 17.30 mg/kg。不同土壤类型之间，栗钙土有效磷平均含量为 24.96 mg/kg，风沙土有效磷平均含量 19.82mg/kg。

4. 缓效钾

九原区土壤缓效钾平均含量为 697 mg/kg，变化幅度较大，最低含量只有 88 mg/kg，最高含量达 2680 mg/kg。不同区域之间缓效钾差异不大。不同土壤类型之间，灰褐土缓效钾含量较高，平均为 717 mg/kg；风沙土有效钾含量较低，平均含量为 567 mg/kg。

5. 速效钾

九原区土壤速效钾平均含量为 123 mg/kg，变化幅度较大，最低含量只有 30 mg/kg，最高含量达 428 mg/kg。北部低山丘陵区速效钾含量最高，平均含量为 132 mg/kg；中西部平原区速效钾含量最低，平均含量为 117 mg/kg。风沙土的速效钾含量最低，平均为 96 mg/kg；草甸土速效钾含量最高，平均为 128 mg/kg。

6. pH

九原区土壤 pH 平均为 8.1，各区域、各土类 pH 差距不大，平均值幅度为 8.0~8.2，其中研究区麻池镇土壤 pH 平均为 8.1，变幅为 7.1~9.0；萨如拉土壤 pH 平均为 8.0，变幅为 7.5~8.7。

9.6　生　物

9.6.1　动物

包头地区复杂多变的地理生态环境，孕育了丰富的动物类群和野生动物。初步查明全市共有脊椎动物 5 纲 31 目 61 科 250 种，其中鱼纲 4 目 5 科 22 种；两栖纲 1 目 2 科 4 种；爬行纲 3 目 4 科 7 种；鸟纲 16 目 35 科 168 种；哺乳纲 7 目巧科 49 种。

包头市有国家重点保护动物 38 种，其中 I 级保护动物有黑鹳、金鹏、大鸨、雪豹、蒙古野驴等 5 种；II 级重点保护动物 33 种，它们是鸢、苍鹰、雀鹰、松雀鹰、大鵟、普通鵟、毛脚鵟、秃鹫、白尾鹞、白头鹞、猎隼、燕隼、灰背华、红脚年、黄爪华、红隼、红角鸮、雪鸮、纵纹腹小鸮、长耳鸮、短耳鸮、大天鹅、白枕鹤、蓑羽鹤、荒漠猫、猪獾、黄羊、鹅喉羚、青羊、岩羊、盘羊。在这些重点保护动物中，大多属于猛禽和猛兽，它们分别以啮齿类动物、昆虫和草食动物为食，是食物链中的顶级动物，在整个生态系统中，起着控制鼠害、虫害、捕食老弱病残动物、消除动物尸体、保护人类和自然环境的作用。而黑鹳、大鸨、大天鹅、白枕鹤、蓑羽鹤、蒙古野驴、黄羊、鹅喉羚、青羊、岩羊、盘羊等则属于弱势群体，是食肉动物的捕食对象，也易遭人类的猎杀。蒙古野驴在达茂旗荒漠草原消失多年，只是近两年由于蒙古国大旱，才向南越境到内蒙古草原觅食，重现达茂旗草原。

9.6.2　植物

乔木有本地杨、通天杨、山柳、沙柳、河柳、榆、槐、松、柏、侧柏、沙枣、杜梨等。

灌木有酸枣、枸杞、乌柳、红柳、虎榛子、连翘、黄刺梅、茼蒿、铁杆蒿、裂叶蒿、兔毛蒿、狭叶青蒿、樱桃、马茹茹、野玫瑰、黑圪篓等。

草类有芦草、菅草、白草、苦菜、甜苣、刺苗、洋辣辣、蒲公英（俗名拨灯灯）、落林、猪尾巴、羊耳朵、野燕麦、野荞麦、枳机（俗名芨芨草）、寸草、野韭、马蔺、打碗花、灰菜、沙蓬、灯相子、马齿苋、水蓼（俗名水红花）、两栖蓼、叉分蓼（俗名醋溜溜）、盐爪爪、棉蓬、碱蓬、蓄（俗名竹竹）、扫帚苗、节节草、林蓿、蒲、荨麻（俗名吸麻）、车前草、甘草（俗名甜草苗）、罗布麻、蔓金苔、褐葛、麻黄、蒺藜、野豌豆、黄芪、柴胡、山扁豆、防风（俗名野芹菜）、苍耳、菟丝子、野胡麻、野菊花、蓖麻、茅草、党参、大黄、小蓟、黄芩、薄荷、桔梗、丹参、玄参、土木香、牛蒡、益母草、红花、麦冬、柏子、知母、凤仙、芍药、金银花等。

菌类有树蘑、毒蘑、沙棒槌、马勃、地衣等。

黄河湿地植物以南海子湿地自然保护区植物组成为代表，保护区维管束植物共计 52 科 137 属 208 种，种子植物 184 种，隶属 47 科 119 属，分别占内蒙古全区种子植物的 8.33%、40.17% 和 18.22%。其中含 20 种以上的大科共有 2 科，占总科数的 4.26%；属数 30 个，占总属数的 25.21%；种数 55 个，占总种数的 29.90%。含 10 种以上、19 种以下的较大科有 2 科 17 属 33 种，分别占保护区种子植物科、属、种的 4.26%、14.29%、17.93%。该保护区的优势科分别为菊科 33 种、禾本科 22 种、豆科 17 种、藜科 16 种，其中芦苇、赖草、猪毛菜等为主要建群种（罗伟等，2015）。

参 考 文 献

蔡锐, 康翠娥, 蔡利. 2013. 包头市九原区土壤养分变化趋势分析[J]. 内蒙古农业科技, (2): 73-74.

霍林桃, 冯佃臣, 王晶, 等. 2008. 内蒙古西部地区典型土壤理化性质的测定[J]. 安徽农业科学, 36(34): 15076-15077.

廖梓龙, 龙胤慧, 刘华琳, 等. 2014. 气候变化与人类活动对包头市地下水位的影响[J]. 干旱区研究, 31(1): 138-143.

罗伟, 张昊, 苗春林, 等. 2015. 包头黄河湿地植物区系组成与植物资源初步研究——以南海子湿地自然保护区为例[J]. 内蒙古林业科技, 41(1): 1-5, 9.

夏雪莲. 2012. 包头地区风和风能资源[J]. 内蒙古气象, (4): 31-33.

袁国波, 王丽钢, 段茹, 等. 2013. 包头牧区暴风雪天气特征分析[J]. 内蒙古科技与经济, (12): 55, 57.

云利萍, 李政红. 2014. 包头市地下水重金属污染分布特征及来源[J]. 南水北调与水利科技, 12(5): 81-85.

张庆辉. 2014. 包头黄河湿地公园建设条件 SWOT 对比分析[J]. 湿地科学与管理, 10(3): 14-16.

张庆辉. 2015. 自然地理学实践教学内容设计[M]. 郑州: 黄河水利出版社: 11.

赵卫东, 秦占荣. 2010. 昆都仑河水文特征浅析[J]. 内蒙古水利, (5): 38-39.

第 10 章 外源稀土对包头生态环境的影响

包头地区的稀土采矿（如白云鄂博稀土矿区）、选冶（如四道沙河流域、包钢稀土厂区）、尾矿堆积（如包钢尾矿坝）及废水排放（如四道沙河流域稀土污水灌溉）等人类活动排入环境的外源稀土元素，对其周围土壤等生态环境具有重大影响。已经有不少学者对此进行了专题研究并取得相应的研究成果。本章按照稀土矿开采、运输、选冶、排放废水等工艺流程和空间分布等顺序分析稀土对包头地区生态环境影响的研究现状。

10.1 白云鄂博矿区外源稀土特征

白云鄂博矿区属内蒙古自治区包头市所辖，距包头市区 149 km，矿区面积 328 km^2，居住总人口约 3 万人。其中，稀土矿物以独居石和氟碳镧铈矿为主。白云鄂博矿区开采方式为露天开采，矿石经铁路运输至包头选矿厂，经选矿后剩余的尾矿砂直接输入尾矿库储存。白云鄂博矿区与包头尾矿库同属内陆干燥气候区，土壤类型以栗钙土为主，低温少雨，干旱多风，温差变化大，常年主导风向为西北风。

郭伟等（2013）根据白云鄂博矿区的实际布局情况结合主导风向西北风，有针对性的把调查采样区划分为 6 个区域，见图 10-1 中 S5~S10（采样范围包括 S5 矿区内，S6 排土场，S7 场区外，S8 城区外，S9 铁路东，S10 铁路西）采样样本数分别为 19、13、9、13、8 和 8。

负责运输铁矿石至包头选矿厂的铁路两侧区域沿垂直铁路方向采集 50 m 范围内的土壤样品。

10.1.1 白云鄂博矿区土壤中稀土元素的含量及分布特征

白云鄂博矿区与包头尾矿库区土壤基本理化性质见表 10-1。

白云鄂博矿区所调查的不同区域土壤稀土元素的含量如表 10-2 所示。

从表 10-2 可知，矿区内土壤 7 个稀土元素的平均含量均显著高于内蒙古地区的几何平均值，最大含量分别为 La 5189.81 mg/kg、Ce 11 593.41 mg/kg、Pr 2267.73 mg/kg、Nd 3710.03 mg/kg、Sm 299.16 mg/kg、Eu 47.42 mg/kg、Y 72.54 mg/kg，分别是内蒙古地区几何平均值的 158 倍、236 倍、399 倍、193 倍、78 倍、58 倍、4 倍。排土场、场区外、城区外以及铁路东、铁路西两侧土壤中各稀土元素含量的平均值也显著高于内蒙古地区的几何平均值。

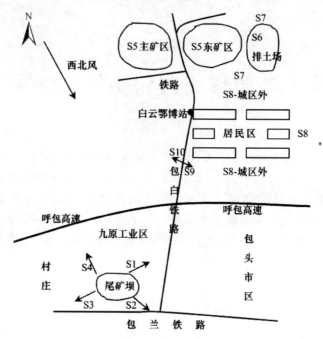

图 10-1 包头稀土矿区土壤样品采集区域示意图（郭伟等，2013）

表 10-1 白云鄂博矿区和包头尾矿库区土壤的基本理化性质

研究区域	pH	有机质/%	全氮/%	全磷/%	速效磷/ (mg/kg)	速效钾/ (mg/kg)	CEC/ (cmol⁺/kg)
白云鄂博矿区	7.23 ±0.95	1.52 ±0.83	0.12 ±0.05	0.13 ±0.06	8.36 ±4.50	92.4 ±33.7	15.1 ±3.06
包头尾矿库区	7.38 ±0.58	1.59 ±0.77	0.10 ±0.04	0.11 ±0.08	11.0 ±8.22	86.5 ±37.4	13.7 ±2.85

注：表中数据为 3 个样本的算术平均值±标准差。CEC：土壤阳离子交换量。

表 10-2 白云鄂博矿区土壤稀土元素含量描述性统计（mg/kg）

采样区统计项目	La	Ce	Pr	Nd	Sm	Eu	Y
矿区内最大值	5 189.81	11 593.41	2 267.73	3 710.03	299.16	47.42	72.54
矿区内最小值	1 229.27	2 264.24	577.42	746.51	110.34	25.35	43.53
矿区内 平均值±标准误差	3112.56 ±631.65a	7142.12 ±1563.44a	1467.12 ±292.71a	2552.80 ±553.09a	210.80 ±30.51a	36.20 ±3.43a	63.22 ±4.26a
排土场最大值	1 184.13	2 314.87	522.95	695.11	81.09	15.52	24.40
排土场最小值	584.25	1 296.11	253.74	340.33	41.67	8.78	20.85
排土场 平均值±标准误差	780.15 ±87.89b	1585.24 ±158.10b	324.24 ±41.41b	440.21 ±54.50b	51.71 ±6.10b	10.57 ±1.07b	22.81 ±0.62b
场区外最大值	3 462.08	6 936.13	1 150.25	1 472.14	164.77	29.40	69.26
场区外最小值	321.12	816.10	183.15	354.73	42.43	8.60	23.51
场区外 平均值±标准误差	1803.71 ±622.79bc	3616.40 ±1189.23b	619.34 ±184.61b	835.02 ±221.70b	94.54 ±24.29b	17.35 ±3.75b	38.82 ±7.33bc
城区外最大值	2 240.52	4 824.85	964.57	1 421.16	131.59	22.06	38.12
城区外最小值	279.00	650.75	135.69	244.86	23.25	4.24	10.23
城区外 平均值±标准误差	762.69 ±306.72bc	1673.02 ±654.04b	333.59 ±130.64b	519.97 ±186.60b	49.86 ±17.13b	10.16 ±2.68b	17.29 ±4.52cd

续表

采样区统计项目	La	Ce	Pr	Nd	Sm	Eu	Y
铁路东侧最大值	1 356.15	2 981.65	560.02	808.53	94.20	17.26	38.74
铁路东侧最小值	685.13	1 628.74	334.23	481.04	56.22	11.14	26.42
铁路东侧 平均值±标准误差	965.15 ±96.98bc	2145.71 ±201.24b	462.33 ±39.76b	638.73 ±56.09b	74.78 ±6.19b	13.92 ±0.96b	31.70 ±1.96d
铁路西侧最大值	934.70	2 090.73	375.32	566.30	66.60	17.85	27.22
铁路西侧最小值	350.20	804.39	135.18	189.20	21.79	10.92	11.26
铁路西侧 平均值±标准误差	516.74 ±88.33c	1208.83 ±192.74b	205.90 ±36.89b	318.92 ±58.44b	38.01 ±7.26b	13.35 ±1.12b	16.09 ±2.47d
内蒙古土壤几何均值	32.8	49.1	5.68	19.2	3.81	0.81	17.0

就白云鄂博矿区通往包头选矿厂的铁路东、西两侧土壤稀土元素的含量而言，铁路东侧土壤稀土元素含量高于铁路西侧，但没有达到显著性差异水平。而就白云鄂博矿区的 6 个调查区域而言，土壤稀土元素的含量按矿区内、场区外、铁路东侧、排土场、城区外、铁路西侧的顺序递减，除矿区内的土壤稀土元素含量显著高于其他 5 个区域外（$P<0.05$），其他区域间均未达到显著性差异水平。在 6 个调查区域中，7 种稀土元素的含量分布具有一致性，为 Ce>La>Pr>Nd>Sm>Y>Eu。在 7 种被测稀土元素中，除 Y 的全量超标率为 83.33%外，其余 6 种元素的全量超标率均达到 100%。

可见，白云鄂博稀土矿石的开采将地下一定深度的矿物暴露于地表环境，致使矿物的化学形态和存在形式发生了改变，加大了稀土元素向环境的释放通量，造成矿区内的土壤稀土污染问题。白云鄂博稀土矿的开采，也造成了排土场、场区外、城区外与铁路东、西两侧土壤环境中稀土元素的逐渐积累。采矿时剥离的表土及废石中含有大量的稀土元素，堆放至排土场造成了排土场土壤环境中稀土元素的增加；城区外的土壤之所以也受到了稀土元素的污染，一方面是因为其本身正处在稀土矿开采区的下风向，另一方面可能是由于运输稀土矿石的铁路从城区外围通过。另外，负责运输矿石的铁路两侧土壤也受到稀土元素的污染，这是由于长期以来运输过程未采取有效防护措施，稀土矿石洒落后经风蚀、淋洗等因素作用造成稀土元素的释放和污染。受该地区常年主导风向西北风的影响，污染的特征是处于下风向的铁路东侧区域土壤稀土元素污染程度要大于处于上风向的铁路西侧区域。

稀土矿藏的多年开采，导致稀土元素在土壤等生态环境中的逐渐累积，进而影响当地常住居民人体健康。梁青青等（2014）于 2013 年调查内蒙古白云鄂博矿区两所学校 6~13 岁小学生尿中镧、铈、钕水平，详细数据见表 10-3。

表 10-3　两组小学生尿中镧、铈、钕水平的比较（μg/g·cr）

组别	人数	镧	铈	钕
		范围	范围	范围
暴露组	90	4.300~136.300	6.400~158.100	2.100~120.308
对照组	45	ND~0.172	0.006~0.362	ND~0.037

注：ND 为未检出；与对照组比较，$P<0.01$。

可见，白云鄂博矿区 6~13 岁小学生尿中镧、铈、钕水平较高，提示白云鄂博矿区的轻稀土元素污染已经对人群造成影响，应引起高度重视并采取有效措施。

10.1.2 白云鄂博矿区外源钍特征

白云鄂博矿区由独居石和氟碳铈矿构成的混合型稀土矿床，独居石中伴生的天然放射性 ^{232}Th 含量约为 3%。由于开采中挖掘了大量的沙土壤，并最后积累成了大量的尾矿堆，暴露于环境中，因此改变了自然土壤中放射性核素的成分，从而对陆地生态系统造成影响。白云鄂博矿区处于抗干扰能力较弱的草原生态系统中，其矿物开采导致生态破坏与环境问题较其他地区更为突出，具有其特殊性，并且该地区矿物开采、加工、运输、储存，以及尾矿堆积等所造成的土壤放射性 ^{232}Th 会对当地草场、牧民及牲畜等造成一定影响。

^{232}Th 不仅具放射毒性，还具有化学毒性，环境中的 ^{232}Th 对人群健康具有潜在危险，而且危害植物生长，导致食物链中毒。在过去的 60 年里，白云鄂博铁矿开采过程导致伴生的放射性 ^{232}Th 在环境中扩散并积累。李若愚等（2014）于 2012 年 8 月以白云鄂博主采矿区为中心，沿东南、南、西南方向直线上及矿区外围周边表层土壤布设 23 个采样点（图 10-2），总体覆盖的采样面积达到 282.06 km^2。23 个表层土壤采样点中，11 个采样点 $w(^{232}$Th)高于全国平均值（9.88 mg/kg），12 个采样点 $w(^{232}$Th)低于全国平均值，表明部分采样区域受到 ^{232}Th 的影响，但受到影响的区域土壤的 $w(^{232}$Th)较高，最高值超过全国平均值的 6 倍。所有土壤样品中 $w(^{232}$Th)的范围为 3.43~59.09 mg/kg，平均值为 12.79 mg/kg，稍高于世界平均值（7.50 mg/kg）和全国平均值（9.88 mg/kg）。

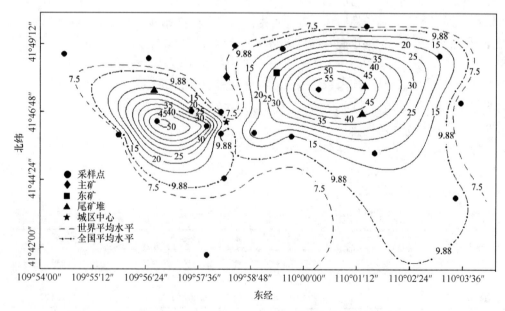

图 10-2　白云鄂博采矿区 $w(^{232}$Th)（mg/kg）的等值线（李若愚等，2014）

白云鄂博采矿区周边的 $w(^{232}Th)$ 的分布特征见图 10-2。由图 10-2 可见，在距离白云鄂博采矿区周边较近区域的表层土壤中的 $w(^{232}Th)$ 较高，并高于世界平均值和全国平均值，其中有两个明显的高 $w(^{232}Th)$ 点，分别位于白云鄂博的两个尾矿堆处。主矿和东矿附近区域的土壤中 $w(^{232}Th)$ 并不高，尤其是主矿区周边表层土壤 $w(^{232}Th)$ 接近土壤本底值。白云鄂博的主矿和东矿采矿作业区域在地平面以下，并且矿区内部有不间断的洒水车进行降尘作业，这可能是采矿区周边表层土壤中 $w(^{232}Th)$ 不高的主要原因。而尾矿渣堆放于地面之上，暴露于地表环境且没有防护掩盖措施，造成含放射性 ^{232}Th 的粉尘不断向周边环境扩散。

1. ^{232}Th 的区域分布与扩散特征

李若愚等（2014）为了考察风向对 $w(^{232}Th)$ 分布的影响，以东侧尾矿堆和西侧尾矿堆的连线为南北区域划分线，以主矿与城区中心所在直线为东西区域划分线，将采样区域内的土壤采样点分为西北、东北、西南、东南 4 个区域（图 10-2），对各区域内土壤中 $w(^{232}Th)$ 进行比较，结果见表 10-4 。

表 10-4　采矿区不同区域的 $w(^{232}Th)$

区域	采样点数量/个	$W(^{232}Th)/$（mg/kg）	
		范围	平均值
西北区域	3	3.99~11.46	7.22
东北区域	5	5.23~19.17	11.06
西南区域	10	4.08~25.79	9.52
东南区域	5	4.32~59.09	23.88

采矿区东南区域内采样点中土壤的 $w(^{232}Th)$ 大于采矿区内其他区域，表明白云鄂博地区常年盛行西北风也影响钍的分布与迁移。其迁移途径可能是：未被利用的 ^{232}Th 堆放于尾矿堆，暴露在自然环境中，含 ^{232}Th 粉尘随风力向外围扩散。由于该地区西北风为主导风向，含 ^{232}Th 粉尘向东南区域迁移的量高于其他区域。另外，采矿区的南侧是白云鄂博的居民区，人为活动可能加剧了 ^{232}Th 在环境中的迁移扩散。

尾矿堆分别位于白云鄂博城区的西北和东北方向，研究者从城区居民生活安全角度出发，探究两个尾矿堆中 ^{232}Th 的扩散影响。以白云鄂博西侧和东侧的尾矿堆为中心，分别沿东南和西南方向分析其扩散距离及程度，结果见图 10-3。由图 10-3 可见，随采样点与尾矿堆距离的增加，两个尾矿堆东南和西南方向土壤中 $w(^{232}Th)$ 均逐渐降低。

东侧尾矿堆的东南方向和西南方向上，距离尾矿堆 5.0 km 的采样点土壤中 $w(^{232}Th)$ 分别为 19.23 mg/kg、14.68 mg/kg，均超过全国平均值，即东侧尾矿堆中的 ^{232}Th 对其东南、西南方向 5.0 km 范围内的土壤产生了影响；距离东侧尾矿堆 10.0 km 的东南和西南采样点土壤 $w(^{232}Th)$ 接近全国平均值，表明东侧尾矿堆对此处土壤的影响逐渐减弱或没有产生影响。距离西侧尾矿堆 1.6 km 东南方向上的采样点土壤中 $w(^{232}Th)$ 较高，为 35.73 mg/kg，西南方向上土壤中 $w(^{232}Th)$ 相对较低；距离西侧尾矿堆的 3.2 km 的东南

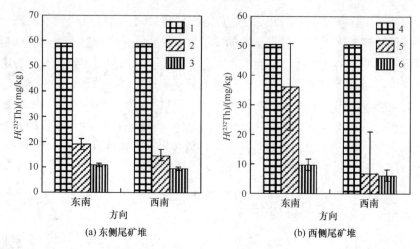

图 10-3　白云鄂博尾矿堆东南、西南方向土壤中 $w(^{232}Th)$ 的分布（李若愚等，2014）

距尾矿堆的距离/km：1-0；2-5.0；3-10.0；4-0；5-1.6；6-3.2

和西南方向上采样点土壤 $w(^{232}Th)$ 较低，接近全国平均值，表明西侧尾矿堆对该处土壤的影响逐渐减弱或者没有影响；其中西侧尾矿堆东南 3.2 km 的采样点在广场公园内，该处的 $w(^{232}Th)$ 为 5.94 mg/kg，低于全国平均值（9.88 mg/kg），说明白云鄂博城区未受 ^{232}Th 的影响。可见，两个尾矿堆等距离采样点中 $w(^{232}Th)$ 均表现为东南方向高于西南方向，进一步说明盛行风向使得 ^{232}Th 在东南方向上的扩散强于其他方向；西侧的尾矿堆在东南和西南方向的扩散距离约为 3.2 km，明显小于东侧尾矿堆在东南和西南方向扩散距离（10.0 km）。

2. ^{232}Th 的剖面分布特征

在白云鄂博采矿区的南部（16 号采样点）、东南部（17 号采样点）和北部（12 号采样点）采样点进行土壤的剖面采样，剖面采样点设置与表层采样点基本一致，相距不超过 30 m。采样深度为 70 cm，其中，0~15 cm 按照每 3 cm 剖分，15~30 cm 按照每 5 cm 剖分，30~50 cm 按照每 10 cm 剖分，50~70 cm 按照每 20 cm 剖分。

剖面 16 号采样点位于白云区公园内，土壤剖面中 $w(^{232}Th)$ 为 6.99~12.75 mg/kg，17 号采样点土壤中 $w(^{232}Th)$ 为 7.68~19.54 mg/kg，12 号采样点土壤中 $w(^{232}Th)$ 为 6.51~10.09 mg/kg；3 个采样点土壤剖面 0~20 cm 范围内 $w(^{232}Th)$ 的平均值分别为（9.52 ± 0.83）mg/kg、（17.93 ± 1.94）mg/kg 和（9.08 ±1.18）mg/kg，而对应其表层土壤样品中的 $w(^{232}Th)$ 分别为 7.06 mg/kg、19.23 mg/kg 和 9.63 mg/kg，表明两种采样方法获取的表层土壤中的 $w(^{232}Th)$ 基本一致。土壤中 $w(^{232}Th)$ 的剖面分布见图 10-4。

总之，白云鄂博采矿区周边表层土壤样本中 $w(^{232}Th)$ 范围为 3.43~59.09 mg/kg，平均值为 12.79 mg/kg，高于世界和全国平均值，表明包头白云鄂博采矿区周边表层土壤中 ^{232}Th 的分布受到矿物开采活动的影响。矿区 ^{232}Th 的来源主要是尾矿堆，其周边表层土壤中 ^{232}Th 分布受风力作用、人为活动等因素影响。在风力作用较强的主导风向上，矿区东南区域土壤中的 ^{232}Th 扩散的距离较远且 $w(^{232}Th)$ 较高。位于矿区南部和北部的

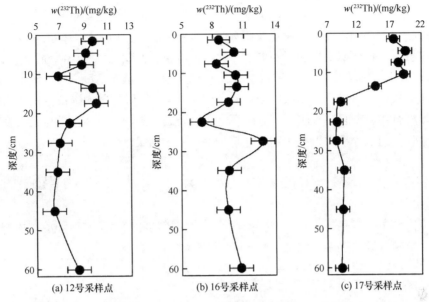

图 10-4　白云鄂博采矿区土壤剖面 $w(^{232}\text{Th})$ 分布特征（李若愚等，2014）

土壤剖面中 $w(^{232}\text{Th})$ 没有明显变化，并且 0~20 cm 土壤中 $w(^{232}\text{Th})$ 平均值与五分法所取的土壤表层样品中 $w(^{232}\text{Th})$ 接近；位于矿区东南部的土壤剖面中 $w(^{232}\text{Th})$ 在 10.5~17.2cm 区间出现自底层向表层剧增的趋势，表明该区域土壤表层中 ^{232}Th 有外源贡献。

10.1.3　外源稀土对白云鄂博矿区生物的影响

白云鄂博稀土矿区气候干旱寒冷，冬季时间长，植物主要有戈壁针茅、短花针茅、克氏针茅、石生针茅、冷蒿、女蒿、羊草、狭叶锦鸡、无芒隐子草、冰草、灰叶黄芪、骆驼蓬等旱生草本和半灌木，森林绝迹。从已有资料来看，稀土对生物影响的研究最早有李琇（2008）从白云鄂博稀土矿区分离到 20 株纯培养菌，其中细菌 14 株，11 株鉴定到种，3 株鉴定到属；放线菌 5 株均鉴定到种；真菌 1 株鉴定到种。同时经相关试验证实，20 株菌中有极耐酸菌 10 株、极耐碱菌 11 株、既耐酸又耐碱菌 6 株、耐受 pH 1~12 的菌 7 株、20 株菌都能耐受 pH 2；耐盐菌 17 株；耐冷菌 20 株、耐热菌 3 株、既耐冷又耐热菌 3 株。还从白云鄂博稀土东矿区采取的样品中分离到 3 株细菌（李琇等，2007）均能进行自身固氮、均能在完全无机的环境中生长；3 株细菌最适生长温度为 28℃，都能耐受–35℃度低温，都能耐受 220℃高温；均能耐受 40%的 NaCl 高盐浓度、均能在 pH 从 1~12 的环境下生长、均有产硫化氢的能力、均无淀粉水解和葡萄糖发酵的能力。具有这种独特特性的菌株，是过去从未发现的类型，将 3 株菌分别命名为白云 1 号、白云 2 号、白云 3 号。初步鉴定白云 1 号菌为可变小球菌（Mi-crococcus varians），白云 2 号菌为坚硬芽胞杆菌（Bacillusfirmus），白云 3 号菌为黄色节杆菌（Ar-throbacterflavescens）。

极端微生物是生长在极端自然环境中微生物的总称，包括嗜热、嗜冷、嗜酸、嗜碱、嗜压、抗辐射、极端厌氧等多种类型。极端微生物适应环境的结果使其具有独特的基因类型，从而也赋予其特殊的形态结构、生理机制及特殊的代谢产物，其存在的机制对研

究生态环境的变化具有重要意义。樊永军等（2011）从极端微生物角度对白云鄂博稀土
矿区耐高辐射放线菌的生物学特征及相关耐受性研究表明，白云鄂博矿区位置不同，矿
区土壤中放线菌群落状况发生了不同的变化。环境越相似微生物的相似性也越大，反映
了环境对微生物的影响作用以及微生物对环境的适应性。从丰富度上看，随矿区位置的
降低土壤放线菌群落丰富度指数降低；从多样性上看，矿区位置的降低也使得土壤放线
菌群落多样性指数降低。说明有可能矿区位置的降低抑制一些放线菌的生长。表现了环
境对微生物的胁迫作用以及微生物对环境长期适应的结果。

10.2　稀土生产对包头厂区及周边环境的影响

　　本节内容主要包括稀土生产过程中存放稀土尾矿坝和废水排放对环境的影响，稀土
工业区土壤外源钍特征，外源稀土对产区土壤动物的影响等。

10.2.1　稀土尾矿坝对其周围环境的影响

　　包钢选矿厂尾矿坝（以下称尾矿坝）是 1965 年 8 月建成并投入使用的国家级重点
工程，专门用于存放来自白云鄂博矿区的原矿经选矿厂选出铁精矿和稀土精矿之后的尾
矿和废水。尾矿坝东西宽约 3.2 km，南北长约 3.5 km，坝体周长 11.5 km，目前占地
11.5 km^2，经过 50 多年的积累，尾矿存量约 1.97 亿 t，其中稀土约 930 万 t（平均品位
7.0%），钍 9 万 t，水量 0.17 亿 m^3，是世界上最大的"稀土湖"。由于尾矿坝是平地矿
粉建坝，坝底高低不平，只有尾矿流进入而没有出口，靠自然蒸发平衡水量。水面低时，
部分尾矿暴露在空气中，在当地强劲的西北风的作用下扬起并沉降到下风位区域，必然
造成外源稀土在土壤中的累积。

　　20 世纪 70 年代末，尾矿坝引发的环境污染开始显现。由于水压等原因，尾矿坝内
高度盐碱化的污水通过土壤渗漏，进入周边地区的潜水层（地表以下第一个稳定水层），
严重污染了附近地下水水质。此后，尾矿坝周边耕地肥力开始下降，动植物陆续受到影
响。当地大片耕地无法正常种植农作物，潜水层地下水无法灌溉或供人畜饮用。在包钢
尾矿坝西侧 1.5 km 的打拉亥上村村里的井水中，硫酸盐、氯化物、氟化物的含量，绝大
部分已经超出国家规定的农田灌溉水质标准数倍至数十倍不等；遇到同样危害的还有打
拉亥下村，新光一村、三村、八村等村落，共计 3000 余人、6 万余亩（40.02 km^2）土
地受到影响。污染物在地下水的带动下，还以每年 20~30 m 的速度向南渗透渐近于黄河。
受污染地下水水质理化指标分析见表 10-5。

　　由表 10-5 可知，尾矿库内水中多项指标超过了地表水Ⅳ类标准，同时在距离污染
源较近的样点打拉亥，其地下水的水质指标多项超过了地下水Ⅲ类标准，主要有硫酸
盐、氯化物、氟化物、氨氮、亚硝酸盐等指标，并且打拉亥样点主要污染物质与库内
水一致。而距离污染源较远的乌兰计样点的水质指标则没有明显的超标指标，说明水
质较好。

表 10-5　受污染地下水水质理化指（pH 除外）

水质分析	尾矿库内水	打拉亥	乌兰计	地下水Ⅲ类标准
距离/km		1.3	6	—
pH	7.66	7.96	7.98	5~9
硫酸盐/（mg/L）	9530	332	82.50	≤250
氯化物/（mg/L）	8230	437	22.15	≤250
氟化物/（mg/L）	123	0.30	0.23	≤1.00
亚硝酸盐/（mg/L）	2.356	0.6345	0.0215	≤0.02
氨氮/（mg/L）	3566	0.385	0.172	≤0.20
砷/（mg/L）	0.017	9×10^{-5}	0.000 06	≤0.05
钼/（mg/L）	0.026	0.003 75	0.0019	≤0.10
全盐量/（mg/L）	34 000	6835	282.50	≤2000

　　吕保义等（2015）研究证实，无论是稀土尾矿库废水及其周边地下水的水质指标的硫酸盐、氯化物、氟化物、氨氮等均存在着不同程度的超标现象，对其微生物群落多样性的分析结果表明，氨氧化细菌以及涉及盐碱化的微生物类群是最优势群，硫酸铵 $(NH_4)_2SO_4$ 与溶解性总固体（TS）这两类环境因子与优势菌群的相关性最大。所以，在稀土尾矿库周边地下水中，化学污染物质所引起的污染，已经影响其微生物的生态结构的变化，地下水灌溉势必会引起周边生态的变化。

10.2.2　稀土污水排放对黄河等影响

　　在全国稀土选冶冶炼过程中，每年产生的稀土废水近 200 余万吨，其中大多数未经处理直接排入河流，造成严重的水污染（景明霞，2010）。

1. 包头稀土废水类型

　　包头稀土行业中，以混合稀土精矿为原料进行稀土生产时，大多数企业采用硫酸焙烧工艺来分解稀土，焙烧产生的烟气则采用水洗涤工艺净化后排放，仅烟气净化系统就可产生大量酸性废水。而且在稀土精矿的分解、混合稀土金属的生产、稀土元素的分离过程中，使用了大量化学试剂，加之白云鄂博矿含有高氟和放射性钍元素的特殊性，导致在稀土生产过程中产生大量而复杂的污染物。例如，包头地区稀土湿法冶炼工艺的各种生产工序，产生的稀土废水有 10 余种（王利平等，2004a）。

　　（1）喷淋废水。稀土精矿经焙烧窑强化焙烧后，产生大量有害尾气。尾气需要喷淋净化后排放，而喷淋水成为喷淋废水。喷淋废水由尾气喷淋净化系统通过水洗尾气中的污染物产生。喷淋的废水属酸性废水，主要含 HF、SO_2、SO_3、H_2SO_4，污染物为酸、氟及 SS[水样中固体悬浮物（suspend solid 缩写 SS）通过孔径为 0.45μm 的滤膜截留在滤膜上并于 103~105℃烘干至恒重的固体物质]。废水 pH 为 2，氟含量大于 2000 mg/L，硫酸含量大于 15 000 mg/L，SS>4000 mg/L。

　　（2）硫铵废水。硫铵废水是稀土生产中利用焙烧矿在制备碳酸稀土过程中产生的。

主要含硫酸铵及少量钙、镁离子，污染物为氨氮。废水中硫酸铵浓度达 20 000 mg/L。

（3）氯铵废水。氯铵废水是稀土分离皂化及生产碳酸稀土过程中产生的。主要含氯化铵，污染物为氨氮。废水氯化铵浓度达 40 000 mg/L。

（4）硫酸废水。硫酸废水是三代酸法萃取工艺的萃余液废水。主要污染物为硫酸，含量达 30 000mg/L，是生产工艺所决定排放酸量最大的一种废水。

（5）酸泡废水。酸泡废水是在酸法生产过程中产生的。主要含 H^+、Cl^-、F^-、Ca^{2+}、Mg^{2+}等，污染物为酸和氟。F^- 含量为 30 mg/L，HCl 含量在 70 000 mg/L 以上。

（6）碱性废水。碱性废水是在碱法生产过程中产生的。主要含 NaOH，污染物为碱和氟。F^- 含量大于 250mg/L，NaOH 含量在 10 000 mg/L 以上。

（7）盐酸废水。盐酸废水是在草酸沉淀过程中产生的。主要含 HCl，污染物为酸。HCl 含量 9000mg/L，$H_2C_2O_4$ 含量约 2500 mg/L。

（8）氯化钠废水。氯化钠废水是在稀土分离过程中产生的皂化废水。主要含 NaCl，污染物为氯，NaCl 含量大于 250 000 mg/L。是稀土生产中排盐量最大的废水。

（9）硝酸铵废水。硝酸铵废水是在稀土分离过程中，生产制备少氯或无氯单一稀土氧化物过程中产生的。主要含硝酸铵，污染物为氨氮、硝酸盐氮。硝酸铵含量为 6000~8000 mg/L。

（10）放射性废水。即用碱法处理独居石精矿生产过程中，经浸出、溶解、萃取分离及提纯等排放汇集后的废水。主要含放射性元素，污染物为钍、铀及镭等，这种废水比较复杂，不经处理不能排放。

在稀土生产过程中除产生上述废水外，还有锅炉软化水、烟气净化水、工艺冲洗水、生活水等废水，废水量所占比例很小，污染物为酸、F^-、SS、COD 和 BOD 等，其中 SS 含量达 3000 mg/L。

马克印等（1999）研究指出，每处理 1 t 混合稀土精矿将产生 13~17 t 酸性废水，其中含氟 3400~5500 mg/l，含硫酸 15 000~25 000 mg/l；该废水若直接排放，将对环境造成极大的污染。在有些稀土厂曾采用石灰中和排放法处理，但其成本很高，按年处理 1 万 t 稀土精矿的规模计算，需用石灰 5000 t。

2. 包头市区稀土废水来源及分布

包头市凭借资源优势和稀土应用技术的不断发展，稀土工业在当地的经济发展中占有极其重要的地位。但是稀土冶炼（包括稀土精矿分解、稀土元素的分离、稀土产品的制造和提纯）需使用大量的化学品，在生产中产生大量的废气、废水和废渣。

1990~2005 年，包头市近百家稀土冶炼企业每年排放的稀土废水约 250 万 m^3，占包头市工业废水排放总量的 4%，氯铵废水是稀土冶炼中产生的三大废水之一（王利平等，2004b），废水中氯化铵质量浓度为 1100 mg/L，主要污染物是氨氮，氨氮年排放量为 8089 t（高际玫等，2002），未经处理的氨氮废水排入黄河后给黄河带来严重危害。白丽娜等（2001a）证实，包头市稀土工业废水排放去向主要是包钢尾矿坝和四道沙河。有 6 家选矿厂废水主要进包钢尾矿坝；采用湿法冶炼企业有 20 余家，废水主要进尾矿坝和四道沙河。废水绝大部分不经处理直接排放，排放的废水总 a 放射性活度超污水综合排放标准（1Bq/L）4~63 倍，钍含量在 10^{-3}~10^{-4}g/L 水平，较一般工业废水高。有 11 个稀土企业年排废水约 1.2 Mt，80%以上不经治理直接排入四道沙河、流入黄河，造成流域污染。四道沙河入黄口下游 2 km 处是包头市画匠营子水源地取水口，放射性钍元素主要以悬浮物形式进入水体，造成对四道沙河及四道沙河沿途中下游地下井水污染。四道沙河放射性钍含量在 10^{-4}~10^{-5} Bq/L，高于其他排废水沟 1~2 个数量级，底泥中总 a 放射性活度最高值达 11.38 Bq/L，钍含量达 $6.2×10^{-4}$ g/L，与稀土工业废水属同一水平，这是由于个别稀土厂距四道沙河入黄口仅 2 km，由放射性废渣与废水混排情况所致。

四道沙河流域内 1990 年代曾经有 11 个稀土企业年排废水约 120 余万吨（白丽娜等，2001b），80%以上不经治理直接排入四道沙河，流入黄河，造成流域污染。四道沙河入黄口下游 2 km 处是包头市画匠营子水源地取水口，放射性钍元素主要以悬浮物形式进入水体，造成对四道沙河及四道沙河沿途中下游地下井水污染。四道沙河放射性钍含量为 10^{-4}~10^{-5} Bq/L，高于其他排废水沟 1~2 个数量级，底泥中总 a 放射性活度为 27.6 Bq/L，高于包头土壤平均值 3 倍。四道沙河入黄口总 α 放射性活度最高值达 11.38 Bq/L，钍含量达 $6.2×10^{-4}$ g/L，与稀土工业废水属同一水平，这是由于个别稀土厂距四道沙河入黄口仅 2 km，有放射性废渣与废水混排情况所致。

四道沙河沿途井水总 a 放射性活度分别超标 0.3~10.6 倍，钍核含量明显高于本底；黄河画匠营子断面总量（0.20 Bq/L）超标 1 倍，并明显高于对照断面（0.14 Bq/L），这里需指出的是饮用水总放射性标准是一个初筛标准，超标后应进一步做各核素所致总剂量值估算，估算结果小于 0.1 mSv，说明水质还可饮用。

由于四道沙河入黄口距画匠营子取水口较近，直接影响包头市的饮水水质，于 2000 年进行了改道，改道后将上游大部分废水引入西河后排入黄河，其下游部分企业仍由四道沙河排入黄河。在 1986~2004 年期间四道沙河入黄口 pH 呈逐年恶化的趋势。

1986~1995 年 pH 满足地表水环境质量标准 Ⅴ 类 pH 6~9 和农田灌溉水质标准中旱作标准 5.5~8.5 的限值，2000 年以后逐年恶化，均达不到上述标准限值。

COD 呈逐年下降的趋势，但均超过地表水环境质量标准 Ⅴ 类标准，超标范围为 2.10~13.38 倍；

1986 年、1990 年和 1995 年分别超过农田灌溉水质标准准 0.92 倍、0.67 倍和 0.30 倍。氟化物呈逐年增加的趋势，2002 年最高值为 181.6mg/L，除 1990 年低于地表水 Ⅴ 类标准和农灌水标准外，其他年份均超标，超过地表水 Ⅴ 类标准范围为 2.22~120.07 倍，超过农灌水标准范围为 1.42~89.8 倍。

氨氮呈逐年增加的趋势，1986 年监测结果不超标，1995 年以后超标，2002 年达到最高值 39.06 mg/L，氨氮超过地表水环境质量标准 Ⅴ 类标准限值的 5.37~197.03 倍；硫酸盐 1986 年为 35 mg/L，未超过标准，2002 年、2003 年和 2004 年分别为 2907.64 mg/L、1859.57 mg/L 和 1167 mg/L，分别超过地表水环境质量标准 Ⅴ 类标准的 10.63 倍、6. 44 倍和 3. 67 倍。

氯化物 2002 年为 1253.51 mg/L，2003 年为 1012.19 mg/L，2004 年为 637 mg/L，分别超过地表水环境质量标准 Ⅴ 类和农田灌溉水质标准旱作标准的 4.01 倍、3.05 倍和 1.55

倍。全盐量 2002 年为 4989 mg/L，2003 年为 3657 mg/L，2004 年为 2425 mg/L，分别为农田灌溉水质标准限值 1000 mg/L 的 3.99 倍、2.66 倍和 1.43 倍。

总 α 放射性比活度也呈逐年上升的趋势，2003 年达到最高值 2.34 Bq/L，分别超过生活饮用水卫生标准（GB5749-85）限值 0.1 Bq/L 的 5.2~22.4 倍；总 β 放射性比活度 2003 年达到最高值 1.59 Bq/L，超标 0.59 倍（蔡英茂等，2006）。

四道沙河沿途井水总 α 放射性活度分别超标 0.3~10.6 倍，钍核含量明显高于本底；黄河画匠营子断面总 α 放射性活度为 0.20 Bq/L，超标 1 倍，并明显高于对照断面 0.14 Bq/L，这里需指出的是饮用水总放射性标准是一个初筛标准，超标后进一步做各核素所致总剂量值估算，经估算结果小于 0.1 mSv，说明水质可以饮用，但是稀土工业废水不经治理直接进入四道沙河造成流域污染的事实不容忽视。

稀土厂周围及堆过放射性废渣的场地土壤中钍核素平均含量为 222.8 Bq/kg，超出本底值 4.9 倍，最高值达 1 048 Bq/kg，多数稀土厂周围土壤钍核素含量超出本底值十余倍。

在稀土生产中，放射性钍主要以悬浮形式进入废水，废水处理可采用一级沉淀即多级沉淀池和二级处理加药剂，这样废水中放射性和非放有害物质污染可同时解决，废水做到达标排放。包头市距黄河画匠营子水源地最近的混合碳酸稀土厂即将完成废水零排放工程，工程措施为废水经沉淀、净化处理后全部回用，胺盐采用蒸氨法生产氨水，其他有害物质全部留在沉淀渣中。如果能保持长期运行，废水做到零排放，可在同类企业推广。其他较大稀土厂也正探索回收硫酸、胺盐、稀土等有价物质治理稀土工业废水的方法。包头市环保局通过配合黄河画匠营子水源地运营，督促市政府完成四道沙河上中游改道工程，从 2000 年开始 70% 的稀土工业废水通过东河区的西河而排入水源地下游，缓解了对水源地的污染，黄河画匠营子水源地放射性各项指标与入口基本处于同一水平（白丽娜等，2001）。蔡英茂等（2006）详细研究指出，2004 年包头市湿法冶炼企业共 21 家（其中酸法 19 家，碱法两家）。四道沙河、西河流域稀土企业共有 7 家，分别是和发稀土公司、华美稀土厂、尤素福稀土厂、罗地亚稀土公司、新源稀土公司、广联稀土公司和红天宇稀土厂。包头市稀土湿法冶炼企业年排放废水 403.9 万 t，硫酸盐 11.25 万 t、氟化物 0.625 万 t、氨氮 1.2918 万 t、氯化物 0.4142 万 t。排入四道沙河稀土生产废水 70.9 万 t，硫酸盐 2.28 万 t、氟化物 0.1245 万 t、氨氮 0.1267 万 t、氯化物 0.0386 万 t。排入西河稀土生产废水 124.3 万 t，硫酸盐 2.28 万 t、氟化物 0.1357 万 t、氨氮 0.2941 万 t、氯化物 0.165 万 t。

3. 稀土废水对包头段黄河的影响

以上区域的稀土污水注入黄河之后，对黄河的影响。何江等详细研究了稀土污水注入黄河后外源稀土在黄河水、沉积物中的分布特征。

包头段黄河干流表层沉积物和悬浮物中 La、Ce、Nd、Sm 等 4 种轻稀土元素的含量均表现由上游（哈业胡同打不素村）而下游含量逐渐升高（何江等，2004），并于四道沙河入黄河口处（D 站位）达到极值，又至磴口断面（E 站位）下降的趋势（图 10-5 和图 10-6）。

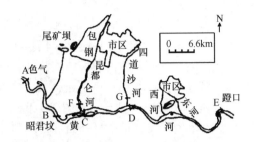

图 10-5 黄河断面取样位置（何江等，2004a）

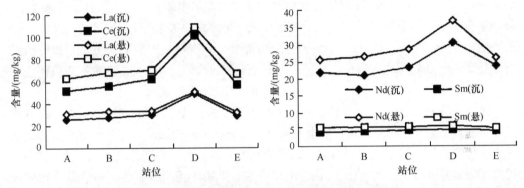

图 10-6 各稀土元素含量的沿程分布（何江等，2004a）

这一变化趋势揭示，包头市稀土工业废水所携带的外源轻稀土元素对黄河包头段干流具有一定的叠加作用，同时也说明黄河沉积物对轻稀土元素具有较强的自净能力或黄河水流对该河段外源稀土元素具有稀释迁移作用。

2000 年前后的四道沙河流域两侧稀土企业众多，在包头市 34 家重点稀土企业中就有 20 家将稀土工业废水全部排向四道沙河（还不包括许多小型企业）。这既是导致表层沉积物和悬浮物中轻稀土元素含量同时在 D 站位（四道沙河注入黄河的入河口）达到极值的主要原因，同时也说明，几条主要支流排污河沟中，以四道沙河对干流水体稀土元素叠加的贡献率为最大。这也印证了薛爱娣等（2002）研究成果，即包头稀土冶炼废水主要通过昆都仑河和四道沙河排入黄河，仅通过四道沙河排入黄河的废水量约 1800 万 m³/a，是黄河包头段的第二大排污沟，从污染物排放量看，它却是第一大入黄污染源，等标污染负荷占 47.7%。

支流柱状沉积物中各轻稀土元素的含量较干流高 2 个数量级，显示轻稀土元素高倍富集的特点。支流柱状沉积物中各轻稀土元素的含量在 8~14 cm 深度范围内出现含量高峰，在 8cm 以上的深度范围内含量有所降低，纵向变化趋势与干流基本相似，揭示出支流与干流沉积物中轻稀土元素在地球化学上的继承性和同源性（何江等，2004b）。

黄河表层沉积物和悬浮物中所含的稀土元素，无论是碳酸盐结合态、铁锰氧化物结合态、有机质结合态，还是各非稳定态的和，均表现为由上游而下游逐渐升高，在四道沙河入黄河口 D 站位达到峰值，又至磴口 E 站位降低的总体变化趋势，进一步揭示了包头市稀土工业废水所携带的外源轻稀土元素对黄河包头段干流具有一定的叠加作用，以及外源稀土元素主要叠加在沉积物次生相（非稳定态）中的规律。

纵向上支流柱状沉积物中轻稀土元素的碳酸盐结合态、铁锰氧化物结合态、有机质结合态的含量及非稳定态的含量之和虽有波动，但总体上仍表深度的递减而减少的变化趋势，并均在 8~16cm 的深度范围内达到峰值，与前述支流柱状沉积物中轻稀土元素总量的垂向变化规律基本一致。这进一步说明包头市工业废水所携带的外源稀土对支流具有明显的叠加作用，进而对黄河包头段干流具有一定的现实和潜在叠加作用。

特别是四道沙河（pH=3.70~6.93）属于偏酸性缺氧环境（何江等，2004c），特别是四道沙河（pH=3.70~6.93）属于偏酸性缺氧环境。干流上覆水中稀土元素主要以悬浮态形式存在，溶解态含量极微；接纳工业污水的支流上覆水中稀土元素主要以溶解态为主，且悬浮态 ΣREE 和溶解态 ΣREE 明显高于干流；干流悬浮态 ΣREE 和溶解态 ΣREE，以及表层沉积物和悬浮物中稀土元素含量的沿程变化均表现自对照断面至重点排污河段逐渐升高，于 D 站位达到极值，又至削减断面下降的趋势。包头市工业废水对黄河包头段干流稀土元素，特别是轻稀土元素具有明显的叠加作用。

黄河干流颗粒物中稀土元素分布模式均属于轻稀土富集，Eu 中度亏损型。四道沙河入黄河口处为（D 站位）颗粒物中轻稀土元素分布模式曲线形状与中国黄土及其他站位均有一定差别，显示有来自包头市工业废水的外源稀土，特别是轻稀土元素的加入。黄河干流和接纳工业污水的支流表层沉积物与悬浮物中稀土元素各形态含量分布的顺序均为残渣态《碳酸盐结合态、铁锰氧化物结合态〉有机质结合态》可交换态，接纳工业污水的支流如昆都仑河和四道沙河表层沉积物与悬浮物中稀土元素的可交换态明显高于黄河干流（何江等，2004c）。

碳酸盐结合态和铁锰氧化物结合态既是黄河干流也是昆都仑河和四道沙河支流柱状沉积物中非稳定态稀土元素的主导形态，干流与支流非稳定态稀土元素形态分布的主要差异表现在支流中稀土元素的可交换态和有机质结合态均明显高于干流。纵向上，干流及支流柱状沉积物中轻稀土元素的形态分布及含量变化趋势仍然揭示外源轻稀土元素对黄河包头段干流的叠加有递减之势。支流柱状沉积物中稀土元素的形态分布及含量则表明，其中的稀土特别是轻稀土元素对黄河包头段干流具有一定的潜在叠加性。

10.2.3 包头稀土工业区土壤外源钍特征

包头稀土工业区土壤样品中钍质量分数比当地本底值高 2.5 倍以上，最高可达 20 倍，包头稀土工业土壤已受到钍的放射性污染。土壤有机质和土壤黏粒含量越高，土壤样品中钍的含量也越高，土壤黏粒影响较土壤有机质大。小麦盆栽实验（郭鹏然等，2009）中小麦根际土壤中钍总量都较原质土壤中量低。小麦生长到分蘖期时，根际土壤中钍的碳酸盐结合态和离子交换态（F2+F1）、吸附态（F3）、无定形氢氧化物共沉淀态（F4）和晶形铁锰氢氧化物结合态（F5）量都比非根际土中的 F2+F1、F3、F4 和 F5 量高。根际土中非残留态（F1~F4）的质量分数比原质土中非残留态高 2%~6%。模拟材料高岭土和碳酸钙吸附的钍主要以离子交换态（F1）和碳酸盐结合态（F2）存在；蒙脱土吸附的钍主要以碳酸盐结合态（F2）和无定形铁锰氢氧化物共沉淀态（F4）存在；无定形氧化铁和无定形氧化锰吸附的钍主要赋存形态相似（F1、F2 和 F4）；腐殖酸吸附钍主要以有机质结合态（F3）存在，各模拟材料吸附的钍均没有进入残渣态。小麦水培实验中，各模拟材料吸附的钍小麦可利用性由大到小依次为：高岭土>碳酸钙>腐殖酸>无定形氧化铁>无定形氧化锰>蒙脱石。根据模拟材料结合的优势钍形态和小麦吸收量，F1 和 F2 的小麦可利用性很高，F3 的小麦可利用性也相对较高，而 F4 和 F5 的植物可利用性较低。

郭鹏然等（2010）以包头稀土工业区表层土（0~25 cm）土壤样品和土壤环境矿物组分为研究对象，土壤样品一个采自于哈也脑包乡某一稀土分离厂废渣临时堆放点，另一个采集于和平村稀土矿渣铺设的道路旁农田。土壤为棕钙土和灌淤土复合土质。研究证实，土壤样品对外源钍（10^{-4} mol/L）的吸附率在 97% 以上；土壤环境矿物组分（环境矿物组分对外源钍吸附量的大小顺序为：腐殖酸>蒙脱土>碳酸钙>水合氧化铁>水合氧化锰>高岭土）对加入的外源钍（1 g/L）吸附率在 28%~46%。外源钍进入土壤后与矿物组分发生相互作用，可能形成了稳定化钙质钍碳酸盐和钍磷酸盐；钍是与土壤环境矿物组分上的活性吸附位点发生相互作用而吸附并保持在土壤中，是物理吸附和化学吸附共同作用的过程；土壤在吸附钍前后，其矿物组分基本相同，而矿物晶体相态发生明显变化。由于不同土壤矿物组分对钍的吸附方式不同，导致吸附的钍以不同形态存在于土壤中。

10.2.4　外源稀土对包头市稀土生产区土壤动物的影响

土壤动物是土壤生态系统的重要组成部分，具有数量大、种类多、移动范围小、对土壤环境变化敏感等特点，在土壤营养物质循环过程中起着非常重要的作用。土壤重金属污染对土壤动物群落具有多方面影响，因此土壤动物已成为土壤污染的指示器。包钢尾矿坝中的尾矿粉及周边冶金企业排放的粉尘在盛行风作用下迁移并沉降，造成了毗邻区域的环境污染尤其是稀土和放射性污染，必将影响到生活于土壤环境中的土壤动物群落。因此，李金霞等（2010）在包钢尾矿坝下风位 10 km 范围内大致沿西北—东南走向，按照与尾矿坝的距离由近及远选择 12 块典型样地（A1、B1、C1、D1、E1、F1 组成样线 1；A2、B2、C2、D2、E2、F2 组成样线 2）。在尾矿坝西南 5 km 和东 20 km 分别设置对照样地 CK1 与 CK2。对包钢尾矿坝毗邻区大型土壤动物群落研究证实，14 个样地（含对照）中大型土壤动物常见类群为土蝽科、隐翅虫科、双翅目幼虫、叶甲科幼虫、金龟子幼虫、步甲科幼虫、长蝽科、拟步甲科、蝼蛄科和半翅目若虫 10 个类群，占总个体数的 34.95%。优势与常见类群个体数量多，合计占总个体数的 85.92%，构成了研究区大型土壤动物的主体。各样地位置及主要土壤指标见表 10-6。

土壤有机质、全氮、pH 以及土壤稀土含量均影响大型土壤动物群落特征，不同样地受各土壤因子影响程度有所不同。距尾矿坝较近样地与土壤稀土含量关系密切，较远样地与土壤酸碱度关系密切。稀土含量对土蝽、叩甲（包括叩甲幼虫）、叶甲幼虫和鞘翅目幼虫的分布影响较大；土壤酸碱度对步甲、象甲幼虫、石蜈蚣、叶甲、红萤幼虫、蠼螋科和猎蝽等关系密切；而隐翅虫、双翅目幼虫和步甲幼虫受有机质影响较大。

表 10-6　各样地位置及主要土壤指标

样地	距离/m	pH	有机质/（g/kg）	全氮/（g/kg）	ΣREE/（mg/kg）
A1	400	8.64	13.43	0.60	27549.58
B1	1300	8.43	20.23	1.77	7213.20
C1	2100	8.53	11.81	0.97	1749.49
D1	5400	9.28	6.91	0.49	374.91
E1	7000	9.03	9.44	0.86	266.16
F1	8300	9.23	10.92	1.25	224.94
A2	800	8.46	30.91	1.37	11925.45
B2	2500	9.21	5.13	0.31	798.63
C2	3200	9.02	29.08	2.53	658.22
D2	4500	9.45	12.93	1.14	550.08
E2	6000	8.99	49.93	2.98	475.27
F2	9800	9.08	6.25	0.69	233.20
CK1	5000	8.79	18.66	1.67	267.20
CK2	15000	8.43	17.26	1.25	233.59

10.3　南郊农田污水灌溉区

由于稀土生产污水通过对农田土壤生态环境的影响，进而影响到生态农业与食品安全，故在本章中将外源稀土对农田污水灌溉区单独列出进行分析。

徐清等（2011）在包头市区中南部，包括工业区包头钢铁集团总公司的东南部、包头市区的部分昆都仑区和青山区、郊区的哈林格尔乡东部及黄河滩地以北的农村地带采取表层土壤样品，采样区总面积为 221 km²。研究证实，稀土元素 La、Ce、Pr、Nd、Sm、Eu 和 Gd 在包头研究区表层土壤中的平均含量均明显高于内蒙古河套地区表层土壤背景值，而 Tb、Dy、Ho、Er、Tm、Yb、Lu 和 Y 却呈现相反的趋势（表 10-7）。

表 10-7　表层土壤中多元素含量统计结果（μg/g）

元素	平均值	中值	最小值	最大值	内蒙古土壤背景值	全国土壤背景值
Y	16.95	17.00	12.00	34.00	19.92	23.00
La	59.54	38.4	1.30	896	30.04	38.00
Ce	121.49	82.00	23.00	1 921	58.29	72.00
Pr	13.13	8.81	0.40	168	8.20	8.20
Nd	46.58	32.3	1.50	515.00	32.00	32.00
Sm	6.67	5.41	0.28	58.4	5.80	5.80
Eu	1.42	1.26	0.03	11.9	1.20	1.02
Gd	6.08	5.30	0.65	44.00	5.10	5.10
Tb	0.71	0.66	0.05	4.08	0.80	0.80
Dy	3.63	3.46	0.22	12.2	4.70	4.70
Ho	0.69	0.67	0.05	1.77	1.00	1.00
Er	2.12	2.04	0.13	5.30	2.80	2.80

　　评价结果是包头市表层土壤大部分已被污染，其污染水平大多已达到中度-重度污染水平（根据内梅罗污染指数法，大于 2 可为中度污染，大于 3 可为重度污染），综合污染指数最大者可达 8.99。表层土壤的污染是由多种元素共同污染的结果，各元素的污染强度也存在着很大差异，以 La、Ce、Pr、Nd 和 Sm 污染最为严重；Gd、Eu 和 Tb 次之。随着污染范围的扩大，包头地区表层土壤污染已呈现由点源污染向面源污染变化的趋势。

　　张庆辉等（2012a）在平行于主污水渠东边的小污水渠道中，点状取水系沉积物样 T1，并从中挖一剖面自上向下取 3 个水系沉积物样，分别命名为 PM1、PM2、PM3，厚度分别为 28 cm，18 cm，20 cm，再往下为砂岩层，故没有取样；于四道沙河中游河槽中沿宽度方向线状布样，采取水系沉积物样 T2，河槽宽度 19 m，采样时为春季，槽底干燥无水，沿宽度方向取 1 个组合大样；在主污水渠滨岸漫水地农田（属于重点取样研究区外边缘污水"泛滥带"）中按"梅花形"取表层土壤样 T3，并选取有代表性的污灌区农田进行重点取样，在重点取样区共采集 8 个土壤大样。

　　四道沙河流域不同采样点稀土元素含量测定结果见表 10-8。

表 10-8　四道沙河流域污灌区不同采样点稀土元素含量的测定结果（mg/kg）

样品	编号	轻稀土元素	重稀土元素	合计
水系沉积物	T1	834.30	19.83	854.13
水系沉积物	T2	1 193.80	23.26	1 217.06
水系沉积物	PM1	220.04	15.45	235.49
	PM2	297.27	16.69	313.96
	PM3	544.44	17.86	562.30
土壤	T3	9 778.66	75.97	9 854.63
	Nave	189.48	15.26	213.11

　　注：Nave 是 8 个土壤大样中稀土元素含量的平均值。

　　表 10-8 显示，在四道沙河流域，各采样点轻稀土元素、重稀土元素及稀土元素总量的排序均为 T3>T2>T1>Nave，其中轻稀土元素总量所占稀土元素含量占稀土元素总量百分比排序为 T3（99.22%）>T2（98.01%）>T1（97.68%）>Nave（88.91%），轻稀土元素含量明显高于重稀土元素，该地区轻稀土元素含量平均值是河套地区土壤轻稀土元素含量（135.53 mg/kg）的 22.13 倍，说明轻稀土具有很高的富集度。

　　上述结果表明，在研究区，稀土总量以土壤样 T3 为最高，说明污水在此处多次漫流浸泡，农田土壤因含有丰富的有机质和水稳性团聚体等物质，而对污水中的外源稀土具有淋滤、吸附和富集作用，同时也说明污水中含有大量的稀土。四道沙河中游河道水系沉积物（T2）对稀土的富集优于工厂排水沟（T1），其具体原因有待于进一步研究；农田土壤中的稀土元素平均值最低，这可能是由以下 3 种原因造成的：一是用污水灌溉农田时，水中携带的外源稀土被均匀分散在表层土壤中而得到"稀释"；二是农田中存在着外源稀土元素，当农田中施用有机肥含量增高时，稀土元素溶入水的能力提高，在农田灌溉或雨季来临时，溶解的稀土元素随着灌溉水或降水在水平方向迁移扩散，造成污灌区外源稀土元素的面源污染，溶入表层水的外源稀土元素还可随表层水的下渗沿垂直方向向地下扩散，从而使稀土元素总量减少；三是部分外源稀土可能被每年种植在农田中的农作物吸收。农田污灌区轻稀土也高度富集说明土壤、水系沉积物中的稀土元素与工业污水中外源轻稀土元素具有同源性和继承性。

对不同采样点稀土元素含量进行球粒陨石标准化，计算稀土元素的主要参数值，结果见表10-9。

表 10-9　四道沙河流域污灌区不同采样点稀土元素的主要参数

样品	编号	LRE/HRE	$(La/Yb)_N$	$(La/Sm)_N$	$(Gd/Yb)_N$	$\delta(Ce)$	$\delta(Eu)$
水系沉积物	T1	42.07	91.10	18.18	2.89	1.14	0.99
水系沉积物	T2	51.32	122.21	18.31	3.56	1.02	0.97
	PM1	14.24	20.33	6.80	1.79	0.96	0.98
水系沉积物	PM2	17.81	20.99	5.92	2.20	1.06	0.97
	PM3	30.49	57.73	13.72	2.52	1.01	0.98
土壤	T3	128.72	653.41	20.28	12.93	0.99	1.02
	Nave	12.36	13.65	4.82	1.74	1.00	0.98
平均值		42.43	139.92	12.58	3.95	1.03	0.98

并以标准化数据的对数[lg(稀土元素)$_N$]为纵坐标编制研究区不同采样点稀土元素球粒陨石标准化分布模式图，结果见图10-7。

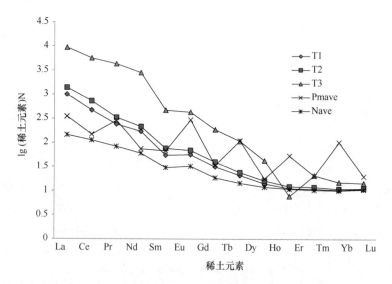

图 10-7　四道沙河流域污灌区不同采样点稀土元素的球粒陨石标准化分布模式（张庆辉等，2012a）

Pmave：PM1、PM2、PM3 的平均值；Nave：农田污灌区 8 个土壤大样中稀土元素含量的平均值

从表10-9可知，研究区各采样点稀土元素参数$(La/Yb)_N$为13.65~653.41，平均值为139.92。从图10-7可以看出，稀土元素的球粒陨石标准化分布模式曲线均呈右倾斜，其中轻稀土元素的曲线斜率大，而重稀土元素曲线斜率小，表明轻稀土元素高度富集，且轻稀土与重稀土元素的差异明显。不同采样点的$(La/Sm)_N$值为4.82~20.28，平均值为

12.58，表明各轻稀土元素含量差异明显，不同采样点(Gd/Yb)$_N$值为 1.74~12.93，平均值为 3.95，反映了各重稀土元素含量差异不明显（图 10-7）。还可从图 10-7 可看出，整个稀土元素体系的分布曲线向右倾斜。

δ(Ce)值为 0.96~1.14，平均值为 1.03，说明 Ce 元素含量在局部地方分布明显异常；δ(Eu)值为 0.97~1.02，平均值为 0.98，即 0.95<δ(Eu)<1.05 的过渡区，且较接近 0.95，说明 Eu 元素有微弱亏损。

综上所述可知，本研究区中轻稀土元素相对重稀土元素富集度较高，Eu 元素相对微弱亏损，Ce 元素在局部地区分布有明显异常，反映了污水对四道沙河流域污灌区土壤轻稀土元素含量的累积性增长可能具有较大的贡献。

四道沙河流域污灌区轻稀土元素总量是重稀土元素总量的 42.43 倍，农田污灌区轻稀土元素含量与污水中的外源轻稀土元素具有同源性和继承性。轻稀土元素中各元素分异较明显，重稀土元素中各元素分异不明显。轻稀土元素较重稀土元素富集度高，Ce元素在局部地方分布明显异常，Eu 元素相对微弱亏损。人类活动导致了外源轻稀土元素在污灌区环境中的超量积累，应该重视外源轻稀土元素在污灌区环境中的累积性变化。外源轻稀土元素对污灌区生态环境已经存在着重大的潜在的生态风险，应该引起全社会广泛关注，应该提前进行治理和预防。

污灌区农田表层土壤中所采取的 8 个土壤样品（上文表 10-9 中的 Nave 项）化验分析稀土元素的含量（张庆辉等，2012b），稀土元素含量见表 10-10。

表 10-10　研究区农田土壤样品稀土元素含量表（mg/kg）

原子序数	元素名称	样号							
		1	2	3	4	5	6	7	8
57	La	45.20	42.94	41.39	42.99	45.28	38.20	48.50	55.030
58	Ce	83.31	82.49	79.56	90.99	73.17	77.89	108.60	132.60
59	Pr	10.060	9.588	9.452	10.09	8.732	8.965	11.48	12.020
60	Nd	36.94	34.83	34.51	36.96	31.23	32.49	40.99	42.93
62	Sm	6.084	5.718	5.786	5.875	5.000	5.411	6.274	6.696
63	Eu	1.327	1.212	1.112	1.183	1.096	1.178	1.207	1.249
64	Gd	4.862	4.777	4.856	4.863	4.049	4.411	4.979	5.428
65	Tb	0.681	0.703	0.699	0.700	0.591	0.643	0.685	0.760
66	Dy	3.794	4.001	3.965	3.932	3.465	3.650	3.923	4.371
67	Ho	0.745	0.827	0.793	0.801	0.728	0.748	0.785	0.906
68	Er	2.042	2.366	2.218	2.218	2.039	2.085	2.245	2.540
69	Tm	0.303	0.361	0.323	0.336	0.313	0.307	0.336	0.382
70	Yb	1.997	2.438	2.156	2.277	2.094	2.044	2.234	2.525
71	Lu	0.308	0.372	0.343	0.360	0.325	0.324	0.351	0.403

根据表 10-10，先将土壤稀土元素含量通过球粒陨石标准化，对常用稀土元素地球化学指标的各个参数计算结果如表 10-11 所示。

表 10-11　农田表层土壤稀土元素主要参数

样号	ΣREE	ΣRave	ΣLREE	ΣHREE	ΣL/ΣH
1	201.65	14.41	182.92	14.73	12.42
2	198.62	14.19	176.78	15.85	11.16
3	194.16	13.87	171.81	15.35	11.19
4	211.56	15.11	188.09	15.49	12.15
5	187.11	13.37	164.51	13.6	12.09
6	188.35	13.45	164.13	14.21	11.55
7	243.59	17.4	217.05	15.54	13.97
8	279.84	19.99	250.53	17.32	14.47
最小值	187.11	13.37	164.13	13.6	11.16
最大值	279.84	19.99	250.53	17.32	14.47
平均值	213.11	15.22	189.48	15.26	12.36

样号	(La/Yb)N	(La/Sm)N	(Gd/Yb)N	δCe	δEu
1	15.26	4.67	1.96	0.94	0.75
2	11.87	4.72	1.58	0.98	0.71
3	12.94	4.5	1.82	0.97	0.64
4	12.73	4.6	1.72	1.06	0.68
5	14.58	5.7	1.56	0.89	0.74
6	12.6	4.44	1.74	1.01	0.74
7	14.64	4.86	1.8	1.11	0.66
8	14.69	5.17	1.73	1.24	0.63
最小值	11.87	4.44	1.56	0.89	0.63
最大值	15.26	5.7	1.96	1.24	0.75
平均值	13.66	4.83	1.74	1.02	0.69

　　并以标准化数据的对数为纵坐标编制污灌区农田表层土壤样品稀土元素球粒陨石标准化分布模式图,见图 10-8。图 10-8 中图例所示的 1~8 分别表示样品 1~8(即表 10-11 中的样品号)各个样品中 14 个稀土元素含量球粒陨石标准化后作出的表层土壤稀土元素球粒陨石标准化分布模式(曲线),横坐标为 14 个稀土元素的名称(与表 10-10 第 2 列一一对应)。

　　污灌区农田土壤轻稀土总量是河套地区土壤稀土背景值的 1.40 倍。轻稀土元素总量是重稀土元素总量的 12.36 倍,每个土壤样品中轻稀土元素含量总量平均值与重稀土元素含量总量的比值在 11.16~14.47,平均比值为 12.36。Ce 元素在局部地方有显著异常,Eu 元素相对亏损。研究区土壤中稀土元素含量遵循奥多-哈金斯法则,轻稀土元素相对重稀土元素富集度很高,表现为非常明显的轻稀土富集型。

　　在上述研究基础上,又将研究区细分为昆都仑河(K)、四道沙河(S)污灌区(图 10-9),农田土壤 LREE 含量特征(张庆辉等,2015,2016)见表 10-12 和表 10-13。

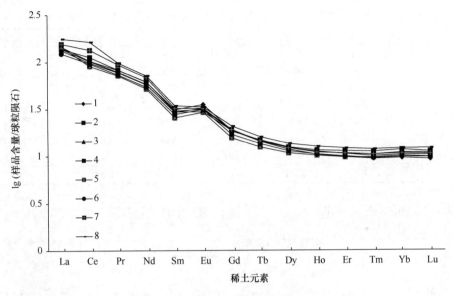

图 10-8　表层土壤稀土元素球粒陨石标准化分布模式（张庆辉等，2012b）

表 10-12　研究区农田土壤样品轻稀土元素含量统计分析表（mg/kg）

元素	原子序数	原子量	最小值	最大值	平均值	背景值	⑥/⑦	⑤/⑦
①	②	③	④	⑤	⑥	⑦	⑧	⑨
La	57	138.91	29.97	55.68	41.63	30.04	1.39	1.85
Ce	58	140.12	60.75	117.6	86.31	52.30	1.65	2.25
Pr	59	140.91	7.34	12.8	10.12	8.2	1.23	1.56
Nd	60	144.24	28.00	46.73	37.56	32	1.17	1.46
Sm	62	150.36	4.81	7.24	6.009	5.8	1.04	1.25
Eu	63	151.96	0.98	1.359	1.138	1.2	0.95	1.13
合计或平均值（⑧、⑨）			131.86	241.41	182.77	129.54	1.41	1.86

表 10-13a　昆都仑河污灌区（K）农田土壤样品轻稀土元素含量统计分析表（mg/kg）

元素	原子序数	原子量	最小值	最大值	平均值	背景值	⑥/⑦	⑥/⑦
①	②	③	④	⑤	⑥	⑦	⑧	⑨
La	57	138.91	29.97	50.41	40.26	30.04	1.34	1.68
Ce	58	140.12	60.75	103.6	83.18	52.30	1.59	1.98
Pr	59	140.91	7.344	12.22	9.82	8.2	1.20	1.49
Nd	60	144.24	28	44.45	36.59	32	1.14	1.39
Sm	62	150.36	4.884	6.709	5.92	5.8	1.02	1.16
Eu	63	151.96	0.983	1.23	1.12	1.2	0.93	1.03
合计或平均值（⑧、⑨）			131.93	218.62	176.89	129.54	1.37	1.69

表 10-13b 四道沙河污灌区（S）农田土壤样品轻稀土元素含量统计分析表（mg/kg）

元素	原子序数	原子量	最小值	最大值	平均值	背景值	⑥/⑦	⑤/⑦
①	②	③	④	⑤	⑥	⑦	⑧	⑨
La	57	138.91	31.34	55.68	42.09	30.04	1.40	1.85
Ce	58	140.12	63.34	117.60	87.35	52.30	1.67	2.25
Pr	59	140.91	7.577	12.80	10.23	8.2	1.25	1.56
Nd	60	144.24	28.26	46.73	37.88	32	1.18	1.46
Sm	62	150.36	4.814	7.24	6.04	5.8	1.04	1.25
Eu	63	151.96	0.98	1.36	1.15	1.2	0.96	1.13
合计或平均值（⑧、⑨）			136.311	241.41	184.74	129.54	1.43	1.86

根据表 10-13 的数据作研究区农田土壤 LREE 等值线分布图，如图 10-9 所示。

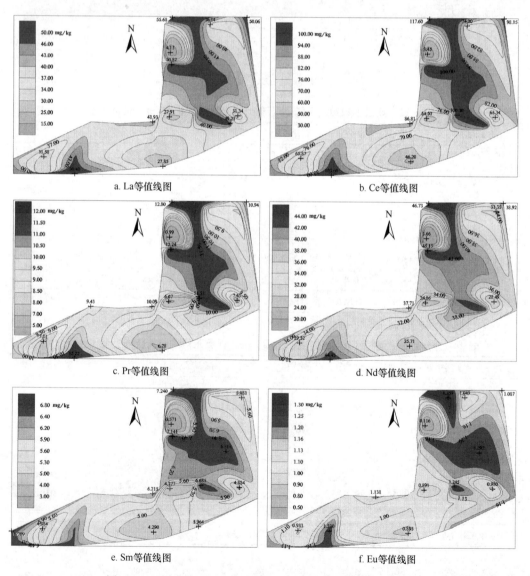

图 10-9 研究区轻稀土元素等值线分布图（张庆辉等，2015）

表 10-13 中，南郊污灌区整个研究区第一阶段采取土壤样品总数 36 个，土壤 LREE 总量范围 131.86~241.41 mg/kg，是背景值 129.54 mg/kg 的 1.02~1.86 倍，整个研究区土壤 LREE 含量的平均值为 182.77 mg/kg，是背景值 129.54 mg/kg 的 1.41 倍。最大平均值是背景值的 1.86 倍。

昆都仑河污灌区（图 10-9 中的 K 研究区，有 9 个样）土壤 LREE 含量范围为 131.93~218.62 mg/kg，最大值是河套土壤 LREE 背景值 129.54 mg/kg 的 1.02~1.69 倍；平均含量 176.89 mg/kg，是河套土壤 LREE 背景值的 1.37 倍。最大值是背景值的 1.39 倍。

四道沙河污灌区（图 10-9 中的 S 研究区，有 27 个样）土壤 LREE 含量范围为 136.31~241.41 mg/kg，是河套土壤 LREE 背景值 129.54 的 1.05~1.86 倍；平均含量 184.74 mg/kg，是河套土壤 LREE 背景值 129.54 mg/kg 的 1.43 倍。最大值是背景值的 1.86 倍。

对上述两个相对独立的污灌区（图 10-9 中 K 研究区、S 研究区）农田土壤镧平均值差别较大的原因分析如下：

昆都仑河污灌区位于该河下游，河槽内污灌取水口最高水位海拔 986.36 m，比污灌区农田平均海拔 992 m 低 5.64 m，因而当地采用水泵提灌方式灌溉（取水口提灌点扬水高程为 7.76 m）。昆都仑河流域大部分的排污口都在铁路线以北，污水中稀土元素主要以悬浮态和溶解态形式（悬浮态>溶解态）在水中迁移。昆都仑河污灌区农田土壤轻稀土含量低于四道沙河污灌区农田土壤轻稀土含量，原因可能是由碱性环境地球化学障、湿地生态系统和人为确定提灌时间三个因素产生。

（1）碱性环境地球化学障。昆都仑河这种季节性很强的河槽区段，经常是雨季大水浸漫、旱季排水不良，水动力复杂多变，到夏季炎热少雨季节当地蒸发量（年平均蒸发量 2094 毫米）远远大于降雨补充量，使河水流量大大降低，强烈蒸发作用下近似于盐漠环境的裸露河槽，盐碱化程度迅猛提高，使土壤-水系沉积物中含碱量很高，进而提高流经该段河槽污水的 pH。随着 pH 的升高，河槽中土壤-水系沉积物对轻稀土 RE^{3+} 的吸附量逐渐增大，而且弱碱性或碱性更有利于吸附。河槽土壤-水系沉积环境 pH 的提高形成的碱性环境地球化学障，加强了河槽土壤-水系沉积物对污水中轻稀土 RE^{3+} 的吸附，降低了污水中的 LREE 含量。

（2）河槽湿地生态系统。昆都仑河污灌区提灌点以上的河槽宽（300~500 m）、水流流速变缓，该河段生长大量小叶锦鸡儿、芦苇，形成小型的河漫滩、河心滩小叶锦鸡儿-芦苇湿地生态系统。当上游污水口排入昆都仑河的污水经过这些湿地生态系统时，植物发达的根系等作用对污水经过过滤、吸收等方式富集 RE^{3+} 而净化除污水中一部分轻稀土 RE^{3+}，降低了污水中 LREE 含量。至于地球化学障和湿地生态系统作用使该段河槽湿地土壤、水系沉积物中 LREE 含量及其分布特征，还有待于开展专门研究。

（3）人为确定提灌时间。昆都仑河污灌区通过提灌方式灌溉，提灌时，农民会详细观察水质的清澈度，如果水太混浊，农民就不提灌了。污灌区农民多年来在当地河边生活并利用该河污水，他们对河流污水水质变化特征有比较明确的认识。

上述三个方面的可能性因素，造成本研究区昆都仑河污灌区（图 10-9 中的 K 研究区）农田土壤 LREE 平均含量为 176.89 mg/kg，低于四道沙河污灌区土壤 LREE 平均含量（184.74 mg/kg）。

　　四道沙河污灌区（图 10-9 中的 S 研究区）利用污水的方式为自流灌溉。四道沙河污灌区属于四道沙河及其中、上游支流区，河槽宽度一般 3~6 m，这两个自然因素决定了河内灌溉农田的污水没有自然净化的过程，年季污水混浊度没有什么区别。河槽高度或高于灌溉区农田高度、或基本一致、或稍低 1~2 m。在河槽稍低于灌溉农田的区段，只加上拦水小堤或小水闸就都能达到自流灌溉。因此污灌时污水挟裹悬浮物一起涌入灌溉区农田。这种情况形成了该灌溉区农田土壤 LREE 平均含量达 184.74 mg/kg。

　　从图 10-9 中 K 和 S 两个研究区所有取样点轻稀土元素 La、Ce、Pr、Nd、Sm 和 Eu 等值线分布图分析表明，各个轻稀土元素在空间上具有明显的带状富集特征，反映了研究区微地形高度的差异引起外源 LREE 在水平方向上积累富集的平面空间差异性。

　　可见整个研究区土壤 LREE 总量范围 131.86~241.41 mg/kg，是背景值 129.54 mg/kg 的 1.02~1.86 倍，整个研究区土壤 LREE 含量的平均值为 182.77 mg/kg，是背景值 129.54 mg/kg 的 1.41 倍，最大值是背景值的 1.86 倍。轻稀土元素在空间上具有明显的带状富集分布特征，表明外源稀土元素在农田表层土壤中积累富集的平面空间差异性。稀土元素对人类健康有毒性作用，更严重的是遗传毒性会影响后代人的正常发育及健康等。人类活动使污灌区农田土壤轻稀土元素元素超量积累，应该重视外源轻稀土元素在污灌区农田土壤环境中的累积性变化，及其对污灌区农田土壤生态环境具有不可忽视的潜在生态风险。

　　人体通过食物链而摄入低剂量 REE 并在靶器官日积月累，它在靶器官组织中的蓄积不经检测无法了解，久而久之一旦诱发毒性效应则类似于日本的"痛痛病""水俣病"，而对人体健康产生严重的不良影响。

　　1925 年，日本氮肥公司在日本熊本县水俣湾建厂，与此同时，工厂将未经任何处理的废水排放到水俣湾。水俣湾是 4 万多人口的水俣镇居民赖以生存的主要渔场。到了 1956 年，水俣湾地区发现"水俣病"病例，从建厂到发现病例经历 31 年。

　　日本三井金属矿业公司在日本明治初期（从 1870 年算起）于神通川上游发现铅锌矿（富含伴生元素镉）并建设铅锌矿选冶厂，生产过程中将大量含镉废水直接排入神通川，使河水遭到严重污染。河两岸的稻田用含镉河水灌溉产出"镉米"，人们长年食用"镉米"，饮用被镉污染的神通川水，人体镉污染产生的病即为后来人们熟知的"痛痛病"，该病在污灌区出现的时间大致为 1912~1926 年，粗略算到 1915 年，从建厂到出现"痛痛病"病例约为 50 年。20 世纪初期，该区居民发现水稻普遍生长不良，从 1870~1900 年，镉污染在水稻生长中表现出来历经 30 年。

　　包钢尾矿坝建于 1965 年（王建宏，2011），尾矿坝内没有防渗层，如今尾矿坝的水正以 300 m/a 的速度朝黄河渗透。由于尾矿坝水的渗漏以及风向所致，尾矿坝临近五个村子都已经受到严重污染。在大坝周围，曾陆续发生过绵羊长獠牙、村民患癌症、庄稼明显减产等事件。从 1993 年到 2005 年底，打拉亥村因癌症死亡的人数达 66 人。针对尾矿坝周边严重污染，当地政府对打拉亥上村、打拉亥下村（尾矿坝西邻这两个村在）和尾矿坝东北部的新光一村、新光三村、新光八村等 5000 名村民实施移民搬迁工程（中国评论月刊，2006）。如果将尾矿坝对周边居民健康的影响以打拉亥村因癌症频发的时间点取在 1995 年，那么从建尾矿坝到周边各村大量出现癌症病人历经 30 年。

　　从上述三个代表性案例看出，生态环境问题具有地域性、累积性、不可逆转性，污染产生的生态效应具有隐蔽性、滞后性、环境自身净化时间长等特点，而且治理难、治理周期长。自 2005 年以来，全国环境污染治理大检查推动包头市加大对稀土企业的环保整改力度，使目前污水排放虽然达到国家排放标准，但稀土企业的生产污水仍然难免有跑冒滴漏的现象发生，尤其是 2005 年以前在稀土资源的开发和冶炼过程中，由于监管不到位、非法开采、工艺落后、"三废"排放等原因，导致接纳稀土污水的昆都仑河、四道沙河流域及其污灌区水体和土壤稀土元素、重金属和浸矿剂污染比较严重（王国珍，2006；程妍东等，2009），如果不重视污灌区土壤中外源稀土通过食物链对当地居民身体健康的不良影响，若干年之后很有可能在全国各地稀土主产区居民群体中大量爆发以稀土或某个稀土元素命名的"稀土病"。

参 考 文 献

白丽娜, 张利成, 王灵秀. 2001a. 包头市稀土生产带来的放射性环境问题及防治措施[J]. 辐射防护通讯, 21(3): 40-42.

白丽娜, 张利成, 王灵秀. 2001b. 包头稀土生产带来的放射性环境污染及防治措施[J]. 稀土, 22(1): 76-78.

蔡英茂, 刘桂芳, 刘志鹏, 等. 2006. 稀土生产废水对四道沙河、西河和黄河水质的影响[J]. 内蒙古环境保护, 18(1): 41-44.

程妍东, 李朋, 李海涛, 等. 2009. 以酸法生产稀土的企业废水治理环境影响评价总结[J]. 内蒙古环境科学, 21(5): 28-33.

樊永军, 闫伟, 王黎元, 等. 2011. 白云鄂博稀土矿区土壤中放线菌特征调查研究[J]. 微生物学杂志, 31(4): 6-11.

高际玫, 董俊玲, 张娜. 2002. 包头四道沙河流域稀土行业废水对水环境影响分析[J]. 内蒙古环境保护, 14(3): 31-33.

郭鹏然, 贾晓宇, 段太成, 等. 2009. 稀土工业区土壤中钍形态的植物可利用性评价[J]. 生态环境学报, 18(4): 1274-1278.

郭鹏然, 贾晓宇, 牟德海, 等. 2010. 土壤对外源钍的吸附行为表征[J]. 高等学校化学学报, 31(8): 1510-1516.

郭伟, 付瑞英, 赵仁鑫, 等. 2013. 内蒙古包头白云鄂博矿区及尾矿区周围土壤稀土污染现状和分布特征[J]. 环境科学, 34(5): 1895-1900.

何江, 米娜, 匡运臣, 等. 2004a. 黄河包头段颗粒物中轻稀土元素的分布特征[J]. 沉积学报, 22(3): 500-506.

何江, 米娜, 匡运臣, 等. 2004b. 黄河包头段柱状沉积物中稀土元素的分布特征[J]. 农业环境科学学报, 23(2): 250-254.

何江, 米娜, 匡运臣, 等. 2004c. 黄河包头段水环境中稀土元素的形态及分布特征[J]. 环境科学, 25(2): 61-66.

景明霞. 2010. 化学沉淀法处理稀土氨氮废水的研究[J]. 安徽化工, 36(3): 71-72, 73.

李金霞, 王继仁, 程莉. 2010. 稀土尾矿坝毗邻区大型土壤动物与土壤因子关系研究[J]. 干旱区资源与环境, 24(10): 171-177.

李若愚, 李强, 陈胜, 等. 2014. 包头白云鄂博采矿区周边表层土壤中 ^{232}Th 的分布特征[J]. 环境科学研究, 27(1): 51-56.

李琇, 张美蓉, 王灵风, 等. 2007. 白云鄂博稀土矿区若干微生物培养特征探究[J]. 微生物学杂志, 27(2):

92-96.

李琇. 2008. 白云鄂博稀土矿区的三株特殊细菌[J]. 微生物学杂志, 28(1): 98-100.

梁青青, 阴海静, 郝金奇, 等. 2014. 白云鄂博矿区小学生尿中稀土元素镧铈钕水平的调查[J]. 环境与健康杂志, 31(11): 1003-1004.

吕保义, 谢建云, 郑喻, 等. 2015. 稀土尾矿库周边地下水微生物的群落多样性研究[J]. 环境工程, 33(增刊): 101-104, 116.

马克印, 蔡隆九, 聂永强. 1999. 酸法稀土生产中酸性废水的治理及回收[J]. 包钢科技, (2): 96-79

王国珍. 2006. 我国稀土采选冶炼环境污染及对减少污染的建议[J]. 四川稀土, (3): 2-7.

王建宏. 2011. 包钢尾矿坝外源稀土积累区土壤微生物特征研究[C]. 内蒙古师范大学, 2006. 10: 21.

王利平, 刘长威, 于玲红, 等. 2004a. 稀土冶炼中废水的产生与治理[J]. 冶金能源, 23(2): 59-62.

王利平, 李义科, 庞宏, 等. 2004b. 稀土冶炼氯胺废水氨氮去除试验研究[J]. 给水排水, 30(4): 50-52.

徐清, 刘晓端, 汤奇峰, 等. 2011. 包头市表层土壤多元素分布特征及土壤污染现状分析[J]. 干旱区地理, 34(1): 91-99.

薛爱娣, 张雪梅. 2002. 黄河水源污染对画匠营子水厂供水的影响[J]. 包钢科技, 28(2): 71-75.

张庆辉, 刘兴旺, 程莉, 等. 2015. 包头市南郊污灌区农田表层土壤轻稀土平面空间分布特征[J]. 天津农业科学, 21(7): 39-47.

张庆辉, 刘兴旺, 贺晓慧, 等. 2016. 包头市南郊污灌区农田表层土壤镨的平面空间分布特征[J]. 江苏农业科学, 44(4): 463-466.

张庆辉, 王贵, 赵捷, 等. 2012a. 包头市四道沙河流域污灌区稀土元素分布特征[J]. 西北农林科技大学学报(自然科学版), 40(5): 186-190, 198.

张庆辉, 同丽嘎, 程莉, 等. 2012b. 污灌区农田表层土壤稀土元素分布特征[J]. 江西农业大学学报, 41(3): 614-618.

中国评论月刊. 2006-07-16. 包头滥挖稀土污染危及民众与黄河[EB/OL]. 中国评论月刊新闻网, http://www.chinareviewnews.com

后　　记

对书稿完成详细校对之后，还要衷心感谢近年来包头师范学院资源与环境学院地理科学（地科）、人文地理与城乡规划（城规）、地理信息科学（地信）专业 2009 级至 2015 级的同学们，在实施科研计划的不同区域、不同阶段，不辞劳苦、热情积极地参加野外调查与采集样品、室内样品加工、化验分析、资料的综合整理等费力、费心、耗时的大量基础性研究工作，参与本项目的学生（共 104 人）与教师（共 3 人）名单如下：

参与本项目的人员名单

姓名	班级	姓名	班级	姓名	班级	姓名	班级
郭殿繁	2009 地信	温照宇	2013 地科	刘俊兰	2014 地科	李 锦	2015 地信
王 铭	2009 地信	马立媛	2013 地科	白玉梅	2014 地科	张航鹏	2015 地信
杨德彬	2009 地信	滕叶文	2013 地科	徐瑶栋	2014 地科	屈新春	2015 地信
金慧亮	2010 地科	刘志朋	2013 地科	温 慧	2014 地科	李慧敏	2015 地科
穆卓宇	2010 地科	萨其拉	2013 地科	侯 征	2014 地科	高 丹	2015 地科
刘媛媛	2010 地科	杨 晖	2013 地科	王雨微	2014 地科	张谷多	2015 地科
冯林婷	2010 地科	李彦良	2013 地科	孟祥宇	2014 地科	王亚琴	2015 地科
苏 龙	2010 地科	王玉文	2013 地科	白 雪	2014 地科	王芳苏	2015 地科
刘 强	2010 城规	丁 健	2013 地科	李 想	2014 地科	杨 楠	2015 地科
吕 伟	2010 城规	安格力玛	2013 地科	王鑫悦	2014 地科	蔡彤生	2015 地科
安呈祥	2010 地信	丁竹慧	2013 城规	刘月旋	2014 地科	杨昌富	2015 地科
皇学良	2010 城规	李广大	2013 城规	崔 颖	2014 地科	郭茹茹	2015 地科
杭韦韦	2011 地科	海全胜	地信教师	明海匣	2014 地科	张佳伟	2015 地科
高文邦	2011 地科	安 妮	地信教师	赵臣包	2014 地科	杨美晓	2015 地科
张 宇	2011 地信	朝鲁门	地信教师	杨 昕	2014 地科	李瑞英	2015 地科
宫亚男	2012 地科	高 鹏	2014 地信	贾晓燕	2014 地科	郭 鑫	2015 地科
李永生	2012 地科	常丽月	2014 地信	安国如	2014 地科	袁晓芳	2015 地科
刘雪莹	2012 地科	郭丹丹	2014 地信	赵宇凡	2014 地科	张 乐	2015 地科
孟靖歌	2012 地科	李 敏	2014 地信	伊亭燃	2014 地科	张志聪	2015 地科
王云凤	2012 地科	韩文君	2014 地信	于佳乐	2014 地科	苗佳琪	2015 地科
杨飞宇	2012 地科	张国庆	2014 地信	王 楠	2014 地科	李丽红	2015 地科

姓名	班级	姓名	班级	姓名	班级	姓名	班级
蔺佳琪	2012 地信	高 鑫	2014 地信	闫 华	2014 地科	王洪米	2015 地科
冯茂华	2012 地信	马第芮	2014 地信	刘子贺	2014 地科	常 帅	2015 地科
杜鑫源	2012 地信	王 晴	2014 地信	朱淑娟	2014 地科	厉彦哲	2015 地科
鲁 存	2012 地信	贾旭东	2014 地科	郑 岩	2014 地科	薛皓然	2015 地科
张宇卓	2013 地科	张 娇	2014 地科	徐 瑞	2014 地科		
贾学峰	2013 地科	周 敏	2014 地科	陶城峰	2015 地科		

　　因工作匆忙、时间紧张，上表中对参与科研工作的同学们若有遗漏者请多多包涵。衷心感谢包头师范学院宝石学会、天文气象学会、湿地学会等专业团体的广大会员们以及其他同学们在科研工作方面直接或间接的帮助和无私奉献！

张庆辉